JN493536

Social welfare Practice

[개정판]

사회복지실천론

김현호
박선희
김영일
박길남
이규태
이영희
전대성
최병태
공저

양 성 원

머리말

최근 우리 사회는 산업화 및 의료기술 발달로 인해 고령화 사회로 접어들었다. 또한 생산 기반이 약화되는 저출산의 문제도 심각하다. 이러한 사회적인 요인으로 인해 사회복지도 여러 가지 사회문제와 국민들의 다양한 욕구 및 복잡한 문제에 부응하여 더 나은 삶의 질을 추구하려는 시대적 요구에 직면하게 되었다. 특히 영유아, 아동, 청소년, 여성, 노인, 장애인 등 다양한 영역에서 다양한 접근방법으로 욕구 및 문제에 대한 관심이 요구되고 있다. 따라서 사회복지학문도 더욱 전문적이고 실천적인 학문으로 발전하고 있다. 이러한 관점에서 2018년 11월에 한국사회복지교육협의회는 사회복지 관련 교과목지침서를 표준으로 제공하여 학습하도록 하였다. 따라서 본 교재는 사회복지실천론 교과목지침서를 준용하여 구성하도록 노력하였으며, 현대사회의 환경변화에 따라 현장에서 직접 활용할 수 있는 이론과 방법들을 중심으로 구성하려고 노력하였다.

이 책은 대학의 15주 강의를 기준으로 총 13장으로 구성되어 있다. 제1장은 사회복지실천의 토대로 사회복지실천의 개념, 목적과 목표, 구성요소와 구성체계 및 대상, 전달체계의 변화와 현장 등에 대한 내용을 다루었다. 제2장은 사회복지실천의 발달과정으로 영국과 미국을 포함한 서구와 한국의 사회복지실천의 발달에 대한 내용을 다루었다. 또한 한국 사회복지실천의 발달에서 최근에 제시되고 있는 커뮤니티케어에 대한 등장 및 내용도 다루었다. 제3장은 사회정의와 사회복지실천의 가치 및 윤리로 사회정의에 대한 이해, 사회복지 전문직의 가치와 윤리 및 자기성찰, 한국사회복지사의 윤리강령, 사회복지사의 자질과 역할 및 자기인식 등에 대한 내용을 다루었다. 제4장은 사회복지실천의 관점 및 통합적 접근방법에 대해서 다루었다. 제5장은 사회복지실천을 위한 관계 및 의사소통으로 관계와 의사소통의 전반적인 내용을 다루었다. 제6장은 사회복지실천과정의 초기단계(접수 및 자료수집)로 사회복지실천과정, 초기단계-접수, 초기단계-자료수집 등에 대해서 다루었다. 제7장은 사회복지실천과정의 사정 및 계획단계로 사정단계, 계획단계에 대한 전반적인 내용을 다루었다. 제8장은 사회복지실천과정의 실천단계로 I(개인체계)로 개인의 내적 변화를 위한 실천, 대인 관계적 변화를 위한 실천, 개인의 환경적 변화를 위한 실천에 대한 직·간접적 내용을 다루었다. 제9장은 사회복지실천과정의 실천단계 II(가족체계)로 가족체계 사정하기, 가족문제 변화를 위한 실천, 가족의 환경변화를 위한 실천 등에 대한 내용을 다루었다. 제10장은 사회복지실천과정의 실천단계 III(집단체계)로 집단에 대한 이해, 집단운영 계획하기, 집단실천 진행하기 등의 내용을 다루었다. 제11장은 사회복지실천과정의 종결단계(평가 및 종결)로 평가의 필요성과 제도, 목적, 유형, 내용, 측정방법, 분석도구 등에 대해서 다루었고, 종결의 유형, 종결단계의 특징, 종결에 대한 감정처리, 문제 상황 시 대처능력 활용 및 실천 재요청, 사례 의뢰, 사후관리 등의 내용을 다루었다. 제12장은 사회복지실천과정에 대한 기록으로 기록의 필요성과 중요성 및 목적, 실제 및 용도, 내용과 기술 및 주의사항, 유형 및 기록물 관리 등의 내용을 다루었다. 마지막 제13장은 현장에서 많이 사용하는 사례관리로 사례관리의 개념과 목적 및 기능, 발달과정 및 등장배경(필요성), 구성요소와 실천원리 및 사례관리자의 역할, 실천모형 및 실천과정 등에 대해서 다루었다.

초판인 만큼 내용상의 편협함이나 미비함, 오류도 많을 것이지만 이에 대해서는 앞으로 계속 수정·보완할 예정이므로 솔직하고도 진지한 지도와 편달을 부탁드리는 바이다.

마지막으로 이 책을 출판할 수 있도록 배려해 주신 양성원 사장님과 직원 여러분께 감사를 전한다.

2023년 8월

저자 일동

차례

Chapter 01 사회복지실천의 이해

Chapter 02 사회복지실천의 발달과정

Chapter 03 사회정의와 사회복지실천의 가치 및 윤리

Chapter 10 사회복지실천과정의 실천단계 III(집단체계)

Chapter 11 사회복지실천과정의 종결단계(평가 및 종결)

Chapter 12 사회복지실천과정에 대한 기록

Chapter 13 사례관리

Chapter 01

사회복지실천의 이해

사회복지는 모든 사람이 행복하고 만족스러운 삶을 살 수 있도록 도와주는 사회적 서비스이고 조직화된 체계이며 제도이다. 이러한 복지를 실천하는 사회복지실천은 사회복지사가 사회적 안녕상태를 이루기 위해 필요한 사회적 서비스들을 그 서비스가 요구되는 현장에서 실천에 옮기는 과정이다. 이 장에서는 사회복지실천의 개념, 목적과 목표, 구성요소, 구성체계, 대상, 현장 등에 대해서 알아본다.

1.1 사회복지실천의 개념

급변하는 현대사회는 개인, 가족, 집단, 지역사회 등에서 다양하고 복잡한 이유와 원인으로 인해 외부로부터 도움을 받아야 하는 경우가 발생하게 된다. 다문화 가족의 증가에 따른 문제, 노령인구의 급격한 증가와 저출산 현상에 따른 사회구조의 변화 및 그에 따른 산업문제, 노인부양문제, 보육문제 등이 나타나고 있다. 또한 성폭력, 아동학대, 노인학대, 아내학대 등의 폭력문제는 개개인 스스로의 노력만으로는 해결하기 힘든 상황이다. 이러한 점에서 볼 때 사회복지는 사회가 사람들의 생활에 필요한 욕구를 충족시키고 그들이 사회의 일원으로 생활할 수 있도록 도움을 제공하여 사회기능을 유지 및 증진시키는 것이고, 더 나아가 빈곤이나 폭력 등 사회문제를 예방 및 해결하는 것이다.

이러한 사회복지 개념은 윌렌스키(Wilensky)와 르보(Lebeaux)가 정의한 잔여적 개념과 제도적 개념으로 설명할 수 있다(Wilensky & Lebeaux, 1965). 잔여적(Residual) 개념의 사회복지는 협의의 개념으로 가족이나 시장경제가 개인들의 문제나 욕구를 해결할 수 없을 때 국가가 일정 기간 동안에만 그들의 기본적 삶을 유지할 수 있도록 보충해주는 것을 의미한다. 즉, 가족기능이나 시장체계에서 제 기능을 하지 못하거나 이탈한 사람을 일시적, 한정적, 보완적으로 보호하고 지원하는 공공근로, 한시적 생활보호사업, 무료급식, 노숙자 보호 등의 복지개념이다. 제도적(Institutional) 개념의 사회복지는 광의의 개념으로 모든 사람들이 그들의 능력을 최대한 발휘할 수 있도록 개인이나 사회복지에 대한 책임이 국가에 있다는 것을 의미한다. 즉, 가난한 사람에게 최저 생활을 보장해 주는 보완적 기능이 아니라 모든 사회 구성원들의 가난, 기회, 평등, 인권, 교육 등과 같은 기본적 권리를 보장해 주는 사회기능의 복지개념이다.

이러한 잔여적, 제도적 개념을 포괄한 사회복지실천은 인간 삶의 질을 향상시키기 위해 개인과 집단, 가족, 지역사회를 대상으로 가난과 억압, 고통 등 인간의 문제와 욕구를 스스로 해결할 수 있도록 도와주는 종합적 · 체계적 · 전문적인 실천 활동이라고 할 수 있다. 또한 사회기능을 향상시키고 개개인의 복지를 증진시키기 위해 사회복지정책이나 사회복지서비스의 기획과 실천, 이와 관련된 전문지식이나 기술을 연구 · 개발하는 것 등이 포함된다(이재선 외, 2016).

사회복지실천이란 용어는 Social Work Practice를 번역한 것으로 사회사업, 개별사회사업, 일반사회사업 등을 대신하는 용어라 할 수 있다(김향선 외, 2015). 미국사회복지사협회(NASW : National Association of Social Workers, 1973)에 의하면, 사회복지실천은 개인, 집단, 혹은 지역사회가 사회기능을 향상시킬 수 있는 자신들의 능력을 회복하거나 증진시키고, 자신들의 목적에 맞는 사회조건을 창출하도록 도와주는 전문적 활동이라고 규정하였다. 또한 핀커스와 미나한(Pincus & Minahan)에 의하면, 사회복지실천은 사람들이 그들의 생활과업을 수행하고 고통을 경감시키며 영감과 가치를 실현하기 위해 그들의 능력에 영향을 미치는 환경과 그들 간의 상호작용에 관여하는 것이라고 정의하였다(Pincus & Minahan, 1973). 우리나라에서의 사회복지실천이란 용어는 1998년 「사회복지사업법」의 개정과 더불어 2003년부터 사회복지사 자격취득 국가시험제도를 도입하면서 기존의 개별사회사업(개별지도)과 집단사회사업(집단지도)이 없어지고 사회복지실천론과 사회복지실천기술론으로 변경되어 명칭 사용이 확정되었다(이재선 외, 2016).

1.2 사회복지실천의 목적과 목표

1) 사회복지실천의 목적

사회복지실천의 목적은 사람과 사회 간에 서로 유익한 상호작용을 촉진하거나 회복시켜 모든 사람의 삶의 질(Quality of life)을 향상시키는 것이다. 사회 내의 모든 사람이 삶의 질을 향상시킨다는 것은 간단한 문제가 아니다. 이러한 목적을 달성하기 위해 기본적으로 개개인과 그들 간의 관계, 개인과 사회제도와의 관계, 사회제도와의 상호관계 등을 고려하여 모든 사회구성원이 가용자원과 기회에 공정하게 접근할 수 있도록 보장해 주어야 한다. 또한 사회적 환경과 물리적 환경이 사람들의 삶의 질에 영향을 미치므로 이러한 환경개선이 필요하고 개인, 집단 또는 지역사회의 사회적 기능을 향상시키는 것도 필요하다.

미국사회복지사협회(NASW)는 1958년에 최초로 사회복지실천의 목적에 대해서 다음과 같이 세 가지로 언급했다(이재선 외, 2016).

① 개인과 집단이 그들과 환경 간에 불균형 상태가 발생했을 때 문제를 찾아내어 문제의 어려움 정도를 감소시키거나 해결하도록 도와주는 것이다.
② 개인이나 집단이 그들과 환경 간에 불균형 상태가 일어날 수 있는 잠재적 문제를 미리 발견하여 예방하는 것이다.
③ 개인과 집단과 지역사회 내의 잠재력을 발견하여 확인하고 이를 강화시켜주는 것이다.

이후 미국사회복지사협회(NASW)는 1979년에 시카고 회의에서 사회복지실천의 목적을 모든 사람의 삶의 질 향상을 위해 개인과 사회 간에 유익한 상호작용을 촉진하거나 회복시키는 것으로 정의하였다(NASW Social Work, 1979; 이재선 외, 2016). 즉 빈부의 차이, 성별과 나이의 차이, 학력의 차이, 종교적 성향 및 가치의 차이, 국적 및 인종의 차이, 신체 · 정신적 질병의 차이, 장애의 유무, 각종 능력의 유무, 사회적 지위의 차이 등에 관계없이 모든 사회구성원의 삶의 질이 향상될 수 있도록 노력하는 것이 사회복지실천의 목적이라는 것이다. 또한 개개인의 역량이나 능력이 부족하면 강화시키고 사회적 환경의 문제가 있으면 개선하여 조화를 이룰 수 있도록 상호작용을 촉진하거나 회복시키는 것도 사회복지실천의 목적이라 할 수 있다.

이러한 사회복지실천의 목적에 대해서 미국사회복지교육협의회(CSWE : Council on Social Work Education)는 다음과 같이 4개의 항목으로 규정하고 있다(CSWE, 1994; 이재선 외, 2016).

① 개인, 가족, 집단, 조직, 지역사회가 목적을 달성하고 고통을 완화시키며 자원을

활용할 수 있도록 도와줌으로써 이들의 사회기능을 촉진, 회복, 유지, 그리고 강화시키는 것이다.

② 인간의 기본욕구를 충족시키고 인간이 갖고 있는 잠재력 및 가능성의 개발을 돕기 위해 필요한 사회정책, 서비스, 자원, 프로그램을 계획하고 공식화하여 시행하는 것이다.

③ 곤경에 처한 집단에게 힘을 실어주며(Empower), 사회 · 경제적 정의를 실현하기 위해 조직 · 행정적 옹호를 해주고, 사회 · 정치적 운동을 통해 정책, 서비스, 자원, 프로그램을 추구하는 것이다.

④ 이러한 목적과 관련된 모든 전문적 지식과 기술을 개발하고 활용하는 것이다.

2) 사회복지실천의 목표

사람과 사회 간에 서로 유익한 상호작용을 촉진하거나 회복시켜 모든 사람의 삶의 질을 향상시키는 사회복지실천의 목적을 달성하기 위해 구체적인 목표를 설정해야 한다. 미국사회복지사협회(NASW)는 사회복지실천의 목표를 다음과 같이 제시하였다(NASW, 1982; 이재선 외, 2016).

① **인간의 능력향상** : 환경 속의 인간 개념을 적용하며 사회복지실천은 '인간'에게 초점이 있으며 문제가 있는 사람에게 사회복지사가 초기에 해결하도록 서비스(상담사, 교사, 행동변화가, 도움을 주는 자 등)하는 것이다.

② **인간과 체계와의 연결** : 환경 속의 인간 개념을 적용하면 사회복지실천은 사람과 그들이 상호작용하는 체계 사이의 관계에 초점을 두고 사회복지사는 중개자로서의 역할로 먼저 서비스하는 것이다.

③ **자원과 서비스 체계의 운영과 효과성 증진** : 환경 속의 인간 개념을 적용하면 사회복지실천의 초점은 인간과 체계 간의 상호작용에 있으며, 사회복지사는 대변자, 프로그램 개발자, 지도감독자, 조정자, 전문가 등의 역할을 수행하게 된다.

④ **사회정책의 개발과 개선** : 이 목표의 초점은 법이나 사회정책의 개발 및 개선에 있으며, 사회복지사는 계획가, 새로운 법령과 정책의 개발자, 비효과적이거나 부

적당한 법령과 정책의 개혁자로의 역할을 수행하게 된다.

또한 헵워스와 라슨은 사회복지실천의 목표를 다음과 같이 제시하고 있다(Hepworth & Larsen, 1993; 이재선 외, 2016).

① 클라이언트가 자기 자신의 대처 능력을 향상시킬 수 있도록 원조한다. 즉 클라이언트의 문제를 새로운 관점에서 볼 수 있도록 원조하고, 여러 가지 각도에서 개선 방법을 생각하고, 자기 자신이 처한 상황을 인식하며 자기 자신의 대처 능력을 높일 수 있도록 원조하고, 자기 지각의 촉진, 문제해결 방안, 대인관계 구성의 방법과 기술 등을 가르친다.

② 자원에 대한 정보제공, 자원연결 등을 통해 클라이언트가 사회자원을 얻을 수 있도록 원조한다.

③ 주변에 있는 사람과의 교류를 촉진하도록 원조한다.

위와 같은 내용을 종합해보면 사회복지실천의 목표는 사람들로 하여금 그들의 능력을 향상시키고 자원을 취득할 수 있도록 도움을 주며 사람과 교류를 촉진하는 것이다. 또한 환경이나 사회복지정책 등을 개선 및 개발하며 사회·경제적 정의를 증진시키고 전문적 기술과 지식을 개발·검증하는 것이라 할 수 있다.

1.3 사회복지실천의 구성요소와 구성체계 및 대상

1) 사회복지실천의 구성요소

사회복지실천의 개념을 구성요소를 통해서 명확히 하려고 시도한 학자는 펄만(Perlman)으로 그는 문제해결과정(Problem solving model)을 제시하면서 사회복지실천의 구성요소를 4P(Person, Problem, Place, Process)로 정의하였다(Perlman, 1957; 김향선 외, 2015). 여기서 문제해결 과정은 그녀의 저서 「사회적 개별사회사업 : 문제해결 과정(Social Casework : Problem-solving Process)」에서 1920년대 인간의 심리역동적인 면을 강조한 진단주의와 1930년대 클라이언트의 창조적 자아능력을 강조한 기능주의를 통합한 방식으로 제안된 과정이다(Perlman, 1957). 또한 1930년대 대공황(1929.10.24~1933.12, 4년간) 발생, 1940년대 제2차 세계대전(1939.09.01~1945.08.15, 6년간) 전후의 실업자, 빈곤이라는 사회적 문제로 인한 민간단체의 경제 부조기능 약화, 공공기관의 책임 강화 등을 강조한 과정이다. 즉 펄만은 개인이 문제해결에 실패하는 경우는 개인의 정신적인 결함이나 병리적인 원인에 있는 것이 아니라 문제를 해결해 나가는 태도나 환경이 잘못되었기 때문이라는 문제 원인의 입장을 가졌다. 이러한 과정은 1970년대 생태학적 체계이론 관점이 부각되면서 클라이언트의 문제해결 과정에 클라이언트뿐만 아니라 집단, 조직, 지역사회까지 확대되어 사회체계와의 상호작용이 중요시되고 있다는 인식을 하게 되면서 문제해결모델로 등장하게 된다(김향선 외, 2015).

펄만은 이러한 문제해결 과정에서 사회복지실천의 구성요소로는 구체적인 대상으로 사람(Person)이 있어야 하고, 그 사람은 반드시 문제(Problem)를 가지고 있으며, 그러한 문제를 가진 사람을 도와주기 위해서는 일정한 장소(Place)에서 일정한 과정(Process)을 거치면서 업무가 진행된다고 보았다. 구성요소의 각각에 대해서 알아본다.

① **사람**(Person) : 일상생활의 사회적 측면이나 정서적 측면에서 도움을 요하는 개인을 의미한다. 도움을 요하는 사람을 클라이언트라고 부른다. 인간은 누구나 지금은 도움이 필요하지 않더라도 언제 어느 때 도움이 필요할지 모른다. 이러한 면에서 모든 사람들은 클라이언트가 될 수 있다. 이것은 현재 도움을 필요로 하고 있거나 도움을 받고 있는 사람은 실제적 클라이언트라 할 수 있고, 현재는 별문제가 없어 도움이 필요 없거나 문제가 있어도 여러 이유에서 도움을 요청하지 않는 잠재적 클라이언트로 나눌 수 있다(Pincus & Minahan, 1973; 최경화 외, 2010).

② **문제**(Problem) : 클라이언트가 바람직한 생활에 지장을 주거나 방해가 되는 충족되지 못한 욕구불만(경제적, 의료적, 오락적)이나 클라이언트가 사회적 역할을 수행함에 있어 비효율적이거나 방해가 되는 긴장(심리적, 사회적, 신체적) 등에 문제가 있는 것을 의미한다.

③ **장소**(Place) : 문제를 가진 클라이언트가 도움을 받기 위해 찾아오는 사회시설 또는 기타 여러 종류의 사회복지기관을 의미한다.

④ **과정**(Process) : 기관에 속한 사회복지사에 의해 진행되는 업무상의 절차로 그의 지식과 기술로 클라이언트의 문제를 해결하는 과정이다. 펄만(Perlman)은 이러한 4P 외에 1986년에 2P(Professional, Provisions)를 추가하여 6P로 정의하고 있다.

⑤ **전문가**(Professional) : 지식, 기술, 가치 등의 전문적인 자질을 갖춘 사회복지사를 의미한다.

⑥ **제공물**(자원, Provisions) : 클라이언트에게 제공되는 유·무형의 서비스를 의미한다.

2) 사회복지실천의 구성체계

사회복지실천의 구성체계는 핀커스와 미나한(Pincus & Minahan)의 변화매개인체계, 클라이언트체계, 표적체계, 행동체계 등 4체계 모델로 구분할 수 있다(Pincus & Minahan, 1973). 또한 콤튼과 갤러웨이(Compton & Galaway)의 6체계 모델은 핀커스와 미나한의 4체계 모델에서 전문가체계와 의뢰-응답체계를 추가한 것이다(Compton & Galaway, 1984). 각각의 체계는 다음과 같다(김혜영 외, 2012; 김향선 외, 2015).

① **변화매개인체계** : 계획된 변화를 목적으로 특수하게 고용된 '돕는 자'로서 사회복지사나 사회복지기관에 고용되어 원조업무를 돕는 사람과 변화 노력을 주관하는 기관 전체를 포함하는 것을 의미한다.

② **클라이언트체계** : 변화매개인의 서비스가 필요한 사람으로 어떤 구체적인 도움을 요청한 사람을 의미하는데, 개인, 가족, 집단, 기관 또는 지역사회 등이 있을 수 있다. 클라이언트와 변화매개인 간 변화를 위한 노력의 목표나 목적, 방법 등을 명시한 업무동의와 계약이 이루어져야 클라이언트가 된다. 이러한 과정에서 클라이언트의 자기결정은 중요한 요인이 된다.

③ **표적체계** : 변화매개인이 설정한 목표를 달성하기 위하여 영향을 미치거나 변화시킬 필요가 있는 대상을 의미한다. 보편적으로 클라이언트는 표적체계의 범주에 속할 수도 있으나 항상 동일하지는 않다. 이때 사회복지사는 클라이언트체계와 협조하여 변화에 대한 목표를 설정하고 그의 목표달성을 위해 변화가 필요한 특수한 사람을 표적체계로 설정한다.

④ **행동체계** : 변화매개인인 사회복지사가 의도적이고 계획적인 변화 노력을 달성하기 위하여 상호작용을 하는 사람들로 보건, 복지, 의료, 심리, 교육, 주거 등의 영역에서 서비스를 제공하는 전문가들이 포함되며 가족, 친구, 교사, 또래, 이웃 등 다양한 자연적인 원조자들을 포함할 수 있다.

⑤ **전문가체계** : 전문성을 강화하고 전문직의 위상을 높이기 위해 노력하는 협회나 학회 등 전문가들의 연합체나 학술연구단체를 의미한다. 이러한 체계는 사회복지사들의 활동에 정당성을 부여하고 가치와 관점의 형성, 지식과 기술 개발, 이론과 실천의 토대 형성 등 사회복지실천을 위해 직·간접적으로 지원하고 환경을 조성해주는 역할을 수행하게 된다.

⑥ **의뢰-응답체계** : 서비스를 의뢰하고, 요청하며 이를 수용하는 관계에서 나타나는 체계를 의미한다. 서비스를 요청한 사람이나 조직을 의뢰체계라고 하고, 의뢰를 받아 강요에 의해 오게 된 사람을 응답체계라고 한다. 이러한 체계는 클라이언트가 다른 사람의 요청이나 법원, 경찰, 학교 등에 의해 강제로 오게 된 경우 일반 클라이언트와 구별하기 위한 것이다.

3) 사회복지실천의 대상

사회복지실천의 대상은 개인, 가족, 집단, 지역사회 등으로 분류하여 알아볼 수 있다(이재선 외, 2016).

(1) 개인대상

개인대상의 사회복지실천은 개인과 환경 간의 상호작용하는 존재로 이해된다. 즉, 개인과 개인을 둘러싼 환경의 상호작용에 초점을 둔 PIE(Person-In-Environment) 관점을 적용해서 이해한다는 것이다. 이러한 관점에서 개인의 욕구나 문제를 발견하여 그것에 대한 변화를 모색하고 지원하여 주변 환경에 적응하도록 사회복지사와 클라이언트가 일대일로 만나 도움을 제공하는 것이다.

리치몬드(Richmond)는 개인을 대상으로 하는 사회복지실천을 개별사회사업이라 하였으며, 개별사회사업(Casework)이란 개개인, 개인과 그 사회 환경 사이에서 의식적인 조정을 통해 개개인의 인격발달을 이루어가는 과정이라 하였다(Richmond, 1922). 또한 펄만은 개별사회사업이란 사람들이 사회적 기능을 수행함에 있어서 그들의 문제를 보다 효과적으로 처리해 나가도록 돕는 사회복지기관에서 사용되는 과정이라고 하였다(Perlman, 1957).

이러한 정의에서 알 수 있듯이 개별대상의 사회복지실천은 개인적 또는 사회적 문제에 직면해 있는 개인을 일대일로 만나 문제해결을 원조하는 활동이다. 또한 그들의 문제를 해결하기 위해 필요하다고 판단될 경우 사회복지사는 그들을 둘러싸고 있는 문제에 직·간접적으로 영향을 미치고 있는 주변 환경에 개입하여 그들의 변화를 시도하는 것까지 포함한다. 이러한 개인대상의 실천활동은 국민기초생활보장업무, 저소득층 자활보호대상의 자활과 관련된 업무, 재가복지업무, 독거노인 지원 및 상담, 실직자를 위한 구직활동, 직업훈련을 원조하는 활동, 미혼모 상담, 입양상담, 아동을 위한 가정사업과 이에 관련된 조사 및 상담, 학대피해아동을 보호하고 가정에 개입하는 활동, 환자의 의료비 문제 및 퇴원 후 생활에 대한 상담, 학교 부적응 학생에 대한 상담, 정신보건센터에서 정신장애인과의 상담 등이 있을 수 있다.

(2) 가족대상

가정은 개인의 인격형성에 중요한 영향력을 미치며 사회공통의 행동 특징이나 문화규범을 습득시키는 사회화 과정을 담당하는 가장 기본집단이다. 가정 내의 구성원들은 급격한 변화에 융통성 있게 적응하면서 개인의 욕구를 충족시키고 그들이 필요한 기능을 수행하고 있다. 이러한 기능을 수행하게 되는 가정은 기능적 가정과 역기능적 가정으로 구분할 수 있는데, 기능적 가정은 가정 구성원들 간의 분명한 경계와 자율성이 있고, 서로 염려하고 깊이 신뢰하는 분위기를 형성하는 가정이다. 또한 의사소통이 공감적이고 개방적이며 가정의 규칙은 가정발달에 맞고 유연성이 있다. 그러나 역기능적 가정은 폐쇄적이고 가정의 규칙에 융통성이 없고 위협적이며 서로에게 집착하는 정도가 심하거나, 지나치게 무관심하여 적절한 가정의 기능을 수행하지 못한다. 가정의 기능에 따라 현대사회는 산업화, 정보화로 급격한 사회변화 속에서 가족구성원들 간에 다양한 방법으로 충돌하면서 많은 긴장과 갈등을 겪고 있다. 또한 가족 내 구성원들은 각자의 역할을 학습하고 수행하는 역할체계가 있는데, 이 역할을 수행하는 과정에서 구성원들 간의 역기능적인 가족특징이 나타나게 된다.

일반적으로 가족이 겪는 문제는 가족 한 사람의 문제가 가족구성원 모두에게 영향을 미쳐 가족 전체가 고통을 받게 되는데, 가족대상의 사회복지실천은 가족을 단위로 서비스를 제공하고, 가족구성원들 간의 관계에 개입하여 문제를 해결하거나 경감시키기 위한 실천활동이다. 이러한 가족대상의 실천활동은 가족의 빈곤, 가정폭력, 부부갈등, 아동문제, 부모-자녀 간의 갈등, 노인부양과 확대가족 내 세대갈등, 이혼 및 사망으로 인한 한부모 가족, 장애인 가족, 알코올중독자 가족, 다문화가족의 문화적 갈등 등이 있을 수 있다.

(3) 집단대상

집단은 2명 이상의 사람들이 공통의 목적과 소속감을 가지고 상호작용하는 집합체를 의미한다. 즉, 집단은 공통의 관심사를 지닌 사람들이 정서적으로 결속하고 서로 의지하게 되며 공통의 목표 및 문제해결을 위해 상호작용을 하는 집합체이다. 인간은 태어나면서 가족이라는 집단에 속하게 되고 여러 집단과 상호작용을 하면서 성장·발달하게 된다. 인간은 집단을 떠나서 생활할 수 없으며 집단에서 소외된 삶은 건전한 생활양식으로 보기 어렵다. 위와 같이 인간은 생활과정에서 집단과 밀접한 상호작용을 하기 때문에 인간의 문제는 집단 속에서 발생하고 있다. 따라서 집단대상의 사회복지실천은 집단 속에서 집단을 도구 또는 매개체로 활용하여 욕구를 충족시키고 사회·심리적 기능을 향상시키며, 집단구성원인 개인이나 집단의 당면문제를 해결할 수 있도록 사회자원을 동원하여 원조하는 활동이다(최경화 외, 2010).

집단대상의 실천은 집단의 유형에 따라 다를 수가 있는데, 토스랜드와 리바스(Toseland & Rivas)는 집단의 목적에 따라 치료집단과 과업집단으로 구분하였다. 여기서 치료집단에는 지지집단, 교육집단, 성장집단, 치료집단, 사회화집단 등으로 분류하였다. 또한 재스트로우(Zastrow)는 레크리에이션집단, 감수성훈련집단, 문제해결집단, 교육집단, 치료집단, 사회화집단 등으로 분류하였다. 이러한 집단의 자세한 사항은 제13장 사회복지실천 과정의 실천단계 III(집단체계)에서 알아본다.

(4) 지역사회대상

지역사회대상의 실천은 시회복지실천을 기초로 지역사회 내에서 클라이언트의 의뢰, 지역사회자원의 사정, 클라이언트 지원체계의 개발, 클라이언트의 욕구 충족을 위한 정책결정자에 대한 옹호활동 등 거시적인 사회복지실천활동 및 직접적인 서비스 제공과 관련된 모든 실천활동을 의미한다(이태희 외, 2010). 즉, 지역사회 자체를 하나의 클라이언트로 보고 지역사회 수준에 개입하여 지역주민에게 필요한 서비스를 제공하고 지역사회의 문제를 예방하고 해결하고자 하는 일체의 노력을 의미한다. 이러한 지역사회대상의 실천 모델은 로스만(Rothman)이 제안한 지역사회개발모델, 사회계획모델, 사회행동모델 등이 있다(Rothman, 1995; 김범수 외, 2009).

① **지역사회개발모델**(Locality development model, 모델 A) : 지역주민들의 자발적인 참여를 통하여 지역사회 문제해결을 스스로 해결할 수 있는 능력을 강화시켜주는 데 역점을 두는 모델이다. 이 모델은 지역사회의 문제나 욕구를 해결할 때 주민들이 스스로 해결할 수 있는 자조정신을 강조하고, 문제파악 및 해결과정에서 주민들의 광범위한 참여를 장려하고 있다(양정하 외, 2008).

지역사회개발모델은 산업화로 인한 도덕체계의 붕괴로 인한 아노미 상태(가치나 도덕적 기준을 잃은 혼동상태)에 처한 구성원 간의 무관심을 해결하려는 모델로 구성원 간의 공동체 의식과 문제해결 능력의 배양에 역점을 두고 있다. 또한 과정 중심의 목표에 역점을 두고 문제해결에 있어서 민주적인 절차와 자발적인 참여와 협동, 그리고 토착적 지도자의 개발 및 교육 등을 강조하였다. 이 모델에서 지역사회복지실천가인 사회복지사의 역할로는 안내자, 조정자, 전문가, 치료자 등을 들 수 있고(Ross, 1967), 사례로는 새마을 운동, 지역사회복지관의 주민조직화사업, 자원봉사조직, 성인교육 및 리더십 훈련 등을 들 수 있다(김범수 외, 2009).

② **사회계획 및 정책모델**(Social planning/Policy model, 모델 B) : 지역사회의 각종 문제해결에 있어서 합리적인 면을 강조하고 과업 중심의 목표에 역점을 두는 모델이다. 즉, 지역사회의 사회문제(소득, 주택, 교통, 건강, 교육, 환경, 빈곤, 노인, 비행, 복지 등)를 해결하기 위한 기술적인 면이 강조된다. 그리고 문제해결을 위해 공식적 계획과 정책을 개발하고, 계획이나 정책집행의 효과성과 효율성을 강조하기 때문에 과학적이고 합리적

인 계획을 수립하는 것이 중요하다(이태희 외, 2010). 따라서 지역사회 주민의 참여 정도는 문제의 성격이나 또는 문제와 관련된 기관에 따라 광범위할 수도 있고 소수일 수도 있다.

사회계획 및 정책모델에서 사회계획 과정은 욕구 및 문제의 발견 및 분석, 의사전달 및 활동체계 구축, 사회적 목표와 정책의 결정, 계획의 실행, 실행에 대한 평가 및 피드백 등으로 구성된다. 이러한 사회계획모델에서 지역사회복지실천가인 사회복지사의 역할로는 분석가, 계획가, 조직가, 행정가 등을 들 수 있고(Sanders, 1969), 예는 공동모금기관이나 지역사회보장협의회에서 추진하는 여러 가지 지역단위의 복지정책이나 지역사회 특성에 맞게 각 시 · 군 · 구에서 추진하는 지역사회보장계획을 들 수 있다.

③ **사회행동모델**(Social action model, 모델 C) : 지역사회에서 불우한 처지에 처하거나 불이익을 받는 집단이 사회정의와 민주주의에 입각해 사회 · 경제적으로 보다 나은 서비스를 받을 수 있도록 지원해 주는 모델이다. 이 모델은 사회복지실천 목표를 과업 중심과 과정 중심의 양면에 두고 있으며, 지역사회의 문제해결을 위해 지역정책의 변화에 초점을 둔 과업달성뿐만 아니라 지역주민들의 정치적 영향력을 증대시키려는 과정수행에도 역점을 둔다(이태희 외, 2010). 그러므로 지역사회의 변화를 위해 협의의 문제에도 관심을 두지만 주로 조직적 대항, 입법로비활동, 대중조직의 개발, 정치적 캠페인 등을 포함하여 사회정책과 법률적 변화에 영향을 미치는 광의의 과업을 주로 수행한다. 여기서 사회행동의 의미는 사회학에서는 인간의 의사를 표시하는 모든 수단이고, 사회복지에서는 인간의 복지를 해결하기 위한 조직적 노력을 의미한다(김현호 외, 2018).

사회행동모델에서 지역사회복지실천가인 사회복지사의 역할로는 조정자, 중개자, 옹호자, 대변자, 행동가 등을 들 수 있고(Grosser, 1969; 김현호 외, 2018), 이러한 모델을 이용하는 집단들의 예는 소수인종집단, 학생운동, 여권신장운동, 소비자보호운동, 노동조합운동, 환경보호운동, 복지권운동 등을 들 수 있다.

우리나라의 경우 지역사회대상의 실천활동은 지역사회복지관을 중심으로 지역사회보호활동과 지역사회조직활동을 혼합하여 실천하고 있다. 지역사회보호활동은 시설보호가 아닌 지역사회가 중심이 되어 경제적, 정서적 안정을 도모하는 급식지원서비스, 보건의료서비스, 경제적 지원서비스, 일상생활 지원서비스, 정서 지원서비스 등이 있을 수 있다. 또한 지역사회조직활동은 후원자를 발굴 및 동원하여 요보호대상자와 지역사회 자원을 서로 연결시켜 주는 복지네트워크 구축사업이나 주민들의 참여로 지역사회의 문제를 스스로 해결하기 위한 주민조직 강화 및 교육, 주민복지증진사업, 자원봉사관리사업, 사회조사 및 직원교육 등이 있을 수 있다.

1.4 사회복지전달체계의 변화와 사회복지실천의 현장

1) 사회복지전달체계의 변화

사회복지전달체계는 사회복지정책이 설정한 목적이나 목표를 효율적으로 달성하기 위하여 한정된 재원으로 가능한 한 주민들의 복지증진을 극대화하기 위해 지역사회 내에 있는 복지서비스 공급자 간에 또는 복지서비스 공급자와 대상자 사이를 연결하기 위해 만들어진 조직적 연결망이다. 우리나라의 공공사회복지전달체계를 보면 사회복지정책은 보건복지부나 여성가족부(「아이돌봄지원법」, 「건강가정기본법」, 「다문화가족지원법」)에서 주로 결정하고 집행기능은 행정안전부 산하의 광역시 · 도 → 시 · 군 · 구 → 읍 · 면 · 동으로 이루어져 복지대상자에게 최종적으로 전달되는 상의하달(上意下達) 수직적 구조로 되어 있다. 이러한 공공사회복지전달체계가 실효성을 갖기 위해서는 다양한 형태로 존재하는 지역사회의 민간 복지기관 및 시설의 역할이 중요하다. 민간사회복지전달체계를 통해 복지서비스의 중복과 누락을 방지하거나 자원의 낭비를 예방하여 보다 효율성을 높여야 한다. 이러한 과정의 사회복지전달체계의 변화를 알아보면 다음과 같다(전해황 외, 2018; 조추용 외, 2019).

(1) 보건복지사무소 및 사회복지사무소 시범운영(1990년대~2005년)

사회복지전달체계는 사회복지사무의 지방이양 및 재정분권화, 지역사회복지수요의 확대, 가족구조의 변화(저출산, 고령화), 수요자 중심의 사회복지서비스 강화 등의 요인으로 많은 변화가 요구되고 있다. 이러한 과정에서 1995년 「사회보장기본법」 제정으로 '사회보장전달체계' 구축의 원칙을 명시하면서 1995년 7월부터 1999년 12월까지 4년 6개월간 서울(관악구), 대구(달성구), 경기(안산시), 강원(홍천군), 전북(완주군) 등 5개 지역에서 보건과 복지를 통합하는 '보건복지사무소' 시범운영 실시하였으나 전달체계 개편에 있어서 성과를 거두지 못하고 종료되었다.

이후 2004년 7월부터 2006년 6월까지 2년간 한시적으로 서울(서초구), 부산(부산진구, 사하구), 광주(남구) 등 대도시 4개소, 강원(춘천시), 충남(공주시), 경북(안동시) 등 중소도시 3개소, 충북(옥천군), 울산(울주군) 등 농어촌 2개소 등 총 9개 지역에서 '사회복지사무소'를 시범운영하였다. 그러나 인력 및 재정지원의 부족, 전면적 확대를 위한 정책적 의지 부족, 읍 · 면 · 동 사무소와의 연계 미흡 등으로 인해 확산되지 못하고 종료되었다. 그러나 보건복지사무소와 사회복지사무소의 시범운영의 의의(意義, 말이나 글의 속뜻)는 지방자치단체에서 사회복지공무원을 핵심으로 운영하여 효율적 사회복지전달체계 운영기반을 구축하는 계기가 되었다는 것이다(조추용 외, 2019).

(2) 주민생활지원 통합서비스 전달체계(2006~2008년)

주민생활지원 통합서비스 전달체계는 사회복지사무소의 시범운영을 토대로 사회복지전달체계를 2006년 7월부터 개편한 전달체계이다. 이것은 취약계층에게 제공되는 복지 · 보건서비스 외에 주민생활의 질 향상을 위해 제공되는 고용 · 주거 · 평생교육 · 생활체육 · 문화 · 여가 등 8대 서비스 전반에 대한 통합적 연계시스템과 종합적 정보제공 체계를 구축하여 주민들의 편익을 증진하고자 하는 전달체계이다. 즉, 찾아가는 서비스 실현, 서비스 접근성 및 신뢰성 확보, 체감도 형성 등을 제고하기 위해 사회복지전달체계와 행정서비스들을 통합하여 시 · 군 · 구에 주민생활전담부서를 설치하고 읍 · 면 · 동 사무소에 주민생활지원팀을 설치하는 행정조직으로 역할분담에 따른 업무의 재배치를 통해 업무의 효율성을 제고하였다. 이러한 과정에서 행정안전부는 동사무소의 명칭을

'주민센터'로 변경하였다.

이러한 주민생활지원 통합서비스 전달체계 개편의 의의는 복지환경 변화 및 복지수요에 대한 대응, 지방자치단체의 자율성 및 책임성 강화, 지역사회자원 활용을 통한 서비스 연계체계 구축, 복지업무의 질적 개선 등에 효과가 있을 수 있다. 따라서 주민생활지원 통합서비스 전달체계는 지역주민들의 삶의 질 향상을 위한 서비스 충족에 있다고 할 수 있음으로 주민생활 지원서비스를 강화하기 위한 조직 개편, 복지인력의 의식 및 행태 변화, 서비스 연계를 위한 민간협력체계 조성 및 지역자원의 역량 강화에 주안점을 두고 있었다(전해황 외, 2018).

(3) 희망복지지원단 설치(2009~2012년)

주민생활지원 통합서비스 전달체계로 개편되었음에도 기대한 효과에 비해 실효성이 떨어져 여전히 복지체감도 낮고, 인력재배치 결과 읍 · 면 · 동사무소의 인력이 부족하고, 업무부담의 증대 등으로 현장지원서비스의 부재 및 신속성이 저하되는 문제점이 나타났다(전해황 외, 2018). 이러한 주민생활지원 통합서비스 전달체계의 문제점으로 인해 보건복지부는 2009년 1월부터 희망복지전달체계로 개편하여 시 · 군 · 구에 '희망복지지원단'을 설치하여 운영하였다. 이러한 희망복지전달체계를 지원하기 위하여 행정안전부는 2009년 5월에 지방자치단체의 사회복지인력 및 조직개편 방안을 수립하도록 해서 읍 · 면 · 동 주민센터에 팀제를 신설하여 밀착형 생활복지체제로 조직을 재편하도록 하였다.

희망복지지원단은 복지 · 보건 · 고용 등 다양한 문제를 가진 저소득 주민에게 필요한 서비스를 최대한 통합 · 연계하도록 하는 것을 목적으로 하며 지역주민에게 원스톱(One stop) 서비스를 제공하기 위하여 지역사회에서 활동하는 다양한 서비스 공급기관과의 연계 · 협력을 추진하고 있다. 이후 '복지전달체계 개선대책 및 복지인력 증원계획'에 따라 2012년 4월부터 전국 시 · 군 · 구의 희망복지지원단은 사회보장정보시스템(행복e음), 복지자원관리시스템 등을 구축하여 업무수행체계가 확립되었고 통합사례관리사업을 추진하였다. 또한 읍 · 면 · 동주민센터와 방문형 서비스체계화 등을 통한 사후관리지원체계의 연계 · 협력이 이루어지면서 지역사회보장협의체를 중심으로 공공 및 민간 협력 강화를 통한 지역단위의 통합서비스 제공체계를 구축하였다(전해황 외, 2018). 희망복지지원단의 주요 업무는 통합사례관리사업, 지역사회보장협의체를 통한 자원관리, 지역사회보호체계로의 운영, 읍 · 면 · 동 복지업무의 지원 및 관리 등을 수행한다.

(4) 국민중심의 맞춤형 복지전달체계(2013~2016년)

시 · 군 · 구에 '희망복지지원단'을 설치 · 운영하여 통합사례관리사업, 지역사회보장협의체를 통한 자원관리, 지역사회보호체계로의 운영, 읍 · 면 · 동 복지업무의 지원 및 관리 등을 수행하였으나 여전히 원스톱(One stop) 서비스가 용이하지 않고 사회보장급여 제공기관별 협업체계의 미흡으로 서비스 연계 부족, 일선 사회복지전담공무원의 업무과부하 등의 문제점이 해결되지 않았다. 이러한 문제점을 개선하기 위해 2013년 7월 '국민중심 맞춤형 복지전달체계 개편안'을 확정하여 2014년부터 단계적으로 확대 추진하였다.

국민중심의 맞춤형 복지전달체계는 읍 · 면 · 동 복지업무의 병목현상을 해소하고, 원스톱통합서비스 제공, 찾아가는 서비스의 활성화, 공공과 민간의 연계협력 활성화 등을 목적으로 한다. 전달체계의 개편방안은 필요한 인력을 확충해서 2014년 4월부터 시범(도시형 : 인구규모를 감안하여 2~3개의 동주민센터를 1개의 통합센터로 또는 일반 민원행정기능을 유지하고 복지기능만을 전담하는 별도의 거점복지행정센터 설치, 농촌형 : 희망복지지원단의 강화)으로 실시하여 '읍 · 면 · 동 복지허브화'를 위한 읍 · 면 · 동 주민센터의 복지기능의 보강 및 개편을 추진하는 것이다(조추용 외, 2019).

여기서 도시형은 동주민센터의 복지허브화를 통해 동주민센터를 지역사회 차원의 사회보장허브기관으로 그 기능을 대폭 강화해서 복지제도를 운영하고 지역사회 복지운영의 기초단위인 지방자치단체가 복지 책임성을 새롭게 인식하고 주도적으로 복지행정서비스 수행여건을 마련하는 데 주안점이 있다. 또한 농촌형은 도시보다 넓은 지리적 특성, 상대적으로 인구의 수는 적고 서비스의 대상자는 많으며 보건복지의 인적 및 물적 자원이 부족한 것을 고려하여 희망복지지원단의 강화, 보건서비스(보건소)와의 연계 강화를 통해 접근성 및 서비스 제공기능 향상에 주안점을 두고 있다(전해황 외, 2018). 동복지센터의 허브화 추진경과를 보면 업무조정 및 인력배치를 통해 2014년에 기능보강형(읍 · 면 · 동 복지업무 확대 및 강화, 담당인력 대폭적 충원, 사회복지팀(복지민원담당과 사례관리담당으로 분리)과 민원행정팀으로 구분)을 우선적으로 추진하였다(전해황 외, 2018).

(5) 읍 · 면 · 동 복지허브화 및 찾아가는 복지서비스 실현(2017년 이후)

읍 · 면 · 동 복지허브화는 민관협력을 강화하고 국민들의 복지체감도를 높이기 위하여 사회복지공무원을 확충하고 전국의 읍 · 면 · 동을 복지허브 기관으로 2018년까지 단계적으로 추진하였다. 이러한 추진을 통해 시 · 군 · 구 희망복지지원단은 자원조사 및 발굴 총괄, 자원관리, 시 · 군 · 구 단위 민관협력 등의 고유업무와 복지상담 지원, 사례관리 지원, 읍 · 면 · 동 단위의 민관협력체계 구축 등의 업무에 집중할 수 있을 것이다. 또한 읍 · 면 · 동 주민센터는 복지허브화 및 찾아가는 복지서비스 실현을 통해 지역주민들의 협력에 의한 통합사례관리를 제공하고, 민간자원 연계를 통한 맞춤형 통합서비스를 추진하고 있다(조추용 외, 2019).

여기서 통합사례관리는 지역사회의 공공 · 민간자원에 대한 체계적인 관리 및 지원체계를 바탕으로 복합적이고 다양한 욕구 및 문제를 가진 대상자에게 복지 · 보건 · 고용 · 주거 · 교육 · 신용 · 법률 등이 필요한 서비스를 통합적으로 연계 · 제공하고, 이를 지속적으로 상담 · 모니터링해 나가는 것을 의미한다. 즉, 통합사례관리를 통해 탈빈곤 지원이 가능한 국민기초생활 수급가구, 차상위 빈곤가구, 긴급지원 대상가구 및 국민기초생활 수급자 탈락가구 등의 대상자를 지원하고 있다.

2) 사회복지실천의 현장

사회복지실천의 현장은 사회복지실천 분야에서 클라이언트에게 직 · 간접적으로 서비스가 이루어지는 곳이다. 이러한 현장은 클라이언트 체계(크기)에 따라 미시수준, 중간수준, 거시수준 활동으로 분류할 수 있는데(Holland, 1995; 이영실 외, 2016) 그 내용은 다음과 같다.

① **미시수준**(직접적) **활동** : 클라이언트 개인의 가장 친밀한 일상생활에서 상호작용에 개입하는 활동으로 개인, 부부, 가족, 집단 등을 포함하는 체계를 대상으로 한다. 이러한 활동은 사회복지사와 클라이언트가 일대일로 접촉하여 직접서비스를 전달하므로 직접실천이라고도 하며, 필요한 경우 클라이언트의 주변 환경체계(제도, 정책, 행정 등) 변화에도 활동하는 간접실천을 할 수도 있다. 예를 들어, 개인의 심리사회적

상태, 부모와 자녀 간의 관계, 부부관계, 동료와의 관계, 가족구성원들 간의 관계 개선 등을 들 수 있다.

② **중간수준 활동** : 미시수준과 거시수준의 중간수준을 의미하는 것으로 미시수준의 환경에 직·간접적으로 영향을 주는 환경에 변화를 주는 활동이다. 예를 들어, 가정, 학교, 직장, 교회 등 일상생활의 필요에 의해 접하게 되는 각종 집단들을 대상으로 가족구성원의 관계 개선, 또래집단의 갈등 해소, 자조집단이나 치료집단을 통한 활동 등이 있을 수 있다.

③ **거시수준(간접적) 활동** : 클라이언트의 삶에 영향을 미치는 국가, 지역사회, 기관이나 조직 등을 대상으로 활동하는 것이다. 이러한 활동은 클라이언트와 직접 만나기보다는 특정 클라이언트를 대상으로 간접적 활동을 하기 때문에 간접실천이라고 한다. 예를 들어, 사회복지정책 개발, 정책분석, 정책대안의 발굴 및 제시, 기관이나 조직의 행정체계 및 프로그램과 관련된 대안 제시, 취약계층의 권익옹호, 법률이나 규정의 틀에 영향을 줄 수 있는 자료조사 등이 있을 수 있다.

또한 사회복지실천의 현장은 사회 환경의 변화와 새로운 욕구에 따라 다양하게 변화될 수 있지만 바틀렛(Bartlett)은 다음과 같이 분류하고 있다(Bartlett, 1970; 김혜영 외, 2012).

① 기관의 기능 또는 목적에 따라 1차 현장(사회복지사가 중심이 되는 지역사회복지관, 노인복지관, 장애인복지관, 사회복귀시설 등)과 2차 현장(사회복지실천이 필요 시 개입하는 학교, 병원, 교정시설, 기업, 의료기관, 보육시설, 동사무소 등)으로 분류한다.

② 설립주체 및 재원조달 방식에 따라 공공기관(정부나 지방자치단체에서 지원하는 각종 사회보험 및 공공부조를 지원하는 읍·면·동사무소 등)과 민간기관(순수 자원봉사적인 활동과 공공·민간이 협력하여 서비스하는 시민사회단체, 종교단체, 사회복지법인 및 재단 등)으로 분류한다.

③ 서비스 제공방식에 따라 행정기관(전달체계를 효율적으로 하기 위한 보건복지부, 여성가족부, 고용노동부, 교육부, 문화체육관광부, 민간조직의 사회복지협의체 등)과 서비스 기관(아동상담소, 지역사회복지관, 노인복지관, 장애인복지관, 어린이집 등)으로 분류한다.

④ 주거서비스 제공 여부에 따라 생활시설(주거를 포함하여 제반 사회복지서비스를 제공하는 24시간 시설로 장애인생활시설, 아동단기보호시설, 청소년 쉼터, 노인전문요양시설, 미혼모시설, 그룹홈 등)과 이용시설

(주로 낮 시간에 이용하는 지역사회복지관, 노인복지관, 장애인복지관, 청소년 상담센터, 자활센터, 성폭력 피해상담소, 어린이집 등)로 분류한다.

위와 같은 사회복지실천의 현장은 사회복지의 개념이 잔여적(residual) 개념에서 제도적(institutional) 개념으로 변화하고 있기 때문에 우리나라의 경우 「사회복지사업법」 제2조(정의)에 따른 하위법(아동복지법, 노인복지법, 장애인복지법, 한부모가족지원법, 영유아보육법 등)의 복지시설 종류에 따라 실천 현장이 다양하게 분류된다. 「사회복지사업법」 제2조(정의)에 대한 구체적인 내용은 〈표 1-1〉에 나타냈다(국회법률정보시스템, 2019). 또한 사회복지시설의 종류 및 보건복지부 소관 사회복지시설의 세부 분류는 각각 〈표 1-2〉와 〈표 1-3〉에 나타냈다.

〈표 1-1〉 사회복지사업법 제2조(정의)

1. "사회복지사업"이란 다음 각 목의 법률에 따른 보호 · 선도 또는 복지에 관한 사업과 사회복지상담, 직업지원, 무료 숙박, 지역사회복지, 의료복지, 재가복지, 사회복지관 운영, 정신질환자 및 한센병력자의 사회복귀에 관한 사업 등 각종 복지사업과 이와 관련된 자원봉사활동 및 복지시설의 운영 또는 지원을 목적으로 하는 사업을 말한다.
   가. 「국민기초생활 보장법」
   나. 「아동복지법」
   다. 「노인복지법」
   라. 「장애인복지법」
   마. 「한부모가족지원법」
   바. 「영유아보육법」
   사. 「성매매방지 및 피해자보호 등에 관한 법률」
   아. 「정신건강증진 및 정신질환자 복지서비스 지원에 관한 법률」
   자. 「성폭력방지 및 피해자보호 등에 관한 법률」
   차. 「입양특례법」
   카. 「일제하 일본군위안부 피해자에 대한 생활안정지원 및 기념사업 등에 관한 법률」
   타. 「사회복지공동모금회법」
   파. 「장애인 · 노인 · 임산부 등의 편의증진 보장에 관한 법률」
   하. 「가정폭력방지 및 피해자보호 등에 관한 법률」
   거. 「농어촌주민의 보건복지증진을 위한 특별법」
   너. 「식품등 기부 활성화에 관한 법률」
   더. 「의료급여법」
   러. 「기초연금법」
   머. 「긴급복지지원법」
   버. 「다문화가족지원법」

서. 「장애인연금법」
어. 「장애인 활동 지원에 관한 법률」
저. 「노숙인 등의 복지 및 자립지원에 관한 법률」
처. 「보호관찰 등에 관한 법률」
커. 「장애아동복지지원법」
터. 「발달장애인 권리보장 및 지원에 관한 법률」
퍼. 「청소년복지지원법」
허. 그 밖에 대통령령으로 정하는 법률

2. "지역사회복지"란 주민의 복지증진과 삶의 질 향상을 위하여 지역사회 차원에서 전개하는 사회복지를 말한다.
3. "사회복지법인"이란 사회복지사업을 할 목적으로 설립된 법인을 말한다.
4. "사회복지시설"이란 사회복지사업을 할 목적으로 설치된 시설을 말한다.
5. "사회복지관"이란 지역사회를 기반으로 일정한 시설과 전문인력을 갖추고 지역주민의 참여와 협력을 통하여 지역사회의 복지문제를 예방하고 해결하기 위하여 종합적인 복지서비스를 제공하는 시설을 말한다.
6. "사회복지서비스"란 국가·지방자치단체 및 민간부문의 도움을 필요로 하는 모든 국민에게 「사회보장기본법」 제3조제4호에 따른 사회서비스 중 사회복지사업을 통한 서비스를 제공하여 삶의 질이 향상되도록 제도적으로 지원하는 것을 말한다.
7. "보건의료서비스"란 국민의 건강을 보호·증진하기 위하여 보건의료인이 하는 모든 활동을 말한다.

〈표 1-2〉 사회복지시설의 종류

소관 부처	시설 종류	세부 종류		관련법
		생활시설	이용시설	
보건복지부	노인복지시설	• 노인주거복지시설 • 노인의료복지시설 • 학대피해노인전용쉼터	• 재가노인복지시설 • 노인여가복지시설 • 노인보호전문기관 • 노인일자리지원기관	「노인복지법」
	복합노인복지시설	• 농어촌에 지역에 한해 「노인복지법」 제31조 노인복지시설을 종합적으로 배치한 복합노인복지시설을 설치·운영 가능		「농어촌주민의 보건복지 증진을 위한 특별법」
	아동복지시설	• 아동양육시설 • 아동일시보호시설 • 아동보호치료시설 • 자립지원시설 • 공동생활가정	• 아동상담소 • 아동전용시설 • 지역아동센터 • 아동보호전문기관 • 가정위탁지원센터 • 다함께돌봄센터* ('19.4.16.부터 적용)	「아동복지법」
	장애인복지시설	• 장애유형별 거주시설 • 중증장애인 거주시설 • 장애영유아 거주시설 • 장애인 단기 거주시설 • 장애인 공동생활가정	• 장애인 지역사회재활시설 • 장애인 직업재활시설 • 장애인 의료재활시설 • 장애인 생산품판매시설	「장애인복지법」
	어린이집		• 어린이집	「영유아보육법」
	정신보건시설	• 정신요양시설 • 정신재활시설 중 생활시설	• 정신재활시설 중 이용시설	「정신건강증진 및 정신질환자 복지서비스 지원에 관한 법률」
	노숙인시설	• 노숙인 자활시설 • 노숙인 재활시설 • 노숙인 요양시설	• 노숙인 종합지원센터 • 노숙인 일시보호시설 • 노숙인 급식시설 • 노숙인 진료시설 • 쪽방상담소	「노숙인 등의 복지 및 자립지원에 관한 법률」
	사회복지관 결핵 · 한센시설	• 결핵 · 한센시설	• 사회복지관	「사회복지사업법」
	지역자활센터		• 지역자활센터	「국민기초생활보장법」
여성가족부	성매매피해 지원시설	• 일반지원시설 • 청소년지원시설 • 외국인지원시설 • 자립지원공동생활시설	• 자활지원센터 • 성매매피해상담소	「성매매 방지 및 피해자 보호 등에 관한 법률」
	성폭력피해 보호시설	• 성폭력피해자보호시설	• 성폭력피해상담소	「성폭력 방지 및 피해자 보호 등에 관한 법률」
	가정폭력 보호시설	• 가정폭력피해자보호시설	• 가정폭력상담소 • 긴급전화센터	「가정폭력 방지 및 피해자 보호 등에 관한 법률」
	한부모가족 복지시설	• 모자가족복지시설 (기본, 공동, 자립) • 부자가족복지시설 (기본, 공동, 자립) • 미혼모자가족복지시설 (기본, 공동) • 일시지원복지시설	• 한부모가족복지상담소	「한부모가족지원법」
	다문화가족지원 센터		• 다문화가족지원센터	「다문화가족지원법」
	청소년복지시설	• 청소년쉼터 • 청소년자립지원관 • 청소년치료재활센터 • 청소년회복지원시설		「다문화가족지원법」

〈표 1-3〉 보건복지부 소관 사회복지시설의 세부 분류

대상자별	형태	시설 종류		소관 부서	관련법령
노인	생활	• 주거	• 양로시설, 노인 공동생활가정	요양보험운영과	「노인복지법」 제31조
			• 노인복지주택		
		• 의료	• 노인요양시설		
			• 노인요양공동생활가정		
		• 학대피해노인전용쉼터		노인정책과	
	이용	• 재가	• 재가노인복지시설(방문요양, 주·야간보호, 단기보호, 방문목욕, 재가노인지원, 방문간호)	요양보험운영과	
		• 여가	• 노인복지관	노인정책과	
			• 경로당, 노인교실		
		• 노인보호전문기관			
		• 노인일자리지원기관		노인지원과	
아동	생활	• 아동양육시설, 공동생활가정		아동복지정책과	「아동복지법」 제52조
		• 아동일시보호시설			
		• 아동보호치료시설			
		• 자립지원시설			
		• 공동생활가정(학대피해아동쉼터로 지정된 곳에 한함)		아동권리과	
	이용	• 아동상담소, 아동전용시설, 가정위탁지원센터		아동복지정책과	
		• 지역아동센터		인구정책총괄과	
		• 아동보호전문기관		아동학대대응과	
		• 다함께돌봄센터('19.4.16.부터 적용)		인구정책총괄과	「아동복지법」 제44조의2
장애인	생활	• 생활시설	• 장애유형별 거주시설	장애인권익 지원과	「장애인복지법」 제58조
			• 중증장애인 거주시설		
			• 장애영유아 거주시설		
			• 장애인 단기 거주시설		
			• 장애인 공동생활가정		
	이용	• 지역사회 재활시설	• 장애인복지관		
			• 장애인주간보호시설		
			• 장애인체육시설, 장애인수련시설, 장애인 생활이동지원센터		
			• 수화통역센터, 점자도서관, 점서 및 녹음서 출판시설		
		• 장애인의료재활시설			
		• 직업재활 시설	• 장애인보호작업장, 장애인근로사업장, 장애인직업적응훈련시설	장애인자립 기반과	
		• 장애인생산품판매시설			
영유아	이용	• 어린이집	국공립, 법인, 직장, 가정, 부모협동, 민간	보육기반과	「영유아보육법」 제10조
정신 질환자	생활	• 정신요양시설, 정신재활시설 중 생활시설		정신건강정책과	「정신건강증진 및 정신질환자 복지서비스지원에 관한 법률」 제22조 및 제26조
	이용	• 정신재활시설 중 이용시설			
노숙인 등	생활	• 노숙인자활시설 • 노숙인재활시설 • 노숙인요양시설		자립지원과	「노숙인 등의 복지 및 자립지원에 관한 법률」
	이용	• 노숙인종합지원센터 • 노숙인일시보호시설 • 노숙인급식시설 • 노숙인진료시설 • 쪽방상담소			
지역주민	이용	• 사회복지관		사회서비스자원과	「사회복지사업법」
기타시설	복합	• 결핵·한센시설		질병관리본부(결핵·에이즈관리과)	「사회복지사업법」
	이용	• 지역자활센터		자립지원과	「국민기초생활 보장법」

Chapter 02

사회복지실천의 발달과정

사회복지실천의 발달은 어느 순간에 갑자기 나타난 것이 아니라 인류문명이 시작되면서 시대의 변화에 따라 서서히 발전되어 왔다고 할 수 있다. 특히, 영국의 사회복지실천은 18세기 중엽 산업혁명으로 인한 산업화와 도시화에 따른 도시빈민들의 출현과 그들의 욕구에 대응하기 위해 시작되었다고 할 수 있다. 이 장에서는 영국과 미국을 위주로 서구 사회복지실천의 발달과정, 한국 사회복지실천의 발달과정 등에 대해서 알아본다.

2.1 서구 사회복지실천의 발달과정

영국 사회복지실천의 역사는 1601년 엘리자베스 구빈법(The Elizabethan Poor Law) 이래 사회복지실천에 대한 법제화를 이끌어 왔다. 이 법의 의의는 지방정부가 빈곤자를 원조하는 구제의 책임을 인지하였고, 구제 대상자를 노동력이 있는 자와 없는 자로 분류하여 노동력이 있는 자에게 근로 의무를 강요했으며, 시설 중심에서 지역사회 중심으로 원조 형태가 바뀌었다는 것이다(이재선 외, 2016). 그렇지만 현대적 의미의 전문화된 사회복지실천의 출발은 1869년에 시작한 자선조직협회(COS : Charity Organization Society)운동과 인보관운동(Settlement Movement)이 전개되어 1884년에 토인비 홀(Toynbee Hall)이 설립되면서 시작되었다. 이러한 시대적 배경에 따른 서구 사회복지실천 발달과정은 〈표 2-1〉과 같이 요약할 수 있다.

〈표 2-1〉 서구 사회복지실천의 발달과정

연도	1900년 이전	1900~1920년	1920~1950년	1950~1970년	1970~현재
변천과정	사회복지실천의 전문직 태동기	사회복지실천의 전문직 확립기	사회복지실천의 전문직 분화기	사회복지실천의 통합기	사회복지실천의 다양화와 확장기
내용	자선조직협회 인보관운동	전문직의 움직임	3대 방법론 확립	통합방법론 등장	다양한 새로운 모델 등장

출처 : 나동석 외(2014) 재구성.

1) 사회복지실천의 전문직 태동기(1900년 이전)

사회복지실천이 전문화되기 이전인 고대사회에서는 종족이나 씨족에 의해 형성된 공동체생활 속에서 서로 상부상조하여 의식주를 해결하면서 생활해 왔다. 11세기 중엽에 중세사회에서는 유럽 여러 도시에 상호부조의 길드(Guild)가 조직되었는데, 대표적인 것이 상인길드(Merchant Guild)이다. 상인길드에서 복지적 성격의 사업은 길드 구성원 중에 남편을 잃은 과부나 고아를 보호하였으며 교육을 시키기도 하였다. 또한 1531년에는 영국의 헨리8세 법령이 제정되었는데, 이는 빈민구호에 대한 정책으로 시장 또는 치안판사들이 보호해야 할 노인과 무능력한 걸인들의 상황을 조사하여 제한된 지역에서 구걸할 수 있도록 등록하고 허가를 받아야 했다(임은희, 2010). 이러한 과정을 거쳐 1601년에는 영국의 빈민구호에 관한 내용을 정리하여 엘리자베스 구빈법이 제정되었으며, 현대적 의미의 전문화된 사회복지실천의 자선조직협회가 설립되었고 인보관운동이 전개되었다.

(1) 자선조직협회의 설립

런던의 빈민굴에서 거주하면서 빈민문제를 연구한 에드워드 데니슨(Edward Denison) 목사는 가난한 사람들이 진실로 요구하는 것은 금품이 아니라 정신적 원조에 있다고 하였다. 따라서 빈민구조의 이상을 자조 및 자립에 두고 구빈행정의 개혁을 주장하면서 생활개선을 강조하기 시작하였다. 이러한 원칙을 기초로 하여 1869년에 최초로 런던에서 낭만주의 예술가였던 러스킨(John Ruskin)의 주도로 자선조직협회가 조직되었다. 러스킨은 부회장을 맡으면서 재정적 지원도 아끼지 않았는데, 이러한 자선조직협회의 기본적 목적은 다양한 자선조직을 조직화해서 빈민에 대한 체계적이고 효율적인 구호사업을 펼치는 데 있었다.

그러나 런던 자선단체의 수입이 늘어나면서 난립되어 오용과 남용의 문제가 발생하게 되었다. 따라서 자선조직협회의 지도자들은 자선의 오용과 남용을 막고 빈민들의 의존문화를 근절하기 위해서 구호신청자의 상황을 면밀히 분석할 필요성을 느끼게 되었다. 이러한 필요성에 따라 개발된 대책이 호별방문(우애방문)이다. 호별방문자들은 구호를 신청한 본인과 가족은 물론 이들의 집주인, 이웃, 고용주까지 방문하여 이들의 상황을 보다 총체적으로 파악하려고 노력했다. 이러한 자료는 구호신청자가 구호 받을 자격이 있는 빈민인가의 여부를 판단하는 근거가 되었다.

이러한 자선조직협회의 기능으로는 구호신청자에 대한 면밀한 조사, 중복구호를 피하기 위한 구호등록 실시, 여러 구호기관 간의 연락 · 조정, 그리고 호별방문자(우애방문자)라 불리는 자원봉사자들의 활동이다. 특히, 호별방문자로부터 시작된 가정방문, 면담, 기록 등은 오늘날 개별사회사업 및 가족사회사업으로 발전하였다. 또한 빈민들에게 탈빈곤 동기를 부여하는 데 도움이 된 사회중산층의 호별방문과 인격적인 감화활동은 오늘날 자원봉사활동을 발전시키는 밑거름이 되었다(이태희 외, 2010).

미국의 경우는 1865년 남북전쟁(1861~1865, 4년간)이 종식되고 제1차 세계대전이 시작되어 전쟁모금회가 시작되었는데, 이것이 미국의 사회복지 기원이 된다고 할 수 있다. 이 당시 미국의 사회적 상황은 산업화, 도시화, 이민문제, 흑인문제 등이 출현하여 사회복지실천이 요구되는 시기였다. 이러한 사회적 문제로 인해 미국 최초의 자선조직협회는 영국에서 처음 설립된 자선조직협회를 본받아 1877년에 뉴욕주 버팔로시(Buffalo City)에서 영국 성공회 소속인 거틴(Stephen H. Gurteen) 목사에 의해 창설되었다(이태희 외, 2010). 자선조직협회는 자선의 중복을 예방하고 빈민을 구호하기 위해 존재했던 기관들 간의 업무를 조정하기 위해 설립되었으나, 기관들 간의 업무조정뿐만 아니라 특정 개인이나 가족들에게 제공하는 원조활동을 논의하기 위해 사례회의를 조직화하였고 직접적인 구호와 서비스도 제공했다. 또한 다양한 사회문제의 해결과정에도 개입하여 결핵퇴치사업, 청소년 전담법원 설치, 아동보육 프로그램 제공, 임대주택에 관한 법과 제도개혁 등과 같은 실질적인 성과를 얻었다. 이러한 자선조직협회 운동의 활동가들은 호별 방문을 통해 사실을 확인하였는데, 활동가들은 주로 상류층 여성들로 구성되었다(이양훈 외, 2008).

(2) 인보관운동의 전개

인보관운동(Settlement Movement)은 1854년 에드워드 데니스 목사가 주축이 되어 캠브리지 대학 및 옥스퍼드 대학의 학생들과 슬럼가의 노동자들을 결합시켜 빈민문제를 해결하려는 사회이상주의운동으로 시작되었다(이태희 외, 2010). 이러한 인보관운동의 배경에는 빈민을 돕기 위해서는 빈민지역에 직접 들어가서 그들과 동고동락하면서 그들의 문제가 무엇이며, 무엇을 요구하는지를 체험함으로써 빈민과의 관계를 형성하고 그들과의 우정과 동료

애를 강조하여 사회적 갈등을 해결하려는 사회 개량적 의식이 바탕이 된다(김현호 외, 2018).

이러한 배경으로 최초의 사회복지관(Settlement House)인 토인비 홀(Toynbee Hall)은 1884년 사무엘 바네트(Samuel Barnett) 목사에 의해 런던 동부의 빈민지역인 화이트 채플(White Chapel)에 설립되었다. 바네트 목사는 토인비 홀을 설립하면서 데니스 목사의 이념을 계승하며, 빈민을 돕기 위해서 빈민지역에 들어가서 그들과 함께 살면서 그들의 삶과 어려움을 직접 체험하는 것이 중요하다고 하였다. 또한 빈곤은 부자와 빈민 간의 계급대립의 표현이므로 인텔리 대학생들이 빈민과 결합함으로써 계급 간의 화해를 기할 수 있다고 생각하였다. 그리하여 대학생들은 토인비 홀에 거주하면서 가난한 노동자들과 그 가족들에게 문화와 교양을 깨우쳐 주고, 빈민의 인간적 성장을 돕도록 권장하였으며, 빈민들과 어울리면서 다양한 프로그램을 진행시켰다. 프로그램은 빈민자조조직의 결성을 지원, 지역 노동자들과 함께 노사문제를 상담 · 협의, 주민들에게 글과 예술을 가르치는 일 등이 포함되었다. 인보관운동에 참여하는 활동가들은 빈곤문제를 지역사회의 맥락에서 접근하였으며, 빈민을 이웃과 동료로 생각하면서 접근하였다.

토인비 홀은 옥스퍼드대학 학생시절부터 인보관운동에 참여하여 옥스퍼드대학 경제학부 조교수로 재직하던 31세 나이에 결핵으로 사망한 아놀드 토인비(Arnold Toynbee, 1852~1883)의 열정적인 활동을 기리기 위해 바네트 목사와 그의 동료 및 학생들을 주축으로 설립되었다. 토인비 홀을 중심으로 이루어진 인보관운동은 단지 아동과 성인들을 위한 강좌 개설만을 하는 것이 아니라 지역사람들에게 폭넓은 교육기회를 제공하고, 강좌와 집단토론에 참여함으로써 가르치는 사람과 배우는 사람 간의 협조와 배움을 나누는 환경을 제공하였다. 또한 빈곤의 책임을 개인에게만 돌리는 자선조직협회 활동가들과는 달리 빈곤문제를 지역사회의 맥락에서 접근하였다(이태희 외, 2010).

미국의 경우 인보관운동은 자선조직협회의 활동가들이 호별 방문에서 얻은 자료를 통해, 빈곤의 원인이 결코 개인의 잘못만은 아니라는 사실을 발견하게 되었다. 따라서 자선조직협회는 새로운 변화의 길을 모색하는 과정에서 빈곤문제에 대한 새로운 접근방법의 하나로 인보관운동이 전개되었다(이양훈 외, 2008). 이러한 방법의 하나로 코이트(Stanton Coit)와 스토버(Charles B. Stover)는 1884년에 영국의 바네트(Samuel Barnett) 목사가 런던의 동부 슬럼지역에 세운 토인비 홀을 방문하여 벤치마킹 하고 돌아와 1887년에 뉴욕시

그린조합(Neighborhood Guild of New York)이라는 명칭의 인보관을 창설하였다. 그들은 토인비 홀에서 3개월 동안 생활하면서 런던 빈민과 함께 일하고 생활하는 젊은 대학생들에게 크게 감명을 받고 돌아와 그린조합을 설립하였다.

이후 1889년에는 아담스(Jane Addams) 여사가 영국의 토인비 홀을 방문하고 돌아와 시카고 빈민가 지역인 할스테드(Halsted)에 헐 하우스(Hull House)를 설립하였고, 스쿠더(Vida Scudder)는 뉴욕대학 인보관(The College Settlement)을 건립하였다(양정하 외, 2008). 1890년에 우즈(Rovert Woods)는 보스턴시에 앤도버 하우스(Andover House)라는 인보관을 설립하였다. 이러한 인보관은 미국 전 도시에 급속도로 확산되어 1891년 6개소에 불과했던 곳이 1897년에 74개소, 1900년에 413개소, 1915년에 550개소로 증가하였다(김범수 외, 2009). 자선조직협회와 인보관운동의 특징을 비교한 것은 〈표 2-2〉에 나타냈다.

〈표 2-2〉 자선조직협회와 인보관운동의 특징 비교

구분	자선조직협회	인보관운동
최초 기관	• 영국 : 1869년 러스킨 주도로 런던에 설립 • 미국 : 1877년 거틴 목사 주도로 뉴욕주 버팔로에 설립	• 영국 : 1884년 바네트 목사에 의해 런던 빈민가에 토인비 홀 설립 • 미국 : 1887년 코이트와 스토버가 뉴욕시에 그린조합 설립
목적	자선 및 빈민구호 단체의 업무 조정	계급갈등과 노사갈등을 지역사회 수준에서 조정 및 화합하여 사회적 조화를 이룸
의의	지역사회조직 실천방법의 출발	지역사회복지관 활동의 출발
사회문제의 원인	개인적 속성	환경적 요인
이념 및 사상	사회진화론	민주주의, 급진주의*
활동가	상류층	교육을 받은 중류층 및 대학생
사회문제 해결방법	자선기관들의 서비스 조정	서비스의 직접 제공
참여형태	우애방문원의 가정방문	빈민들과 거주하는 자원봉사자
끼친 영향	Case Work, 전문적 접근 지역사회조직(협회)의 모태 지역사회전문가 탄생 사회조사기술발전	Group Work 지역사회운동(지역복지관 형성)에 영향

* 급진주의 : 사회적으로 불이익을 받는 사람들의 권익을 보호하고자 하는 사상

출처 : 김현호 외, 2018.

2) 사회복지실천의 전문직 확립기(1900~1920년)

태동기의 자선조직협회 활동 및 인보관운동의 활동가들은 자원봉사자에 의한 무급봉사로 활동하였으나 1900년부터는 활동가에 대한 보수체계의 정립, 교육 및 훈련제도가 정착되면서 사회복지실천교육의 필요성이 제기되기 시작하였다. 미국 볼티모어 자선조직협회에서 근무하던 리치몬드(Mary Richmond) 여사는 자선 및 교정학회에 참석하여 전문교육을 담당할 기관의 필요성을 설명하였는데, 이것이 계기가 되어 뉴욕 자선조직협회는 뉴욕 자선학교의 후원으로 1898년에 6주간의 훈련과정을 개설하였다. 이후 뉴욕 자선학교는 1904년부터는 1년의 정규과정으로, 1910년부터는 2년의 정규과정으로 채택하여 운영하였다.

또한 리치몬드는 자신 및 동료들의 사회복지실천의 활동내용과 활동과정을 종합하여 1917년에 최초로 사회복지실천에 관한 이론과 방법에 대한 「사회진단(Social Diagnosis)」을 소개하였다. 소개한 내용은 문제와 서비스 제공범위를 결정하는 방법(자료수집), 문제의 정확성과 해결방법을 모색하기 위한 방법(진단), 원조방법을 구체화하고 원조내용을 결정하기 위한 방법(예측과 치료계획) 등으로, 이는 개별사회사업에 대한 지식의 일반적 틀을 형성시켜준 것이라고 할 수 있다. 따라서 이 시기는 전문직 사회복지실천이론이 확립된 시기, 즉 활동가들이 유급직원으로 배치되어 전문직 사회복지실천을 시작한 확립기라고 할 수 있다(이재선 외, 2016).

3) 사회복지실천의 전문직 분화기(1920~1950년)

1920년에 들어서면서 리치몬드는 1917년에 사회진단을 소개하고 1922년에 「개별사회사업이란 무엇인가?(What is Social Case Work?)」라는 책을 통해 케이스워크(Casework)란 개인과 개인, 인간과 환경 간의 적절한 조화와 조절을 통해 인격의 발달이 이루어지는 과정이라고 정의하였는데, 이는 현재 사회복지실천의 기본개념 틀인 환경 속의 인간(Person in Environment, PIE)을 개념화한 것이다. 또한 1930년대는 미국의 뉴욕대학과 펜실베니아 대학에서 사회사업학과가 개설되었으며, 개별사회사업(Social Case Work)과 구별하기 위한 목적으로 집단사회사업(Social Group Work)과 지역사회조직사업(Community Organization)이란 용어를 사용하여 3대 방법론으로 분리되었다. 그리고 사회복지실천에 대한 개별사회사업의 접근방법에 있어서 진단주의학파와 기능주의학파로 분리되었다.

진단주의 학자들은 1920년대 개별사회사업이 리치몬드의 「사회진단」 영향과 프로이드(Freud)의 정신분석이론을 도입하여 클라이언트의 문제를 무의식, 전이, 저항, 정신적 결정론과 같은 개념을 기초로 사정 · 진단 · 치료하는 과거 중심으로 접근하였다. 이 시기는 프로이드의 이론을 진단실천가뿐만 아니라 가족복지기관 및 아동상담소 등에서 널리 적용하고 있었다. 이후 진단주의이론은 뉴욕 사회사업대학 교수인 해밀턴(G. Hamilton)의 저서 「개별사회사업의 이론과 실제(1940)」에서 이론적으로 정립되어 많은 영향을 미쳤다. 이후 홀리스(F. Hollis)는 심리사회적 모델로 체계화하여 지금까지 사회복지실천의 모델로 적용하고 있다(나동석 외, 2014).

또한 1930년대는 미국 대공황(Depression, 1929.10.24~1933.12, 4년간)으로 인해 실업이 급증하고, 은행과 증권시장이 도산하고, 영세사업체의 도산이 급증하면서 빈곤 등 대량의 사회문제가 제기되면서 펜실베니아 사회사업대학원에서 시작된 기능주의이론이 정립되었다. 기능주의 학자들은 인간을 보는 관점을 기계적이고 결정론적인 관점에서 바라보는 프로이드의 인간관에 이의를 제기하면서 인간을 보다 창의적이고 의지적인 존재로 보아야 한다는 신프로이드 학파인 오토 랭크(Otto Rank)의 의지심리학에 영향을 받아 접근하였다. 대표적인 학자로는 로빈슨(V. Robinson), 태프트(J. Taft), 오토 랭크 등이 있는데, 오토 랭크는 과거를 강조하는 프로이드 입장 대신에 여기-지금(Here and Now) 현재에 초점을 강조하면서 변화의 가능성에 대해 낙관적인 견해를 가지고 사회복지사와 클라이언트 간의 관계를 강조하였다. 기능주의는 과거보다는 현재를, 질병의 심리학보다는 성장의 심리학을, 치료보다는 원조를 강조하면서 진단주의와 논쟁을 벌였는데, 이는 사회복지 관점을 의료모델에서 생활모델로 전환하는 계기가 되었다(이재선 외, 2016).

4) 사회복지실천의 통합기(1950~1970년)

1950년대는 사회복지실천의 흐름은 제2차 세계대전(1939.09.01.~1945.08.15, 6년간)을 거치면서 전쟁으로 인해 많은 사람이 개인별로 다양한 욕구로 도움이 필요한 클라이언트가 발생하였는데, 그들의 욕구에 부응하기 위하여 3대 방법론(개별사회사업, 집단사회사업, 지역사회조직사업)의 실천방법 간에 공통적 요소를 찾으려고 노력하는 통합방법론이 등장하였다. 통합방법론은 3대 방법론에서 벗어나 개인, 가족, 집단, 지역사회를 구분하지 않고 이들 방법을 총괄하여 개입할 수 있는 방법을 의미한다. 즉, 과거의 개인 또는 환경에만 초점을 두어 부분적인 서비스만을 제공했던 방법보다 개인과 개인, 개인과 사회 환경 간의 조화, 상호작용에 초점을 둠으로써 클라이언트의 욕구와 문제를 보다 효과적으로 해결할 수 있다는 것이다. 이러한 통합화 과정은 전문직 단체에도 나타났는데, 1955년에는 의료사회사업가협회(1918), 학교사회사업가협회(1919), 사회사업가협회(1921), 정신의료사업가협회(1926), 집단사회사업가협회(1946) 등 다섯 개 전문직 단체와 지역사회조직사업(1946)과 사회사업조사 등 두 개의 연구단체를 미국사회사업가협회(NASW : National Association of Social Worker)로 통합하였다(이재선 외, 2016).

또한 진단주의와 기능주의 학파 사이의 이론적 갈등은 1957년 펄만(H. H. Perlman)이 문제해결과정을 제시하면서 종식되고 통합화가 이루어졌다. 펄만은 그녀의 저서 「사회적 개별사회사업 : 문제해결과정(Social Casework : A Problem-Solving Process)」에서 진단주의와 기능주의를 혼합한 문제해결모델(Problem solving model)을 제시하였다(Perlman, 1957; 김향선 외, 2015). 펄만은 사람의 문제를 병리적인 것이 아니라 삶의 일부로 보았으며 클라이언트의 어려움은 구체적인 상황과 관련해서 정상적 문제해결능력이 부족(동기, 능력, 기회의 부조화)해서 발생한다고 보았다. 펄만의 이러한 주장은 이후 핀커스와 미나한(Pincus & Minahan)의 4체계 모델, 콤튼과 갤러웨이(Compton & Galaway)의 6체계 모델에 많은 영향을 주었다(김향선 외, 2015).

5) 사회복지실천의 다양화와 확장기(1970~현재)

1920년대부터 1950년대까지 전문가들은 인간의 행동을 평가하고 변화시키기 위해서는 의학적 접근방법을 적용하고 프로이드의 정신분석이론에 영향을 받아 인간의 병리적 측면에 초점을 두었으며 클라이언트의 과거 경험을 중시하며 접근하였다(김향선 외, 2015). 그러나 1970년부터는 전문가들이 의료모델의 효율성에 대한 의문을 갖게 되었고 클라이언트의 문제원인을 규명하는 데 있어서 환경적 요인도 중요하다고 인식하게 되어 환경 속의 인간이 강조되었다. 특히, 1970년대는 여러 가지 다양한 모델들이 등장하게 되었는데, 핀커스와 미나한(Pincus & Minahan, 1973)의 4체계 모델, 콤튼과 갤러웨이(Compton & Galaway, 1975)의 6체계 모델, 래퍼포트(Rapoport, 1970)의 위기개입모델, 라이드와 엡스타인(Reid & Epstein, 1972)의 과제중심모델, 저메인과 지터맨(Germain & Gitterman, 1970)의 생활모델, 역량강화(권한부여, 임파워먼트)모델 등이 있다.

여기서 핀커스와 미나한의 4체계 모델은 변화매개인체계(사회복지사와 그가 속한 조직), 클라이언트체계(서비스나 도움을 기대하는 사람(개인, 가족, 집단, 지역사회 등)), 표적체계(변화매개인인 사회복지사가 목적 달성을 위해 변화시킬 특수한 대상), 행동체계(목적 달성을 위해 서로 상호작용할 수 있는 이웃, 가족, 전문가 등)로 구성된다. 콤튼과 갤러웨이의 6체계 모델은 핀커스와 미나한의 4체계에 전문가체계(사회복지사를 육성 및 교육하는 단체(사회복지사협회, 교육협회 등))와 의뢰−응답체계(잠재적 클라이언트를 사회복지사의 관심영역으로 끌어들이기 위해 행동하는 사람(경찰, 학교 등))를 추가한 것이다. 저메인과 지터맨의 생활모델은 개인과 환경을 동시에 초점을 두며 지역사회와 문화적 상황 안에서 개인, 가족, 집단과 같이 활동할 수 있는 실천 원칙과 방법을 통합하여 실천하는 모델이다(김향선 외, 2015).

1980년대는 기존의 사회복지 전달체계의 모순, 서비스의 단편성과 일회성을 극복하여 사회복지 분야에서 클라이언트에게 효과적인 서비스를 전달하려는 목적으로 사례관리가 많은 관심을 받았다. 사례관리는 다양하고 복잡한 욕구를 지닌 클라이언트와 사례관리자 간의 연속적인 지원 관계를 바탕으로 클라이언트에게 필요한 서비스를 적시에 적절하게 제공받을 수 있도록 지역사회의 사회자원을 통합 및 조정하고 관리하여 서비스의 연계 및 조정, 연속적인 서비스를 제공하는 실천 과정이다(김향선 외, 2015). 이러한 과정을 거쳐 현재의 사회복지실천은 사회개혁과 인간 개인의 변화에 초점을 두고 접근하고 있으며 빈곤뿐만 아니라 비행, 장애, 노인, 건강, 보건, 정신보건 등 다양한 범주에서 다양한 문제를 다루고 있다.

2.2 한국 사회복지실천의 발달과정

우리나라 사회복지실천의 역사는 전근대사회로부터 전통적인 상부상조와 정부에 의한 공공부조가 이루어지면서 발달하였다. 전근대사회에서는 부락 단위나 국가적 차원에서 지역주민들이 당면한 사회·경제적 문제를 해결하고자 하는 공동의 노력이 존재하였다(이태희 외, 2010). 현대적 의미의 사회복지실천은 1950년대부터라 할 수 있다(이재선 외, 2016). 1950년대 이전의 활동들은 전근대사회의 상부상조 활동이었고, 일제강점기(1910.08.~1945.08, 35년간) 때 국가 및 지역사회 주도의 사회복지실천 활동은 복지이념이 그대로 구현되었는지 의문이 있을 수 있다. 그러나 1945년 8월 해방을 맞이하여 미군정기(1945~1948, 3년간)를 거쳐 한국전쟁(1950.06.~1953.07, 3년간)으로 인해 외국의 원조에 의존하여 주로 개별적이고 시설수용적인 측면(전쟁고아)의 구호활동 위주로 사회복지실천 활동이 이루어졌다.

이처럼 사회복지실천의 발달에 대해 정확하게 구분할 수는 없으나 편의상 1950년대 이전과 1950년대 이후로 나누어 알아본다.

1) 1950년대 이전 사회복지실천의 발달

한국의 근대사회 이전의 사회복지실천은 국가나 군·현 단위의 행정적 복지사업과 부락 단위의 민속적 협동관행으로 나눌 수 있다. 국가 단위의 사회복지실천은 의창, 상평창, 진휼청 등 상설복지기구를 통해 시행되었고, 촌락 단위의 사회복지실천은 계, 두레, 품앗이, 공굴, 고지, 부조, 향약 등 민속적 관행을 통해 전개되었다(김현호 외, 2018). 이렇게 국가와 촌락 단위로 사회복지실천이 전개되었으나, 국민들이 사회복지 혜택을 받고 효과를 얻은 사회복지는 공동체 속에서 자연적으로 발생한 민속적 관행과 유교문화의 교화로 이루어진 촌락 단위의 자주적 복지관행이라 할 수 있다(이태희 외, 2010). 상설복지기구 및 민속적 관행은 다음과 같다(김현호 외, 2018).

① **의창** : 흉년이 든 해에 기민(굶주린 백성)을 구제하기 위해 양곡을 창고에 보관해 두었다가 흉년이 들 때 무상으로 구제해주는 제도이다. 의창제도는 신라 남해왕부터

고려 성종까지 이어졌으며, 정부가 빈민을 구제하였다는 점은 오늘날 기초생활보장제도의 성격과 동일하다.

② **상평창** : 빈민에게 곡물을 대여하고 일정한 기간의 상환의무를 주었다. 최소로 문헌에 나타난 것은 고구려 고국천왕 16년(916)으로 매년 3~7월까지 창고 곡식을 빈곤자의 생활 정도에 따라 진대해 주고 10월에 이르러 이를 환납하게 하였다. 이를 고려 성종이 다시 제도화하여 실시하였는데, 이는 풍년 때 곡식을 창고에 저장하였다가 흉년에 대여함으로써 빈민의 안위에 역점을 둔 제도이다.

③ **진휼청** : 조선시대 중종 때 시행한 제도로 의창이나 상평창과 같이 흉년에 빈곤자를 구제하기 위한 국가제도이다. 인조 26년(1648)에 상평청으로 명칭을 변경하였다.

④ **계** : 역사상 유래와 연대는 정확하지 않으나 신라 초기 유리왕 때 시작된 가배계(嘉徘契)로 알려졌다. 계는 상호 간에 공통된 이해관계를 가진 사람들이 상부상조의 정신에 입각하여 사회, 경제, 교육 및 일반생활의 이익을 도모하기 위해 구성한 민간협동체를 의미한다. 이러한 계의 유형에는 공익(公益), 공제(共濟), 생산(生産), 영리(營利), 사교(社交) 등의 목적으로 이루어지고 있다.

⑤ **두레** : 옛날부터 농촌에서 전래되어 온 소규모의 부락단위 공동체로 주로 농경작업을 공동으로 추진하기 위해 민속적이며 자율적인 지역사회의 공동체이다. 촌락공동체의 내부질서는 공동노동, 공동예배, 공동유흥, 상호부조, 공동소유 등의 기반 위에 협동조직체로 우리 민족의 촌락자치질서를 확립하였다.

⑥ **향약** : 지역사회의 발전과 지역주민들의 순화, 덕화, 교화를 목적으로 한 지식인들 간의 자치적인 협동조직을 의미한다(이양훈 외, 2008). 향약은 유교의 영향을 받아 일어난 민간 자치적인 상부상조의 활동으로 향촌사회의 이탈을 막고 공동체를 결속함으로써 체제의 안정을 도모하려는 목적이 있었다. 4대 강목으로 덕업상권, 과실상규, 예속상교, 환난상휼이 있다. 덕업상권(德業相勸)은 좋은 일은 서로 권하여 장려하고, 과실상규(過失相規)는 나쁜 행실은 서로 규제하고, 예속상교(禮俗相交)는 서로 사귐에 예의를 지키고, 그리고 환난상휼(患難相恤)은 어려운 일이 생겼을 때 서로 도와주는 것을 의미한다.

일제강점기(1910.08.~1945.08. 35년간) 때 구호사업은 일제 식민정책의 일부로 은혜를 베풀거나 자선으로 우리 민족 스스로 그들에게 충성하게 하려는 정치적 의미가 컸다고 할 수 있다(이태희 외, 2010). 즉, 식민지인 조선의 빈민을 효과적으로 통제하여 질서를 유지하고 지배강화를 도모하려는 정치적 목적이 있었다. 이 시기는 근대적 의미의 사회복지실천을 시작한 시기로 볼 수 있는데, 1927년에 일제에 의해 방면위원제도가 만들어졌다. 방면위원제도는 독일의 엘버펠트(Elberfeld)의 구빈위원제도를 모방한 것으로 인보사업과 사회사업서비스를 원활히 한다는 명목으로 만들어졌는데, 임무는 빈민의 생활상태를 조사하고 빈곤의 원인을 판명하여 적절한 지도교화 및 구제방법을 강구하는 데 있었다. 방면위원은 지역유지나 민간인 중에서 명예직 무보수로 임명하였는데 오늘의 사회복지전문요원과 유사한 기능을 수행했다고 할 수 있다(나동석 외, 2014). 1921년에는 사회복지사업의 연락 · 조사연구기관으로 조선사회사업연구회가 우리나라 최초로 조직되었는데, 이 협회는 오늘날 사회복지협의회와 유사한 업무를 가진 협의체이나 그 조직이 관에 의해 통제되었다(이태희 외, 2010). 또한 1921년 우리나라 최초의 인보관인 태화기독교사회복지관이 메리 마이어스(Marry D. Myers)에 의해 설립되었다. 이 복지관은 저소득층 주민과 여성들의 권익옹호에 큰 영향을 주었을 뿐만 아니라 질서유지와 지배강화를 도모하기 위한 통치의 목적도 있었다(이양훈 외, 2008). 이후 전국적으로 육아시설, 임산부상담소, 탁아시설, 영아건강상담소, 빈궁아교육기관, 불량아감화시설, 맹아보호시설, 유아협회 등 각종 아동보호시설이 설립되어 운영되었다.

2) 1950년대 이후 사회복지실천의 발달

1950년대 사회복지실천은 광복(1945.8.)과 미군정기(1945~1948, 3년간)를 거쳐 한국전쟁(1950.06~1953.07, 3년간)을 겪으면서 불우아동, 노인, 장애인 등을 위한 수용시설사업이 주류를 이루었다. 이러한 과정에서 1952년에는 외국민간원조한국연합회(KAVA : Korean Association of Voluntary Agencies)가 조직되어 기관을 통한 개별사회사업실천을 하였다. 이러한 연합회는 주로 기독교 복음전파의 사명과 목적을 갖고 종교사업과 함께 교육, 보건, 재해구호, 생활보호, 그리고 지역사회개발 등의 사회복지실천의 비영리적 사업을 전개하였다.

1964년에 이르러 KAVA의 회원단체는 70개 기관으로 늘어났으며, 정부기관과 유대를 갖고 효과적으로 협조 · 통합된 단체로서의 사회복지실천 활동에 대한 교량적 역할을 했다. 특히 외국의 원조로 이루어지는 외원기관은 교육과 보건 및 지역사회개발 등의 영역에서도 많은 기여를 했으며, 미국식 전문사회사업의 실천방법과 관련된 이론들을 국내에 전파하여 지역사회복지사업을 전문화하는 데 커다란 기여를 했다. 외원기관의 복지활동과 더불어 1947년 이화여자대학교에 사회사업학과가 최초로 설립되었고, 1956년에는 대학이 인보관 활동에 처음으로 참여하여 이화여대 복지관이 설립되었다. 그 후 1956년에는 아현인보관이, 1962년에는 목포사회복지관이 개인 및 민간단체들에 의해 설립되었다(오정수 외, 2008). 1959년에는 국립의료원에서 의료사회사업(Medical casework)이 시작되어 전문적 개별사회사업의 영역으로 자리 잡게 되었다(나동석 외, 2014). 이러한 과정에서 1959년에 전문가협회인 한국개별사회사업가협회가 창설되었고, 1967년에는 한국사회복지사협회로 명칭이 바뀌었다.

1970년대는 사회복지정책은 많은 변화가 있었는데, 1972년 정부에서는 사회생활 합리화 시정방침으로 ① 요보호자의 자립기반의 조성, ② 여성 지위 향상과 여성단체의 지도육성, ③ 아동보호시설의 정비 확충에 의한 아동복지의 증진, ④ 인력의 해외진출 강화, ⑤ 직업안정사업과 직업훈련사업의 강화, ⑥ 근로동원태세의 확립, ⑦ 노사 간의 협조증진 도모, ⑧ 사회보장제도의 단계적 확대 실시 등의 방침을 세우게 되었다. 특히, 요보호자의 자립기반 조성에 해당하는 생활보호사업으로 거택보호, 시설수용보호, 자활지도사업, 영세민 보호, 재해구호사업 등을 실시하였다. 이러한 과정 속에 1968년에 「의료보험법」, 1970년에 「사회복지사업법」, 1973년에 「국민복지연금법」, 1977년에 「의료보호법」 등이 제정되어 공포되었다.

1980년대는 제5공화국(1981.03.~1988.02.) 제12대 전두환 정부가 출범하면서 '복지사회건설'이라는 슬로건을 내세우고 영세대책을 중요시하면서 생활 무능력자에 대한 단순한 생계구호보다는 근로능력이 있는 저소득층에 대한 소득능력 배양과 빈곤의 세습화 차단 등의 정책에 집중하였다. 제5공화국 때는 많은 복지관련 법들이 수정 또는 제정되었는데, 1980년 「사회복지사업기금법」이 제정되고, 1981년 「심신장애자복지법」과 「노인복지법」이 제정되고, 1983년 「사회복지사업법」과 1982년 「생활보호법」이 개정되면서 법적 근거에 의해 사회복지서비스가 발달하게 되었다. 1983년 개정된 「사회복지사업법」에 따라 사회복지관의 설립 및 운영을 지원하는 근거가 마련되었고, 1989년에 사회복지관 설치운영 규정이 만들어졌으며 1985년부터 시 · 도 단위의 종합사회복지관이 설립되기 시작하여 시설보호 중심의 실천에서 지역사회 중심의 재가복지사업이 도입되었다(이재선 외, 2016). 또한 1987년에는 지역의 생활보호대상자(국민기초생활보장수급자)를 중심으로 하는 공공부조업무를 수행하기 위하여 전국 읍 · 면 · 동사무소에 사회복지전담요원을 배치하였는데, 이는 공공부조사업뿐만 아니라 지역사회를 중심으로 공공사회복지 전달체계가 발달하는 계기가 되었다(오정수 외, 2008; 이양훈 외, 2008).

1990년대 이후 한국의 사회복지정책은 지방자치제도 실시로 인한 지역사회 중심의 제도변화, 사회복지정책의 확대, 전문성의 강화 등을 경험하게 된다. 이 시기는 생활 중심에서 지역사회보호 등으로 사회복지의 패러다임이 변화하는 시기이다. 전국적으로 영구임대아파트 단지 내에 지역사회복지관의 설립이 현실화되었고, 지역사회복지관에 재가복지봉사센터가 1992년부터 부설로 설치 · 운영되었다. 또한 노인, 장애인, 아동을 대상으로 공동생활가정의 도입이 이루어졌고 자원봉사센터 등이 설립되었다. 그리고 1995년 「정신보건법」이 제정되어 정신보건센터 및 정신장애인 사회복귀시설이 설립되는 계기가 되었다(김만호, 2010). 1997년에는 「사회복지사업법」 개정에 따라 사회복지기관 평가가 실시되어 사회복지사업의 운영 및 프로그램의 효과성과 효율성 제고, 지역사회 중심의 자원동원 및 서비스 전달체계의 확립, 지역사회주민 조직화 사업을 강화하는 등의 사회복지실천영역의 확대와 전문성을 높이는 계기가 되었다(이양훈 외, 2008). 또한 한국사회복지사협회가 공식적으로 법적 단체로 등록되어 사회복지사들은 전문가로서 사회적 위치를 더욱 공고히 하게 되었고, 2003년부터 사회복지사 1급 자격 국가고시제가 시행되었다.

2000년대 들어서는 「국민기초생활보장법」의 시행으로 지역사회 중심의 자활급여를 실시할 자활후견기관(지역자활센터)을 전국 시 · 군 · 구에 설치하여 본격적으로 자활사업이 전개되었다. 또한 광역단체 및 기초단체의 사회복지협의회가 독립법인화로 전환되고 지역사회조직 및 관련 자원들 간의 네트워크를 통한 지역사회보장협의체가 구성되어 지역사회보장계획의 수립 및 실행을 하였으며, 사회복지재정이 지방분권화되는 등 지역사회 중심의 지역사회복지가 더욱 강화되었다. 또한 2000년에는 국민들에게 사회복지에 대한 이해를 증진시키고 사회복지 종사자의 활동을 장려하기 위해 9월 7일을 사회복지의 날로 제정하였다(나동석 외, 2014). 2003년에는 「사회복지사업법」 개정을 통해 시·도 및 시·군·구 단위의 지역사회보장계획 수립을 의무화하였다. 지역사회보장계획 수립의 목적은 시도가 처해 있는 복지환경과 활용 가능한 복지자원을 고려해서 시군구 지역복지계획의 적절한 시행을 지원함으로써 전체적 복지수준을 높이는 데 있다. 시군구의 사회보장계획은 각 기초단체별로 복지 대상자 및 지역주민들의 욕구를 파악하여 예산을 편성하고 각 분야의 전문가들이 참여하여 모든 영역에 복지서비스를 제공하기 위한 것이다(조추용 외, 2009). 이후 지역사회보장계획 수립은 「사회보장급여의 이용·제공 및 수급권자 발굴에 의한 법률」이 제정되면서 이 법에 따르고 있다. 2005년에는 「건강가정지원법」이 시행됨에 따라 여성가족부가 시행하는 가족정책의 주요 전달체계로서 다양한 가족지원정책을 제안 및 실행하기 위해 건강가정지원센터가 개소되어 운영되고 있다. 이후 「다문화가족지원법」이 제정되어 결혼이민자가족을 위한 다문화가족지원센터가 개소되어 운영되고 있으며 「아이돌봄지원법」에 따라 아이들의 복지증진 및 보호자의 일·가정 양립을 통한 가족구성원의 삶의 질 향상과 양육친화적인 사회 환경을 조성하고 있다.

또한 정부는 노인인구 증가로 인한 초고령사회(노인인구가 20% 이상)에 대비하여 노인장기요양보험제도를 2008년 7월 1일부터 시행하고 있다. 이 제도의 목적은 고령이나 노인성 질병 등의 사유로 일상생활을 혼자 수행하기 어려운 노인 등에게 제공하는 신체활동 또는 가사활동 지원 등의 장기요양급여에 관한 사항을 규정하여 노후의 건강증진 및 생활안정을 도모하고 가족의 부담을 덜어줌으로써 국민의 삶의 질을 향상하도록 하는 것이다(노인장기요양보험법, 법률 제8403호). 장기요양보험제도의 서비스 전달체계는 [그림 2-1]에 나타냈다.

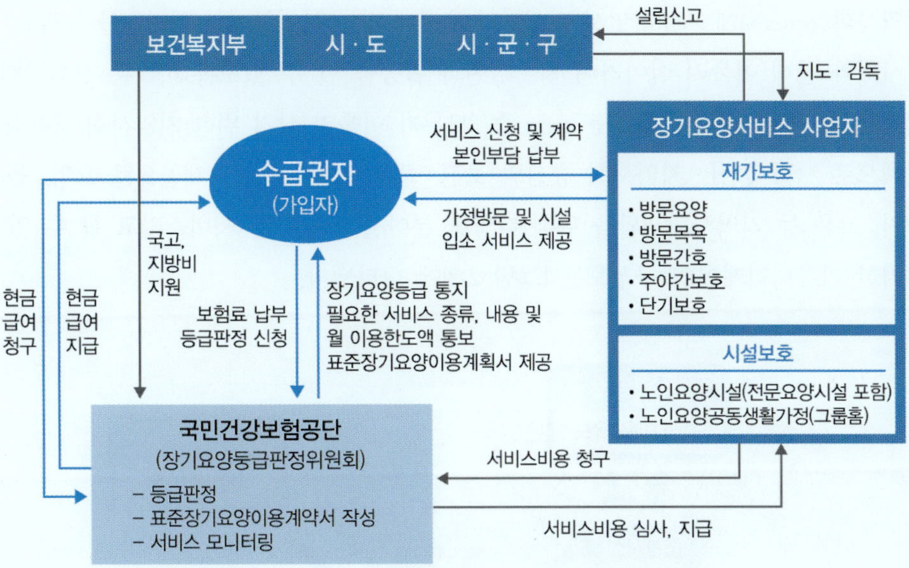

[그림 2-1] 장기요양보험제도의 서비스 전달체계도

출처 : 보건복지부 요양보호사 표준교재(2019).

최근에는 시대적 흐름에 따라 문재인 정부(제19대, 2017.05~현재) 들어서면서 복지정책을 '커뮤니티케어(Community care)'로 추진하고 있다. 2019년 업무계획 중 사회보장 기본계획의 국정과제에 살던 곳에서 건강한 노후보장을 위한 지역사회 통합 돌봄 도입 5개의 핵심 과제를 추진하고 있다. 즉, ① 주거지원 인프라 확충, ② 찾아가는 방문의료 확대 신설, ③ 병원 · 시설 지역 연계, ④ 재가 장기요양 및 돌봄서비스 확충, ⑤ 지역사회 통합 돌봄 모델 마련 등이다. 복지와 관련된 이러한 사회복지사업은 그 대상자에 대한 케어(보호) 또는 서비스 과정에 따라 크게 대상자를 사회복지시설에 입주시켜 시행하는 것과 자택에 거주하게 하면서 시행하는 것으로 구별된다. 전자는 인스티튜셔널케어(Institutional care)라고 하고, 후자는 커뮤니티케어(Community care)라고 한다. 현대적 사회복지사업의 특징은 대상자를 빈곤층(요보호대상자)에서부터 일반주민과 국민으로 확대해 가는 것이다. 이처럼 재가(在家) 대상자에 대한 커뮤니티케어의 의의가 확대되어 실시되는 형태는 이미 선진국에서는 시행하고 있다.

커뮤니티케어는 돌봄(Care)을 필요로 하는 사람들이 자신이 살던 자택이나 그룹홈 등 지역사회(Community)에 거주하면서 개개인의 욕구에 맞는 복지급여와 서비스를 누리고, 지역사회와 함께 어울려 살아가며 자아실현과 활동을 할 수 있도록 하려는 사회서비스 체계를 의미한다(보건복지부 보도자료, 2018). 즉, '모두가 어울려 살기 위한 지역사회 포용확대' 정책으로 사람 중심 · 지역사회 중심의 보건 · 의료 · 복지서비스 제공으로 요양, 돌봄, 주거, 고용 등 지역사회생활을 위해 다양한 분야를 포괄하는 서비스라고 할 수 있다. 이러한 커뮤니티케어의 구성도는 [그림 2-2]에 나타냈다.

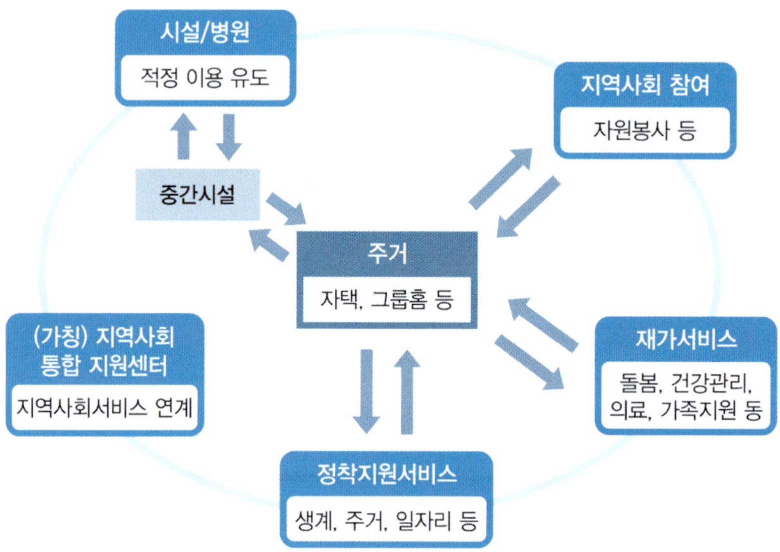

[그림 2-2] 커뮤니티케어의 구성도

출처 : 보건복지부 정책간담회(2018).

일반적으로 이러한 커뮤니티케어 정책의 추진 필요성은 다음 세 가지로 설명할 수 있다. ① 대상자에게 가능한 시민생활의 넓은 범위에서 향수(享受)를 느끼기 위해 자택에 있게 하는 것이다. ② 인스티튜셔널 케어가 대상자에게 미치는 부정적인 영향을 줄여주는 것이다. 예를 들어, 호스피텔리즘(오랜 요양소 생활에서의 또 다른 정신적 · 신체적 증세)을 방지하기 위해서는 커뮤니티케어가 바람직하다. ③ 대상자의 활동능력과 가족의 지원능력을 활용하고 이를 저하시키기 않기 위해서는 커뮤니티케어가 더 효과적이라는 것이다. 이러한 필요성으로 인해 영국이나 미국에서는 이미 시행되고 있는데, 전문가가 행하는 커뮤니티케어와 주민들이 행하는 커뮤니티케어로 구별된다.

우리나라의 경우 커뮤니티케어 정책의 추진 필요성은 다음 두 가지로 요약할 수 있다.

① **병원 · 시설 중심 서비스의 한계** : 의료급여 장기입원자(360일 이상)의 약 48%는 의료적 필요가 아닌 간병 부재나 주거 등 다른 이유로 사회적 입원을 하고 있다(보건사회연구원, 2016). 노인의 절반 이상(57.6%)이 거동이 불편해도 살던 곳에서 여생을 마치고 싶다고 응답하였다(노인실태조사, 2017). 노인 · 장애인 등의 보건의료 및 요양, 재활 및 자립의 서비스 선택권을 기존 의료 및 요양시설에서 재가까지 확대되고 있다. 의학적 입원필요성이 낮은 사회적 입원을 줄이고 지역사회 중심의 보호 및 재활, 자립 및 정착지원을 통해 인권과 삶의 질 향상이 필요하다.

② **고령 · 초고령사회의 의료 · 돌봄 수요 급증** : 우리나라의 공공사회복지지출은 GDP 대비 9.3%로 OECD 평균(21.1%)의 44% 수준에 달한다. 급성기－회복기－장기케어에 필용한 의료 · 요양 · 돌봄 수요에 대응하는 지역사회서비스 확충과 다양한 케어욕구에 대응하는 통합서비스 제공체계를 강화할 필요가 있다(보건복지부 정책간담회, 2018). 또한 사회서비스 제공과정에서 양질의 일자리 창출의 효과도 있을 것이다.

Chapter 03

사회정의와 사회복지실천의 가치 및 윤리

사회복지실천은 사회복지사가 사회적 안녕상태를 이루기 위해 필요한 사회적 서비스를 그 서비스가 요구되는 현장에서 실천에 옮기는 과정으로 다양한 형태의 서비스를 계획하고 실천하여 삶의 질을 향상하는 것이다. 이러한 사회복지실천을 위한 과정에서 사회정의를 이해하고 시대와 목적에 따라 전문직의 발달과 함께 다양하게 나타나는 가치 및 윤리를 이해하는 것이 필요하다. 이 장에서는 사회정의에 대한 이해, 사회복지 전문직의 가치와 윤리 및 자기성찰, 한국사회복지사의 윤리강령, 사회복지사의 자질과 역할 및 자아인식 등에 대해서 알아본다.

3.1 사회정의에 대한 이해

사회정의(Social justice)는 사회에서 개인에게 정당한 몫을 부여하고 그 몫에 대한 권리, 책임의식, 이익 등을 정당하게 부여하는 것으로 기회균등의 분배와 투명한 사회를 지향하는 것을 의미하는 사회철학 용어이다. 사회정의에 대한 용어는 미국의 진보주의 철학자인 존 롤스(J. Rawls) 하버드대 교수가 저술한 '정의론'에서 처음으로 제시되었다. 그는 "모든 이에게 자유를 완벽하게 누리게 할 수 있어야 하며 빈곤한 사람들의 복지를 우선으로 배려해야 한다. 또한 결과의 불평등은 존재하되 모든 사람에게 기회는 균등하게 주어져야 하는 것이 정의의 원칙이다." 라고 사회정의를 정의하였다. 여기서 정의는 개인의 정당한 몫을 분배해 주는 것으로 이해가 상충되는 당사자들을 어느 한쪽을 일방적으로 부당하게 희생시키지 않고 모든 당자자의 이익을 공정하게 고려하여야 한다는 원칙이다. 이때 무엇이 정당한 것인가에 대해서는 절차를 중시하는 입장과 실질(결과)을 중시하는 입장이 있는데, 전자를 절차적 정의 또는 형식적 정의라 하고 후자를 실질적 정의라 한다.

절차적 정의는 문제나 갈등의 해결과정에서 적절한 규칙을 준수하는 것으로 대화와 협상을 해 나가는 과정에서 지켜야 할 원칙이다. 즉 협상과 대화를 하는 상대방을 존중하고, 자유스러운 분위기에서 합의를 이끌어 내고, 합의된 내용을 성실히 이행하는 것 등이다. 실질적 정의는 문제나 갈등의 해결에 따라 결과 및 분배가 형평성 있게 이루어지는 것으로 공정하게 이익이 조정되는 수준을 의미한다. 여기서는 이러한 사회정의에 부응할 수 있는 인권, 옹호, 사회행동 등에 대해서 알아본다(김현호 외, 2018).

1) 인권

인권(Human rights)은 인간이 태어남으로 인해 갖는 천부적 권리로서 성, 인종, 국적, 경제적 배경 등을 가리지 않고 누구나가 평등하게 가지는 권리를 의미한다. 즉, 상이한 문화적·종교적 전통의 가치에도 불구하고 인간의 보편성과 인도주의의 가치를 주창(主唱, 주의나 사상을 앞장서서 주장함)할 수 있는 중요한 내용 중의 하나가 인권이다(공경배, 2013). 여기서 인도주의(Humanitarianism)는 모든 인간이 인간이라는 점에서 동등한 자격을 갖추고 있다는 생각으로 인류의 공존을 꾀하고 복지를 실현시키려는 박애사상을 의미한다. 또한 박애사상(Philanthropy)은 인간이 부딪치고 있는 모든 현실적 차별, 즉 인종·국적·종교·신분·풍습·이해관계 등의 차별을 초월하고 인간성을 기초로 하여 근심·불행·괴로움 등을 같이 나누려는 인간애를 의미한다.

인권이라는 용어는 17세기 이후 서유럽 자유주의 정치사상에 입각한 자연법사상에서 비롯되었다. 즉 「인간의 권리(Right of man)」라는 페인(Paine, 1971)의 저서 제목과 동의어인 '인간의 권리'에서 유래된 것이다(공경배, 2013). 우리나라의 경우 「국가인권위원회법」에 따라 독립국가 기관인 국가인권위원회가 2001년 11월 25일 설립되면서 인권의 중요성이 더욱 강조되었다.

인권의 출발점은 인간생명의 존엄성이라고 할 수 있으며, 어떤 영역에서 문제되는 인권이든지 간에 인간생명의 존엄성을 기초로 한다. 인권의 사전적 의미는 '사람이 사람답게 살기 위해 필요한 것으로서 당연히 인정된 기본적 권리' 또는 '인간이 자연인으로 누려야 할 당연한 권리'를 의미한다. 이러한 인권과 유사한 의미로 사용되는 개념으로는 자연권, 시민권, 기본권이 있다. 자연권은 태어나면서부터 개인에게 초자연적으로 부여된 권리로서 천부인권이라고도 불리며 자유와 평등을 핵심개념으로 하는 권리를 의미한다. 이에 비해 인권은 인간의 권리가 천부적으로 주어진 것이 아니라 세상에 인간으로 태어나서 다른 사람들과 관계를 맺는 과정에서 형성되는 권리로서 완전한 평등보다는 정의를 강조하고 있다. 시민권은 사회공동체를 이루고 사는 인간이 국적과 영토를 기반으로 하는 특정 국가의 구성원으로서 갖는 권리를 의미한다. 이에 비해 인권은 특정 국가에서의 지위가 아닌 인간이기 때문에 갖는 보편적 권리이다.

기본권은 민주사회의 헌법과 법률에 규정된 법적 권리를 의미한다. 이에 비해 인권은 인간존엄성에 바탕을 두고 인간의 자유와 평등, 정의 등의 기본 가치를 반영하는 도덕적 권리로서 기본권보다 포괄적이며 기본권의 토대를 제공한다. 그러므로 기본권은 인간의 도덕적 가치와 배치되지 않는지 끊임없이 점검받아야 하며, 실정법에 규정되지 않는 권리까지도 인권으로 인정하고, 인권을 제도화해 나가려는 노력이 병행되어야 한다. 특히, 사회복지사가 추구하는 바가 모든 인간이 존엄한 존재로서 인간다운 삶을 살아갈 수 있도록 삶의 질을 높이는 것이라고 볼 때, 사회복지영역에서 인권은 실천의 바탕에 깔려 있어야 한다.

인권은 다음과 같은 특성이 있다. ① 인권은 모든 사람이 누려야 하는 권리라는 점에서 보편성을 지니고 있다. ② 인권은 태어난 사람이라면 누구나 가지고 있는 권리라는 점에서 고유성을 지니고 있다. ③ 인권은 사람이 일시적으로 누리는 권리가 아니라 항구적으로 누리는 권리라는 점에서 항구성이 있다. ④ 인권은 정부권력 등 외부로부터 침해를 받아서는 안 된다는 불가침성이 있다. 이러한 특성에 따라 인권은 지위에 상관없이 누구나 항구적으로 누려야 하는 권리라는 점에서 사회복지영역의 요보호대상자나 사회적 약자를 대상으로 하는 사회복지실천에서 가장 중요한 요인이라고 할 수 있다.

2) 옹호

옹호(Advocacy)는 클라이언트의 이익을 옹호하고 대변하는 활동을 의미한다. 옹호활동은 지역사회의 클라이언트가 정당한 처우나 서비스를 받지 못하는 경우에 활동하며, 표적집단에 대하여 강력한 영향력이나 압력을 행사하는 활동이다. 옹호자는 클라이언트의 이익을 위해 전문적 대변인이나 대리인으로 활동한다. 이러한 옹호는 클라이언트가 권리를 갖고 있으며, 그 권리의 보장은 법적으로 요구할 수 있기 때문에 클라이언트가 받아야 할 권리나 혜택에 초점을 맞춘다. 여기서는 옹호의 원칙, 실천유형, 기술과 전술 등에 대해서 알아본다.

(1) 옹호의 원칙

옹호는 다양한 클라이언트나 집단을 상대로 하는 활동일 뿐만 아니라 그들이 지닌 가치, 신념, 규칙 등과도 싸워야 하는 어려운 일이다. 효과적인 옹호활동을 펼치기 위해 다음과 같은 원칙을 지켜야 한다(김현호, 2018).

① 옹호활동은 합리적 수준을 유지하는 것이 좋다. 즉, 클라이언트 수준에 맞아야 한다는 것이다.

② 가능하면 개별적 활동보다 팀워크(team work)에 의존한다. 개별적 옹호활동이 더 좋은 결과를 가져올 때도 있지만, 집단적 옹호활동은 동원 가능한 자원이나 다양한 전술을 활용할 수 있다는 점에서 유리하다.

③ 옹호활동은 가끔 적극적이고 단호한 태도를 요구하기도 한다. 옹호활동의 상대가 기득권을 가진 조직이나 개인을 대상으로 옹호활동을 할 때, 타협적이거나 양보하는 태도를 취하기 쉽다. 그렇지만 클라이언트의 이익을 지속적으로 알리고 상대방의 변화를 유도하기 위해서는 적극적이고 단호한 태도를 보여주어야 한다.

④ 유연성을 강점으로 인식할 필요가 있다. 단호한 태도가 요구된다고 해서 모든 일에 경직된 태도를 유지하는 것은 아니다. 상황에 따라 최선보다는 차선에 만족하는 법도 터득해야 한다.

(2) 옹호의 실천유형

옹호의 실천유형은 개별옹호, 집단옹호, 정치적 옹호로 나누는데, 각각에 대해서 알아본다(김현호, 2018).

① **개별옹호**(Case advocacy) : 사례옹호라고도 하며 개인이나 가족을 위한 옹호활동을 의미한다. 따라서 개별옹호는 주로 특정 클라이언트의 욕구나 권익을 대변하여 필요한 자원이나 서비스를 확보하는 데에 초점을 둔다. 또한 개별옹호는 특정 기관으로부터 서비스 수혜 자격이 있는 클라이언트가 서비스를 받지 못하는 경우, 이러한 갈등을 해결하는 노력으로 옹호활동이 전개된다.

② **집단옹호**(Class advocacy) : 특정 클라이언트 집단이나 제도의 문제점과 관련된 옹호활동을 의미한다. 집단옹호는 해당 집단의 클라이언트들이 일정한 공통욕구를 공유하여 사회여건을 변화시키려는 일에 초점을 둔다. 이러한 집단옹호는 특정 대상자 집단에게 불리한 영향을 미치는 이슈를 사회적으로 다룸으로써, 현 상태에 중요한 변화를 일으키고 그들의 욕구와 권익을 대변하며 그들의 갈등을 해결하는 일련의 원조활동을 의미한다(김현호 외, 2018). 집단옹호활동에는 민권운동, 주거권 실현운동, 사회복지권 운동, 장애아동의 교육권 운동 등이 해당된다(이양훈 외, 2008).

③ **정치적 옹호**(Political advocacy) : 공공옹호(public advocacy)라고도 하며, 주로 정치와 정책 영역을 대상으로 하는 옹호활동을 의미한다. 즉 여성, 아동, 빈민, 소수인종, 장애인과 같이 비교적 무력한 집단들이 그들의 자원과 기회를 향상시키도록 돕는 정책실천을 의미한다. 정책실천은 정책변화를 위한 노력을 의미하며, 정치적 옹호는 이러한 정책변화를 위해 무력한 집단들의 몫을 향상시키기 위한 노력이라고 할 수 있다.

(3) 옹호의 기술과 전술

옹호의 기술과 전술에는 설득하기, 대변하기, 표적을 곤경에 빠트리기, 정치적 압력 등이 있는데, 각각에 대해서 알아본다(이양훈 외, 2008; 김현호 외, 2018).

① **설득하기** : 설득은 사회복지실천에서 자주 사용되는 대인관계기술의 하나로, 대상자나 어떤 명분(cause)에 대해 호의적인 해석을 얻어내기 위한 제반 활동이다(Hardcastle, et al., 1997). 이러한 설득의 효과를 높이는 데에는 개인적인 권위와 정확한 사실 파악이 필수적이다. 설득은 4가지 요소로 이루어지는데 전달자, 전달형식, 메시지(Message), 대상자 등이다. 이러한 요소 중 전달자의 신뢰성, 동질성, 전문성, 비언어적 강점 등에 따라 효과가 다를 수 있으며, 전달형식이나 메시지, 대상자에 따라서도 달라질 수 있으므로 미리 대상자에 대한 정보를 파악하는 것이 필요하다. 설득의 원칙으로는 원하는 메시지를 명확히 하고, 사실 자료들을 파악해서 활용하고, 활용할 권력의 원천에 대해 이해 및 연습하고, 설득할 메시지를 분명하고 단순화하여 시각적 이미지를 활용하고, 감정과 논리에 호소하고, 시선을 맞추면서 대화하는 것

등이 있다(Hardcastle, et al., 1997; 김현호 외, 2018).

② **대변하기** : 대변은 문제를 스스로 처리할 능력과 지식이 부족한 클라이언트에 대해서 전문지식이 있는 다른 사람이 대신해서 표현 또는 전달하는 행위이다. 대변자와 대변을 요청한 클라이언트와의 관계는 양자의 합의에 의해서 결정한다. 이러한 대변역할의 효율성을 위해서는 의사소통, 클라이언트의 욕구발견, 클라이언트로 하여금 진행과정을 지원하도록 가르치고 동기화시키는 일 등의 훈련이 필요하다. 대변역할의 원칙으로는 당사자 외에 제3자의 개입이 필요한지를 먼저 결정하고, 대변자는 자신의 지식을 클라이언트와 공유하고, 클라이언트가 원하는 것을 찾아내어 점검하고, 대안을 제시하여 클라이언트로 하여금 바람직한 것을 선택하게 하고, 매사에 서로 협조할 것 등이 있다(Hardcastle, et al., 1997; 김현호, 2018).

③ **표적을 곤경에 빠트리기** : 직접적인 도전이나 공격이 어려울 때 쓸 수 있는 효과적인 전술이다(Kirst-Ashman & Hull, 2001). 표적을 곤경에 빠트림으로써 특정 사안에 대한 표적의 태도나 입장이 흔들릴 수 있기 때문이다. 이러한 전술은 표적이 과거 자신의 공언(公言)과 다른 의사결정을 내릴 때 주로 사용되는 옹호전술이다.

④ **정치적 압력** : 선출직 표적(자치단체위원, 자치단체장, 국회의원 등)을 대상으로 펼치는 옹호활동이다. 이러한 전략은 정부의 지원을 받는 기관을 상대로 이루어지기도 하고 선출직 표적을 통해 문제의 실상을 파악해 해당 기관에 압력을 행사하는 경우도 있을 수 있다.

3) 사회행동

사회행동(social action)은 사회적으로 억압받고 소외된 클라이언트나 지역주민이 사회정의와 생존권적 권리에 입각해서 사회, 정치, 경제적으로 보다 나은 처우를 받을 수 있도록 행해지는 조직적 활동을 의미한다(김만호, 2010). 사회복지에서 사회행동은 인간의 복지를 해결하기 위한 조직적 노력을 의미한다. 따라서 사회행동은 사회서비스의 향상을 목적으로 하는 클라이언트나 집단의 활동이라고 할 수 있다(Fridlander & Apte, 1974; 김현호 외, 2018). 사회행동은 클라이언트의 사회적 조건을 향상시키거나 사회변화를 통하여 사회의 부적응을 해소하고 사회해체를 예방하는 목표를 가지고 있다.

이러한 사회행동은 소수인의 행동에 의해서 출발되는 경향이 있으며, 합법적 또는 비합법적 수단이 되기도 한다. 이것은 상대집단을 이기기 위해 힘을 갖기 위한 의도로서 정보력, 상대의 약점 파악, 대중 동원 등에서 급진적 방법이 사용될 수도 있다. 따라서 사회적 규범이나 가치보다 방법과 과정에 중점을 두는 것으로, 포괄적이고 광범위한 사회복지영역이나 클라이언트 및 집단의 이익을 추구하기 위해 사회행동을 할 수도 있다. 여기서는 사회행동의 특징, 전략 등에 대해서 알아본다.

(1) 사회행동의 특징

사회행동의 목적은 지역사회를 기초로 특정 지역사회 문제나 사회적 약자의 권익보호와 문제해결을 추구하는 것이며, 집합적인 특징을 지닌다. 이러한 사회행동의 특징을 제시하면 다음과 같다(Dunham, 1970; 김현호 외, 2018).

① 사회행동은 항상 사회실천에 있어서 변화를 위한 제안과 이 제안에 대한 옹호나 반대를 위한 것이다.
② 사회행동은 사회행동가에 의해서 수용될 수 있는 바람직한 목적을 포함한다.
③ 사회행동은 항상 사회행동가보다는 개인 또는 소수에 의해서 시작된다.
④ 사회행동은 교육, 선전, 설득, 압력 등과 같은 방법을 사용하지만 육체적 탄압은 하지 않는다.
⑤ 사회행동의 목적과 방법은 합법적일 수도 있고 비합법적일 수도 있다.
⑥ 사회행동은 사회적 결과보다는 방법과 과정에 중점을 둔다. 사회행동은 선을 위해 사용할 수도 있고, 악을 위해 사용할 수도 있으며, 선과 악의 중립적 목적을 위해 사용할 수도 있다.

(2) 사회행동의 전략

사회복지사는 사회행동에서 지역주민들이 직접 행동을 취할 수 있도록 사회구조와 여건에 따라 다양한 전략을 구사할 수 있다. 사회행동의 전략은 합의적 전략과 대립적 전략으로 구분할 수 있다(김현호 외, 2018). 합의적 전략은 통합된 공동체, 동질적 이익, 사회의 목표와 수단에 대한 동의, 사회 내 구성원 사이의 협력의 가능성을 전제로 하고 있다. 또한 변화에 대한 반대는 이익의 갈등이 아니라 잘못된 정보나 무관심에서 기인한 것으로 본다. 대립적 전략은 합의적 전략이 실패하였을 경우에 사용한다. 공동체 내의 합의의 실패는 변화에 대한 반대에 기인하는 것이며 협의나 설득이 성공할 수 없을 때 직접적인 사회행동을 취하게 된다(김만호, 2010). 이러한 사회행동을 효과적으로 전개하기 위한 전략은 기본전략, 정치적 압력 전술, 직접행동, 법적 행동 등이 있는데, 각각에 대해서 알아본다.

① 기본전략

사회행동은 지역사회 내 사회적 약자들의 생활에 영향을 미치는 중요한 결정에 대해 이들의 통제력을 향상시키기 위한 집단적 행동이라고 할 수 있다. 이러한 기본전략은 효과적인 쟁점의 정리, 힘의 극대화, 정당성 확보, 협상의 전개 등이 있다.

A. 효과적인 쟁점의 정리 : 쟁점을 표현하는 방식, 쟁점의 인식 기준, 쟁점에 대한 접근 수준의 결정을 의미한다. 쟁점을 정리하는 과정에서 사회복지사와 주민들은 문제를 해석하고 정의하며 의미를 부여해야 한다. 쟁점을 효과적으로 정리하기 위해서는 쟁점의 폭을 넓게 정리하고, 지역주민들이 인식할 수 있어야 하고, 지역주민들이 인식을 넓히는 데 도움이 되어야 하고, 싸움의 정당성을 뒷받침할 수 있어야 하고, 변화의 가능성을 확신시킬 수 있도록 해야 한다(김만호, 2010).

B. 힘의 극대화 : 사회행동에 있어서 자신의 목적을 달성할 수 있는 힘(능력)을 최대화시키는 것을 의미한다. 힘의 원천은 권력, 명예, 완력, 지식 등으로 다양한데, 어떠한 힘의 원천에 의존하여 사회행동을 전개할 것인가를 결정하는 것도 중요하다. 사회복지사는 표적(상대방)의 권력기반, 지지세력, 반격태세, 취약점 등을 파악하여 적절한 대책을 강구해야 한정된 힘을 효율적으로 사용할 수 있다. 일반적으로 힘의 극대화에서 표적을 선정하는 기준은 제도나 기관보다는 개인이 효과적이다. 또한 표적을 공격할 때 표적의 장점을 역으로 활용하는 것이 효과적이다(김만호, 2010). 예를 들어, 공해문제로 인한 기업(표적)과 싸우게 된다면 기업의 매출에 영향을 미치는 고객을 이탈시키는 전략은 매출에 치명적인 영향을 미침으로써 효과적인

전략이 될 수 있다.

C. 정당성 확보 : 윤리적, 사회적, 합법적으로 정당성이 확보되어야 된다는 것을 의미한다. 따라서 사회행동은 이러한 정당성이 조직 내부와 외부 양쪽 모두에서 확보되어야 한다. 이러한 정당성 확보로 사회행동은 조직 내 · 외의 구성원이 모두 인정하는 공통의 가치를 지향하는 것이 바람직하고, 표적(상대방)으로부터 반격의 빌미를 제공하는 폭력 사용은 하지 않는 것이 바람직하다. 즉, 조직 내부의 정당성 확보는 조직 구성원의 가치를 적절히 반영할 때 이루어지는데, 이것은 조직가들이 전술 선택에서 자신의 가치와 선호를 구성원에게 일방적으로 강요해서는 안 된다는 것을 의미한다. 또한 조직 외부의 정당성 확보는 대중의 승인을 받을 수 있는 전술을 사용해야 한다는 것이다(이태희 외, 2010).

D. 협상의 전개 : 사회행동이 바람직하고 의미 있는 목표를 달성하기 위해서는 어떻게 협상을 할 것인지, 협상의 토대가 되는 갈등의 범위를 어느 정도로 할 것인지에 대한 결정이 필요하다. 일반적으로 사회행동은 조직에 참여하는 구성원의 구체적인 경험을 근거로 갈등의 범위를 좁게 잡아 출발하는 것이 바람직하다. 그리고 사회행동의 쟁점(issue)을 선정할 때 조직의 구성원은 물론 표적에게도 무엇인가를 획득할 수 있도록 협상의 대안을 준비하는 것이 필요하다(김현호 외, 2018).

② 정치적 압력전술

사회행동은 많은 부분에 있어서 정치체계를 통하여 행동하게 된다. 정치체계는 최고결정권자를 중심으로 명령체계를 구축하고 있기 때문에 상층부의 결정은 많은 영향력을 미치게 된다. 따라서 정치체계에 영향력을 행사하기 위해서는 먼저 정부의 구조와 정책 형성 및 입법 과정 등에 대해서 충분한 지식과 정보를 갖추고 있어야 한다. 즉, 정책의 책임과 권력의 소재를 파악하여 압력을 가함으로써 효과적인 사회행동의 목표를 달성할 수 있다.

정치체계에 영향력을 행사하는 정치적 압력전술에는 로비활동과 직접참여가 있다. 로비활동은 정치인이나 관료에게 쟁점의 배경, 가능한 해결 방안, 대중들의 정서 등을 전달해서 목표를 달성하기 위한 활동을 의미한다. 또한 직접참여는 단순히 사회행동의

청원자(petitioner)로 머물지 않고 의사결정 과정에 직접 참여하는 방법이다. 즉, 정치활동에 가담하여 선거에 의한 당선을 통하여 결정권자가 되는 경우를 의미한다.

③ 직접행동

직접행동은 직접개입을 뜻하는 의미로, 로비활동과 같은 온건하고 간접적인 방법이 효과를 거두지 못할 때 사용하는 사회행동 전략의 하나이다. 직접행동은 문제를 가시화하는 데 효과가 있고, 표적에 대해 직접적인 타격을 가할 수 있으며, 사회행동 조직의 내부적 결속력을 높일 수 있다. 그러나 직접행동은 성공적인 자원동원을 전제로 할 뿐만 아니라 때로는 상당한 위험 부담을 감수해야 한다(김현호 외, 2018).

직접행동에 있어서 사회복지사는 어떠한 상황에서 어떠한 기준으로 행동을 할 것인가에 대해서 면밀히 검토해야 한다. 또한 직접행동을 하기 전에 직접행동의 효과와 비용에 대한 분석이 필요하고, 직접행동이 조직의 명분에 도움이 되는 방향으로 쟁점을 정리해야 하고, 사용하려고 하는 직접행동 전술이 조직의 가치와 대중의 윤리적 정서에 부합되는지 등을 검토해야 한다.

3.2 사회복지 전문직의 가치와 윤리 및 자기성찰

사회복지실천의 본질적인 3대 요소는 사회복지 전문직의 가치와 윤리, 전문적 활동에 필요한 지식, 이러한 가치와 윤리 및 지식을 현장에 옮기는 과정에서 필요한 기술이다(엄명용 외, 2013). 이러한 3대 요소를 갖추기 위해 자기성찰을 통해 노력하는 것이 사회복지 전문직의 교육 및 훈련과정이라고 할 수 있다. 가치는 어떤 사회현상이나 사물이 어떻다고 생각하는 것이다. 예를 들어, '모든 인간은 국적, 지위, 인종 등에 상관없이 인간 그 자체로서 존엄하다'는 것은 가치에 대한 표현이 될 수 있다. 이러한 점에서 가치는 좋고(Good) 나쁜(Bad)가와 관련되며, 윤리는 무엇이 옳고(Right) 그른(Wrong)가와 관련된다. 사회복지실천에서 가치는 '추구해야 하는 이상적인 것'과 관련된 것이고, 윤리는 '가치를 실현하는 실천적인 것'과 관련된다. 그러므로 가치는 신념이고 과학적 근거도 없으며 객관적으로 증명할 수 없고 주관적으로 선호하는 것이며, 윤리는 실질적 결정을 내릴 때 필수적인 것으로 옳고 그른 행동에 대한 사회적 태도를 지칭하는 도덕철학이라 할 수 있다.

따라서 가치는 하나의 가정적 개념으로 인간의 내면 속에서 그치지만, 윤리는 행동으로 나타나는 것으로 윤리적 판단에 따른 행동수행에 있어 규범적 어떤 기준이 필요하게 된다. 이러한 관점에서 사회복지실천에서 윤리는 가치에서 비롯되고 실천적 원칙을 준수하게 되는데, 원칙은 옳고 그른 것을 추구하게 하는 윤리기준을 제공하게 된다(최경화 외, 2010). 지식, 가치, 윤리의 관계는 〈표 3-1〉에 나타냈고(이영실 외, 2016), 가치의 종류와 내용은 〈표 3-2〉에 나타냈다(이종복 외, 2015).

〈표 3-1〉 지식, 가치, 윤리의 관계

종류	내용
지식	증명할 수 있는 세계와 인간을 관찰한 결과를 객관화시킨 사실
가치	객관적으로 증명할 수 없고 주관적으로 선호하는 것으로 인간의 적절한 행동을 선택하는 데 있어서 지침이나 기준
윤리	가치에서 비롯되나 무엇이 옳고 그른가를 판단하여 주는 도덕적 지침

〈표 3-2〉 가치의 종류와 내용

종류	내용
궁극적 가치	개인의 자유, 정의, 평화, 발전, 자기결정 등과 같이 추상적이고 다수에 의해 쉽게 동의를 얻을 수 있는 개념의 가치이다.
수단적(도구적) 가치	타인의 수용, 비난하지 않는 태도, 자기결정, 비밀보장, 고지된 동의 등과 같이 목적 달성을 위해 요구되는 수단들을 명확히 하는 가치로 궁극적 가치를 달성하기 위한 수단이다.
차등적 가치	치료를 거부할 수 있는 환자의 권리, 낙태나 동성애에 대한 가치, 보건의료서비스 등과 같이 사회문화적 영향이나 개인의 경험에 따라 찬반이 가능한 가치이다.
개인적 가치	개성, 자존심, 자기의존, 비밀, 자기실현 등과 같이 개인이 자신을 위해 유익하다고 생각하는 가치로 개인의 환경에 따라 다르게 형성될 수 있다.
사회적 가치	상호부조, 사회복지, 우애, 민주주의, 호의, 책임과 의무 등과 같이 사회적으로 인간을 위한 선과 권리를 생각하게 하는 가치로 시대의 변화에 따라 변한다.

종교적 가치	종교적 신념에 의해서 착함이나 선행을 통해 구원과 같은 생각을 하는 가치로 정신적 가치라고도 할 수 있다.
과학적 가치	과학자들의 과학적 행동, 즉 합리성, 객관성, 진보성, 비판 등과 같이 과학적으로 추구하는 가치이다.
도덕적 가치	대인관계에서 정직, 공명정대, 정의와 의무 등의 기준에서 선행되는 개념의 가치이다.
윤리적 가치	성실, 타인에 대한 존중, 정직 등과 같은 인간의 행동을 지배하는 것으로 임의로 받아들이게 되는 정의나 책임 있는 행동에 관한 개념의 가치이다.
심미적 가치	현실적으로 활용되면서도 비도덕적 가치가 함께하며 어떤 것이라도 할 수 있는 개념의 가치이다.
전문적 가치	어떠한 직업이 전문적으로 인정되는 과정에서 그 전문직의 독특한 실천활동과 관련하여 요구되는 개념의 가치이다. 레비(Levy)는 사회복지 전문직의 가치를 사람 우선 가치, 결과 우선 가치, 수단 우선 가치로 구분하였다.

1) 사회복지 전문직의 가치

사회복지사는 사회복지실천의 전문가이기 전에 한 개인으로서 자신(Self)의 삶에 대해 여러 가지 상황들을 어떤 태도나 마음가짐으로 대하는지 스스로 점검해 볼 필요가 있다. 이러한 것은 전문인으로 성장하기 위해 매우 중요한 과정이며, 이를 통해 자신에 대해 더욱 깊이 이해할 수 있을 것이다. 사회복지사의 가치에 따라 클라이언트의 문제를 해결하거나 변화를 촉진하는 데 많은 제약이 있을 수 있다. 사회복지실천의 기본가치에 대해 많은 학자들이 정의를 내리고 있으나, 가장 공통적으로 지적되는 것은 인간 존엄성에 대한 존중이다. 프리드랜더(Friedlander)는 사회복지실천의 기본가치를 인간의 존엄성, 인간의 자율성, 기회의 균등, 사회적 책임성이라고 하였다(이종복 외, 2015). 또한 엄명용 등은 사회복지실천에서 전문직의 가치체계를 다음 네 가지로 언급하고 있다(엄명용 외, 2015).

(1) 인간존엄성과 독특성에 대한 존중

인간은 어떤 환경과 조건에서 태어났든지 인간 그 자체로서 존엄한 존재이다. 또한 어떤 독특한 특성을 갖고 있고, 독특한 행동을 한다고 해도 그것이 타인이나 사회에 해를 끼치지 않는다면 그대로 인정하고 받아들여져야 한다. 사회복지사는 개개인이 처한 복지욕구를 폭넓게 인정하면서 인간적이고 개인적인 특성을 고려한 클라이언트 삶의 방식을 수용하고, 격려하고, 고무해야 할 의무를 가진다. 따라서 클라이언트를 어떤 정해진 틀 속에서 이해하거나 정해진 틀 속에 넣어서 분류해서는 안 된다. 또한 클라이언트의 장점을 찾아내어 활용하도록 돕고 문제해결 과정에서 클라이언트의 참여를 독려하여 스스로 해결할 수 있도록 원조해야 한다.

(2) 자기결정권의 원리

자기결정권은 클라이언트가 자신과 관계된 일에 대해서 스스로 결정을 내리는 것이다. 한국사회복지협의회 '사회복지 윤리강령' 제2장 제1절 3)항에 "사회복지사는 클라이언트가 자기결정권을 최대한 행사할 수 있도록 도와야 한다."고 명시되어 있다. 따라서 클라이언트가 여러 대안들 중 하나를 선택할 수 있도록 사회복지사는 클라이언트와 협의하여 선택할 수 있는 대안을 찾아야 한다.

(3) 사회적 형평성의 원리

사회복지사는 개인의 잠재력을 최대한 실현하기 위해 필요한 자원과 기회에 동등한 접근을 보장해야 한다. 모든 개인은 자신의 신분, 지위, 계층, 배경 등에 관계없이 개인의 잠재력을 최대한 실현하기 위해 필요하다고 생각되는 모든 기회와 자원에 접근할 수 있는 기회를 동등하게 가질 수 있어야 한다. 따라서 사회복지사는 사회복지실천과정 중에서 클라이언트가 특정 종교 때문에 서비스 대상에서 제외되는 일이나, 남성 또는 여성이라는 이유만으로 차별 받거나, 특정 지역 출신이라는 이유만으로 따돌림을 받는 일 등은 사회적 형평성에 어긋나므로 편견을 두지 않아야 한다.

(4) 개인의 복지에 대해 사회와 개인의 공동책임

각 개인은 전체 사회의 요구와 개인과 사회의 균형 속에서 자신의 복지향상을 위해 최대한 노력할 책임이 있다. 이것은 개인문제에 대한 책임이 오로지 개인에게 있다는 것을 의미하지는 않는다. 문제의 성격에 따라 개인이 아무리 노력을 하더라도 사회구조의 문제 때문에 어쩔 수 없는 경우도 많다. 그렇지만 이러한 경우라도 개인은 자신의 이익과 복지향상을 위해 적극적으로 행동하도록 요구되어야 한다. 다만, 스스로 판단하고 행동하기 불가능한 사회적 약자계층에 대한 복지는 사회적 책임이라 할 수 있다.

2) 사회복지 전문직의 윤리

사회복지실천은 실천의 목적과 추구하는 가치, 이론적 지식, 기술과 경험 등을 조화시켜 이루어진다. 하지만 사회복지사는 자신이 갖고 있는 가치, 지식, 기술 등을 사회복지 실천 현장에 옮기는 데 있어서 갈등적이며 모순된 상황에 종종 직면하게 된다. 이러한 가치관의 혼란이나 윤리적 딜레마가 사회복지 전문직으로 활동하는 사회복지사에게 영향을 미치게 된다. 여기서 윤리적 딜레마는 사회복지사가 전문가로서 지켜야 하는 윤리적 의무와 책무가 서로 충돌함에 따라 어떤 실천행동을 선택하는 것이 윤리적으로 올바른 결정인지를 판단하기 어려운 상태를 의미한다. 한국사회복지사 윤리강령에는 사회복지사의 기본적 윤리기준, 클라이언트에 대한 윤리기준, 동료에 대한 윤리기준, 사회에 대한 윤리기준, 기관에 대한 윤리기준 등이 있지만 그대로 적용하기에는 어려움이나 문제점이 있을 수 있다. 대부분의 사회복지실천에는 전문가로서 지켜야 하는 윤리적 의무와 책무가 서로 상충됨에 따라 가치와 가치 사이에서 윤리적으로 올바른 결정을 내려야 하는데, 선택하기 어려운 상태일 때는 갈등을 하게 되어 윤리적 딜레마 상황이 존재한다. 이러한 윤리적 딜레마 상황의 유형은 다음과 같다(NCS학습모듈, 2019).

① **가치의 상충에 따른 윤리적 딜레마** : 가장 많이 나타나는 상황으로 2개 또는 그 이상의 가치가 상충하는 경우에 사회복지사는 윤리적 딜레마에 빠질 수 있다. 예를 들어, 유전적으로 심각한 질병을 가진 남편이 부인에게 이 사실을 알리지 않고 자녀를 갖기 원하는 경우에 사회복지사는 클라이언트의 '자기 삶의 결정권'이라는 가치와 장애아 출산예방이라는 인간의 생활보호의 가치 사이에 윤리적 갈등을 겪게 된다. 또한 혈우병과 같은 유전적 질병을 가진 청년이 상대방에게 알리지 않고 결혼을 하기로 한 경우에는 사생활 보호의 가치와 진실 개방의 가치에 직면하게 된다.

② **의무의 상충에 따른 윤리적 딜레마** : 클라이언트에 대한 의무와 기관의 정책 및

목표에 대한 의무 사이에서 기관의 목표가 클라이언트의 이익에 위배되는 상황에 직면하면 사회복지사는 윤리적 딜레마에 빠질 수 있다. 예를 들어, 노숙자 쉼터에서 경미한 정신적 어려움을 겪고 있는 클라이언트가 쉼터에서 계속 생활하면서 공공근로를 희망하여 사회복지사가 도와주고 싶지만, 다른 클라이언트들과 공동생활을 해야 되기 때문에 정신요양원으로 보내야 된다는 기관의 결정으로 사회복지사는 의무의 상충에 따른 윤리적 딜레마를 겪을 수 있다(남연희 외, 2012).

③ **클라이언트의 다중성에 따른 윤리적 딜레마** : 누구의 이익을 최우선으로 고려해야 하는가? 어떤 문제에 먼저 개입해야 하는가? 등의 접근방법이나 문제 등이 복잡한 클라이언트의 경우 사회복지사는 윤리적 딜레마에 빠질 수 있다. 예를 들어, 약물오남용을 하고 있는 청소년과 그 부모와의 상담 과정에서 약물을 남용하는 아들보다 생계유지가 더 시급하다고 하는 부모 사이에서 윤리적 딜레마를 겪을 수 있다(김향선 외, 2015).

④ **결과의 애매 모호성에 따른 윤리적 딜레마** : 스스로 자기결정을 할 수 없는 클라이언트를 대신해서 사회복지사가 결정을 내려야 하는 상황에 대한 판단을 결정했을 때, 올바른 윤리적 결정인지 애매모호한 경우에 윤리적 딜레마에 빠질 수 있다. 예를 들어, 보호할 영유아의 보호자가 없는 경우 해외입양을 선택해야 하는가, 아니면 시설보호를 해야 하는지, 또는 일시보호를 해야 하는지를 결정해야 할 경우가 이에 해당된다.

⑤ **힘 또는 권력의 불균형에 따른 윤리적 딜레마** : 클라이언트의 자기결정권, 클라이언트의 최우선권, 의사 결정에서 클라이언트 참여 우선권 등이 사회복지실천 과정에서 충분히 반영되지 못하는 상황에서 윤리적 딜레마에 빠질 수 있다. 즉, 사회복지사와 클라이언트의 관계가 힘이나 권력적으로 평등하지 못함으로 인해 윤리적 딜레마에 빠질 수 있는 경우이다. 서비스 제공자인 사회복지사는 상대적으로 서비스 수혜자인 클라이언트에 비해 능력이나 권력 면에서 우위에 있기 때문에 자칫 사회복지사 중심으로 결정이 이루어진 경우에 해당된다. 예를 들어, 미성년자나 지적장애인 등의 경우는 능력이 제한되어 클라이언트 자신의 결정과 선택을 전문가에게 의존할 수밖에 없음으로 인해 클라이언트의 알 권리나 자기결정권의 포기가

생길 경우에 사회복지사는 윤리적 딜레마를 겪을 수 있다(남연희 외, 2012).

⑥ **한정된 자원 배분에 따른 윤리적 딜레마** : 한정된 자원으로 다수의 클라이언트에게 서비스를 제공할 때 사회복지사는 윤리적 딜레마에 빠질 수 있다. 예를 들어, 독거노인에게 도시락 배달서비스를 제공할 경우 신청자가 많아 특정 기준으로 선정하였으나 선정되지 못한 클라이언트의 주거환경이 좋지 않았음에도 탈락한 경우 사회복지사는 윤리적 딜레마를 겪을 수 있다.

3) 윤리적 딜레마의 해결

사회복지사가 윤리적 딜레마를 겪을 때 A-B-C-D-E 전략을 활용하면 도움이 될 수 있을 것이다(Hill & O'Brien, 2001; 나동석 외, 2014). ① 평가(Assessment) : 클라이언트의 상태, 가치, 자원과 사회복지사의 가치, 감정, 상황에 대한 반응 등을 파악한다. 또한 어떤 법규를 적용할 수 있는지를 고려한다. ② 도움 되기(Benefit) : 클라이언트나 그에게 관계되는 다른 인물에게 도움이 되는 것이 무엇인지를 생각한다. ③ 결과와 자문(Consequences & Consultation) : 윤리적, 법적, 감정적, 치료적 결과를 고려하고 결과를 처리함에 있어 슈퍼바이저에게 자문을 구한다. ④ 의무(Duty) : 클라이언트 외에 누구(클라이언트가 위협하는 사람 등)를 보호해야 할 의무가 있는지를 고려한다. ⑤ 교육(Education) : 윤리적 딜레마에 대해서 적절한 행동을 취하기 위한 교육을 받거나 받은 내용을 수시로 점검한다.

로웬버그와 돌거프(Loewenberg & Dolgoff, 1996)는 사회복지사가 윤리적 의무나 딜레마와 같은 갈등상황에서 어떤 원칙이나 법적 의무를 우선시해야 할지를 결정하는 데 도움이 되는 '윤리원칙 사정표(Ethical Principle Screen)' 7가지를 〈표 3-3〉과 같이 제시했다(이영실 외, 2016). 〈표 3-3〉에서 원칙의 순위가 낮을수록 우선순위는 높은데, 가장 중요시되는 원칙은 생명보호의 원칙이라고 할 수 있다. 또한 윤리적 이슈의 우선순위 체크리스트는 〈표 3-4〉에 나타냈다. 〈표 3-4〉는 윤리적 이슈의 우선순위를 체크하는 것으로 상황을 고려한 가정(선택 A, 선택 B 등)을 기술한 다음 사회복지사 자신에게 질문하는 형태이다. 사회복지사는 이러한 윤리적 이슈의 우선순위 체크리스트를 활용하여 윤리적 딜레마에 놓이게 되었을 때 객관적인 자료로 활용할 수 있을 것이다.

〈표 3-3〉 윤리원칙 사정표

원칙순위	우선순위	내용
윤리원칙1	생명보호의 원칙	모든 인간의 생명을 보호해야 한다는 의무로 기본적인 의·식·주의 해결에서 의료 및 소득 보장에 이르기까지 인간의 기본 생존권을 보장하는 것으로 다른 모든 원칙보다 우선한다는 원칙
윤리원칙2	평등과 불평등의 원칙	모든 인간이 균등한 기회를 제공받을 수 있도록 소득보장의 기회, 학업과 취업의 기회, 의료 혜택의 기회, 사회·문화적 기회 등 모든 기회에 평등해야 한다는 원칙
윤리원칙3	자율과 자유의 원칙	클라이언트의 자율, 자유, 독립성 등을 최대한 보장하여 그가 자유로운 분위기에서 자신의 의지에 따라 스스로 결정할 수 있는 환경을 보장해주어야 한다는 원칙
윤리원칙4	최소 손실의 원칙	선택 가능한 대안이 유해할 때 가장 최소한으로 유해한 것을 선택하며 가장 빠르고 쉽게 변화될 수 있는 대안을 선택해야 한다는 원칙
윤리원칙5	삶의 질 원칙	지역사회는 물론 개인과 모든 사람의 삶의 질을 더 증진시킬 수 있는 것을 선택해야 한다는 원칙
윤리원칙6	사생활 보호와 비밀보장의 원칙	사회복지사가 클라이언트에 대해서 알게 된 사실을 다른 사람에게 공개해서는 안 한다는 원칙
윤리원칙7	진실성의 원칙	클라이언트가 진실을 알기 원하는 경우 알 권리를 보호해 주기 위해 진실만을 이야기해야 하며 그가 원하는 모든 정보를 진실하게 알려주어야 한다는 원칙

〈표 3-4〉 윤리적 이슈의 우선순위 체크리스트

사회복지사는 어떤 선택, 행동 또는 결정을 고려하는가?(상황을 고려한 가정 선택을 기술한다).
선택 A : ________________________________
선택 B : ________________________________

예, 아니오 또는 결정할 수 없음으로 확인한 각각의 선택에 대해 다음 질문에 체크한다.

1. 이 선택 및 행동이 생명, 신체적 안녕 또는 생존기회를 위협하는가?
   선택 A □, 예 □, 아니오 □, 결정할 수 없음 □
   선택 B □, 예 □, 아니오 □, 결정할 수 없음 □
2. 이 선택이 누군가를 기본적으로 부정하게 또는 불공정한 방식으로 다루거나 기본적 인권을 위반하였는가?
   선택 A □, 예 □, 아니오 □, 결정할 수 없음 □
   선택 B □, 예 □, 아니오 □, 결정할 수 없음 □
3. 이 선택이 비합리적으로 누군가의 자기결정권, 자율성을 제한하는가?
   선택 A □, 예 □, 아니오 □, 결정할 수 없음 □

선택 B □, 예 □, 아니오 □, 결정할 수 없음 □

4. 이 선택이 누군가의 중대한 개인적 고통 또는 경제적 곤란을 야기하는가?
   선택 A □, 예 □, 아니오 □, 결정할 수 없음 □
   선택 B □, 예 □, 아니오 □, 결정할 수 없음 □
5. 이 선택이 이웃, 지역사회 또는 전체사회의 사람들에게 삶의 질을 감소시키는가?
   선택 A □, 예 □, 아니오 □, 결정할 수 없음 □
   선택 B □, 예 □, 아니오 □, 결정할 수 없음 □
6. 이 선택이 누군가의 사생활과 비밀보장 권리를 잃게 하는가?
   선택 A □, 예 □, 아니오 □, 결정할 수 없음 □
   선택 B □, 예 □, 아니오 □, 결정할 수 없음 □
7. 이 선택이 개인 또는 지역사회의 진실을 왜곡하거나 철회하는 것을 포함하는가?
   선택 A □, 예 □, 아니오 □, 결정할 수 없음 □
   선택 B □, 예 □, 아니오 □, 결정할 수 없음 □

4) 사회복지사의 자기성찰

사회복지사는 실천현장에서 다양한 클라이언트를 원조할 때 자신의 지식, 기술, 가치관 및 윤리 등을 바탕으로 실천하는 경우가 많다. 이러한 과정에서 사회복지사 자신에 대해서 정직한 성찰을 하는 것은 바로 개인을 위한 것뿐만 아니라 클라이언트를 위해서도 갖추어야 할 자질이며 의무이기도 하다. 사회복지사는 자기성찰의 중요성을 인식하여 자신의 가치에 대한 인식 증진을 도모하는 과정을 활용할 수 있다. 자기개방훈련활동을 통한 가치명료화의 내용은 다음과 같다(이영호, 2008).

자기개방훈련을 통한 가치명료화

가치명료화 과정은 자신이 갖고 있는 가치에 대해서 부족한 부분에 대해서는 보완하고 적합한 가치를 스스로 발전시켜 나가는 과정이다. 가치명료화 과정에 대한 접근은 ① 가치는 상대적 · 주관적 상황적이며, ② 인간은 생리적으로 선하며 도덕적으로 완전을 지향하는 지향성을 지니고, ③ 동시에 자기결정 및 선택의 자유를 위한 능력과 권리를 지닌 존재임을 전제로 한다. 그러므로 개인은 가치명료화 과정을 통해 그가 성장과정 동안 자신도 모르게 가지게 된 가치를 발견하는 한편, 자신과 현시대에 보다 적합한 가치를 계속적으로 발달시켜 나가게 된다.

가치명료화 과정은 선택하고 존중하며 실행하는 3단계 과정을 기초로 하고 있는데,

사이먼과 하우 등(Simon & Howe et. al.,)은 가치발달의 7단계를 〈표 3-5〉와 같이 설명하고 있다(이영호, 2008).

〈표 3-5〉 가치발달 과정

과정	내용	단계
과정1	선택함	1) 자유롭게 선택함 2) 여러 가지 방향 또는 대안들 중에서 선택함 3) 선택하기 전에 일어날 결과에 대해서 심사숙고한 다음에 선택함
과정2	존중함	4) 자기가 선택한 바를 자랑스럽게 여기고 존중함 5) 그 선택한 바를 공개적으로 확언함
과정3	실행함	6) 선택한 바를 행동으로 나타냄 7) 이를 반복함으로써 생활화함

위에서 언급한 가치발달의 7단계를 근간으로 사회복지사는 '자기개방훈련을 통한 가치명료화 활동'이 필요하다(신성자 외, 2007; 이영호 외, 2008). 이러한 활동은 사회복지사가 자기성찰을 위해 적용할 수 있는 방법으로 5개의 영역으로 구성되는데, ① 일반성(Generalities), ② 태도 및 가치(Attitude and Value), ③ 감정(Affect) 인식, ④ 정체감(Identity), ⑤ 강점 및 약점(Strengths and Weakness) 등이다. 활동은 두 사람씩 짝이 되어 수행하는데, 두 사람이 각각의 주제에 대한 자신의 생각 및 느낌을 표현하는 것이다.

체크리스트를 작성한 후, 각각의 주제에 대해서 서로 역할을 바꾸어 먼저 한 사람이 질문하고 상대방은 대답하는 형식을 취한다. 이때 중요한 것은 자신이 기록한 내용을 바탕으로 자신의 장점 및 잠재적 능력을 강조하면서 자기주장을 발표한다. 또한 상대방은 발표하는 사람에게 지지적으로 반응할 수 있도록 공감대를 형성하면서 칭찬 및 조언할 내용이 있으면 말해 주면 좋다. 이러한 활동에 참여한 학생들은 자신이 작성한 자료를 통해 가치가 명확해지고 구체적으로 생활에서 실천될 수 있을 것이다. 또한 담당교수자는 수업시간이나 상담을 통하여 피드백을 주어 학생들의 가치가 더욱 명확해지도록 독려할 필요가 있다. 이러한 자기개방 훈련 체크리스트는 〈표 3-6〉과 같다.

〈표 3-6〉 자기개방 훈련 체크리스트

주제 1 : 나의 일반적 가치인식

1) 나의 직업 목표는 ______________________________이다.
2) 내가 가장 좋아하지 않는 사람의 유형은 ______________________________이다.
3) 나는 ______________________________ 때, 내 자신이 능력이 있다고 느껴진다.
4) 나는 정말 ______________________________ 할 수 있기를 원한다.
5) 인생에서 가장 중요한 것은 ______________________________ 이라고 생각한다.

주제 2 : 인간 태도와 가치 인식

6) 사람들이 다른 사람을 돕는 진짜 이유는 ______________________________ 라고 생각한다.
7) 이제껏 내가 기꺼이 돕기를 원한 사람은 ______________________________ 상황에 놓여 있는(특성을 가진) 사람이다.
8) 아동을 성폭력한 가해자에 대한 나의 느낌은 ______________________________ 이다.
9) 알코올중독자에 대한 나의 느낌은 ______________________________ 이다.
10) 교수나 선배에게 불손하게 대드는 학생에 대한 나의 느낌은 ______________________________ 이다.

주제 3 : 감정 인식을 통한 가치 인식

11) 나는 ______________________________ 때, 가장 나 자신에 대해 긍지를 느낀다.
12) 나는 상대편이 나에게 어떻게 ______________________________ 말할 때, 기분이 언짢다.
13) 나는 ______________________________ 때, 당혹스럽다.
14) 나는 ______________________________ 때, 자존심에 상처를 받는다.
15) 나는 상대가 나에게 어떤 ______________________________ 말을 할 때 가분이 좋다.

주제 4 : 정체감

16) 나는 누구인가? ______________________________

(이 질문에 대한 대답은 즉흥적으로 해야 한다. 의도적으로 생각한 것이 아니고 평소에 자신이 생각한 그대로를 반영해야 한다.)

주제 5 : 강점 및 약점

강점	약점
① ____________________	① ____________________
② ____________________	② ____________________
③ ____________________	③ ____________________
④ ____________________	④ ____________________
⑤ ____________________	⑤ ____________________

3.3 한국사회복지사의 윤리강령

사회복지실천에서 사회복지 전문직의 가치와 윤리는 중요시되고 있는데, 한국사회복지사 윤리강령은 사회복지사의 전문성 강화와 사회적 가치의 확대, 사회적 관련성과 책임에 대한 윤리의식 및 행동방향 설정의 필요성에 의하여 실천적 행동강령으로서의 역할을 할 수 있도록 제정한 것이다. 이러한 윤리강령은 한국사회복지사협회에서 1973년 2월에 윤리강령의 초안제정을 결의하고 1982년 1월 15일에 제정 · 공포되었다. 이후 1988년 3월 26일에 1차 개정, 1992년 10월 22일에 2차 개정, 2001년 12월 15일에 3차 개정을 통하여 전국사회복지사대회에서 채택하고 발표함으로써 지금에 이르고 있다(한국사회복지사협회, 2019).

한국사회복지사 윤리강령은 사회복지의 이념과 가치에 대한 전문, 사회복지사의 기본적 윤리기준, 사회복지사의 클라이언트에 대한 윤리기준, 사회복지사의 동료에 대한 윤리기준, 사회복지사의 사회에 대한 윤리기준, 사회복지사의 기관에 대한 윤리기준, 사회복지윤리위원회의 구성과 운영 등 전문과 6개 영역에 대한 윤리기준 및 선서문으로 구성되어 있다. 한국사회복지사 윤리강령은 〈표 3-7〉에 나타냈고, 사회복지사 선서문은 〈표 3-8〉에 나타냈다(한국사회복지사협회, 2018).

〈표 3-7〉 한국사회복지사 윤리강령

전문
사회복지사는 인본주의 · 평등주의 사상에 기초하여, 모든 인간의 존엄성과 가치를 존중하고 천부의 자유권과 생존권의 보장활동에 헌신한다. 특히 사회적 · 경제적 약자들의 편에 서서 사회정의와 평등 · 자유와 민주주의 가치를 실현하는 데 앞장선다. 또한 도움을 필요로 하는 사람들의 사회적 지위와 기능을 향상시키기 위해 저들과 함께 일하며, 사회제도 개선과 관련된 제반 활동에 주도적으로 참여한다. 사회복지사는 개인의 주체성과 자기결정권을 보장하는 데 최선을 다하고, 어떠한 여건에서도 개인이 부당하게 희생되는 일이 없도록 한다. 이러한 사명을 실천하기 위하여 전문적 지식과 기술을 개발하고, 사회적 가치를 실현하는 전문가로서의 능력과 품위를 유지하기 위해 노력한다. 이에 우리는 클라이언트 · 동료 · 기관 그리고 지역사회 및 전체사회와 관련된 사회복지사의 행위와 활동을 판단 · 평가하며 인도하는 윤리기준을 다음과 같이 선언하고 이를 준수할 것을 다짐한다.

윤리기준

I. 사회복지사의 기본적 윤리기준

1. 전문가로서의 자세
   1) 사회복지사는 전문가로서의 품위와 자질을 유지하고, 자신이 맡고 있는 업무에 대해 책임을 진다.
   2) 사회복지사는 클라이언트의 종교 · 인종 · 성 · 연령 · 국적 · 결혼상태 · 성 취향 · 경제적 지위 · 정치적 신념 · 정신 및 신체적 장애 · 기타 개인적 선호, 특징, 조건, 지위를 이유로 차별 대우를 하지 않는다.
   3) 사회복지사는 전문가로서 성실하고 공정하게 업무를 수행하며, 이 과정에서 어떠한 부당한 압력에도 타협하지 않는다.
   4) 사회복지사는 사회정의 실현과 클라이언트의 복지 증진에 헌신하며, 이를 위한 환경 조성을 국가와 사회에 요구해야 한다.
   5) 사회복지사는 전문적 가치와 판단에 따라 업무를 수행함에 있어, 기관 내외로부터 부당한 간섭이나 압력을 받지 않는다.
   6) 사회복지사는 자신의 이익을 위해 사회복지 전문직의 가치와 권위를 훼손해서는 안 된다.
   7) 사회복지사는 한국사회복지사협회 등 전문가단체 활동에 적극 참여하여, 사회정의 실현과 사회복지사의 권익옹호를 위해 노력해야 한다.
2. 전문성 개발을 위한 노력
   1) 사회복지사는 클라이언트에게 최상의 서비스를 제공하기 위해, 지식과 기술을 개발하는 데 최선을 다하며 이를 활용하고 전파할 책임이 있다.
   2) 클라이언트를 대상으로 연구하는 사회복지사는 저들의 권리를 보장하기 위해, 자발적이고 고지된 동의를 얻어야 한다.
   3) 연구과정에서 얻은 정보는 비밀보장의 원칙에서 다루어져야 하고, 이 과정에서 클라이언트는 신체적, 정신적 불편이나 위험 · 위해 등으로부터 보호되어야 한다.
   4) 사회복지사는 전문성을 개발하기 위해 노력하되, 이를 이유로 서비스의 제공을 소홀히 해서는 안 된다.
   5) 사회복지사는 한국사회복지사협회 등이 실시하는 제반교육에 적극 참여하여야 한다.
3. 경제적 이득에 대한 태도
   1) 사회복지사는 클라이언트의 지불능력에 상관없이 서비스를 제공해야 하며, 이를 이유로 차별 대우를 해서는 안 된다.
   2) 사회복지사는 필요한 경우에 제공된 서비스에 대해, 공정하고 합리적으로 이용료를 책정해야 한다.
   3) 사회복지사는 업무와 관련하여 정당하지 않은 방법으로 경제적 이득을 취하여서는 안 된다.

Ⅱ. 사회복지사의 클라이언트에 대한 윤리기준

1. 클라이언트와의 관계
   1) 사회복지사는 클라이언트의 권익옹호를 최우선의 가치로 삼고 행동한다.
   2) 사회복지사는 클라이언트에 대하여 인간으로서의 존엄성을 존중해야 하며, 전문적 기술과 능력을 최대한 발휘한다.
   3) 사회복지사는 클라이언트가 자기결정권을 최대한 행사할 수 있도록 도와야 하며, 저들의 이

익을 최대한 대변해야 한다.

4) 사회복지사는 클라이언트의 사생활을 존중하고 보호하며, 직무 수행과정에서 얻은 정보에 대해 철저하게 비밀을 유지해야 한다.
5) 사회복지사는 클라이언트가 받는 서비스의 범위와 내용에 대해, 정확하고 충분한 정보를 제공함으로써 알 권리를 인정하고 존중해야 한다.
6) 사회복지사는 문서 · 사진 · 컴퓨터 파일 등의 형태로 된 클라이언트의 정보에 대해 비밀보장의 한계 · 정보를 얻어야 하는 목적 및 활용에 대해 구체적으로 알려야 하며, 정보 공개 시에는 동의를 얻어야 한다.
7) 사회복지사는 개인적 이익을 위해 클라이언트와의 전문적 관계를 이용하여서는 안 된다.
8) 사회복지사는 어떠한 상황에서도 클라이언트와 부적절한 성적관계를 가져서는 안 된다.
9) 사회복지사는 사회복지 증진을 위한 환경조성에 클라이언트를 동반자로 인정하고 함께 일해야 한다.

2. 동료의 클라이언트와의 관계

1) 사회복지사는 적법하고도 적절한 논의 없이 동료, 혹은 다른 기관의 클라이언트와 전문적 관계를 맺어서는 안 된다.
2) 사회복지사는 긴급한 사정으로 인해 동료의 클라이언트를 맡게 된 경우, 자신의 의뢰인처럼 관심을 갖고 서비스를 제공한다.

Ⅲ. 사회복지사의 동료에 대한 윤리기준

1. 동료

1) 사회복지사는 존중과 신뢰로서 동료를 대하며, 전문가로서의 지위와 인격을 훼손하는 언행을 하지 않는다.
2) 사회복지사는 사회복지 전문직의 이익과 권익을 증진시키기 위해 동료와 협력해야 한다.
3) 사회복지사는 동료의 윤리적이고 전문적인 행위를 촉진시켜야 하며, 이에 반하는 경우에는 제반 법률규정이나 윤리기준에 따라 대처해야 한다.
4) 사회복지사가 전문적인 판단과 실천이 미흡하여 문제를 야기시켰을 때에는, 적절한 조치를 취하여 클라이언트의 이익을 보호해야 한다.
5) 사회복지사는 전문직 내 다른 구성원이 행한 비윤리적 행위에 대해, 제반 법률규정이나 윤리기준에 따라 조치를 취해야 한다.
6) 사회복지사는 동료 및 타 전문직 동료의 직무 가치와 내용을 인정 · 이해하며, 상호 간에 민주적인 직무관계를 이루도록 노력해야 한다.

2. 슈퍼바이저

1) 슈퍼바이저는 개인적인 이익의 추구를 위해 자신의 지위를 이용해서는 안 된다.
2) 슈퍼바이저는 전문적 기준에 의해 공정하게 책임을 수행하며, 사회복지사 · 수련생 및 실습생에 대한 평가는 저들과 공유해야 한다.
3) 사회복지사는 슈퍼바이저의 전문적 지도와 조언을 존중해야 하며, 슈퍼바이저는 사회복지사의 전문적 업무수행을 도와야 한다.
4) 슈퍼바이저는 사회복지사 · 수련생 및 실습생에 대해 인격적 · 성적으로 수치심을 주는 행위를 해서는 안 된다.

Ⅳ. 사회복지사의 사회에 대한 윤리기준

1) 사회복지사는 인권존중과 인간평등을 위해 헌신해야 하며, 사회적 약자를 옹호하고 대변하는 일을 주도해야 한다.
2) 사회복지사는 필요한 사회서비스를 개발하기 위한 사회정책의 수립 · 발전 · 입법 · 집행에 적극적으로 참여하고 지원해야 한다.
3) 사회복지사는 사회 환경을 개선하고 사회정의를 증진시키기 위한 사회정책의 수립 · 발전 · 입법 · 집행을 요구하고 옹호해야 한다.
4) 사회복지사는 자신이 일하는 지역사회의 문제를 이해하고, 그것을 해결하는 일에 적극적으로 참여해야 한다.

Ⅴ. 사회복지사의 기관에 대한 윤리기준

1) 사회복지사는 기관의 정책과 사업 목표의 달성, 서비스의 효율성과 효과성의 증진을 위해 노력함으로써, 클라이언트에게 이익이 되도록 해야 한다.
2) 사회복지사는 기관의 부당한 정책이나 요구에 대하여, 전문직의 가치와 지식을 근거로 이에 대응하고 즉시 사회복지윤리위원회에 보고해야 한다.
3) 사회복지사는 소속기관 활동에 적극 참여함으로써, 기관의 성장발전을 위해 노력해야 한다.

Ⅵ. 사회복지윤리위원회의 구성과 운영

1) 한국사회복지사협회는 사회복지윤리위원회를 구성하여, 사회복지윤리실천의 질적인 향상을 도모하여야 한다.
2) 사회복지윤리위원회는 윤리강령을 위배하거나 침해하는 행위를 접수받아, 공식적인 절차를 통해 대처하여야 한다.
3) 사회복지사는 한국사회복지사협회의 윤리적 권고와 결정을 존중하여야 한다.

〈표 3-8〉 사회복지사 선서문

나는 모든 사람들이 인간다운 삶을 누릴 수 있도록,
인간존엄성과 사회정의의 신념을 바탕으로,
개인 · 가족 · 집단 · 조직 · 지역사회 · 전체사회와 함께한다.

나는 언제나 소외되고 고통받는 사람들의 편에 서서,
저들의 인권과 권익을 지키며,
사회의 불의와 부정을 거부하고,
개인이익보다 공공이익을 앞세운다.

나는 사회복지사 윤리강령을 준수함으로써,
도덕성과 책임성을 갖춘 사회복지사로 헌신한다.

나는 나의 자유의지에 따라 명예를 걸고 이를 엄숙하게 선서합니다.

3.4 사회복지사의 자질과 역할 및 자기인식

사회복지실천을 위한 여러 가지 요인이 있을 수 있으나 특히, 사회복지실천 현장에서 사회복지사의 자질과 역할 및 자기인식이 중요시된다. 사회복지사는 사회복지실천에 대한 지식과 정보를 바탕으로 클라이언트의 욕구 및 문제를 파악하여 적절한 서비스를 제공하는 능력과 자기인식능력을 향상시켜야 한다. 또한 지역사회 내의 사회자원 및 관계망에 대한 정보를 가지고 클라이언트와 기관 및 단체들과 효과적으로 의사소통을 할 수 있어야 한다. 이러한 능력이 필요한 사회복지사의 자질과 역할 및 자기인식 등에 대해서 알아본다.

1) 사회복지사의 자질

사회복지 실천가인 사회복지사는 교육, 주택, 건강, 여가선용에 대한 서비스, 소외된 청소년, 사회 · 경제적 조정, 노동관계, 소수집단의 고용, 아동보호 등을 포함한 여러 가지 사회적 행동에 중점을 두어야 한다. 이러한 차원에서 맥밀런(McMillen)은 사회복지사의 자격요건으로 좋은 인격을 갖추어야 하고, 사회복지 욕구 및 추진방법을 결정하는 데 적용할 사실에 대한 지식을 갖추며, 조사방법과 해석방법 및 사회사업의 각 분야에서 발달의 기준을 잘 알아야 하고, 집단토의를 자극하고 집단행동을 유발시키는 능력이 있어야 한다고 언급하였다(McMillen, 1965). 이렇게 언급된 사항을 토대로 사회복지실천을 위한 사회복지사가 갖추어야 할 기본적 요소 7가지는 다음과 같다(김현호 외, 2018).

① 사회복지사는 사회 · 경제적 환경에서 클라이언트와 함께 일하며 이해할 수 있는 능력이 있어야 한다.

② 사회복지사는 사회복지 분야, 사회복지 자원, 지방 및 국가적 수준의 사회정책에 대한 지식이 있어야 한다.

③ 사회복지사는 사회복지실천, 사회조사 및 사회복지행정과 같은 여러 복지사업에 대한 이해가 있어야 한다.

④ 사회복지사는 클라이언트의 사회적 상호작용에 따른 기술적 이해가 필요하다.

⑤ 사회복지사는 사회복지를 실천하는 기술을 습득해야 한다.

⑥ 사회복지사는 성실성, 용기, 감정적 균형과 조정, 객관성, 자기훈련, 건전한 판단, 재치, 민감도, 융통성, 상상력, 차분하게 일하는 능력, 클라이언트에 대한 애정, 타인의 인격을 존중하는 성품이 필요하다.

⑦ 사회복지사는 개인의 가치와 존엄성을 인정하면서 사회문제와 관련된 사실을 발견하고, 욕구의 우선순위를 결정하고, 사회행동을 위한 방법 등에 대해서 지원해야 한다.

2) 사회복지사의 역할

사회복지실천의 변화에 호응할 수 있는 사회복지사의 역할은 현실적으로 중요하게 요구된다. 무엇보다도 전문 사회복지사는 사회복지의 실천모델에 따라 강조하는 역할이 조금씩 상이한데, 이는 여러 가지 사회적 조건에 의해서 영향을 받을 수 있기 때문이다. 여기서는 사회복지 실천모델에 따라 분류하지 않고 일반적인 사회복지사의 역할에 대해서 알아본다(김현호 외, 2018).

① **안내자(Guide)의 역할** : 클라이언트의 문제를 인식하게 하고 문제해결에 따른 올바른 목표를 설정하고, 목표에 도달하도록 도와주는 역할이다. 문제해결을 위한 방향과 방법을 선택하는 것은 클라이언트 자체의 노력이어야 하는데, 이 경우 사회복지사는 자기의 목적을 위해 클라이언트를 이용하거나, 조정하거나, 조치를 강요해서는 안 된다. 안내자로서의 사회복지사는 객관적인 입장을 견지해야 한다.

② **조력자(Enabler)의 역할** : 클라이언트를 사회 내에 있는 사회조직의 과정을 용이하게 하는 역할이다. 조력자는 개인, 가족, 또는 집단이 자신들의 욕구와 문제를 규명하고, 해결방안을 강구 및 적용하고, 문제를 보다 효과적으로 다루는 능력을 개발하도록 원조하고, 환경의 변화를 위해 직 · 간접적으로 지원한다.

③ **전문가(Expert)의 역할** : 전문가로서 자신의 권위를 지니고 객관적인 자료를 제공하며 직접적인 충고와 조언을 하는 역할이다. 전문가는 사회단체가 사업을 운영하는데 필요한 조사자료, 기술적인 경험, 자원에 관한 자료, 방법상의 조언 등을 제공

한다.

④ **치료자(Therapist)의 역할** : 사회 내의 진단을 통해 성격과 특성을 제시하여, 클라이언트의 문제에 대한 성격을 이해시키고 해소할 수 있도록 치료하는 역할이다.

⑤ **분석가(Analyst)의 역할** : 사회 문제에 대한 자료를 수집 및 분석하고 가장 합리적인 대처방안에 대한 의사결정을 할 수 있도록 분석하는 역할이다. 분석가는 사회의 문제와 욕구에 대한 정확한 조사를 근거로 분석가의 역할을 수행한다. 분석영역은 사회문제에 영향을 미치는 요인분석, 프로그램의 과정 분석, 계획수립과정의 분석, 성과에 대한 평가를 위한 기초조사 분석 등이 있을 수 있다.

⑥ **계획가(Planner)의 역할** : 사회의 사실발견과 분석의 결과를 토대로 계획을 수립하게 되는데, 이러한 과정에서 누가, 무엇을, 어떻게 접근할 것인지 체계적인 계획을 수립하는 역할이다. 계획가는 법적, 공간적, 재정적, 인적 · 물적 등의 기술적인 면을 고려해서 계획을 세워야 하며 윤리적인 면도 중시된 계획을 세워야 한다.

⑦ **조직가(Organizer)의 역할** : 실천과정에서 단체나 모임에 조직의 틀을 만들어주며 행동체계를 적절히 참여시키는 역할이다. 조직가는 사회 내에 있는 집단이나 단체들을 계획의 수립과 추진과정에 참여시키기 위해서 그들의 역할을 분명히 해주어야 한다. 또한 역할을 효과적이고 효율적으로 수행할 수 있도록 훈련시키는 것도 조직가의 역할이다.

⑧ **행정가(Administrator)의 역할** : 사회복지 프로그램을 계획에서 목표에 달성하기까지 효율적이고 효과적으로 하기 위해 인적 · 물적 자원을 관리하는 역할이다. 특히 행정가가 유의할 점은 프로그램을 운영하는 규칙과 절차상에 있어서 항상 목표를 유념해야 하고, 지나치게 형식적인 면을 강조하지 않고 융통성을 발휘해야 한다는 것이다. 또한 프로그램을 진행하다 보면 예상치 못하는 여러 가지 행정적 문제가 발생할 수 있으므로, 문제에 대해서 능동적으로 대처할 수 있는 통찰력과 기술력이 있어야 한다.

⑨ **중개자(Broker)의 역할** : 복지욕구가 필요한 대상자와 사회 자원을 연결하는 역할이다. 중개자는 자원의 공정한 배분이 이루어지도록 노력하고 대상자가 인간의 존엄성을 유지할 수 있도록 지원한다. 따라서 사회자원체계에 대한 이해가 필요하고

대상자와의 관계형성이 이루어지도록 지원한다.

⑩ **중재자(Mediator)의 역할** : 집단이나 조직에서 구성원들 간에 갈등이 일어났거나 조직 간의 분쟁이 있을 때 중재하는 역할이다. 중재자는 한쪽 편을 들지 않고 중립적 위치에서 대립하는 두 체계가 합의나 타협점을 찾을 수 있도록 의사소통을 통하여 중재해야 한다.

⑪ **옹호자(Advocator)의 역할** : 필요한 정보를 도출하여 클라이언트의 입장에서 정당성을 주장하면서 기관의 입장에 도전할 목적으로 지도력과 자원을 제공하는 역할이다. 옹호자는 개인, 집단, 그리고 지역사회 수준에서 그들의 입장을 대변하여 권리와 존엄성을 위해 노력한다.

⑫ **행동가(Activist)의 역할** : 사회정의와 평등에 입각해서 모든 인간이 인간으로서의 기본적 권리를 행사할 수 있도록 행동중심의 활동을 하는 역할이다. 즉, 지역단체와 함께 지역사회의 환경을 개선하고 서비스를 요구하기 위해 집단행동에 있어서 리더십을 발휘하여 행동에 동참하는 것이다.

⑬ **협상자(Negotiator)의 역할** : 특정인이나 단체의 편에 서서 관계 당사자 사이의 이견과 논란을 해결하는 역할이다. 협상자의 역할을 수행할 때 유의할 점은 자신이 대상자의 위임을 받은 사실을 확실히 하고 객관적인 입장에 서서 협상에 임해야 한다.

⑭ **사례관리자(Case manager)의 역할** : 어떤 클라이언트를 다른 체계에 의뢰할 때 능력, 기술, 지식, 자원 등이 부족한 경우 클라이언트의 욕구를 평가하고 다른 자원에서 제공된 필수재화와 서비스 전달을 연결 및 조정하여 적절한 서비스를 제공받을 수 있도록 하는 역할이다.

⑮ **교육자(Educator)의 역할** : 대상자에게 정보를 제공하고 적용기술을 가르치는 역할이다. 교육자는 부모역할 기술, 스트레스 관리방법, 집단토의 방법 등 사업의 목표를 어떻게 달성할 것인가를 교육한다.

위와 같이 사회복지사는 다양한 사회복지실천 현장에서 다양한 클라이언트와 가족, 집단, 지역사회를 대상으로 활동하면서 지속적으로 변화하는 클라이언트의 욕구에 따라 서비스를 제공하는 것이 필요하므로 다양한 지식들이 요구된다고 할 수 있다.

3) 사회복지사의 자기인식

자기인식(Self-awareness)은 사람들이 정서적 표상의 표시로 자신과 다른 사람이 서로 다른 개체(개개인의 특성)라고 인식하는 것을 의미한다. 사회복지실천에서 사회복지사의 자기인식은 자신의 가치, 신념, 행동 습관, 편견 등이 클라이언트나 다른 전문가, 기관, 환경 등과 같은 관계에서 전문적 활동에 어떤 영향을 주는지를 정확하게 이해하는 것이라고 할 수 있다. 이러한 자기인식은 자신이 누구인지 사회 환경이 어떻게 변하는지 꾸준한 자기성찰을 통해 자기를 이해하며 탐구하려는 행동을 할 때 분화된다. 따라서 사회복지사는 자신의 개인적 문제와 취약한 영역, 욕구, 감정, 생각, 행동 등과 사회 환경에 대한 자기인식을 통해 클라이언트에 대한 객관성을 유지하면서 반응해야 한다(김혜영 외, 2012).

사회복지사는 자기성찰을 통해 성장하면서 자기인식이 발달하는데, 이러한 자기인식은 발달함에 따라 분화되고, 중요 타인의 영향 속에서 형성되고, 자체가 강화되는 경향이 있고, 행동에 중요한 영향을 미치는 특성이 있다(김현호 외, 2017). 따라서 사회복지사는 전문가로서 윤리강령을 준수하며 전문적 가치와 판단에 따라 클라이언트 삶의 질 향상을 위해 일하며 지식과 기술의 발전을 도모하는 것이 필요하다. 즉, 자신의 자세와 태도, 클라이언트 체계에 영향을 주는 자신의 가치와 개인적 특성, 타인과 관계를 맺고 자신을 표현하는 방식 등을 잘 알아야 한다. 또한 자신과 클라이언트가 속해 있는 사회 환경에 대한 자기인식을 통해 자신과 클라이언트의 차이를 이해할 수 있도록 노력해야 한다. 사회복지사의 자기인식을 증진시키기 위한 방법은 다음과 같다(김혜영 외, 2012).

① **슈퍼비전 받기** : 사회복지사는 자신의 주관적 입장에서 성실하게 일을 한다고 하지만 실천 상황이나 문제를 동료나 슈퍼바이저로부터 객관적 입장에서 슈퍼비전을 받는 것이 필요하다. 사회복지사가 스스로 인식하지 못하는 자신의 관점, 요구, 태도, 감정, 역량, 가치 등이 클라이언트와의 상호작용이나 원조과정에 어떤 영향을 줄 수 있는지 객관적 입장에서 동료나 슈퍼바이저들이 더 잘 파악할 수 있다. 따라서 사회복지사는 동료나 슈퍼바이저와 실천상황이나 자신의 문제를 의논하여 자기인식을 증진시킬 필요가 있다. 이때 사회복지사는 방어적인 자세를 피하고 안정된 분위기에서 적극적인 경청을 통해 자기인식을 증진시킬 필요가 있다.

② **인간발달에 대해서 학습하기** : 사회복지사는 자기인식을 증진시키기 위해 인간발달 이론(정신분석, 심리사회, 행동주의, 인지이론 등)을 학습하는 것이 중요하다. 또한 인간발달 및 인간행동을 설명하는 생물학, 심리학, 사회학, 인류학, 의학 등과 같은 지식들은 자신을 이해하는 데 많은 도움이 된다. 따라서 사회복지사는 자신의 부족한 점에 대해서는 인정하고 자신을 이해할 수 있는 폭을 넓혀야 한다. 이때 사회복지사는 지나친 성찰을 통해 있지도 않은 역기능적 측면을 찾아서는 안 되고 균형감각을 유지하여 자아인식을 증진시킨다.

③ **자신을 이해하기** : 사회복지사가 자신을 이해한다는 것은 쉬운 일이 아니다. 인간의 욕구에 해당하는 자아존중, 자아실현을 통해서 끊임없이 '나는 누구인가?'를 반복하여 물음으로써 정체감을 갖도록 노력해야 한다. 따라서 사회복지사는 자신의 감정 · 사고 · 행동체계, 개인적 욕구, 클라이언트에 대한 반응, 개인적 · 문화적 가치 등에 대해서 이해하는 것이 필요하다.

각각에 대해서 알아보면 첫째, 자신의 감정 · 사고 · 행동 체계를 이해하는 것이 중요하다. 여기서 감정은 가치, 정서, 태도, 도덕관념, 편견 등이 해당되고, 사고는 지식, 신념, 삶의 철학, 고정관념 등이 해당되며, 행동은 기술, 행동, 생활스타일, 차별 등이 해당된다. 따라서 사회복지사는 이러한 자신의 감정 · 사고 · 행동 체계를 이해하고 파악하여 상호작용을 통해 자아인식을 증진할 필요가 있다.

둘째, 자신의 개인적 욕구를 파악하는 것이 중요하다. 사회복지사도 다른 사람과 마찬가지로 사랑과 존경, 인정받으려는 욕구를 갖는다. 따라서 사회복지사는 호감을 얻으려는 욕구, 지위 또는 명성에 대한 욕구, 통제에 대한 욕구, 완벽에 대한 욕구, 충족되지 않는 사회적 욕구 등은 사회복지실천에 방해를 줄 수 있으므로 갖지 않도록 노력하여 자아인식을 증진할 필요가 있다.

셋째, 자신의 클라이언트에 대한 반응을 파악하는 것이 중요하다. 사회복지사는 클라이언트가 어떻게 반응하는지 알아야 하고, 본인 스스로 능력을 갖추고 있음에도 말이나 행동을 가끔 잘못할 수도 있다는 것을 알아야 한다. 또한 과도한 업무 스트레스나 개인적 스트레스가 있을 경우 클라이언트에게 부정적인 반응이 나타날 수 있다. 따라서 사회복지사는 개인적 스트레스 요인을 제거 및 해결하여 자아인식을 증진할 필요가 있다.

넷째, 자신의 개인적 · 문화적 가치를 파악하는 것이 중요하다. 사회복지사의 가치체계는 사회복지실천에 많은 영향을 주는 요인이므로 자신의 가치에 대한 자기인식을 증진하여 클라이언트를 편견 없이 대하는 것이 중요하다. 또한 문화적 가치에 대한 자기인식의 증진을 위해 문화의 다양성을 인정하고 존중할 수 있도록 꾸준한 노력이 필요하다. 예를 들어, 낙태, 안락사, 성적 지향, 종교, 학대 등을 다룰 때 클라이언트에게 사회복지사 자신의 가치를 표현할 수는 있으나 강요받는다는 느낌을 주지 않도록 해야 한다(김혜영 외, 2012).

④ 사례 활용하기 : 사회복지실천은 다양한 클라이언트의 욕구 및 문제와 관련하여 접수부터 평가 및 종결, 사후관리까지 광범위한 활동으로 이루어진다. 이때 사회복지사는 가치와 윤리, 지식과 기술 등 자아인식에 관련된 문헌들의 사례를 참조 및 연구하여 자기인식을 증진할 필요가 있다.

Chapter 04

사회복지실천의 관점 및 통합적 접근방법

사회복지실천의 목적은 개인과 개인 간에 서로 유익한 상호작용을 촉진하거나 회복시켜 모든 사람의 삶의 질(Quality of life)을 향상시키는 것이다. 즉 사회복지사는 클라이언트 개인과 환경 간의 상호작용 증진을 통하여 클라이언트뿐만 아니라 사회구성원 모두의 삶의 질을 향상시킬 필요성이 있다. 이러한 관점에서 사회복지사의 실천적 지식, 환경 속의 인간, 일반체계이론 등을 살펴볼 필요가 있다. 이 장에서는 사회복지실천의 접근방법이 되는 사회복지실천의 관점과 통합적 접근에 대해서 알아본다.

4.1 사회복지실천의 관점

사회복지사가 사회복지실천을 위해 먼저 개인과 개인의 상호작용 관계를 이해하기 위해 체계이론 관점, 환경 속의 인간 관점 등을 이해하고 있어야 한다. 여기서 관점은 현상을 바라보는 위치, 위치의 환경, 바라보는 자의 여력 등을 의미하는데, 이러한 관점의 수준에 따라 그 현상을 이해하는 능력이 달라질 수 있다(최옥채, 2017). 여기서는 체계이론에 해당하는 일반체계이론, 사회체계이론, 생태학적체계이론 관점과 생태학이론 관점, 사이버네틱스이론 관점, 환경 속의 인간 관점, 사회구성주의 관점, 다문화 관점 등에 대해서 알아본다.

1) 일반체계이론 관점

일반체계이론(General system theory)은 '전체는 단순한 부분의 총합 이상이다.'라는 말로 지칭되는 상호작용의 복합적 상황을 분석하려는 학문을 의미한다. 즉, 유기체와 환경 간의 체계적인 상호작용, 상호 관련성에 대해서 전체성, 상호성, 개방성의 개념으로 설명하고 분석하려는 이론이다(김향선 외, 2015). 이러한 이론은 1937년 오스트리아 출신의 생물학자 버틀란피(Ludwig von Bertalanffy)에 의해서 처음으로 제기되었으며, 1950년 논문 발표를 계기로 체계론적 사고가 과학적 학문으로 정립되었다. 여기서 체계(System)는 상호연관성이 있고 상호의존적으로 서로 영향을 주고받는 부분들로 구성된 전체를 의미하거나 부분들 간에 관계를 맺고 있는 일련의 단위로 정의된다(Bertalanffy, 1968). 이러한 체계는 끊임없이 변화하는데 변화과정은 체계가 추구하는 목적에 따라 다르게 나타날 수 있다. 그리고 체계의 부분들은 변화를 위해 어느 일정 시점에서 볼 때 비교적 안정된 구조 내에서 정형화된 행동방법으로 서로 영향을 주고받으며 항상성(Homeostasis)을 유지하려 한다(엄명용 외, 2013).

따라서 일반체계이론은 생물과 무생물이 모든 형태에 있어서 체계로 간주될 수 있고, 체계는 체계로 규정될 수 있는 어떤 개별의 성질을 가지고 있다는 가정에 기초한 이론이다. 따라서 인간은 통합된 하나의 체계라고 보고 행동과 기능수행에 영향을 미치는 생물학과 사회체계(인간은 외부세계와 끊임없이 상호작용하며 상호의존적인데 개인, 가족, 조직, 지역사회, 문화 등을 구분하여 포함시킨 체계)들 간에 상호작용에 초점을 두고 변화를 유도하려는 이론이라 할 수 있다.

이러한 일반체계이론 관점이 제시하는 개념적 틀에 의하면, 개인과 사회의 문제는 원인과 결과의 관계로 해석되는 것이 아니라 상호 연관된 전체로 파악해야 된다는 것이다. 즉, 개인과 사회 환경은 어느 한쪽이 다른 한쪽에 일방적으로 영향을 미치는 것이 아니라 양자 모두의 원인인 동시에 결과인 상호적 원인관계로 형성된 전체로 보아야 한다는 것이다. 따라서 사회복지실천의 목적에 부합되도록 클라이언트에 대한 문제 파악 및 실천의 초점을 개인 또는 사회 환경의 어느 한 곳에 두는 것이 아니라 상호작용하며 서로에게 영향을 주고받는 전체에 맞추는 것이 중요하다.

일반체계이론 관점의 주요 개념은 체계의 구조적 특성을 나타내는 경계(Boundary), 개방체계와 폐쇄체계(Open and Closed system), 위계(Hierarchy)와 안정적이면서 점진적인 변화를 추구하는 진화적 특성인 항상성(Homeostasis), 안정 상태(Steady state), 그리고 체계의 행동적 특성인 투입(Input) → 전환(Through-put) → 산출(Output) → 환류(Feedback) 등이 있다. 일반체계이론 관점에서 가족체계란 가족구성원뿐만 아니라 이들 간의 의사소통, 관계형성, 상호작용을 포함하는 전체적인 개념으로 이해해야 한다는 것이다. 이와 같이 서로 연관되어 있는 전체로서 가족체계의 한 부분에서의 변화는 체계의 다른 부분의 변화를 야기시키고, 이는 전체 가족체계의 기능에도 변화를 가져온다는 것이다. 주요 개념의 내용을 살펴보면 다음과 같다(김향선 외, 2015).

① **경계** : 체계 내부와 외부, 한 체계와 다른 체계를 구분할 수 있는 기준을 의미하는 것으로 모든 체계는 경계를 가지고 있다. 예를 들어, 가족과 관련해서 대가족, 핵가족, 부부, 부모, 형제자매 체계 등은 관념적 경계가 된다. 이러한 경계를 형성하는 요인은 에너지나 정보 교류의 양, 상호작용, 규칙 등이 있을 수 있으며 명확성(Clarity), 투과성(Permeability), 융통성(Flexibility) 등의 속성이 있다. 경계는 적어도 부분적으로 침투할 수 있으며 그들 간의 에너지와 정보의 전달을 허용하고 있는데, 가족체계도 가족구성원들 간에 경계가 분명하고 명확해야 개방적이고 기능적인 가정이 될 수 있다.

② **개방체계와 폐쇄체계** : 개방체계는 체계에 투과성이 있어 경계 내 · 외부 간에 에너지나 정보 교류가 상호보완적으로 이루어지는 체계이다. 이러한 체계는 외부 환경으로부터 성장이나 발달에 필요한 에너지나 정보를 자유롭게 받아들여 전환시키고 산출을 생산하여 환경으로 다시 보내거나 체계 자체의 기능을 유지 · 발전시킬 수 있다. 가족체계도 가족구성원들 간에 개방체계를 유지하면서 안정상태를 유지해야 한다.

반면 폐쇄체계는 체계에 투과성이 없어 다른 체계와 상호교류가 없으며 에너지나 정보를 주고받지도 않고 상호작용도 하지 않아 투입 또는 산출이 없는 체계이다. 이러한 체계는 다른 체계로부터 투입을 받아들이지 않고 산출도 생산하지 않아 시간이 지남에 따라 조직과 기능이 상실되거나 소멸된다. 가족체계도 가족구성원들 간에 폐쇄체계를 형성하면 가족의 기능이 약화되고 해체될 수 있다.

③ **위계** : 상위체계와 하위체계 사이의 서열관계를 의미한다. 모든 체계의 기본단위들이 활동하면서 에너지원을 위해 상위체계에 의존하며 또한 하위체계에 방향을 제시해 준다. 이러한 상위체계와 하위체계 사이의 서열관계를 위계라 한다. 가족체계도 가족구성원들 간에 부모, 부모-자녀, 형제자매 체계의 위계가 있어야 기능적인 가정이 될 수 있다.

④ **항상성** : 체계가 균형을 유지하거나 안정된 상태로 돌아가려는 것을 의미한다. 이러한 항상성은 고정된 것이 아니라 지속적으로 변화하는 것으로 환경 속에서 변화상황을 고려하여 상호 교환을 통해 항상성을 유지해야 한다. 가족체계도 가족구성

원들 간에 체계의 항상성을 유지하면서 자기 본연의 역할에 충실해야 기능적 가정이 될 수 있다.

⑤ **안정상태** : 부분들 간의 관계를 유지시키고 쇠퇴해서 붕괴되지 않도록 에너지가 지속적으로 사용되는 상태를 의미한다. 이러한 안정상태는 살아있는 모든 체계의 기본적인 속성이며 생존하기 위하여 안정성, 질서, 일관성을 필요로 한다. 가족체계도 가족구성원들 간에 자기 본연의 역할을 충실히 하여 안정상태를 유지하는 것이 중요하다.

⑥ **투입 → 전환 → 산출 → 환류** : 투입은 체계 외부로부터 체계 내부로 유입되는 에너지나 정보 등을 의미한다. 전환은 투입물(에너지나 정보)을 처리하여 체계의 기능을 유지하기 위한 과정을 의미한다. 산출은 전환활동을 통해 나타나는 결과물이 환류를 통해 체계에 머물거나 다른 체계에 영향을 미치는 것을 의미한다. 환류는 행동을 취한 체계에서 행동의 결과를 검증하여 새로운 행동을 산출하거나 기존의 행동을 수정하는 것을 의미한다. 이러한 환류는 체계의 안정상태를 유지하거나 변화를 촉진하는 역할을 하게 되는데, 긍정적 환류는 산출이 바람직하다고 확인시켜주며 안정상태 또는 현재보다 빈도나 강도를 상향조절하도록 독려하는 것이다. 반면 부정적 환류는 산출물의 양적 · 질적인 면에서 기대하는 바를 충족시키지 못하는 정보를 전환해 새로운 변화를 촉구하는 것이다(김혜영 외, 2012). 체계 내의 활동(투입 → 전환 → 산출 → 환류)에 대한 과정은 [그림 4-1]에 나타냈다(엄명용 외, 2013).

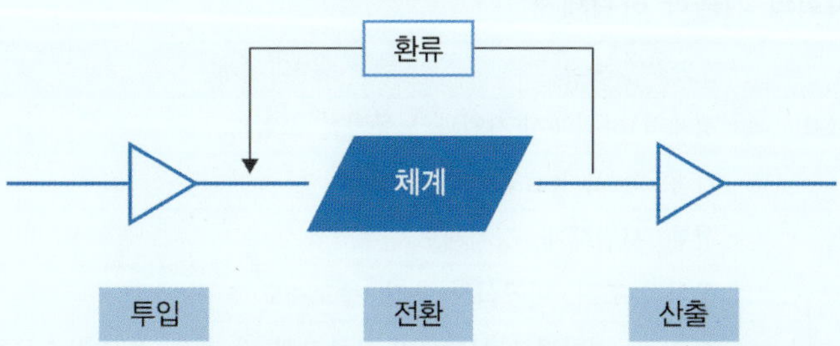

[그림 4-1] 체계 내의 활동(투입 → 전환 → 산출 → 환류)에 대한 과정

출처: 엄명용 외, 2013.

2) 사회체계이론 관점

사회체계이론(Social systems theory)은 일반체계이론에 바탕을 두고 있으며 사회 전체를 하나의 거대한 체계 또는 조직으로 접근한 학문으로 독일의 사회학자인 루만(Niklas Luhmann)이 정립한 이론이다. 여기서 체계는 일반체계이론의 체계와 같은 맥락으로 상호연관성이 있고 상호의존적으로 서로 영향을 주고받는 부분들로 구성된 전체를 의미하거나 부분들 간에 관계를 맺고 있는 일련의 단위이다.

사회체계이론 관점은 우리가 살고 있는 사회적 환경 안에 존재하는 다양한 인간 공동체에 적용할 수 있는 사회조직의 모형으로 인간행동에 영향을 미치는 다양한 체계수준, 즉 개인체계, 가족체계, 집단체계, 조직체계 등을 포함하는 소집단체계 그리고 지역사회와 같은 보다 넓은 사회체계에서 체계 간의 상호작용에 초점을 두는 것이다. 또한 문화, 종교, 신분제도와 같은 추상적 요소들도 포함한다(이경은 외, 2016). 예를 들어, 지역사회를 하나의 체계로 보면 지역사회 내에 있는 하나하나의 구성 부분들이 각기 존재하는 것이 아니라 집합체로서 개인, 가족, 집단, 조직, 사회, 문화 등이 서로 연결되어 상호작용하며 의존하고 있는 형태로 존재하는 것이다. 즉, 상호작용하는 부분들이 하나의 전체를 만들어가며 그렇게 만들어진 전체는 다시 부분들에 영향을 미침으로써 부분과 전체는 하나의 공동체로 공존하게 되는 것이다. 지역사회의 기능과 하위체계는 〈표 4-1〉과 같다.

〈표 4-1〉 지역사회의 기능과 하위체계

기능	하위체계
생산, 분배, 소비	경제적 하위체계(기업과 노동자를 포함)
사회화	가족, 학교, 동료집단, 종교단체
사회통제	정부, 사법체계, 정치제도
사회통합	공식적 조직, 비공식적 조직, 종교제도
상부상조	정부 및 지방정부 사회복지 프로그램 및 제도, 비영리조직, 비공식적 원조 네트워크

이러한 사회체계이론 관점을 사회복지실천에 적용하면, 사회가 어떻게 구성되어 있는지, 사회를 구성하는 구성체들은 어떤 관계를 형성하고 있는지, 그리고 외부환경과는 어떤 관계를 갖는지 등에 대해서 알 수 있을 것이다. 또한 사회복지실천을 통해 개입하려는 사회문제와 사회 내·외의 구성체계들이 어떤 관련성을 갖고 영향을 주고받는지를 이해할 수 있을 것이다(이경은 외, 2016).

3) 생태학적체계이론 관점

생태학적체계이론은 생태체계론, 생태적체계론, 생태적 관점 등과 호환되어 사용되는 용어로, 일반체계이론과 생태학이론에서 제시되는 주요 관점들을 통합한 것이라고 할 수 있다. 즉, 인간의 발달은 환경과의 관계를 연구하는 생물학적 개념에 초점을 두는 생태학이론과 가족·이웃·지역사회·국가라는 여러 체계 속에서 발달한다는 일반체계이론이 결합한 것이다. 생태학이론을 인간행동에 적용할 경우 인간과 인간의 주변 환경 간의 상호작용, 상호 의존성, 상호 역동적 교류와 적응에 초점을 둔다. 또한 일반체계이론 관점은 다양한 체계(부부체계, 부모-자녀체계, 형제자매체계)에서 상위, 하위에 따른 순서가 있으며 서로 관련되어 기능적 전체를 형성하는 것으로 체계 간의 복잡한 상호작용을 이해해야만 한다는 것이다.

이러한 관점에서 브론펜브레너(Bronfenbrenner)는 1979년 「인간발달 생태학(The ecology of human development)」이라는 저서를 통해 인간은 태어나면서 다양한 수준의 주위 환경에 영향을 받기 때문에 복잡한 체계 속에서 발달하는 존재라고 보고 생태학체계(Ecological system)라는 용어를 사용하였다. 또한 그는 인간발달을 사회문화적 관점에서 이해하는 이론으로 가족·이웃·학교·지역사회·국가·문화 등 여러 가지 환경 속에서 인간과 환경 간의 상호작용을 통해 발달한다고 보았으며 생태환경을 좀 더 구조화하였다. 이후 저메인과 지터맨(German & Gitterman)은 생활모델(Life model)이라는 사회복지실천모델을 제시하는 가운데 생태학적체계모델(Eco-system mldel)을 도입하면서 사회복지실천의 준거 틀로 도입되었다(German & Gitterman, 1980; 김혜영 외, 2012).

생태학적체계이론 관점에서 체계와 생태학은 개인을 하나의 체계로, 개인과 환경을 하나의 체계로 생각하면서 생태학적으로 인간과 환경 간의 적응과 상호작용에 초점을 둔다. 주요 개념은 생활환경, 적응, 개인과 환경의 적합성, 공생, 수용능력, 경쟁 등이 있는데, 각각에 대해서 알아본다(김혜영 외, 2012; 김향선 외, 2015).

① **생활환경** : 생물체가 살고 있는 장소나 환경을 의미하는데, 생물체는 적소(Niche)를 찾게 된다. 여기서 적소는 특정한 종이 가장 효과적으로 기능할 수 있는 특정한 장소나 환경을 의미한다.

② **적응**(Adaptation) : 개인과 환경 간의 상호작용을 포함한 주변 환경조건에 맞추어 적합하게 결합하는 것을 의미한다. 여기서 적합은 개인의 욕구와 사회적 요구 사이의 조화와 균형 정도를 의미한다.

③ **개인과 환경의 적합성**(Goodness of fit) : 개인의 적응 욕구와 환경의 속성이 서로 조화되는 정도를 의미한다. 적응하지 못하면 개인의 발달과 건강에 악영향을 미치며 잘 적응하면 성장이나 발달에 긍정적이며 적합성은 높아진다.

④ **공생**(Symbiosis) : 하나 또는 둘 모두가 유익을 얻을 수 있는 두 종 간의 상호작용을 의미한다. 이러한 공생에는 세 가지 유형이 있는데, 상리공생(Mutualism)은 벌(먹이)과 꽃(수정)의 관계처럼 두 종 모두에게 이득이 되는 상호작용이며, 편리공생(Commensalism)은 한 종에는 유익하나 다른 종에게는 유익이나 해를 끼치지 않는 것이고, 기생(Parasitism)은 한쪽에는 해가 되나 기생하는 쪽에는 이익이 되는 것을 의미한다.

⑤ **수용능력**(Capacity) : 특정 생태체계 안에서 살아갈 수 있는 종의 최대 숫자를 의미한다. 수용능력이 초과되면 질병, 약탈 등 악역향이 미칠 수 있다.

⑥ **경쟁**(Competition) : 생태학적 공동체를 형성하는 주요 과정으로 생태체계에서 자원이 제한된 경우 생존을 위해 경쟁하는 것을 의미한다.

브론펜브레너는 인간이 성장발달에 영향을 주는 생활환경을 태어나서 근접한 순서로 미시체계, 중간체계, 외체계, 거시체계, 시간체계 등 다섯 가지 체계로 구성하여 설명하고 있다. 생태학적체계모델은 [그림 4-2]에 나타냈으며 생태체계 구성은 〈표 4-2〉에 나타냈다(김현호 외, 2017).

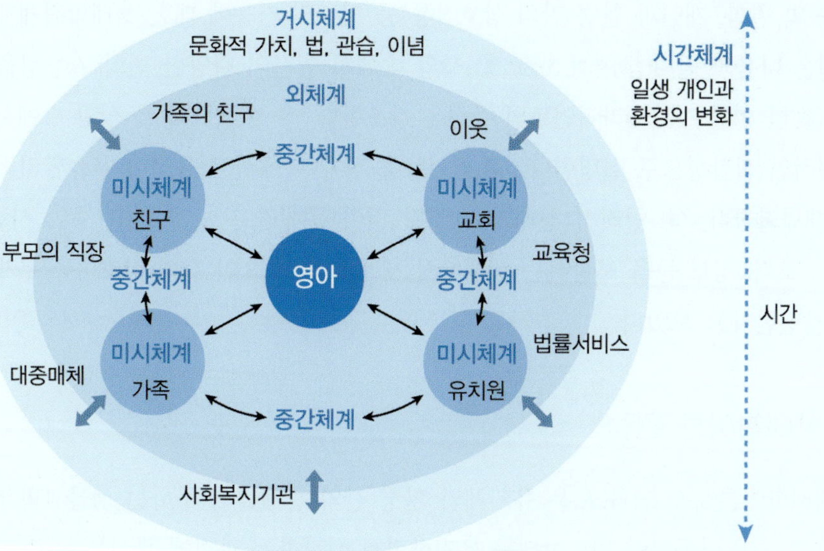

[그림 4-2] 생태학적체계모델

〈표 4-2〉 생태체계 구성

① **미시체계** : 나를 둘러싸고 있는 환경 중에서 가장 내부에 있는 사회적 · 물리적 환경을 의미한다. 예를 들어 가족, 친구, 학교, 이웃, 교회 등이 포함된다.

② **중간체계** : 미시체계 환경 간의 상호관계를 의미한다. 예를 들어 부모나 교사와의 관계, 형제 및 자매관계, 이웃 및 친구와의 관계 등이 포함된다.

③ **외부체계** : 나와 직접 상호작용은 하지 않지만 미시체계에 영향을 미치는 사회적 환경을 의미한다. 예를 들어 부모의 직장, 부모의 친구조직망, 형제나 자매가 다니는 학교, 종교기관, 정부기관, 사회복지관, 대중매체, 교통 및 통신시설, 문화시설 등이 포함된다.

④ **거시체계** : 미시체계, 중간체계, 외부체계에 포함된 모든 요소뿐만 아니라 개개인이 생활하고 있는 문화적 환경까지 포함한 환경을 의미한다. 예를 들어 문화는 한 세대에서 다음 세대로 전수되는 행동유형, 신념, 관습 등을 의미하는데, 개인이 속해 있는 사회 · 문화적 배경에 따라 개인에 미치는 영향력은 다양한 형태로 나타날 수 있다는 환경이다.

⑤ **시간체계** : 최근 생태학적 관점에 포함된 체계로 전 생애에 걸쳐 일어나는 변화와 사회역사적인 환경을 의미한다. 예를 들어 가족제도의 변화, 결혼관의 변화, 조선시대의 생활관이나 현대사회의 생활관 등의 변화이다.

이러한 생태학적체계이론 관점의 특징은 환경이 사람에게 영향을 미치고 반대로 사람도 환경에 영향을 미치므로 상호 간에 순환적 영향을 미친다는 것이다. 즉, 개개인의 행동 및 변화, 개인과 환경 간의 상호작용 등 인간의 기능에 대한 생태학적체계 관점의 특성은 다음과 같다(김향선 외, 2015). ① 상황 속에서 인간의 다양한 변화 가능성을 제시한다. ② 한 인간으로 클라이언트의 강점을 강조한다. ③ 현재 행동을 상황 속에서 개인의 안정적인 적합성으로 설명한다. ④ 역기능을 상황 속에서 적응적이거나 합리적인 것으로 개념화한다. ⑤ 병리적 상태가 반영된 것이 문제라고 보지 않고 주위 사람, 사물, 장소, 조직, 정보 등을 포함하는 생태학적 체계의 여러 요인 간의 상호작용 부재로 문제가 발생한다고 보았다.

4) 생태학이론 관점

생태학이론(Ecological theory)은 유기체와 환경 간의 관계를 연구하는 생물과학으로 유기체와 환경이 역동적인 평형상태를 유지하면서 성장하는 과정에 관심을 두고 있는 이론이다. 이러한 생태학에서 유기체와 환경은 서로 분리할 수 없으며 상호작용하는 것으로 양자 간의 상호작용에 초점을 둔다. 생태학이론을 지역사회에 적용할 경우 지역사회와 지역사회의 주변 환경 간의 상호작용, 상호 의존성, 상호 역동적 교류와 적응에 초점을 둔다. 주요 개념은 상호교류(Transaction), 적합성(Fitness), 적응(Adaptation), 유능성(Ability), 긴장(Stress), 대처(Coping) 등 여섯 가지로 설명할 수 있는데, 사회문제도 같은 맥락으로 분석할 수 있다. 예를 들어, 인간이라는 유기체에 적용하면 인간과 주변의 사회 환경 간의 상호작용이나 상호의존성에 관심을 두고 분석한다. 즉, 인간은 사회 환경에 적응하면 긴장을 하지 않을 것이며 적응하지 못하면 긴장하게 되고 긴장을 해소하기 위한 대처능력이 필요하다는 관점으로 설명된다(이경은 외, 2016).

이러한 생태학이론을 사회에 적용하면, 사회구성원들은 해당 사회환경과의 상호교류와 생태체계로서 사회구성원들이 환경요소들과 끊임없이 상호교류하면서 적응 · 대처해 나가는 하나의 체계로 간주하면서 사회에 관련된 현상들을 설명할 수 있다. 즉, 인구의 이동변화, 이민과 이주, 사회조직 및 사회계층의 구조적 변동, 성장의 역동성 등은 사회의 특정 현상을 설명하는 요소가 될 수 있다. 사회현상을 생태학이론을 적용하여 분석하고 설명하려는 개념에는 다음과 같은 것이 있다(전해황 외, 2018).

① 중심화(Centralization) : 지역의 기능, 인구, 사회시설, 그리고 서비스 등이 교통 중심으로 지역에 몰리는 것을 의미한다. 대부분의 사회는 행정기관을 중심으로 기능 및 인구가 집중되는 현상을 보인다.

② 분리(Segregation) : 여러 집단 및 기관들이 그 도시 안에 분리되어 있고 특정 지역에 위치하는 경우를 의미한다. 도시의 어떤 지역은 상류층 주택이 밀집하고 특정 지역은 산업단지로 분리된다.

③ 분산(Decentralization) : 인구 및 산업 등이 중심으로부터 밀도가 더 낮은 외곽으로 빠져나가는 것을 의미한다.

④ 침입(Invasion) : 사회의 한 집단이 완전히 분리되어 다른 집단이 거주하는 지역으로 들어가는 것을 의미한다.

⑤ 계승(상속, Succession) : 침입이 완결된 상태로 어떤 지역의 용도가 완전히 전환된 것을 의미한다. 이전에 주거지역이던 곳이 완전한 상업지역으로 전환되거나 부유층만 살았던 지역이 빈민층만 살게 될 때이다. 이러한 계층은 지역적 현상일 뿐만 아니라 오래 지속되는 시간적 현상까지도 포함한다.

5) 사이버네틱스이론 관점

사이버네틱스(Cybernetics, 인공두뇌학)이론은 생물 및 기계를 포함한 체계에서 제어와 통신 문제를 종합적으로 연구하는 학문을 의미한다. 어떤 체계에 포함되는 두 종류의 변량이 있는데, 그 하나는 우리가 직접 제어할 수 있는 것이고 나머지 하나는 우리가 제어할 수 없는 것으로 한다. 이때 제어할 수 없는 변량은 과거로부터 현재에 이르기까지 값을 바탕으로 하여 제어할 수 있는 변량의 값을 적당히 정해서 이 체계를 가장 바람직스러운 상태로 도달시키려는 목적을 달성하기 위한 값이다. 사이버네틱스는 1940년대에 뉴욕시에서 열린 메이시(Macy) 회의를 통해 개념 틀이 수립되었다. 사이버네틱스는 기계 및 살아 있는 유기체의 통제와 자기 조절 과정을 이해하기 위한 인식론을 발전시키는 계기가 되었으며 또한 기계와 살아 있는 유기체의 동작원리에 차이가 있다는 것이 알려지게 된 학문이다. 즉, 기계는 원인과 결과, 자극과 반응, 투입과 산출의 연결이라는 선형적 인과 관계에 의해 동작되지만, 살아 있는 유기체는 인과적으로 연결된 구성 요소의 순환적인 배열이라는 환류 고리(Feedback loop)에 의해 움직인다는 점에서 차이가 있다는 시각을 발전시키게 되었다. 이러한 사이버네틱스 학문은 생물체계와 사회체계에 있어서 순환적 인과 관계와 환류 기제(일이 이미 처리되어 끝난 것)에 관한 과학으로 발전하게 되었는데, 수학자인 위너(Wiener, 1948)가 처음으로 사용하였다(NCS학습모듈, 2019).

사이버네틱스의 핵심에는 환류 고리가 있는데, 이것은 체계가 안정을 유지하기 위하여 필요한 정보를 얻는 과정이다. 환류 고리는 체계 내 부분들 사이의 관계뿐만 아니라 외부 환경과 관련된 체계의 실행에 관한 정보를 포함하고 있다. 이러한 환류 고리는 긍정적일 수도 있고 부정적일 수도 있는데, 긍정적인 것과 부정적인 것의 구분은 체계 내의 항상성(Homeostasis, 같은 상태를 유지하려는 경향) 상태를 벗어나게 하려는 영향력을 언급하는 것이지, 체계에 이익이나 해를 주는지에 대한 개념은 아니다. 긍정적 환류는 체계가 흘러가야 하는 방향을 확인하고 강화하는 정보이고, 부정적 환류는 체계가 기준이 되는 곳으로부터 얼마나 이탈했는지, 그리고 다시 돌아오기 위해 어떤 교정이 필요한지 알려주는 정보이다. 예를 들어, 집안의 온도를 일정한 상태로 유지하는 자동온도조절장치를 생각해 보면, 25도를 기준으로 하였을 때, 실내 온도가 25도가 넘으면 꺼지고 25도 보다 낮으면 자동적으로 켜지는데, 이러한 과정에서 항상성이 나타난다. 항상성은 균형 또는 안정을 유지하려는 노력을 의미하는 용어로서 항상성 유지를 위하여 환류 과정이 큰 역할을 하고 있다는 것이다. 이와 같은 개념에서 가족도 계속해서 가족 항상성을 유지하려고 한다는 것이다.

6) 환경 속의 인간 관점

환경 속의 인간(PIE : Person in Environment) 개념은 개인과 환경 간의 상호작용으로 개인에 대한 이해와 환경에 대한 이해를 바탕으로 이들의 교류에 대해 이해를 돕는 것이다. 즉, 인간을 이해하기 위해서는 인간의 심리 내적인 특성만을 고려하는 것이 아니라 환경 또는 상황까지 모두 고려해서 개인과 환경 모두에게 초점을 두어야 한다는 관점을 의미한다(김향선 외, 2015). 이러한 관점에 따라 사회복지실천에서 문제해결을 위해 각기 개인은 물론 가족, 집단, 조직, 지역사회 등 개인을 둘러싼 환경과 상황을 이해하는 것이 중요하다. 이처럼 사회복지실천에서 환경을 강조하는 것은 개인이 경험하는 각종 사회복지 문제의 원인을 개인 또는 환경 중에 어느 한쪽의 문제로 인식하기보다는 개인적 요소와 환경적 요소의 상호작용에 따른 결과로 보기 때문이다. 개인–환경 간의 상호작용에 따른 사회복지사의 활동은 [그림 4-3]에 나타냈다(엄명용 외, 2013).

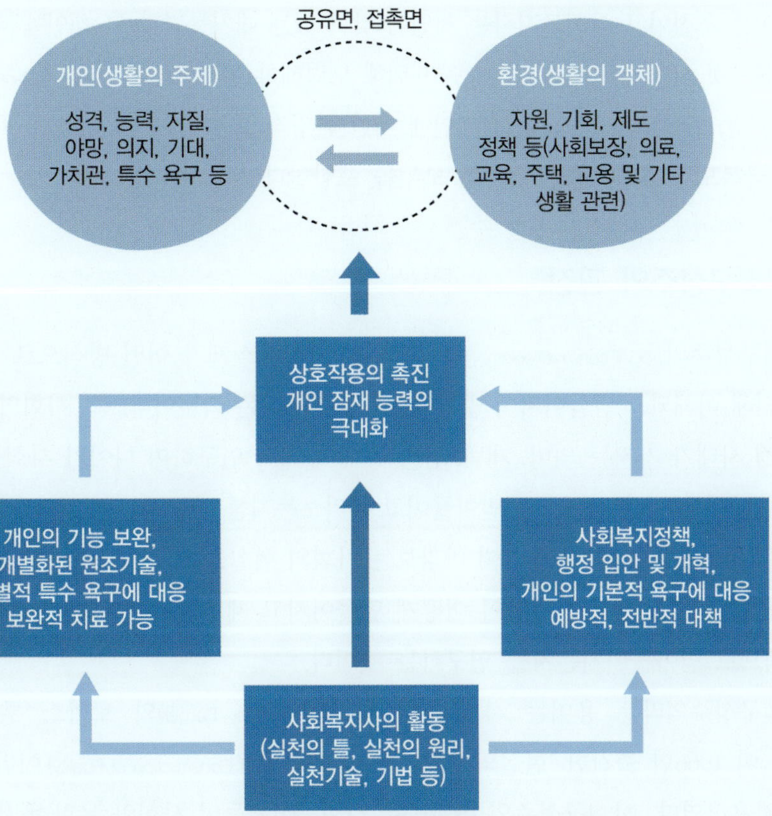

[그림 4-3] 개인–환경 간의 상호작용에 따른 사회복지사의 활동

출처 : 엄명용 외, 2013.

사회복지실천에서 환경 속의 인간 관점은 리치먼드(Mary Richmond, 1917)의 저서 「사회진단(Social Diagnosis)」에서 환경 속의 인간이 포함된 내용을 1950년대 이후부터 사회복지실천의 기본 개념 틀로 확립되면서 강조하게 되었다(엄명용 외, 2013). 이후 고든(Gordon)은 환경이 제공하고 있는 모든 자원과 개인이 갖고 있는 욕구나 성장 잠재력과의 상호작용(조합)을 이루어내는 것이 사회복지사 활동의 초점이라 하면서 환경 속의 인간 관점을 사용하였다(Gordon, 1969). 또한 바틀렛(Bartlett)은 모든 사회복지실천의 공통 기반은 개인과 환경에 대한 이중 초점이고 사회복지사는 개인이 갖고 있는 대처능력과 그 개인에 대해 환경이 요구하는 것 사이의 균형을 이뤄 주기 위해 노력해야 한다고 강조하였다((Bartlett, 1970; 엄명용 외, 2013). 즉, 환경 속의 인간이란 개인에 대한 환경적 요구, 개인의 내부적 요구, 환경적 지지, 극복노력 또는 적응노력 등 모두를 포함한다고 할 수 있다.

7) 사회구성주의 관점

사회구성주의(Social constructionism)는 사회의 현실이나 실재가 어떤 방식으로 사회구성원들에 의해 이해되고 만들어지며 발전하는지를 연구하는 학문이다. 즉, 사회의 어떤 요소나 특정 사태가 가지는 의미, 개념, 함축 등에 대해서 연구하며 나아가 사회구성원들이 요소나 사태를 어떤 방식으로 받아들이고 바라보는지를 탐구하는 것이다. 따라서 사회구성주의는 개개인들이나 집단이 바라보는 사회의 현실을 어떻게 구성해내는지에 대해서 집중한다. 즉, 사회적 현상이 어떻게 만들어지고 체계화되며 사람들에게 알려지고 전통적으로 받아들여지는지를 연구하는 것이다.

사회구성주의라는 용어는 사회학자 피터 버거(Peter Berger)와 토마스 루크만(Thomas Luckman)이 1966년 출간한 '현실의 사회적 구성(The Social Construction of Reality)'이라는 책에서 처음 사용하였다. 사회구성주의 학자들은 사회구성원들이 사회와 문화적 세계를 만드는 동시에 세계가 사회구성원들을 만들기도 한다는 생각을 공유하였다. 즉, 사회는 현실을 만들기도 하고 파괴하기도 하면서 진실을 드러내 보이기도 하고 가리기도 한다는 것이다. 또한 우리가 현실이나 실체로 믿고 있었던 것들은 사실 사회적 구성원들 간의 상호작용을 통해 만들어지며, 이 실체는 어떤 과학적 방법을 통해 밝혀지는 객관적인 진리를 담고 있는 것이 아니라 다양한 현실을 반영하는 것이라고 보았다.

이러한 사회구성주의 관점은 발달심리학자 피아제(J. Piaget)나 인지심리학자 켈리(G. Kelly) 등이 지식이나 인격의 획득은 자신과 접하는 현실에 대해서 인지 · 해석 · 이해하고, 통제하며, 해법을 찾게 된다는 입장을 취하게 되면서 언급되었다. 이후 피셔(V. Fisher), 하트맨(A. Hartman), 레어드(J. Laird) 등에 의해서 인지이론에 입각한 사회복지실천이론으로 도입되었다(김현훈, 2011). 사회구성주의 관점은 사람이 자신을 둘러싼 현실을 있는 그대로 보고 이해한다는 관점을 부정하고 자신이 갖고 있는 지식이나 인식의 틀을 사용하여 현실을 이해하며 자기만의 의미를 찾는다는 관점이다. 여기서 지식이나 인식의 틀은 역사적 · 문화적으로 상대적인 것이기 때문에 같은 현상이나 사실이라도 시대나 지역의 차이에 따라 의미가 달라진다고 보는 것이다.

과학적 관점은 객관성을 중시하며 사실은 객관적인 관찰이나 측정에 의해 존재하며 객관성을 담보로 해야 된다는 것이었다. 그러나 사회구성주의 관점은 지식, 인격, 사회, 세계는 인간의 사회적 상호작용에 의해서 생성된다는 입장이다. 즉, 사람은 서로 관계하는 사회적 상호작용, 사회화 과정에 의해 지식이나 인격 등이 함양되는 것으로 보고 다양한 주관이나 각각의 인지방법에 의해 사회가 생성된다는 관점이다. 따라서 다양한 주관이나 각각의 인지방법은 항상 상대적이며 동시에 다원성을 가진다고 할 수 있다. 이러한 사고가 긍정적인 입장을 모더니즘(Modernism, 최신 유행이나 현대적인 감각을 좇으려는 경향)이라 부르고 부정적인 입장을 포스트모더니즘(Post-modernism, 20세기의 모더니즘을 부정하고 고전적 · 역사적인 양식이나 수법을 받아들이려는 경향)이라 부른다(김현훈, 2011).

이러한 사회구성주의 관점의 주관적인 의미의 현실은 사회적 상호작용이지만 대개의 경우 '지금-여기'의 현실을 중시하며 언어를 통해 이루어진다. 즉, 사회복지사는 클라이언트가 표출하는 언어를 통해 접근(Approach, 어프로치)하여 클라이언트의 주관적인 점과 사회복지사의 객관적인 점을 고려해서 욕구 및 문제를 발견하고 동등한 위치에서 개입하여 클라이언트의 새로운 주관적 관점이나 인지를 재구조화하면서 개입하게 되는 관점이다.

8) 다문화 관점

다문화는 다양한 나라의 생활양식으로 정의되는데, 다양한 인종의 다양한 문화라고 할 수 있다. 여기서 문화는 인간의 사고, 의사소통, 행동, 관습, 신념과 가치 그리고 인종적, 민족적, 종교적 또는 사회적인 집단을 포함하는 인간 행동의 통합된 형태를 의미한다. 이러한 문화는 사회화과정을 통해 한 세대에서 다음 세대로 전수된다. 즉, 한 개인의 행동과 경험이 모든 측면에 영향을 미쳐 문화로 이어진다. 따라서 인간은 삶의 문제를 인식하고 경험하고 해결하는 방식도 그 사람이 속한 특정 문화적 맥락의 영향을 받으면 성장하게 된다(엄명용 외, 2013).

일반적으로 문화는 사회구성원들 간에 공유되고 생득적이라기보다는 인간이 사회 속에서 성장하면서 학습을 통해 습득되는데, 모든 영역에 걸쳐 전체적으로 영향을 미치며 정체되어 있지 않고 계속해서 변화하는 특성이 있다. 즉, 학습성(사회생활을 통해 성장하면서 학습됨), 공유성(공동의 생활을 함으로써 이해하며 공유하게 됨), 누적성(한 세대에서 다음 세대로 누적됨), 전체성(사회집단이 가진 지식, 신앙, 예술, 도덕, 법률 등이 독립적인 것이 아니라 상호관계를 유지하면서 전체를 이룸), 가변성(시간의 흐름에 따라 변화하는 가변성이 있음) 등의 특성이 있다.

이러한 문화적 맥락에 따라 다문화는 다문화주의라고도 할 수 있는데, 다문화주의(Multi-culturalism)는 한 사회 내에 존재하는 다양한 인종이나 민족 집단이 하나의 문화에 동요되지 않고 서로 존중하며 공존하는 생활체계라 할 수 있다. 이러한 용어는 1965년 "The Canadian Commission on Bilingualism and Biculturalism" 보고서에서 캐나다 사회 내의 다양한 사람들을 대표하기 위해 처음 사용되었으며(최혜지 외, 2013), 캐나다는 1971년에 서구 국가들 중에서 처음으로 채택하여 소수인종집단의 문화보호와 평등한 기회를 확장하는 방향으로 전개되었다(엄명용 외, 2013). 미국의 경우는 1991년 이후에 다문화주의라는 용어가 활발히 사용하기 시작하였으며, 한국에서는 2000년대 들어 본격적으로 논의되기 시작하였다(최혜지 외, 2013). 우리나라는 다문화주의를 다문화사회와 다문화가정이란 용어로 혼용되어 사용하기도 한다. 여기서 다문화사회(Multi-cultural society)는 한 사회 내에서 여러 인종 또는 민족이 함께 어울려 사는 사회를 의미한다. 즉, 국민으로서 누릴 수 있는 사회·경제·정치·문화적 권리를 취득하고 향유하는 데 인종과 민족이 차별이 없는 사회를 의미한다. 또한 다문화가정(Multi-cultural family)은 우리 사회에 거주하고 있는 외국인 근로자나 외국인들이 국제결혼 등을 통하여 다른 인종의 상대를 만나 결혼한 가정을 의미한다. 다문화가정은 그 가족 내 구성원의 인종 간 차별성과 한 가정 내 두 개 이상의 서로 다른 문화가 만난다는 특징이 있다.

이러한 다문화가정 및 사회의 문제점은 개인적 적응의 문제로 언어적 소통의 문제, 문화적 적응의 문제, 가족적 적응의 문제로 가족관계 및 생활의 문제, 자녀 양육 및 교육의 문제, 그리고 사회적 적응의 문제로 편견과 차별의 문제, 소외와 갈등의 문제 등이 있을 수 있다. 럼(Lum)은 다문화가정 및 사회의 문제점을 해결하기 위한 다문화사회복지실천을 사람들 사이에 존재하는 다양성과 차이점을 존중하고 원조관계에서 작용하는 문화적 요소를 인식하는 사회복지실천이라고 정의하였다(Lum, 2003; 최혜지 외, 2013). 그는 다문화사회복지실천의 목표는 민족적 정체성과 사회경제적 지위로 인해 차별받아 온 개인, 가족, 지역사회를 대상으로 이들과 사회 환경의 상호작용을 촉진하여 심리사회적 기능을 향상시키는 것이라고 하였다. 또한 수(Sue)는 다문화사회복지실천을 클라이언트의 문화적 가치관과 삶의 경험에 일치되는 원조 목표를 세우고 원조방식을 활용하는 것이라고 하였다(Sue, 2006; 최혜지 외, 2013). 따라서 다문화복지실천은 클라이언트의 개인 경험과 문화적 가치를 고려한 사정을 통해 개입목표를 설정하고, 그의 정체성을 보편적 차원에서 인식하고 문화 특수적인 전략의 사용과 원조과정을 옹호하는 것을 포함한다고 할 수 있다.

우리나라의 경우 다문화가정을 위한 다문화가족지원센터가 「다문화가족지원법」에 따라 시 · 군 · 구에 설치 운영되고 있다. 다문화가족지원센터의 기본사업은 한국어교육, 다문화가족통합교육, 다문화가족취업연계 및 교육 지원, 개인 · 가족상담 등 다문화가족을 대상으로 운영된다. 또한 지역사회 특성에 맞게 기타 사업으로 다문화가족 나눔봉사단, 다문화가족 자조모임, 다문화 인식개선 및 지역홍보, 지역사회 네트워크 강화 등이 있다. 다문화가족지원센터의 서비스 전달 체계도는 [그림 4-4]와 같다.

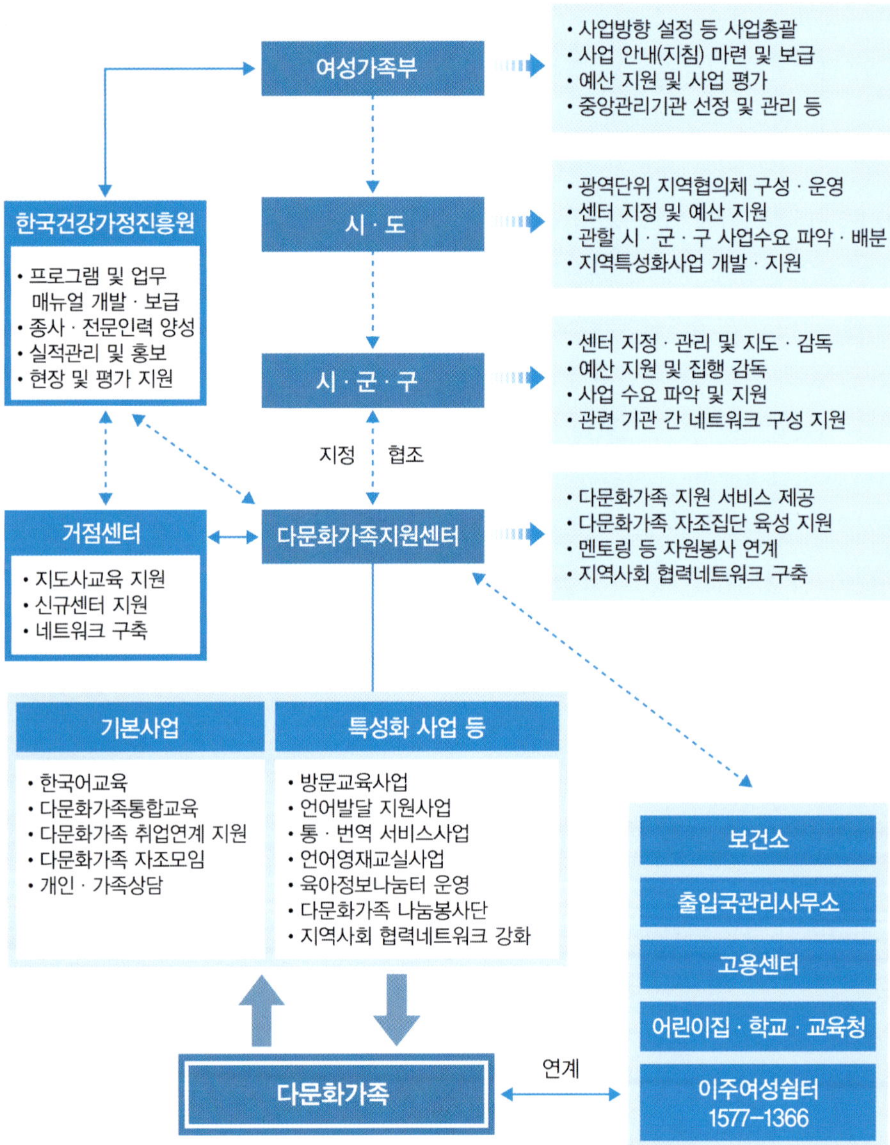

[그림 4-4] 다문화가족지원센터의 서비스 전달 체계도

4.2 사회복지실천의 통합적 접근방법

통합적 접근방법은 사회복지실천의 목적을 달성하기 위한 접근방법으로 제2차 세계대전(1939.09.01.~1945.08.15, 6년간)을 거치면서 전쟁으로 인한 많은 사람들이 개인별 다양한 욕구로 도움이 필요한 클라이언트가 발생하면서 그들의 욕구에 부응하기 위하여 3대 방법론(개별사회사업, 집단사회사업, 지역사회조직사업) 간의 공통적 요소를 찾으려고 노력하는 과정에서 등장하였다. 여기서는 통합적 접근방법의 개념 및 특징, 등장배경(필요성), 실천모델 등에 대해서 알아본다.

1) 통합적 접근방법의 개념 및 특징

통합적 접근방법은 3대 방법론에서 벗어나 서로 공통적 요소를 찾아 개인, 가족, 집단, 지역사회를 구분하지 않고 3대 방법을 통합하여 개입할 수 있는 실천방법을 의미한다. 이러한 방법은 사회복지실천의 목적을 달성하기 위해 개별적 접근의 한계를 넘어 클라이언트의 다양한 욕구에 따라 다양한 클라이언트 체계에 개입할 수 있는 실천방법이다.

김융일 등은 통합적 방법이란 사회복지사가 개인, 집단, 지역사회에서 제기되는 사회문제에 활용할 수 있는 공통된 하나의 원리나 개념을 제공하는 방법의 통합화를 의미한다고 하였다(김융일 외, 1995). 또한 마일리 등(Miley et.)은 통합적 방법이란 사회복지실천의 목적을 달성하기 위한 현대적 접근방법이며, 이러한 관점은 개별적 접근의 한계를 넘어 다양한 인간체계에 대한 개입으로 사회복지실천 영역의 확장이라고 하였다(Miley et., 1995). 즉, 과거의 개인 또는 환경에만 초점을 두어 부분적인 서비스만을 제공했던 방법을 탈피하여 개인과 개인, 개인과 사회환경 간의 조화, 상호작용에 초점을 둠으로써 클라이언트의 욕구와 문제를 보다 효과적으로 해결할 수 있다는 것이다.

통합적 접근방법의 관점에서 핀커스와 미나한(Pincus & Minahan)은 다음과 같은 준거 틀을 제시하였다(Pincus & Minahan, 1973; 이영실 외, 2016). ① 생태학적체계 관점을 토대로 하고, ② 문제에 대해 광범위하고 포괄적으로 접근하고, ③ 개인, 가족, 집단, 지역사회 등 다양한 수준에서 접근하고, ④ 체계와 체계를 둘러싼 환경 간의 관계를 중요시하고, ⑤ 특정 이론에 얽매이지 않고 다양한 이론과 모델을 개방적으로 선택하여 개입에 활용하고, ⑥ 사회복지실천과정을 점진적 문제해결 과정으로 본다는 것이다.

이러한 준거 틀을 토대로 통합적 접근방법의 특징은 다음과 같다(김혜영 외, 2012 : 김향선 외, 2015). ① 일반체계이론, 생태학이론, 생태학적체계이론 등 체계이론을 바탕으로 한 절충주의적 지식기반을 가지고 있다. ② 다차원적으로 접근한다. 즉, 마이크로(개인, 가족, 소집단), 메조(조직체, 공식적 집단), 매크로(지역사회, 사회체계) 등 다양한 체계에 개입하고 이를 위해 광범위한 기술을 적용한다. ③ 다차원적 개입에 따라 다양한 사회복지사의 역할(상담자, 교육자, 중개자, 중재자, 옹호자, 사례관리자 등)을 수행한다. ④ 사회복지실천의 본질적인 개념, 활동, 기술, 과업 등에 공통적인 기반이 있음을 전제로 한다. ⑤ 클라이언트의 잠재성을 인정하며 계속적인 성장을 통하여 그의 잠재성이 개발될 수 있다고 보고 미래지향적인 접근을 강조한다. ⑥ 인간과 환경의 상호작용에 초점을 둠으로써 인간과 환경 간의 중요성과 균형을 강조한다는 것이다.

2) 통합적 접근방법의 등장배경(필요성)

사회복지실천방법은 미국을 중심으로 발전하여 왔으나 그 내용 면에서 통일된 체계로 발전하지 못하고 개별사회사업, 집단사회사업, 지역사회조직사업, 사회복지행정, 사회복지조사 등으로 나뉘어 각기 독자적인 이론적 배경과 그에 따른 기틀로 발전해 왔다. 그러나 이러한 전통적 실천방법들은 사회복지 차원의 다양한 욕구와 문제를 해결하는 데 어려움이 있어 통합적으로 접근하여 다양한 욕구와 문제해결을 찾고자 사회복지실천의 통합기에 해당하는 1950년대부터 등장하게 되었다. 1920년대부터 1950년대까지 전문가들은 인간의 행동을 평가하고 변화시키기 위해서는 의학적 접근방법을 적용하고 프로이트(Freud, 1856~1939)의 정신분석이론에 영향을 받아 인간의 병리적 측면에 초점을 두었으며 클라이언트의 과거 경험을 중시하며 접근하였다(김향선 외, 2015). 그러나 역사적 발달과정의 다양화와 확장기(1970~현재)에 해당하는 1970부터 전문가들은 의료모델의 효율성에 대한 의문을 갖게 되었고 클라이언트의 문제원인을 규명하는 데 있어서 환경도 중요하다고 인식하게 되어 환경 속의 인간 관점이 강조되면서 등장하게 되었다.

이러한 관점에서 브라이어(Briar et.) 등은 전통적 실천방법의 한계점을 다음과 같이 언급하고 있다(Briar & Miller, 1971; 김혜영 외, 2012).

① 전통적 실천방법은 주로 제한된 특정 문제를 중심으로 개입하므로 현대사회의 복잡한 욕구나 문제상황에 적절히 개입하기 어려운 경우가 발생할 수 있다는 것이다.

② 전통적 실천방법은 지나친 분화 및 전문화로 서비스의 분리현상을 초래함으로써 다양한 욕구와 문제를 가지고 있는 클라이언트가 여러 기관이나 사회복지사를 찾아다녀야 하는 부담감을 갖는다는 것이다.

③ 전문화 중심의 교육훈련은 사회복지사의 분야별 직장 이동에 도움을 주지 못한다는 것이다.

④ 공통기반이 없는 분화 및 전문화는 전문가 개개인의 사고, 언어, 과정을 보여줌으로써 사회복지전문직의 정체성 확립에 장애가 된다고 보았다.

또한 스텀프(Stumpf, 1970)는 전통적 실천방법이 클라이언트의 욕구 및 문제를 전체로 보지 않고 단편화시켜 그의 생활상의 문제에 전체적으로 개입하기보다는 사회복지사의 입장에서 적절히 처리할 수 있는 욕구나 문제만을 부분적으로 돕는 형식을 취해왔다고 주장하면서 분화되어 있던 전통적 실천방법을 비판하였다(김혜영 외, 2012). 따라서 이러한 전통적 실천방법을 보완하기 위한 과정에서 1970년대는 통합적 접근방법을 통한 여러 가지 다양한 모델들이 등장하게 되었는데, 핀커스와 미나한(Pincus & Minahan, 1973)의 4체계모델(제1장 사회복지실천의 구성체계 참조), 콤튼과 갤러웨이(Compton & Galaway, 1975)의 6체계모델, 콤튼과 갤러웨이(Compton & Galaway, 1984)가 펄만(Perlman)의 문제해결과정을 정교화한 문제해결모델, 저메인과 지터맨(Germain & Gitterman, 1970)의 생활모델, 래퍼포트(Rapoport, 1970)의 위기개입모델, 라이드와 엡스타인(Reid & Epstein, 1972)의 과제중심모델, 임파워먼트(권한부여, 역량강화)모델 등이 등장하였다(이영실 외, 2016).

3) 통합적 접근방법의 실천모델

사회복지실천을 위한 모델들은 처음 개별 사회사업을 실천하면서 시대에 따라 다양한(정신분석, 정신역동, 심리사회, 행동주의, 인지행동, 문제해결, 생활, 위기개입, 과제중심, 클라이언트 중심, 임파워먼트, 해결중심, 사례관리 등) 모델들이 등장했는데, 실천모델에 따른 적용 및 사례 등은 사회복지실천기술론에서 자세히 다루기로 한다. 여기서는 1970년대 통합적 접근방법에서 나타난 일부 모델(문제해결, 생활, 과제중심, 위기개입, 임파워먼트)에 따른 개념에 대해서만 알아본다(나동석 외, 2014; 김향선 외, 2015; 김현호 외, 2017).

(1) 문제해결모델

문제해결모델(Problem-solving model)은 시카고대학 교수인 펄만(Perlman, 1957)에 의해서 제안되었고, 콤튼과 갤러웨이(Compton & Galaway)가 정교화한 모델이다(Compton & Galaway, 1984). 이러한 모델은 1920년대 인간의 심리역동적인 면을 강조한 진단주의와 1930년대 클라이언트의 창조적 자아능력을 강조한 기능주의를 절충한 방식으로 1950년대 생태학적 체계이론 관점을 문제해결 과정에 도입하여 통합한 모델이다.

이러한 모델의 특징은 클라이언트의 감정과 논리적인 진단보다 클라이언트의 현재 상황 여기-지금(Here and now)을 강조하고 있다. 또한 개인이 문제해결에 실패하는 이유는 개인의 정신적인 결함이나 병리에 원인이 있는 것이 아니라 문제를 해결해 나가는 태도(클라이언트 특성)가 부족하기 때문이라는 문제 원인의 입장을 가진다. 즉, 클라이언트 자신이 문제해결자임을 강조하여 문제에 대처하고자 하는 동기를 갖고, 문제에 대한 대처능력을 강화하고, 수준이나 방법에 관계없이 그 문제에 직면하여 그것을 경감시킬 기회를 가져야 한다는 것이다(김향선 외, 2015).

(2) 생활모델

생활모델(Life model)은 1970년대 초기에 저메인과 지터맨(Germain & Gitterman)이 생태학적체계이론 관점을 준거 틀로 사회복지실천 분야에 도입하여 개발된 모델이다. 이러한 모델은 인간과 환경 간의 상호작용에 초점을 두고 개인, 가족, 집단, 지역사회 등 제반 체계에 개입할 수 있는 실천원칙과 기술을 통합한 모델로 생활과정 안에서 문제를 해결하려는 것이다. 즉, 생활모델의 개입목표는 개인의 생활상의 욕구 및 문제를 해결하고 환경에 적응할 수 있는 적응능력을 지지 및 강화하여 삶의 향상에 있다고 할 수 있다.

또한 생활모델은 욕구 및 문제를 병리적 요인으로 한정하지 않고 생태학적체계의 요소들 간에 상호작용 부재의 결과로 보았다. 즉, 욕구 및 문제는 성격장애가 아닌 환경 부적응으로 인한 스트레스를 받고 대처능력이 부족한 생활상의 문제로 정의하였다. 따라서 이러한 모델은 개인의 결함을 교정하는 치료에 초점을 둔 임상적 접근방법과는 다르게 생활과정에서 개인의 강점 강화, 스트레스 대처방안 모색, 환경과의 상호작용 촉진 등에 역점을 둔다는 것이다(이영실 외, 2016).

(3) 과제중심모델

과제중심모델(Task-centered model)은 1970년대 초기에 미국 시카고 대학의 라이드와 엡스타인(Reid & Epstein, 1972)이 Task-Centered Casework를 발표하면서 소개되었다. 이 모델은 단기치료의 한 형태로 클라이언트가 자신에게 주어진 행동적 과업을 통해서 스스로 문제를 해결할 수 있도록 도와주는 것이다. 즉, 기존의 장기치료의 비용문제, 중도포기 문제, 사회복지사의 업무부담 등으로 인하여 단기치료에 대한 관심이 고조되면서 보다 집중적으로 구조화된 개입형태의 모델이다. 일반적으로 서비스는 2~3개월 내에서 8~12회 정도까지 제공되며 대개 4개월 이내에 종료한다는 특징이 있다(구혜영, 2010). 또한 클라이언트가 관심을 가지고 있고 명확하게 문제상황을 인식한 상태에서 동의한 문제에 초점을 두고, 사회복지사와 클라이언트 간에 상호협의 하에 계약한 문제들을 해결하는데 초점을 두고, 이론보다는 조사에 근거한 경험적 자료를 중심으로 개입한다는 특징이 있다. 따라서 사회복지사는 클라이언트가 제한된 기간 내에 가능한 자신의 문제를 완화시킬 수 있는 활동을 할 수 있도록 원조하고 클라이언트와의 관계는 보호가 아닌 협조적인 노력을 강조하며 클라이언트를 광범위하게 참여시켜야 한다. 이러한 모델은 간결성과 단기접근법으로 인해 그동안 부부갈등, 청소년 비행, 학교 부적응, 재가노인 문제 등에서 다양하게 적용하고 있다(최경화 외, 2010).

과제중심모델과 문제해결모델의 공통점은 클라이언트가 인식하고 동의한 문제를 해결할 수 있도록 클라이언트의 현재 상황에 적합한 행동적인 과업을 설정하여 변화할 수 있도록 지원한다는 것이다. 또한 두 모델의 차이점은 문제해결을 단기적으로 해결하기 위해 과제중심모델은 직접적이고 행동적인 계약과제의 수행을 강조한다는 것이다(구혜영, 2010).

과제중심모델의 이론적 관점에 입각한 주요 개념은 다음과 같다(나동성 외, 2014; 김향선 외, 2015). 또한 과제중심모델의 실천과정은 〈표 4-3〉에 나타냈다.

① **표적문제**(Target problem) : 클라이언트가 자신의 문제를 인식하고 이를 경감 또는 해결하기를 원하는 주요 문제를 의미한다. 이러한 문제는 심리적 · 사회적 문제를 포괄하는 넓은 대상이 되는데, 주로 대인관계에서의 갈등, 사회적 관계의 불만, 조직과의 문제, 역할수행상의 어려움, 결정문제, 정서적 스트레스, 자원의 부족, 이외의 심리적 · 행동적 문제 등이 있을 수 있다(나동석 외, 2014).

② **과제**(Task) : 클라이언트가 자신의 문제를 감소시키기 위해서 어떤 일을 수행하는 것을 의미한다. 이러한 과제의 유형은 일반적 과제와 조작적 과제, 단일과제와 복수과제, 개방적 과제와 폐쇄적 과제, 공동과제와 상호과제, 개별과제와 인지과제 등이 있다(Epstein & Brown, 2002; 설진화, 2010; 이영실 외, 2010). 여기서 일반적 과제는 클라이언트의 목표와 같게 대략적으로 행동의 방향을 기술하는 과제이다. 조작적 과제는 클라이언트가 수행해야 할 구체적인 활동에 대한 과제이다. 예를 들어, 부모와 자녀 간의 의사소통을 향상시켜 대화를 원활하게 하는 것이 개입의 목표라면 일반적 과제는 부모와 자녀 간의 의사소통이 증진되고, 조작적 과제는 구체적 활동에 대한 과제로 매일 식사 때 자녀에게 한 가지씩 칭찬하기 또는 긍정적인 대화 나누기 등이 될 수 있다(최경화 외, 2010). 단일과제는 하나의 표적문제에 하나의 과제를 부과하는 과제이다. 예를 들어, 매주 화요일에 집안일 돕기 등이다. 복수과제는 두 개 이상의 과제를 수행하는 것으로 두 개 이상의 과제가 동시에 수행되는 동시과제와 한 과제를 수행하고 나서 또 다른 과제를 수행하는 연속과제가 있다. 개방적 과제는 종결이나 도달점이 없는 과제이다. 예를 들어, 새로운 친구 사귀기 등이다. 폐쇄적 과제는 설정된 종결점이 있는 과제이다. 예를 들어, 오늘 하루 일과 정리하기 등이다. 공동과제는 두 사람 이상이 같은 목표를 성취하기 위해 함께 수행하는 과제이고, 상호과제는 상호 관련된 과제를 두 사람에게 나누어 주고 이를 수행하

는 것이다. 개별적 과제는 혼자서 수행하는 과제이고, 인지적 과제는 선택과 의사결정에 도움이 될 수 있도록 사고나 감정 등을 명확히 하는 과제이다. 예를 들어, 자신이 진정으로 원하는 것과 원하지 않는 것에 대해 생각하기 등이다.

〈표 4-3〉 과제중심모델의 실천과정

단계	내용
시작	기관으로부터 클라이언트 의뢰 또는 자발적인 참여
문제규명	클라이언트의 표적문제 확인 및 설정
계약	계약체결(목표, 표적문제, 과제, 치료기간, 치료일정, 참가자 등)
실행	문제해결과정(과제의 수행) 점검 및 모니터링
종결	표적문제와 전체문제 상황에 대한 검토, 남아 있는 문제에 대한 논의

(4) 위기개입모델

위기개입모델(Crisis intervention model)은 1970년대 초기에 래퍼포트(Rapoport, 1970)가 통합적 접근방법을 추구하면서 개발한 모델이다. 즉, 인간이 신체적 · 정서적 · 환경적 발달과정 중에 일어나는 위기(자연재해 및 갑작스런 생활상의 사건) 상태로 인해 대처할 능력과 자원이 부족하여 문제가 발생하는 사람을 돕기 위한 모델이다. 이러한 모델은 위기상황에 즉각적으로 개입하여 전문 원조를 제공해서 클라이언트의 균형 상태를 회복하도록 하는 데 목적이 있다. 즉, 위기에 처한 클라이언트에게 과거와 동일하거나 더 나은 기능수준을 회복할 수 있도록 원조하는 것이다. 따라서 위기개입모델은 위기로 인한 불균형 상태를 회복하기 위하여 일정한 원조수단을 개인, 가족, 집단, 지역사회 등에 적용하는 단기치료과정이라고 할 수 있다. 이와 같이 위기개입모델은 지역사회 정신보건 프로그램, 자살방지센터, 가족서비스센터 등 의료체계와 아동복지관, 학교폭력, 가정 및 성폭력 상담센터, 여성긴급전화 1366, 결혼이민자가족지원센터, 재난구조 등의 체계에서 광범위하게 적용되고 있다(이영호, 2008; 김현호 외, 2017).

위기개입모델은 문제해결모델과 기본 가정이나 시각은 비슷해 보이지만 문제해결모델이 일상적 상황에서 클라이언트의 문제해결능력과 기능을 회복시키려는 것인데 비해 위기개입모델은 평소의 문제해결방법으로는 해결하기 어려운 위기적 상황에서 일시적으로 무너진 클라이언트의 균형 상태를 적시에 개입하여 단기간에 최대의 치료적 효과를 내는 것이다(구혜영, 2010).

위기(Crisis)는 위협적 또는 외상적 위험사건의 경험으로 스트레스나 외상의 대처가 불가능한 불균형 상태를 의미한다(구혜영, 2010). 이러한 위기는 위험사건으로부터 시작되는데, 위험사건은 외부적인 스트레스 사건일 수도 있고 내부적인 압력일 수도 있다. 또한 하나의 재앙 사건일 수도 있고 연속적으로 축적된 사건일 수도 있다. 예를 들어, 하나의 재앙 사건은 갑작스런 배우자의 죽음, 교통사고로 인한 장애, 직장의 해고, 이혼, 강간, 그리고 이민 등이 있을 수 있으며, 연속적인 사건은 직장에서 상사와 갈등이 있는 여성이 남편과의 갈등이나 시집과의 갈등, 자녀의 성적 부진 등을 연속적으로 경험하면서 위기에 빠지는 경우가 있을 수 있다. 이러한 위기상황에서 사람들은 위기상황을 주관적으로 어떻게 인식하고 해석하는지에 따라 이에 대한 정서적 반응도 달라진다. 위기상황을 위협으로 인식하는 사람은 우울이나 애도의 반응을 보이지만, 이를 도전으로 인식하는 사람은 어느 정도 불안을 경험하지만 극복에 대한 희망과 기대도 갖는다. 위기의 유형은 다음 4가지로 분류할 수 있다(구혜영, 2010; 김현호 외, 2017).

① **상황적 위기** : 사람이 예견하거나 통제할 수 없는 사건으로 나타나는 경우이다. 예를 들어, 교통사고, 갑작스러운 질병, 사별, 이혼, 실업, 자살 등의 사건에서 발생하는 위기이다.

② **발달적 위기** : 인간이 성장하고 발달해가는 과정에서 자연스럽게 발생하는 사건으로 인해 비정상적인 반응을 일으키는 경우이다. 예를 들어 청소년의 정체성 위기, 중년의 위기, 노년의 위기 등 개인의 생애주기에 따른 위기로 자녀의 출생이나 결혼 등의 사건이 포함된다.

③ **실존적 위기** : 목적이나 책임감, 독립성, 자유, 헌신 등 인간적 사건에 동반되는 갈등이나 불안 반응을 일으키는 경우이다. 예를 들어, 개인의 특정 전문성에 따른 딜레마나 조직에서 낙오될 수도 있다는 불안감, 노년기의 허무감이나 죄책감 등으로 인한 위기이다.

④ **환경적 위기** : 인간(개인, 가족, 집단, 지역사회 등)에게 자연재해나 인재로 인해 나타나는

위기이다. 예를 들어 자연재해는 태풍, 홍수, 지진, 해일, 화산폭발 등이 있을 수 있고, 인재는 건물이나 교량 붕괴, 비행기 추락사고, 전쟁, 교통사고 등이 있다.

위기개입모델에 적용되는 주요 과제는 정서적(자신의 감정을 인정 및 수용하고 방출시키기), 인지적(상황을 정확히 현실적으로 보기), 위기극복(가능한 선택을 고려하고 적응적 행동을 개발하여 공식적·비공식적 자원을 활용) 측면이 있다. 이러한 면을 고려하여 위기 개입의 목표는 ① 위기로 인한 증상을 제거하고, ② 위기 이전의 기능 수준으로 회복하고, ③ 위기 상태가 된 촉발 사건에 대해 어느 정도 이해하고, ④ 클라이언트나 가족, 지역사회 자원의 이용 정도를 규명하고, ⑤ 현재의 스트레스를 과거 생애경험이나 갈등과 연결하고, ⑥ 새로운 인식, 사고, 정서 양식을 개발하고 위기상황 이후에도 사용할 수 있는 새로운 적응적 대처기재를 개발한다. 위와 같은 6가지 중 처음 네 개는 최소한 달성해야 하는 목표이고, 마지막 두 개는 상황이나 기회, 클라이언트의 성격 등을 고려하여 달성할 수 있는 목표이다(Rapoport, 1970; 최경화 외, 2010; 김현호 외, 2017).

또한 위기개입모델을 활용할 수 있는 원칙은 다음과 같다. ① 위기개입의 제1목표는 클라이언트가 최소한 위기 이전의 기능수준으로 회복하도록 돕는 데 있고, ② 다른 모델에 비해 상대적으로 위기개입 기간이 4~6주 정도로 단기접근이고, ③ 직접적으로 위기상황과 관련된 구체적인 문제에 초점을 두는 현재 지향적이어야 하고, ④ 구체적이고 관찰 가능한 문제들이 위기개입의 표적이고, ⑤ 위기개입을 할 때에는 가장 적절한 최선의 치료전략을 세워야 하고, ⑥ 위기개입모델을 사용하는 사회복지사는 다른 어떤 실천 접근에서보다 적극적이고 직접적인 역할을 해야 하는 원칙이 있다(권오균 외, 2011). 위와 같은 목표와 원칙에 준해서 길드랜드(Guildland)는 개입과정을 문제정의(정보경청, 관심) → 안전확보 → 지지 → 대안탐색 → 계획수립 → 참여유도 → 종결 단계로 분류하였고, 로버트(Roberts)는 치명성의 사정 → 관계의 형성 → 주요문제의 확인 → 감정 다루기 → 가능한 대안의 탐색 → 행동계획의 수립 및 실행 → 종결 및 사후관리 단계로 분류하였다(구혜영, 2010; 김현호 외, 2017).

(5) 임파워먼트모델

임파워먼트(empowerment)에 대한 정의는 학자들에 따라 다양하게 사용되고 있으나 국내 문헌에는 역량강화, 권한부여, 능력을 가지는 것, 능력을 향상시키는 것 등의 다양한 용어로 사용한다. 임파워먼트라는 용어는 사용되는 분야에 따라 다를 수 있는데, 조직 차원에서 볼 때, 임파워먼트는 구성원 개개인에게 조직을 위해 일을 할 수 있는 능력과 권한을 부여해서 확신감을 심어주는 강화과정을 의미한다. 사회복지실천현장에서 볼 때, 임파워먼트는 대상자의 잠재역량 및 자원을 인정하고 대상자의 내 · 외에 회복력이 있음을 전제로 하여 대상자가 삶을 결정할 수 있도록 권한이나 힘을 부여하는 실천을 의미한다. 그리고 지역사회복지실천현장에서 볼 때, 임파워먼트는 개인 및 조직의 내 · 외적 변화뿐만 아니라 집단경험을 통한 지역사회의 소속감 및 관심 증대, 정의롭고 균등한 사회를 구축하기 위한 지역사회 변화 및 정책 변화, 균등분배와 정책결정 등의 분야에서 참여를 통한 지역사회를 만드는 것을 의미한다(김현호 외, 2018).

따라서 넓은 범위의 사회복지 차원에서 볼 때, 임파워먼트는 서비스 주체가 되는 대상자의 삶의 질이나 능력을 향상시키는 데 있어서 억압요소나 방해요소를 제거하기 위한 과정이며, 대상자의 잠재적 능력과 권한을 강화시켜 주는 과정이라고 할 수 있다. 이러한 임파워먼트 모델은 1970년대 일반체계이론과 생태학적체계이론이 사회복지의 주요 이론 틀로 활용되면서 생태학적체계이론 관점에 근거한 강점 지향 또는 해결 중심 접근의 중요성이 대두되면서 언급되기 시작하였다. 즉, 임파워먼트는 클라이언트를 문제 중심이 아니라 강점 중심으로 봄으로써 클라이언트의 잠재력 및 자원을 인정하고 그가 건강한 삶을 결정할 수 있도록 권한 또는 역량을 부여하는 것이다.

생태학적 관점으로 인간과 환경은 지속적인 상호작용과 상호교환을 통하여 서로에게 영향을 주고받으며, 서로를 형성하고, 상호 적응하는 호혜적 관계를 유지하는 '환경 속의 인간(PIE : Person in Environment)'이라는 관계를 갖는다(최경화 외, 2010). 생태학적체계이론 관점은 인간과 물리적 · 사회적 환경 사이의 상호교환 개념으로 인간행동에 대해서 생태학과 일반체계이론의 개념을 통합한 관점이다. 즉, 인간과 환경은 서로 분리되어 있는 것이 아니라 지속적으로 상호 교류하는 하나의 체계라는 것이다. 이러한 생태학적체계이론 관점에서 사회체계에 대한 이해는 다양한 체계수준에서 이루어지는 개인들과의 관련성을 강조한다(김향선 외, 2015).

생태학적 관점과 일반체계이론 관점을 통합한 임파워먼트모델은 사회복지실천에서 사회복지사들이 빈곤자, 여성, 성적인 태도로 인하여 억압받는 사람, 신체적·정신적 문제를 가진 사람, 청소년, 노인 등의 실체를 연구 가능하게 하며, 계급이나 인종 등의 장애물에 대항하도록 원조하게 할 수 있는 모델이다(Turner, 1996; 김향선 외, 2015). 따라서 사회복지사는 도움이 필요한 클라이언트 자신의 고유한 강점을 파악하고 활용할 수 있도록 클라이언트를 돕고, 욕구 및 문제해결 방법을 가르치며, 힘없는 사람들의 이익을 위하여 옹호해 주는 파트너십을 기반으로 개입하게 된다(김향선 외, 2015). 밀리 등(Miley et al.)은 임파워먼트를 실천하는 과정을 대화단계, 발견단계, 발전단계 3단계로 구분해서 각각의 단계에서 행해져야 할 구체적인 세부사항들을 〈표 4-4〉와 같이 정리하였다(Miley et al., 1995; 김현호 외, 2018).

〈표 4-4〉 밀리 등의 임파워먼트 실천과정

실천과정		세부사항
대화단계	공조체계 준비	대상자와 사회복지사의 원조체제에 영향을 미치는 준거기준 마련
	파트너십 형성	대상자와 사회복지사 간 파트너십 관계 창출
	위험요소의 명료화	대상자 관점에서 도전적인 요소 탐색
	강점 발견	변화를 위한 강점 파악
	방향 설정	업무관계를 위한 사전목표의 명료화 및 즉각적 개입이 필요한 위기상황에 대한 조사
발견단계	자원체계 탐색	개인, 가족, 집단, 기관, 지역사회, 사회·정치적 체계 내 잠재적 자원 사정
	자원가능성 분석	수집된 정보의 의미와 효과적 변화를 위한 자원체계의 잠재력 평가
	해결방법 구조화	결과의 확인, 가능한 해결계획의 구조화 작업
발전단계	자원 동원	개인, 가족, 이웃관계, 지역사회, 제도적 차원의 자원동원
	기회 확대	기회를 확대함으로써 새로운 자원 창출
	성공 확인	산출결과의 성공 여부 측정 및 과정의 효과성 평가
	결과 통합화	과정 종결

임파워먼트모델의 이론적 관점에 입각한 주요 개념은 다음과 같다(구혜영, 2010; 김향선 외, 2015; 김현호 외, 2017).

① **임파워먼트 · 역량강화** : 임파워먼트는 힘을 주거나 권력을 주는 것, 능력을 주는 것, 가능성을 열어 두는 것, 허용하는 것, 힘을 받을 수 있는 것 등을 의미한다(Turner, 1996; 임은희, 2010). 즉, 개인적인 욕구를 충족시킬 수 있도록 힘을 기르고 발휘하는 것이다. 따라서 임파워먼트는 어느 개인 자신이 창조적으로 삶의 여러 상황에 적절히 활용할 수 있는 힘을 기르고 향상시키는 것이라 할 수 있다(Browne, 1995; 최경화 외, 2010). 또한 심리적인 작용으로 자신이 원하는 것을 성취할 수 있는지에 대한 믿음, 개인적 통제감, 자신감, 능력에 대한 믿음 등이 임파워먼트의 수준을 결정하게 된다. 이러한 의미에서 임파워먼트는 개인적 · 심리적 차원에서부터 대인관계, 사회구조와 관계 차원에 이르기까지 광범위한 의미를 가지고 있다고 할 수 있다(최경화 외, 2010). 따라서 사회복지사는 클라이언트에게 임파워먼트를 부여하여 스스로 변화할 수 있도록 원조해야 한다.

역량(Competence)은 인간이 주위환경과 다른 체계에 효율적으로 상호작용하기 위해 소유하고 있는 지식이나 지혜와 같은 능력이다. 즉, 자신이 처한 상황을 스스로 개선하기 위한 행동을 취할 수 있는 개인적 · 대인적 · 정치적 측면에서의 힘이 역량이고, 이러한 힘과 능력을 성취하는 것이 역량강화이다. 따라서 사회복지사는 이러한 클라이언트의 역량강화를 통하여 변화할 수 있도록 원조해야 한다.

② **협력과 파트너십** : 임파워먼트모델에서 사회복지사와 클라이언트는 경험과 역량을 서로 상호작용하는 원조과정의 파트너이다. 클라이언트를 파트너로 본다는 것은 클라이언트가 전문가적인 파트너로서 변화과정에 능동적으로 참여하는 파트너이며, 클라이언트는 자신이 처한 환경과 능력을 가장 잘 알고 있는 사람이라고 간주하는 것이다. 이러한 파트너십 관계는 사회복지사와 클라이언트가 서로의 자원을 상호협력하여 활용하기 때문에 문제해결을 위한 자원의 범위가 넓어진다는 장점이 있고, 상호책임에 바탕을 두기 때문에 변화책임에 대한 사회복지사의 부담을 약화시키게 된다.

또한 이러한 파트너십 관계에서 클라이언트는 개입의 주체로 보기 때문에 자기결정권을 강조하고, 기존의 수혜자, 도움을 받는 사람이라는 입장에서 '소비자'라는 개념으로 시각을 변화시킬 수 있다는 것이다. 여기서 복지적 관점에서 소비자(Consumer)는 사회복지사와 클라이언트 체계의 파트너십 내에서 클라이언트의 자기 결정권 보호와 활동적인 역할을 강조하는 것이다.

③ **강점 관점**(Strength perspective) : 문제에 대한 관심보다 문제해결에 초점을 두어 클라이언트의 강점을 발견하여 역량을 강화하는 것이다. 즉, 클라이언트의 강점을 발견하는 과정에서 그의 역량을 강화시켜 권한을 부여할 수 있는 전략으로 본 것이다. 따라서 강점 관점은 클라이언트를 독특한 다양성을 가진 존재로서 인정하고 존중하면서 그의 약점보다는 강점에 초점을 두고 가능한 모든 자원을 활용하여 그의 역량을 강화해 나가도록 돕는 것이다(김향선 외, 2015; 김현호 외, 2017).

Chapter 05

사회복지실천을 위한 관계 및 의사소통

사회복지실천에서 사회복지사가 아무리 훌륭한 이론적 지식과 효과적인 개입모델이나 방법을 알고 있어도 클라이언트와의 전문적 관계나 라포(Rapport) 및 의사소통이 형성되어 있지 못하면 원조과정에서 어려움에 직면하게 된다. 라포는 클라이언트와 사회복지사 간의 상호이해와 실천관계의 수립을 가능하게 하는 조화, 공감, 화합의 상태를 의미한다(Barker, 1987). 따라서 라포 형성은 사회복지의 기본가치인 클라이언트의 존엄성, 수용, 자기결정 등을 실천할 수 있는 기초를 제공한다. 또한 사회복지사는 클라이언트를 비롯하여 참여자들과 의사소통을 통해 관계를 형성하고 실천과정을 이끌어간다. 클라이언트에게 자신의 의사를 정확히 전달하고, 클라이언트의 의사를 정확히 이해하기 위한 노력을 기울여야 한다. 이 장에서는 사회복지실천을 위한 관계 및 의사소통에 대해서 알아본다.

5.1 사회복지실천을 위한 관계

클라이언트와 전문적 원조관계를 갖기 위해서는 먼저 상호작용 관계를 맺는 것이 중요하다. 여기서는 관계의 원리, 특성, 효과적인 관계를 위한 기본 요소, 관계의 7대 원칙, 관계의 방해요인 및 대처방안 등에 대해서 알아본다.

1) 관계의 원리

사회복지사와 클라이언트가 전문적 원조관계를 맺는 것은 의사소통에서 시작한다. 의사소통을 통해 사회복지사가 클라이언트의 삶에 대한 관심을 가지고 문제해결을 돕고자 하는 의도가 정확히 전달될 때 원만한 원조관계가 이루어지는 것이다. 이러한 관점에서 관계는 사회의 구성원들 체계 내에서 두 사람의 상호작용에서 비롯된다.

또한 사회복지실천에서 관계(Relationship/Engagement)는 클라이언트를 도와주는 상황(실천과정)에 효과적으로 참여시키기 위한 사회복지사와 클라이언트의 관계를 의미한다. 사회복지사와 클라이언트가 서로 상호작용하기 위해서는 좋은 관계가 이루어져야 한다. 즉, 사회복지사의 목적, 목표 및 역할이 명확히 드러나야 하고 클라이언트의 목적, 목표,

역할 및 위치가 명확히 드러나서 도움의 과정에 장애물이 없어야 한다. 이를 위해서 사회복지사는 클라이언트의 사소한 모든 면들을 이해하고 배려하여 그의 저항이 최소가 되도록 노력해야 하는데, 이를 위해 사회복지사는 개방적이고, 정직하고, 비심판적이고, 신뢰성 있게 행동해야 할 것이다.

카두신(Kadushin)은 좋은 관계를 맺기 위해 다음과 같은 지침을 제시하고 있다(Kadushin, 1990; 엄명용 외, 2015).

① 클라이언트의 자기결정권 문제에 관심을 갖는다.
② 클라이언트의 문제에 관심을 갖고, 따뜻함을 전하고, 신뢰분위기를 조성한다.
③ 클라이언트의 개별성에 대해 존경심을 보인다.
④ 클라이언트 개인에 대한 수용의 태도를 보인다.
⑤ 공감적인 이해를 보인다.
⑥ 진실성과 믿음을 보인다.
⑦ 어떤 정보를 비밀로 보장할 것인지 그렇지 않은지에 대한 전문적 판단능력을 보인다.

2) 관계의 특성

인간발달에서 다른 사람과 관계를 맺는다는 것은 상호 간의 신뢰를 바탕으로 이루어진다. 사회복지사는 성공적인 관계를 맺기 위해 노력해야 하는데, 자기인식과 함께 클라이언트에 대한 존중 및 진실한 이해, 비심판적 태도와 수용, 클라이언트를 도우려는 열정과 관심 및 의지 등을 가져야 한다. 이러한 관점에서 원조관계의 특성은 다음과 같다(이윤로, 2009; 김현호 외, 2017).

① 원조관계는 초점과 목적을 가진다.
② 원조관계는 문제해결을 위해 맺는 것이지 개인적 이유로 맺는 것이 아니다.
③ 원조관계는 전문적 관계이다.
④ 원조관계는 기관의 지침과 법률적 범위 내에서 비밀보장의 원칙을 지켜야 한다.
⑤ 원조관계는 윤리적이어야 한다. 사회복지사는 자신의 지위를 활용하여 클라이언트를 이용하거나 통제해서는 안 된다.

⑥ 관계는 서비스 실천을 위한 계획을 사회복지사와 클라이언트가 함께 공유하기 위한 것이다. 목표를 세울 때는 쌍방의 협의 하에 설정하고 사회복지사 단독으로 정해서는 안 된다. 단, 법정에서 일방적으로 내려지는 명령과 같이 특수한 상황에서 목적이 일방적으로 정해질 수 있다.

⑦ 사회복지사는 수용적인 의사소통을 해야 하며 보살핌, 온정, 진실성, 감정이입을 전달해야 한다.

⑧ 관계는 클라이언트의 욕구에 따라 맺은 것이지 사회복지사의 욕구충족을 위해 맺은 것이 아니다.

⑨ 관계는 상호 합의된 목표가 달성되면 종결된다.

3) 효과적인 관계를 위한 기본요소

인간의 발달과정에서 사람들이 상호작용에 의한 관계를 맺는 것은 매우 중요하다. 또한 효과적인 관계를 맺기 위해서는 나 자신을 이해하고 상대방을 이해하는 것이 중요하다. 여기서는 일반적인 관계 형성이 아닌 전문적 원조관계인 사회복지사와 클라이언트의 효과적인 관계에 대해서 알아본다.

(1) 자기인식과 자아실현

자기인식(Self-awareness)은 인간의 발달과정에서 영아기(0~2세) 후반부터 나타나는 정서적 성장의 표시로 자신과 다른 사람이 서로 다른 개체(개개인의 특성)라고 인식하는 것이다. 이러한 점에서 전문적 도움을 제공하는 사회복지사 자신의 자기인식은 사회복지실천에서 관계를 맺기 위한 기본조건이 된다. 전문적 도움을 제공하는 전문가로서 자기인식이란 자신과 자신의 목표에 관하여 깊이 숙고하고, 자기 자신을 믿고 존중하며, 자신의 복잡한 원조활동의 중요한 부분으로 관찰할 수 있는 능력을 의미한다(엄명용 외, 2015; 김현호 외, 2017).

자아실현(Self-actualization)은 매슬로우(Maslow)가 제안한 인간의 욕구 5단계(생리적 → 안전 → 사랑 · 소속 → 자아존중 → 자아실현) 중 최상의 단계에 해당하는 것으로, 자신의 잠재력을 발휘시키기 위하여 자신의 강점과 제한점을 모두 수용하며 독립적이고 자발적이 되고자 하는 것이다. 따라서 사회복지사는 사회복지실천에서 클라이언트의 욕구 및 문제해결 과정을 자신이 성장할 수 있는 기회로 삼고 문제와 난관에 당면해도 지혜롭게 해결할 수 있는 자아실현 능력이 있어야 한다.

(2) 감정파악과 감정이입

원조관계에서 중요한 것은 클라이언트가 처한 상황에서 그가 가질 수 있는 감정을 이해하면서 원조할 수 있는 전문가의 능력이다. 클라이언트가 사회복지사에게 도움을 요청할 때, 그것이 경제적 문제나 자원의 부족에서 오는 문제라할지라도 감정에 따른 정서적 어려움을 가지고 있는 경우가 많다. 사회복지사는 클라이언트가 경험하고 있는 감정을 공감하면서 잘 파악하고, 자신이 파악한 감정상태가 맞는지 다시 한 번 클라이언트에게 확인해 보아야 한다.

여기서 공감(Sympathy)은 클라이언트가 경험하고 있는 상황과 그 상황에서 비롯된 감정을 내가 경험하고 있듯이 같이 느끼는 것을 의미한다. 이러한 공감을 통해 감정을 파악했으면 감정이입을 통하여 클라이언트에게 전달해야 한다. 감정이입(Empathy)은 자신의 관점을 유지하면서 다른 사람의 내면 깊숙한 감정을 민감하면서도 정확하게 인지하고, 그 감정을 이해하고 있음을 전달하는 것이다(Hepworth et. al., 2006; 이윤로, 2009).

사회복지사와 클라이언트 관계에서 전문적 도움을 주는 사회복지사는 공감 및 감정이입을 통하여, 상호작용에 의한 신뢰성을 확보할 수 있고 클라이언트의 욕구 및 문제해결에 긍정적인 관계를 맺을 수 있다. 따라서 사회복지사는 클라이언트의 공감 및 감정이입을 수행하려면 내가 클라이언트와 유사한 상황에 놓여 있다면, 어떠한 감정을 느낄 것인가에 대해 생각해 보면서 클라이언트의 입장에서 그 문제를 보고 읽을 수 있는 안목과 감정을 갖는 것이 중요하다.

(3) 타인에 대한 관심과 이해

타인에 대한 관심은 클라이언트에게 일어나는 일에 대해서 진심 어린 관심을 가지며 상대방의 감정과도 교류할 수 있음을 의미한다. 프롬(Fromm)은 면담의 초기단계에서 타인에 대한 관심은 책임감, 배려, 존중, 타인에 대한 이해 및 그들의 더 나은 삶에 대한 바람까지도 포함한다고 하였다(Fromm, 1956; 김현호 외, 2017). 이렇듯 타인에 대한 관심은 전문적 원조과정에서 필수적인데, 사회복지사는 항상 도움받는 사람을 주체로서 존중하고 그들의 이익을 위해 봉사하며 그들이 가능한 자유로울 수 있도록 도와주어야 한다. 또한 사회복지사는 클라이언트의 감정, 욕망, 가치, 신념, 지각 등을 민감하게 감지할 수 있어야 한다.

(4) 헌신과 의무

헌신과 의무(Commitment & obligation)는 전문적 원조상황에서 책임감을 갖고 일관성 있게 원조하는 것을 의미한다. 사회복지사와 클라이언트가 함께 상호작용에 의한 관계의 목적과 조건을 위해 교류관계에 헌신을 다할 때 클라이언트는 편안하고 안전하다는 느낌을 갖게 된다. 따라서 원조관계에서 목적을 달성하기 위해서는 사회복지사뿐만 아니라 클라이언트도 헌신과 의무를 다해야 한다. 따라서 사회복지사와 클라이언트의 상호작용에 의한 헌신과 의무를 다할 때, 긍정적인 원조관계를 형성할 수 있고 목표달성에 도달할 수 있다.

(5) 진실성과 일치성

관계를 맺는 데서 진실하다는 의미는 서로에게 정직하고 솔직하다는 것을 의미한다. 진실성(Genuineness)은 내면의 마음이나 행동을 일관되고 신뢰할 수 있도록 진실하게 표현하는 것이다. 또한 일치성은 자신의 내면과 외면이 일치하는 것으로, 대화의 내용과 행동이 항상 일치하면서도 자아실현에 부합되어야 한다. 진실성과 일치성을 갖기 위해 사회복지사는 자신을 정직하게 인식하고, 자신을 알려고 끊임없이 노력하고, 뒤돌아보는 노력과 내면화 등을 추구해야 한다. 사회복지사의 진실성과 일치성을 통해 클라이언트를 대한다면 클라이언트는 사회복지사를 신뢰하게 되고 효율적인 원조관계를 맺을 수 있을 것이다.

(6) 구체성과 직접성

구체성(Concreteness)은 클라이언트의 행동, 사고, 감정 등을 그 자신의 독자적인 방법으로 묘사하거나 표현할 수 있게 도와주는 것을 의미한다(최경화 외, 2010). 즉, 사회복지사는 클라이언트가 자신의 경험과 감정을 구체적이고 독특하게 표현하여 자신만의 독자성을 나타낼 수 있도록 도와주어야 한다. 구체적인 실천방법에 대한 예를 들면, 클라이언트가 공포를 느낀다면 무엇에 공포를 느끼는지, 열등감을 느낀다면 언제, 누구에게, 어떻게, 왜 열등감을 느끼는지 등을 구체적으로 표현하게 한다.

직접성(Immediacy)은 사회복지사와 클라이언트가 현재 일어나고 있는 상황에 대해 상호작용을 통해서 당면하고 경험하는 행동, 감정, 사고에 대해서 현실을 정확히 묘사하고 명료화하여 클라이언트가 처한 현실을 직접 수정할 수 있는 것을 의미한다. 즉, 사회복지사와 클라이언트 사이에서 현재 순간순간 일어나는 감정이나 경험의 차이를 이해하고 반응할 수 있는 것이다. 이때 사회복지사는 어떻게 느끼고 있는지를 클라이언트에게 표현할 수 있고 피드백을 줄 수도 있다.

(7) 직면 또는 대응

직면(Confrontation)은 사회복지사가 클라이언트의 상황에 대한 이야기를 적극적으로 경청한 결과에 대해서 어떤 모순점이나 다른 점이 발견되면 이를 클라이언트에게 표현해 주는 것이다(Carkhuff, 1971; 김현호 외, 2017). 사회복지사는 클라이언트의 현재 상황을 그대로 전달해 주고, 클라이언트 자신이 묘사한 상황이 실제 상황과 다를 경우 이를 정확히 인식할 수 있도록 대응하게 도와주는 것이다. 또한 대응은 클라이언트의 상황에 대해서 공감하며 이해를 바탕으로 그의 행동을 명확히 하거나 검토 · 분석하여 적절하게 대응함으로써 클라이언트의 행동 및 사고 등에 존재하는 모순점을 극복할 수 있도록 도와주는 것이다.

(8) 자기노출

자기노출(Self-disclosure)은 사회복지사가 도움의 상황에서 적절하다고 생각되는 자신의 경험을 클라이언트와 함께 공유하는 것이다. 사회복지사와 클라이언트 간의 사적인 대화나 역 감정전이가 유발될 수 있으므로 일대일로 동등한 인격적인 관계라고 느낄 때 효과적인 도움의 도구로 활용될 수 있다.

4) 관계의 7대 원칙

관계는 사회복지사와 클라이언트의 전문적 원조과정에서 매우 중요하며, 이러한 것은 의사소통을 통해서 이루어진다. 긍정적인 관계를 맺기 위해 비스텍(Biesteck)은 개별사회사업의 관계(Casework Relationship)라는 책에서 도움을 구하는 모든 사람들은 공통적인 기본감정 및 태도유형이 존재한다고 보았다. 따라서 그는 사회복지사와 클라이언트와의 태도 및 감정의 상호작용이 사회복지실천의 관계에 기본이 된다고 보고 7대 원칙을 제시하였다. 관계의 원칙과 내용은 〈표 5-1〉에 나타냈으며, 7대 원칙의 내용에 대해서 알아본다(Biesteck, 1957; 김향선 외, 2015; 김현호 외, 2017).

〈표 5-1〉 관계의 원칙과 내용

관계의 원칙		내용
원칙 1	개별화의 원칙	모든 클라이언트는 독특한 특성을 가진 한 개인으로 처우받기를 원하므로 각각에 대해서 개별화해야 한다는 원칙
원칙 2	의도적인 감정표현의 원칙	클라이언트가 자신의 감정을 자유롭게 표현할 수 있도록 해야 한다는 원칙
원칙 3	통제된 정서적 반응의 원칙	클라이언트의 감정에 대해 사회복지사는 민감성과 이해로서 반응해야 된다는 원칙
원칙 4	수용의 원칙	클라이언트를 있는 그대로 인정하고 수용해야 된다는 원칙
원칙 5	비심판적 태도의 원칙	클라이언트를 심판하거나 비판하지 말아야 한다는 원칙
원칙 6	클라이언트 자기결정의 원칙	클라이언트의 자기결정권을 최대한 존중해야 한다는 원칙
원칙 7	비밀보장의 원칙	클라이언트의 비밀을 보장해 주어야 한다는 원칙

(1) 개별화의 원칙

개별화의 원칙은 모든 인간은 누구나 각각의 개별적인 특성을 가지고 있는 독특한 개인으로 인정해야 한다는 인간의 원리에 기초한 것이다. 따라서 이러한 원칙은 각각의 클라이언트에 대한 감정, 사고, 행동, 경험, 독특한 생활양식 등을 있는 그대로 인정하고 이해하여 개별적으로 대우해 주어야 한다.

따라서 클라이언트를 대할 때 개별화의 원칙에 입각한 역할에서 사회복지사는 클라이언트에 대한 편견이나 선입견이 없어야 하고, 인간행동과 발달에 관한 전문지식에 근거하여 클라이언트를 이해해야 하고, 클라이언트의 언어표현 내용과 표정, 몸짓, 침묵 등 비언어적 표현에 대한 경청과 관찰능력이 있어야 하고, 클라이언트에게 보조를 맞추면서 움직이는 능력이 있어야 하고, 클라이언트의 감정에 대해 민감하게 반응하며 그의 감정과 경험을 사회복지사 자신의 경험으로 받아들여 이해해야 하고, 클라이언트가 속한 환경을 포함한 전체 상황을 이해하고 관여할 수 있어야 한다.

또한 클라이언트를 개별화하기 위해 사회복지사는 여러 가지 수단과 방법을 활용할 수 있다. 예를 들어, 클라이언트에 대한 세심한 배려, 면접에서의 비밀 보장, 면접시간을 정하는 데 있어서 클라이언트의 상황에 맞추는 것 등이 수단으로 이용될 수 있다.

(2) 의도적인 감정표현의 원칙

의도적인 감정표현의 원칙은 클라이언트가 자신의 감정(부정적인 감정까지 포함)을 자유롭게 표현하도록 하는 것이다. 감정을 자유롭게 표현하도록 하는 것은 클라이언트가 스트레스나 긴장으로부터 해방되고, 자신의 문제를 보다 명확하고 객관적으로 인식할 수 있도록 원조하는 목적이 있다(엄명용 외, 2013). 이러한 원칙에 입각한 사회복지사는 클라이언트가 자신의 감정을 마음 놓고 털어 놓을 수 있는 환경을 조성해 주어야 한다.

따라서 클라이언트가 감정을 자유롭게 표현할 수 있도록 하기 위한 사회복지사의 역할은 클라이언트에 대해 허용적인 태도와 편안한 분위기를 조성해야 하고, 정서적 지지를 제공하고, 클라이언트의 감정과 행동의 차이점을 인식하고 감정표현을 자유롭게 할 수 있도록 지원하고, 면접 시 정신적 · 시간적 여유를 가지고 감정을 표현할 수 있도록 해야 한다.

(3) 통제된 정서적 반응의 원칙

통제된 정서적 반응의 원칙은 클라이언트의 감정에 대해서 사회복지사가 민감하게 반응하고, 정확히 이해하고, 적절하게 반응하는 것이다. 사회복지사가 클라이언트의 정서적 감정을 파악하는 것은 의사소통을 기초로 면접을 통해 이루어진다.

따라서 사회복지사는 클라이언트의 감정이 내포된 정서적 반응에 대처하기 위해 그의 언어적 · 비언어적 의사소통에 민감하게 반응해야 한다. 또한 의사소통에 민감하게 반응해서 그를 표면적 감정 내용뿐만 아니라 잠재된 감정 내용까지 이해하려고 노력해서 반응을 보여주어야 한다.

(4) 수용의 원칙

수용의 원칙은 클라이언트가 여러 약점이 있다할지라도 한 인간으로서 있는 그대로를 인정하고 존중해 주는 것이다. 수용한다는 것은 클라이언트의 이탈적인 태도나 행동을 허용하고 부도덕적이고 반사회적인 행동을 받아들인다는 의미가 아니라, 여러 약점을 가진 인간 자체를 편견이나 선입견 없이 있는 그대로를 받아들인다는 것이다.

따라서 사회복지실천에서 클라이언트를 대할 때 수용의 원칙에 입각한 사회복지사의 역할은 클라이언트와 상호 신뢰관계를 갖고 그를 완전히 이해하고, 사회복지사와 클라이언트 간의 가치관이나 태도의 차이를 극복하려는 노력과 서로의 다양성을 인정하려는 노력이 필요하다.

(5) 비심판적 태도의 원칙

비심판적 태도의 원칙은 클라이언트의 문제나 욕구의 원인이 그의 잘못으로 인한 내적인 요인뿐만 아니라 외부 환경에 의한 것이라 할지라도 그 원인에 대한 책임을 심판하지 않는다는 것이다. 또한 클라이언트의 특성 및 가치관 등을 비판하지 않는다는 것이다. 많은 클라이언트들은 개인적인 실패나 문제를 가진 사람들이다. 이러한 클라이언트를 사회복지사는 자신의 기준으로 판단하는 것이 아니라 그들의 문제나 욕구를 해결하도록 도와주기 위한 사람이라는 것이다.

따라서 클라이언트를 대할 때 비심판적 태도의 원칙에 입각한 사회복지사의 역할은 상호 간에 신뢰를 형성하여 비심판적 태도가 클라이언트에게 전달되도록 노력하는 것이다. 즉 클라이언트의 행위와 진술에 대해 편견과 선입견을 갖지 않고, 성급하게 결론을 내리지 않으며 다른 사람과 비교하지 않는 노력이 필요하다.

(6) 클라이언트 자기결정의 원칙

클라이언트 자기결정의 원칙은 사회복지실천의 개입과정에서 클라이언트가 모든 의사결정에 참여하여 스스로 선택하고 결정하는 것이다. 이러한 원칙은 사회복지사가 클라이언트를 위해 직접적으로 무엇을 해주는 것이 아니라, 클라이언트의 문제 및 욕구를 함께 해결해 나가려는 전문적 원조관계를 의미한다.

따라서 클라이언트 자기결정의 원칙에 입각한 사회복지사의 역할은 클라이언트에게 자신의 문제 및 욕구를 전체적인 관점에서 이해할 수 있도록 지원하는 것, 지역사회 내에 있는 활용 가능한 자원(공식적 · 비공식적 자원)이 있음을 알려주는 것, 클라이언트 자신의 잠재적인 자원의 활용을 적극적으로 활성화할 수 있도록 자극을 주는 것, 클라이언트에게 사회복지실천의 전 과정에 적극적으로 참여할 수 있도록 지원 및 격려하여 스스로 자신에 문제에 대해서 이해할 수 있도록 원조하는 것 등이다.

이러한 클라이언트 자기결정의 원칙에는 한계가 있을 수 있다. 예를 들어, 아동 및 치매노인, 정신질환자 등과 같은 클라이언트의 지적, 정신적 · 신체적 장애로 인해 스스로 결정할 능력이 없는 경우, 클라이언트의 결정이 법적이나 도덕적으로 규범에 어긋나는 경우, 그리고 클라이언트가 도움을 청한 사회복지기관의 규정에 어긋날 경우 등은 자기결정이 제한될 수 있는데, 이때 클라이언트의 자기결정권이 최소한으로 침해되면서 덜 파괴적이고 더 기능적인 방향으로 결정을 내릴 수 있도록 도와주어야 할 것이다(길귀숙 외, 2011).

(7) 비밀보장의 원칙

비밀보장의 원칙은 사회복지실천과정의 전문적 관계에서 노출된 클라이언트의 정보를 사회복지사가 전문적 치료 목적 외에 타인이나 다른 용도로 사용되어서는 안 된다는 것이다. 이처럼 사회복지실천 과정에서 도덕적, 윤리적으로 클라이언트 정보에 대한 비밀은 보장되어야 하나 한계가 있을 수 있다. 예를 들어, 타인이나 클라이언트 자신의 생명을 위협하는 경우 생명보호가 우선되므로 비밀보장이 어렵다. 또한 클라이언트의 문제해결을 위해 여러 가지 서비스를 전달할 경우 기관 내 · 외의 다른 전문가와 필요한 정보를 공유해야 하므로 비밀보장이 어려울 수도 있다.

5) 관계의 방해요인 및 대처방안

사회복지사와 클라이언트의 관계를 방해하는 요인으로는 불신, 전이, 역전이, 양가감정, 저항, 부적절한 사회복지사의 태도 등이 있을 수 있다. 각각의 내용과(김향선 외, 2015) 대처방안은 다음과 같다.

(1) 불신

사회복지사의 온정과 관심, 공감하는 좋은 의도에도 불구하고 어떤 클라이언트는 사회복지사와 만나기 이전의 삶에서 격려와 인정을 받지 못해 자신을 불신하게 된다. 이러한 불신으로 클라이언트는 사회복지사에게 의지하는 것이 쉽지 않고 비난, 거부, 상처 등을 미리 예상하여 방어적인 태도를 보이게 되어 자기 노출이 어려워지면서 변화를 기대할 수 없게 된다. 이러한 경우 사회복지사는 인내하고 지속적인 관심으로 클라이언트의 과거 상황을 이해하려 노력하며 원인을 규명하여 전문적 지지로 대처하는 노력이 필요하다.

(2) 전이

전이(Transference)는 클라이언트가 다른 사람(대개 부모, 부모를 대신하는 사람, 형제-자매 등)과 과거의 경험에서 비롯된 소망, 원망, 사랑, 두려움 등의 감정을 사회복지사에게 보이는 것을 의미한다. 이러한 전이반응은 어린 시절에 느낀 감정으로 성장하면서도 나타나게 되는 경우로 과거 경험했던 일에 대해 스스로 인식하지 못하는 경우가 많다. 이러한 경우 사회복지사는 과거가 아닌 현재를 인식할 수 있도록 클라이언트의 왜곡된 인지개념을 깨닫게 지지함으로써 새로운 인지능력으로 변화시켜주는 것이 필요하다. 또한 사회복지사에 대한 감정을 과거에 다른 사람에게도 느낀 적이 있는지 파악하여 그 원인에 대해 깨닫게 도와준다. 이로써 클라이언트의 반응이 비현실적임을 지적하고 현실적인 관점을 갖도록 지지해 준다.

(3) 역전이

역전이(Counter-transference)는 전이의 반대로 사회복지사가 클라이언트에게 자신의 과거 어떤 인물(긍정적, 부정적 감정 등)인 것처럼 느끼고 무의식적으로 그렇게 반응하는 것을 의미한다. 이러한 역전이 반응은 비현실적인 감정으로 왜곡을 낳고 관계를 방해하게 된다. 이러한 경우 사회복지사는 자신의 역전이 감정의 기원에 관심을 갖고 변화하려 노력하며 클라이언트와의 현실적 관계에 집중하도록 노력해야 된다.

(4) 양가감정

양가감정은 사람들이 변화를 원하여 도움을 요청하면서도 익숙한 것을 버리고 새로운 행동을 해야 하는 두려움 등이 동시에 발생하는 것을 의미한다. 즉, 클라이언트가 변화를 원하면서도 현실에 대한 어려움, 공포, 두려움 등을 느끼는 경우라고 할 수 있다. 이때 사회복지사는 이러한 양가감정이 매우 자연스럽고 당연한 현상이라고 인식시키며 자유롭게 표현할 수 있도록 지지해 줌으로써 저항을 줄일 수 있도록 노력하는 것이 필요하다.

(5) 저항

저항(Resistance)은 클라이언트가 그의 변화를 위한 개입목표 달성을 방해하는 행동을 의미한다. 이러한 저항은 클라이언트의 양가감정에서 나타날 수 있는데, 스스로 인식하여 의도적으로 나타날 수도 있지만 클라이언트 자신은 인식하지 못하고 사회복지사의 눈에만 보이는 경우도 있을 수 있다. 일반적으로 사회복지실천 과정에서 많이 나타나는 저항의 유형은 다음과 같다(김향선 외, 2015).

① **침묵** : 초보 사회복지사일 경우 가장 다루기 어려운 저항의 유형이다. 갑자기 말을 하지 않거나, 할 말이 생각나지 않는다거나, 말하고 싶지 않다고 하는 경우 등이다.

② **핵심에서 벗어난 주제를 말하는 것** : 주제에 상관없는 이야기를 장황하게 하는 것이다. 중요한 핵심적인 내용, 고통스러운 내용, 어려운 내용 등을 이야기하면 못들은 척하거나 다른 주제를 이야기하는 유형이다.

③ **무력함의 표현** : '잘 안돼요.', '소용없어요.', '난 해봤자 뻔해요.' 등과 같이 표현하면서 무력함을 나타내는 유형이다.

④ **문제를 축소하거나 마술적 해법을 기대하는 것** : '별로 심각한 이야기 아녜요.', '시간이 지나면 어떻게든 해결되겠죠.' 등과 같이 반응하여 문제에 직면하지 않고 변화하려는 노력도 하지 않는 유형이다.

⑤ **저항의 심리를 행동으로 나타내는 것** : 면담 시간에 지각하거나 결석하는 것, 면담 중 안절부절 못하고 두리번거리거나 몸을 꼬거나 지루해 하는 행동을 하는 유형이다.

이러한 저항이 있는 경우 사회복지사는 클라이언트를 탐색하여 공감하며 시범과 역할극 등을 통해 상황에 익숙해지도록 직면(변화를 방해하는 부정적 감정, 생각, 행동 등을 클라이언트가 인식하도록 돕는 것)할 수 있게 도와주어야 한다. 일반적으로 저항을 다루기 위한 사회복지사의 대처방안은 다음과 같다(김혜영 외, 2012).

① 사회복지사는 클라이언트로 하여금 분노감과 적대감을 표현할 수 있도록 돕고, 부정적인 감정들을 수용해 주어야 한다.

② 클라이언트가 서비스를 더 이상 받지 않아도 되기 위해서는 그 자신이 변화해야 한다는 것을 인식시킨다.

③ 클라이언트가 관심을 갖는 변화에 대한 계획을 수립하기 위해 사회복지사와 협력관계를 구축할 필요가 있다는 것을 인식시킨다.

④ 클라이언트의 강점과 잠재력을 이끌어내고 지지해야 한다.

⑤ 서비스의 방법, 내용 등에 대해서 구체적이고 진실한 정보를 제공해야 한다.

(6) 부적절한 사회복지사의 태도

부적절한 사회복지사의 태도로는 클라이언트가 경험하는 중요한 감정을 인식하지 못하는 경우, 클라이언트가 비난이라고 해석할 수 있는 내용을 말하는 경우, 클라이언트를 무시하거나 적절치 않게 직면하는 경우, 클라이언트가 성장하고 있음을 인지하는 못하는 경우 등이 있을 수 있다(이영실 외, 2016). 이러한 경우 사회복지사는 자신을 돌아보고 존중하는 태도를 갖고 클라이언트를 대하며 변화를 유도하려는 전문적 지지자임을 인식해야 한다.

5.2 사회복지실천을 위한 의사소통

사람과 사람의 관계는 반드시 의사소통을 통해서 이루어진다. 사회복지실천에서 전문직인 사회복지사는 클라이언트를 비롯하여 참여자들과 의사소통을 통해 관계를 맺고 실천과정을 이끌어간다. 또한 클라이언트에게 자신의 의사를 정확히 전달하고, 클라이언트의 의사를 정확히 이해하기 위한 노력을 기울여야 한다. 여기서는 의사소통의 개념, 원리, 유형, 의사소통의 유형검사, 기초적 의사소통, 언어적 · 비언어적 의사소통, 의사소통을 방해하는 요소 및 언어적 반응 등에 대해서 알아본다.

1) 의사소통의 개념

의사소통은 둘 또는 그 이상의 사람들 사이에서 사실, 생각, 의견 또는 감정의 교환을 통하여 공통적 이해를 이룩하는 상호작용이다(엄명용 외, 2013). 의사소통에는 송신자(말하는 사람), 메시지, 수신자(듣는 사람) 3대 요소가 있는데, 송신자가 메시지를 기호화(Encoding)해서 송신(Transmitting)하면 수신자는 메시지를 수신(Receiving)하여 해독(Decoding)한 다음 피드백 메시지를 기호화하여 이를 다시 송신자에게 송신하는 과정이 반복된다.

그러나 의사소통과정에는 3대 요소 외에도 다른 요소들이 있을 수 있다. 즉 메시지를 송 · 수신하는 과정에서 잡음(Noise)이 있을 수 있고, 송신자나 수신자 편에서 잡음이 있을 수 있는데, 이러한 잡음이 많아지면 의사소통에 문제가 발생할 수 있다. 벤부르그와 빌모트(Wenburg & Wilmot)에 의한 의사소통과정의 구성 요소를 알아보면 다음과 같다(길귀숙 외, 2011).

① **송신자**(Sender, 말하는 사람) : 메시지를 부호화해서 전달하는 사람으로 메시지의 전달은 언어적 · 비언어적으로 이루어진다.

② **메시지**(message) : 송 · 수신되는 정보의 내용으로 다양한 언어적 · 비언어적 변수들로 구성된다.

③ **수신자**(Receiver, 듣는 사람) : 메시지를 해독해서 전달받고 송신자에게 부호화해서 다시 보내는 사람이다. 이로써 수신자와 송신자 간에 상호작용을 하게 된다.

④ **메시지의 변수** : 메시지의 변수는 내외적 환경으로부터 선택된 언어와 비언어적 자극들로서 메시지의 형태와 방향 및 초점을 제시한다. 의사소통과정에서 거의 35% 정도는 언어적 의사소통이고, 나머지 65% 정도는 비언어적 의사소통에 의해서 표현된다.

⑤ **소음**(Noise) : 소음은 의사소통과정에서 메시지를 정확히 전달하는 장애요인이다.

⑥ **상황** : 의사소통이 일어나는 시대적 · 지리적 상황을 의미한다. 좁은 의미로는 의사소통이 일어나는 분위기, 장소, 시간, 수신자와의 관계 등이 있을 수 있고, 넓은 의미로는 사회적 · 정치적 체제, 세계정세 등 사회적 · 정치적 · 문화적 배경까지를 포함한다.

⑦ **매체** : 보고(시각), 듣고(청각), 만지고(촉각), 느끼고(미각), 냄새를 맡는(후각) 등의 메시지를 운반하는 5대 감각기관의 채널을 의미한다.

⑧ **환경** : 환경은 내 · 외적 환경으로 구분되는데, 내적 요인은 의사소통을 하는 각각의 개인만이 알 수 있기 때문에 서로 다른 환경적 요인을 갖는다. 예를 들어, 피로감, 어지러움, 한기 등이 있을 수 있다. 외적 요인은 의사소통을 하는 모든 사람이 같이 볼 수 있지만 서로 다르게 지각한다. 예를 들어, 실내온도, 소음수준, 조명, 그리고 냄새 등이 있을 수 있다.

⑨ **피드백** : 메시지를 동시에 부호화하고, 해독하는 송신자와 수신자의 반응을 계속해서 주고받는 것이다. 이러한 피드백은 정보의 의미를 정정하거나 조정하며 그 정보의 내용을 명확히 하고 의미를 맞추는 과정이다(김현호 외, 2017).

⑩ **의사소통방법** : 전달의 의미를 관찰하여 경청하고, 파악하고, 확인하기 위해 메시지의 변수 등을 효과적으로 사용하는 송 · 수신자의 능력이다.

이러한 의사소통은 송 · 수신을 하는 사람을 통해서 이루어지고 있는데, 다른 사람을 도와주기 위한 전제는 좋은 관계를 맺는 것이다. 좋은 관계는 도움이 잘 전달되도록 돕고 도움을 전달하기 위한 수단으로 작용하게 된다. 따라서 의사소통은 좋은 관계를 맺기 위한 수단으로 자신의 생각과 감정을 타인에게 정확히 전달하고 타인이 표현하는 생각과 감정을 정확히 받아들이는 목적이 있다고 할 수 있다(최경화 외, 2010). 의사소통 요소에 따른 의사소통 과정은 [그림 5-1]에 나타냈다.

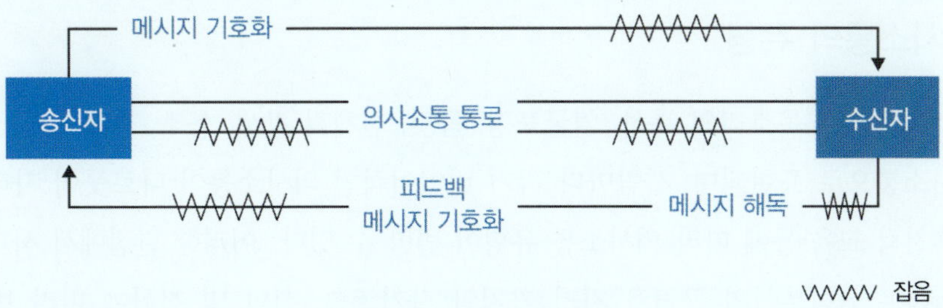

[그림 5-1] 의사소통 과정

2) 의사소통의 원리

사회 환경적 요인에 적응하면서 살아가는 인간은 인간관계를 맺기 위해 의사소통을 하면서 생활하게 된다. 의사소통을 어떻게 하느냐에 따라 긍정적인 관계가 될 수도 있고 부정적인 관계가 될 수도 있다. 의사소통의 원칙은 사람은 항시 의사소통을 할 수밖에 없고, 의사소통은 언어적 · 비언어적 두 가지 형태로 이루어지고, 모든 의사소통에는 내용과 관계의 두 가지 측면이 있고, 기본적으로 모든 의사소통에는 관계형성의 종류에 따라 대칭적이거나 상보적인 두 가지 형태를 취하게 된다는 것이다. 의사소통의 원리는 다음과 같이 4가지로 요약할 수 있다(길귀숙 외, 2011).

① **원리 1, 진솔한 마음 전하기** : 상대방과의 관계에서 자신이 체험하는 느낌과 생각을 있는 그대로 인식하고 충분히 인정한 후에 표현하는 것이다.

② **원리 2, 상대 모습 받아들이기** : 상대방을 한 인간으로 존중하고 상대방의 감정, 사고, 그리고 행동을 평가하거나 판단하지 않은 상태에서 있는 그대로 하나의 인격체로 존중하면서 받아들이는 것이다.

③ **원리 3, 상대 마음에 들어가기** : 상대방의 입장이 되어 상대방의 생각과 감정을 이해하는 것이다.

④ **원리 4, 구체적으로 이해하기** : 애매모호한 표현이나 일방적이고 추상적인 말들을 최소한으로 줄이고, 실제적이고 구체적인 내용을 중심으로 대화가 이루어질 수 있도록 질문하고 이야기하는 것이다.

3) 의사소통의 유형

사람의 감정은 목소리의 특성, 얼굴표정, 몸짓, 신체적 자세, 음조, 호흡 등의 비언어적 의사소통으로 표현되며, 사람마다 각기 비언어적인 의사소통이 다르듯이 자라온 환경과 후천적 교육 등에 따라 의사소통 유형이 변할 수 있다. 이러한 관점에서 사티어(Satir : 1916~1988)는 심리분석의 근거로 자기 가치와 자기존중, 신념 및 철학에 따라 변할 수 있는 의사소통의 유형을 회유형, 비난형, 초이성형, 산만형, 일치형 등 5가지로 구분하였다. 이러한 유형은 다시 순기능적 의사소통(일치형) 유형과 역기능적 의사소통(회유형, 비난형, 초이성형, 산만형) 유형으로 분류한다. 사티어는 역기능적 의사소통을 하는 사람은 자신의 생각과 감정을 마음속에 가지고 있는 것을 기초로 하여 추측하고 가정하기 때문에 오해가 생기기 쉽고, 계획된 목적이나 결과에 도달하기 어렵다고 하였다. 대화방식에 따른 5가지 유형에 대해서 알아본다(김현호 외, 2017).

(1) 회유형

의사소통의 세 가지 구성요소인 자신, 상대방, 상황 중에서 자기 자신을 무시한다. 이 유형의 가장 큰 특징은 자기 가치와 자기존중감의 결여이다. 이들은 자기 자신을 가치 없고 무력한 존재로 여기며 상대방의 어떤 비판도 무조건 수용하며 소극적으로 지낸다. 이 회유형의 의사소통은 다른 사람을 회유하여 화를 내지 못하고 상대방의 비위를 맞춘다. 이들은 무조건 참으며 자기 자신을 희생하고 어떠한 경우에도 반대하지 않는다. 회유형이 자주 사용하는 행동과 언어는 〈표 5-2〉와 같다.

〈표 5-2〉 회유형이 자주 사용하는 행동과 언어

자주 사용하는 행동	자주 사용하는 언어	내재된 감정
• 사과하기 • 간청하는 표정 짓기 • 우는 소리 • 변명, 애원하기 • 의존적 태도 • 지나치게 상냥함 • 지나치게 쾌활함	• 모두 내 잘못이야 • 네가 없으면 난 아무것도 아니야 • 난 중요하지 않아 • 아무거나 • 다 좋아	• 억압 • 억압되었던 경험 • 자존감이 낮음

(2) 비난형

항상 상대보다 우월감을 가지고 있으며 상대의 단점을 잘 발견하고 보스로 군림하려 한다. 이 유형은 목소리가 크고 상대방을 얕잡아보고 깎아내리려 하며 '너만 아니었으면 만사가 잘 되었을 텐데.'라는 식의 책임전가 형태를 지니고 있다. 비난하는 사람은 어떤 것에 대해서 진정으로 발견하기보다는 자신을 주위 사람들에게 부각시키는 데 더 관심이 있다. 비난형이 자주 사용하는 행동과 언어는 〈표 5-3〉과 같다.

〈표 5-3〉 비난형이 자주 사용하는 행동과 언어

자주 사용하는 행동	자주 사용하는 언어	내재된 감정
• 탓하기 • 소리치기 • 화난 표정으로 위협하기 • 판단 및 명령하기 • 결점잡기 • 조종하기	• 니 잘못이야 • 너는 뭐가 문제야? • 넌 제대로 하는 것이 하나도 없구나 • 니가 ~만 하지 않았어도 • 나의 잘못은 하나도 없어	• 화, 분노 • 가족의 약력을 살펴보아야 함

(3) 초이성형

아주 정확하고 이상적이며 쉽게 감정을 드러내지 않는다. 이 유형은 차분하고 냉정하며 침착해보이고 의사소통의 세 가지 구성요인 중 자신과 타인을 배제시키고 오직 상황만 중시해 객관성을 찾는다. 이들은 지나치게 합리적이고 이기적이어서 융통성과 사교성이 결여되어 있다. 초이성형은 대인관계에서 무미건조하며 고립감을 느끼고 긴장과 위축을 느낀다. 초이성형이 자주 사용하는 행동과 언어는 〈표 5-4〉와 같다.

〈표 5-4〉 초이성형이 자주 사용하는 행동과 언어

자주 사용하는 행동	자주 사용하는 언어	내재된 감정
• 딱딱하고 경직된 자세 • 냉담함 • 진실하고 우월한 척하는 표정 • 교묘히 조종함 • 충고를 많이 함 • 비인간적이고 감정이 없음 • 객관적이고 지루함	• 논리적이고 객관적인 규칙 • 추상적인 개념의 언급 • 긴 설명, 규칙을 언급 • 개인적이고 감정적인 주제를 피함 • 복잡하게 횡설수설 말하기	• 외로움 • 자신의 감정을 돌보지 않음 • 낮은 자존감의 은폐

(4) 산만형

의사소통의 세 가지 구성요소인 자신, 상대방, 상황 세 가지 구성요소가 모두 배제되어 있어 주위를 혼란시키고 그가 하는 행동이나 말은 다른 사람이 말하고 행동하는 것과 무관하다. 상대방으로부터 오는 자극에 적절하게 반응을 보이지 못하고, 빗나가기 쉬우며 상대의 말이나 현재 진행되고 있는 과정에 초점을 맞추지 못하고, 주의를 집중하지 못하기 때문에 산만한다. 또한 의사소통을 할 때 입과 몸과 다리를 계속 움직인다. 이들은 요점 없는 말을 하며 상대방의 질문을 무시하고 흔히 상대의 질문에 자기 나름대로의 질문으로 반응해 주제로부터 빗나가 있다. 산만형이 자주 사용하는 행동과 언어는 〈표 5-5〉와 같다.

〈표 5-5〉 산만형이 자주 사용하는 행동과 언어

자주 사용하는 행동	자주 사용하는 언어	내재된 감정
• 지나치게 활동적이거나 처짐 • 항상 움직이고 부적절한 유머나 말을 함 • 둔감한 듯이 행동 • 바보스럽거나 피상적임 • 주의 끌기	• 주위를 흩트리기 위해 주제를 빠르게 바꿈 • 한 가지에 집중하지 않는 대화 • 농담, 넌센스인 언어를 많이 사용 • 말할 때 끼어들기 • 개인적이며 감정적 주제를 피하여 말을 함	• 두려움 • 갈등에 직면할 힘이 없음

(5) 일치형

순기능적 의사소통의 유형인 일치형은 사티어가 말하는 가장 이상적인 의사소통 유형이다. 사티어가 분류한 5가지 의사소통 유형 중 일치형 의사소통만이 부부문제를 치료 또는 해결할 수 있으며, 부부 간의 성장과 성숙을 촉진할 수 있다고 하였다. 일치형 의사소통을 수평적 또는 유동적 반응이라 하는데, 이는 메시지의 모든 부분이 같은 방향으로, 즉 자신, 상대방, 상황이라는 3가지 요소가 모두 관련을 맺고 언어적 · 비언어적 모든 메시지가 일치를 이룬다. 일치형의 의사소통 방법은 화자의 목소리 톤과 얼굴표정, 몸의 자세가 일치하며 편안하고, 자유롭고 정직하게 표현하는 것이다. 일치형이 자주 사용하는 행동과 언어는 〈표 5-6〉과 같다.

〈표 5-6〉 일치형이 자주 사용하는 행동과 언어

자주 사용하는 행동	자주 사용하는 언어	내재된 감정
• 에너지 넘치는 행동 • 자신감, 균형적, 창의적인 활동 • 책임감, 능력, 경쟁력 있는 행동	• 감정과 사고, 기대, 원하는 것, 싫어하는 것들에 대해서 정직함 • 배려, 격려, 인정, 공감하고 이해할 수 있는 언어 사용	

4) 의사소통의 유형검사

자기 자신이 어떠한 대화유형으로 대화하고 있는지를 확인하기 위해 〈표 5-7〉과 같은 척도로 확인해볼 필요가 있다. 사티어(Satir)는 일치형의 대화유형이 바람직하다고 하였다. 일치형의 대화유형에 해당하지 않는 사람은 일치형의 대화방식을 유도하기 위해 의사소통능력을 습득해야 할 것이다. 의사소통 유형을 검사하는 〈표 5-7〉의 내용을 읽어보고 자신에게 해당하는 문항에 ○를 하여 각각에 해당하는 A, B, C, D, E의 개수를 ( ) 안에 기록한다.

〈표 5-7〉 의사소통의 유형검사

번호	내용	구분
1	나는 상대방이 불편하게 보이면 비위를 맞추려고 한다.	A
2	나는 일이 잘못되었을 때 자주 상대방의 탓으로 돌린다.	B
3	나는 무슨 일이든지 조목조목 따지는 편이다.	C
4	나는 생각이 자주 바뀌고 동시에 여러 가지 행동을 하는 편이다.	D
5	나는 타인의 평가에 구애받지 않고 내 의견을 말한다.	E
6	나는 관계나 일이 잘못되었을 때 자주 내 탓으로 돌린다.	A
7	나는 다른 사람들의 의견을 무시하고 내 의견을 주장하는 편이다.	B
8	나는 이성적이고 차분하며 냉정하게 생각한다.	C
9	나는 다른 사람들로부터 정신이 없거나 산만하다는 소리를 듣는다.	D
10	나는 부정적인 감정도 솔직하게 표현한다.	E
11	나는 지나치게 상대방을 의식해서 나의 생각이나 감정을 표현하는 것을 두려워한다.	A
12	나는 내 의견이 받아들여지지 않으면 화가 나서 언성을 높인다.	B

13	나는 나의 견해를 분명하게 표현하기 위해 객관적인 자료를 자주 인용한다.	C
14	나는 상황에 적절하지 못한 말이나 행동을 자주 하고 딴전을 피우는 편이다.	D
15	나는 다른 사람이 내게 부탁을 할 때 내가 원하지 않으면 거절한다.	E
16	나는 사람들의 얼굴 표정, 감정, 말투에 신경을 많이 쓴다.	A
17	나는 타인의 결점이나 잘못을 잘 찾아내어 비판한다.	B
18	나는 실수하지 않으려고 애를 쓰는 편이다.	C
19	나는 곤란하거나 난처할 때는 농담이나 유머로 그 상황을 바꾸려는 편이다.	D
20	나는 나 자신에 대해 편안하게 느낀다.	E
21	나는 타인을 배려하고 잘 돌봐주는 편이다.	A
22	나는 명령적이고 지시적인 말투를 자주 사용하기 때문에 상대가 공격받는 느낌을 받을 때가 있다.	B
23	나는 불편한 상황을 그대로 넘기지 못하고 시시비비를 따지는 편이다.	C
24	나는 불편한 상황에서는 안절부절못하거나 가만히 있지를 못한다.	D
25	나는 모험하는 것을 두려워하지 않는다.	E
26	나는 다른 사람들이 나를 싫어할까 두려워서 위축되거나 불안을 느낄 때가 많다.	A
27	나는 사소한 일에도 잘 흥분하거나 화를 낸다.	B
28	나는 현명하고 침착하지만 냉정하다는 말을 자주 듣는다.	C
29	나는 한 주제에 집중하기보다는 화제를 자주 바꾼다.	D
30	나는 다양한 경험에 개방적이다.	E
31	나는 타인의 요청을 거절하지 못하는 편이다.	A
32	나는 자주 근육이 긴장되고 목이 뻣뻣하며 혈압이 오르는 것을 느끼곤 한다.	B
33	나는 나의 감정을 표현하는 것이 힘들고 혼자인 느낌이 들 때가 많다.	C
34	나는 분위기가 침체되거나 지루해지면 분위기를 바꾸려 한다.	D
35	나는 나만의 독특한 개성을 존중한다.	E
36	나는 나 자신이 가치가 없는 것 같아 우울하게 느껴질 때가 많다.	A
37	나는 타인으로부터 비판적이거나 융통성이 없다는 말을 자주 듣기도 한다.	B
38	나는 목소리가 단조롭고 무표정하며 경직된 자세를 취하는 편이다.	C
39	나는 불안하면 호흡이 고르지 못하고 머리가 어지러운 경험을 하기도 한다.	D
40	나는 누가 나의 의견에 반대해도 감정이 상하지 않는다.	E

A형 ■ 회유형(　　), B형 ■ 비난형(　　), C형 ■ 초이성형(　　), D형 ■ 산만형(　　), E형 ■ 일치형(　　)
→ 괄호 안에 선택한 개수를 기록한다.

유형 검사를 한 후 느낀 점이나 개선할 사항을 기록하고 발표해 본다. :

____

____

____

____

5) 기초적 의사소통

사회복지실천 현장에서 의사소통은 사회복지사와 클라이언트의 관계를 형성하고 문제해결 과정에서 중요한 역할을 한다. 따라서 사회복지 전문직인 사회복지사로 활동하기 위해서는 적절한 의사소통이 필요한데, 의사소통을 하기 위해 관심 기울이기, 태도, 공감, 경청, 긍정적 사고와 능동적 자세, 주장하기 등과 같은 의사소통을 습득해야 한다. 의사소통에서 중요한 요소는 서로 주고받는 메시지인데, 메시지의 내용은 언어적·비언어적으로 일치된 메시지, 수신자(듣는 사람)가 이해 가능한 메시지, 수신자가 메시지를 보내는 송신자(말하는 사람)의 의미를 이해할 수 있는 메시지, 동시에 받아들이는 여러 가지 메시지 등이 있을 수 있다(Johnson, 1995). 의사소통은 메시지를 보내는 송신자의 신뢰성 및 정직성에 영향을 받는다. 수신자가 송신자를 얼마나 신뢰하느냐에 따라 메시지의 수용 정도가 달라질 수 있다.

셰퍼(Scheafor) 등은 효과적인 의사소통을 위해 다음과 같이 6가지 태도를 내면화해야 한다고 했다(Scheafor et. al., 1997; 이영호, 2008).

① 모든 사람은 개개인의 특성이 모두 다르므로 특성에 따라 사건을 인식하고, 경험하고, 상호교환한다는 상황을 인식해야 한다. 따라서 어느 정도 오해가 있을 수 있음을 예상하고 이러한 문제를 최소화하려는 자세가 필요하다.

② 다른 사람이 이해하기 쉽도록 자신의 생각을 가다듬어 효율적으로 표현하고자 하는 의지가 필요하다.

③ 다른 사람이 말하고자 하는 말을 있는 그대로 받아들일 수 있도록 자신의 방어를 줄이고자 하는 의지가 필요하다.

④ 자신에게 말하고 있는 상대방의 말을 주의 깊게 들으려는 의지가 필요하다.
⑤ 자신의 생각, 느낌, 행동에 대해 책임지고자 하는 의지가 필요하다.
⑥ 상대방을 이해하고 이해시키기 위해 충분한 시간을 가지려는 의지가 필요하다.

6) 언어적 · 비언어적 의사소통과 나 전달법 및 너 전달법

(1) 언어적 의사소통

사회복지실천에서 언어적 의사소통은 클라이언트의 욕구를 파악하고 문제를 해결하기 위한 과정에서 핵심이다. 따라서 사회복지사와 클라이언트 간의 의사소통 증진을 위한 언어적 기법은 다음과 같다(Kirst & Hull, 1993; 최경화 외, 2010).

① **클라이언트에 대한 지지적 언어반응** : 클라이언트가 말을 할 때는 긍정적인 언어반응으로 예를 들어, '아, 그랬군요., 알겠어요., 음음, 예' 등의 반응적 언어를 사용함으로써 클라이언트로 하여금 사회복지사가 자신에게 관심을 갖고 경청하고 있음을 인식하게 한다.

② **클라이언트 언어의 재구성** : 클라이언트의 말을 다른 언어로 재구성하는 방법으로 예를 들어, "아버지가 미워 가출하고 싶었어요."라고 말하면 "아버지가 미워 가출까지 하고 싶었었군요."라고 말할 수 있다. 이러한 방법은 클라이언트의 의도를 정확히 파악하기 위해, 클라이언트에게 자신의 말을 다시 한 번 생각해 볼 여유를 주기 위해, 클라이언트의 말을 제대로 이해하고 있는지를 알아보기 위해, 클라이언트의 말을 경청하고 있다는 것을 보여주기 위한 목적으로 사용한다.

③ **클라이언트의 감정에 대한 반영** : 반영은 클라이언트의 말과 행동에서 표현된 감정과 생각 및 태도를 사회복지사가 참신한 언어로 부연해 주는 것이다. 클라이언트가 자신의 감정을 자제하지 못하거나 표현력 부족 등으로 자신의 감정을 표현하려다가 중단하는 경우, 사회복지사가 클라이언트의 감정을 읽어서 언어로 표현해 줌으로써 클라이언트와의 감정이입 대화를 가능하게 할 수 있는 방법이다. 예를 들어, 부부싸움으로 흥분한 상태에서 말을 잊지 못하는 대화에서, "부부싸움으로 매우 상심해 있군요.", 경제적 활동을 하지 못하는 경우의 대화에는 "실직하여 가족

들을 볼 낯이 없다고 생각했군요." 등으로 클라이언트의 감정을 표현해주는 것이다.

④ **클라이언트 인식의 명료화** : 명료화는 클라이언트의 말 속에 내포되어 있는 것을 사회복지사나 대화하는 상대방에게 의사를 명확하게 전달하는 것으로 클라이언트가 말하는 내용을 확실히 이해하기 위해 사용되는 방법이다. 명료화 방법은 클라이언트에게 자신이 말한 내용을 좀 더 분명하게 인식시키고 사회복지사 자신의 이해를 분명하게 하기 위한 것이다. 예를 들어, 클라이언트가 사회복지사에게 "나 이혼했어요. 모든 것이 암담해요. 어떻게 하면 좋죠?" 라고 말을 했다면 사회복지사는 "이혼으로 인해 자녀양육 문제나 위자료 문제 등을 어떻게 해결해야 될지 모르겠다는 말씀인가요?" 라고 반응하면서 내용을 명확히 해주는 것이다.

⑤ **클라이언트 말의 해석 및 요약** : 해석은 클라이언트가 대화 중 미처 생각하지 못하고 있는 내용에 사회복지사가 의미와 관련성을 부여해서 언급하는 것이다. 이러한 방법은 클라이언트가 새로운 방향에서 문제를 바라볼 수 있도록 행동이나 생각, 감정 등에 새로운 의미와 원인을 설명하고, 말 속에 숨은 메시지에 초점을 둔다. 예를 들어, 어떤 여성이 가정과 직장생활 모두를 실패했다고 느낄 때, 실패의 원인은 환경(부모나 형제, 남편이나 직장상사 등) 탓으로 돌리기보다 본인 스스로가 어떤 역할을 하였는가를 깨닫도록 돕는 것이다.

요약은 지금까지 클라이언트가 말한 내용과 그 속에 담겨 전해진 감정들을 전체적으로 묶어 정리하는 것이다. 요약을 통해 대화하는 동안 진전된 사항을 파악할 수 있고, 중요 내용이나 요점을 다시 한 번 생각할 수 있는 기회를 가질 수 있다. 예를 들어, "지금까지 우리가 대화한 내용을 간단히 정리해 보겠습니다." 라고 말하면서 중요한 내용을 간단히 정리할 수 있다.

⑥ **클라이언트의 간접적 표현에 대한 직접적 언어화** : 사회적 약자로 인식되는 클라이언트는 심리적으로나 정신적으로 위축되어 있다. 또한 원조와 변화에 대한 두려움으로 자기 자신에 대한 의사표현을 정확히 하지 못하고 은유와 비유를 사용하여 간접적으로 표현하는 수가 있다. 이럴 때 사회복지사는 자신의 판단과 추측을 바탕으로 간접적으로 반응하여 클라이언트가 의미하는 것을 직접적으로 언어화하는 방법이 필요하다.

⑦ **클라이언트에게 조언 및 정보 제공** : 사회복지실천에서 많이 있을 수 있는 조언은 받는 사람의 입장을 고려해야 하며, 그 효과도 생각해 보아야 한다. 조언은 꼭 필요한 경우가 아니거나 클라이언트가 원하는 경우가 아니면 하지 않는 것이 좋다. 예를 들어, "제 경우에는 이렇게 했는데, 그런 방식이 어떠한지 생각해 보기 바랍니다." 등으로 표현하면 클라이언트에게 많은 결정권을 부여하게 된다.
정보를 제공할 때에도 클라이언트의 수준에 맞게 제공되어야 한다. 클라이언트가 잘못 이해할 것 같으면 클라이언트와 연관된 사람에게 같은 정보를 제공하여 정확히 전달될 수 있도록 해야 한다. 또한 클라이언트가 구체적인 사항에 대해 직접적으로 물어볼 경우는 정확한 설명이나 정보를 제공하여 클라이언트가 선택할 수 있도록 지원하는 것이 바람직하다.

⑧ **클라이언트의 장점 강조** : 대부분의 클라이언트는 많은 문제를 지니고 있기 때문에 자신의 삶에 대해서 비관적이고 의기소침해 있는 경우가 많다. 하지만 클라이언트 스스로가 자신의 능력과 잠재력을 믿지 않는 한 개입의 효과를 기대하기 어렵다. 따라서 클라이언트의 장점을 찾아내어 강조해 줌으로써 자신에 대한 자존감과 가치를 회복시킬 수 있고 문제해결에 긍정적 도움이 될 수 있다.

⑨ **사회복지사의 자기개방** : 사회복지사의 적절한 자기개방은 진실된 분위기를 조성하면서 의사소통을 원활하게 이끌 수 있다. 그러나 지나치게 자신에 대해 이야기하면 클라이언트와 신뢰감을 갖지 못할 수 있으므로 부적절한 자기개방이 되지 않도록 주의해야 한다. 자기개방을 할 경우는 의사소통의 목적과 관련이 있고 클라이언트에게 도움이 되어야 한다.

(2) 비언어적 의사소통

사람의 의사소통에서 인지적 측면이 있는 언어적 의사소통은 1/3을 차지하고 비언어적 표현이 2/3를 차지하고 있다(Brill, 1997; 엄명용 외, 2015). 특히, 비언어적인 의사소통은 클라이언트가 언어적 표현이 제한되어 있을 때 매우 중요한 의사소통의 수단이 된다. 비언어적인 의사소통은 인지적인 차원보다 주로 감정적인 차원에서 더 많이 표현된다. 비언어적인 의사소통의 구체적 방법은 다음과 같다(Kirst & Hull, 1993; 이영호, 2008; 김현호 외, 2017).

① **눈 맞춤** : 의사소통에서 중요한 수단으로 의사소통에 참여 여부를 알리는 표시를 나타내고 공감을 내포하는 표시이기도 하다. 눈을 맞추지 않고 대화를 할 경우, 진실성이나 흥미가 없는 것으로 해석될 수도 있고 무시한다고 생각될 수도 있다. 따라서 사회복지사는 클라이언트와 의사소통을 할 때 적절한 눈 맞춤으로 서로 공감하면서 흥미나 신뢰성 있는 대화를 할 수 있도록 노력해야 한다.

② **목소리의 억양** : 대화에서 주로 감정을 나타내는데, 크고 힘이 있는 억양은 공격성, 통제력, 강함 등을 나타내고, 약하고 잘 들리지 않는 억양은 움추림, 두려움, 위축감, 약함 등을 나타낸다. 또한 높게 들떠 있는 목소리는 감정이 고조되어 있거나 흥분된 상태를 나타내고, 낮게 가라앉아 있는 목소리는 자신감이 없거나 우울한 느낌을 나타낸다. 사람마다 타고난 목소리는 바꿀 수 없지만 말의 속도, 간격, 크기 등을 바꿈으로써 긍정적인 효과를 얻을 수 있다. 따라서 사회복지사는 적당한 크기의 편안한 음정과 따뜻한 음색을 통해 자연스러운 목소리로 대화할 수 있도록 노력해야 한다.

③ **얼굴 표정** : 대화를 나누기 전이나 대화를 나누면서 나타나는 얼굴표정으로 상대방의 감정을 읽을 수 있다. 찌푸린 얼굴표정은 상대방과 대화하고 싶은 생각이 없거나 지루해 하고 있는 상태이다. 따라서 사회복지사는 클라이언트와 의사소통을 할 때 가능한 한 환한 미소를 짓는 표정으로 대화할 수 있도록 노력해야 한다.

④ **손과 팔 등의 몸동작** : 말을 통해 전달하려는 내용에 따라 손과 팔 등의 몸동작도 달라진다. 듣기 싫을 때 무의식적으로 손으로 귀를 막는 경우가 있고, 턱을 받치는 동작으로 대화의 지루함을 표현하거나 다리를 꼬거나 팔장을 끼면서 방어적인 태도로 어떤 상황을 피하려 하기도 한다. 따라서 사회복지사는 클라이언트와 의사소통할 때 클라이언트의 몸동작을 살피면서 긍정적이고 신뢰성 있는 대화가 될 수 있도록 노력해야 한다.

⑤ **신체적 자세** : 대화 도중 상황에 따라 취하는 여러 가지 신체 자세는 의도를 나타내고 있다. 일반적으로 사회복지사와 클라이언트가 대화를 할 경우, 신체적 자세는 어깨가 상대방의 어깨와 90° 각도로 L자 모형으로 마주보고 앉는 것이 좋은데, 이러한 자세는 서로 간에 개방성과 안정감을 준다. 또한 상대방 쪽으로 자세를 약간

기울이는 것은 그 사람의 말을 관심 있게 듣고 있으며 함께하고 있다는 것을 나타낸다.

(3) 나 전달법과 너 전달법

나 전달법(I-Message)은 효과적인 의사소통을 하기 위한 메시지 구조의 한 유형으로, '나'라고 하는 메시지를 전달하는 방법이다. 이 메시지의 구조는 분명하고 직접적인 메시지를 보낼 수 있도록 하고 메시지를 받는 상대방이 방어적인 반응을 하지 않도록 하는 방법이다. 따라서 갈등이나 논쟁이 고조되는 상황에서 실망이나 분노, 좌절 등의 감정을 적절히 표현할 수 있어 부부 간의 갈등, 고부 간의 갈등, 자녀와의 갈등 등에 유익한 대화법이다.

'나'라는 메시지는 신뢰관계가 중요한 인간관계에서 가장 효과적인 의사소통이다. 다른 사람의 행동이 용납될 수 없거나 강한 불쾌감을 불러일으킬 때, 또는 욕구가 좌절되거나 방해를 받을 때, 다른 사람에게 위안이나 유익한 정보를 전달하는 것이 중요하다. 따라서 나 전달법은 비난하거나 책임을 묻는 대신에 상대방의 행동을 변화시키려고 '나'라는 메시지를 정확하게 전달하는 것이다. 나 전달법은 ① 특정 행동에 대해서 분명히 표현하고, ② 감정의 원인에 대해서 표현하고, ③ 다른 사람에게 미치는 영향에 대해서 표현을 한다(이영호, 2008; 길귀숙 외, 2011). 나 전달법을 사용한 예시는 〈표 5-8〉에 나타냈다.

〈표 5-8〉 나 전달법을 사용한 예시

(자활 참여 주민이 작업장에 가기 위해 모이기로 한 시간보다 50분이나 늦게 왔을 때)
사회복지사 : "이동수 씨, 동수 씨가 우리와 약속한 시간보다 이렇게 늦게 오니(행동 표현), 저는 속상하고 당황스럽네요(감정의 원인 표현). 왜냐하면 저를 비롯한 다른 사람들이 아침시간을 그냥 허비하는 것이 속상하고 저희들의 오전 스케줄을 어렵게 만들어 버렸어요(다른 사람에게 미치는 영향 표현)." (이영호, 2008. 사회복지실천기술론. 공동체)

너 전달법(You-Message)은 의사소통을 가로막는 전달법으로 사이를 멀어지게 만드는 대화법이다. 예를 들어, "너 이거 하지 말라고 그랬지!", "네 방은 네가 알아서 치워!", "너는 나를 정말 화나게 만들고 있어" 등의 표현이다. 대화법에 따른 예시는 〈표 5-9〉와 같다.

〈표 5-9〉 대화법에 따른 예시

대화법	예시	상대방이 느끼는 의미	나쁜 말을 한 주체
올바른 나 전달법	"네가 이렇게 하니까 내 마음이 아파"	이 행동을 하면 안 되는 구나.	없음
서로 멀어지게 만드는 너 전달법	"너 이거 하지 말라고 그랬지!"	내가 실수가 많다고 이야기하고 있구나.	상대방
소극적인 전달법	"나도 이런 거 문제지만 너도 이거 문제야"	미안해 할 필요가 있는 건가? 결국 내 탓이라는 거잖아.	나, 상대방
부정적인 나 전달법	"나 지금 화나서 너랑 이야기하고 싶지 않아"	우리 사이는 끝이라는 건가?	상대방

〈표 5-9〉에서처럼 어떤 부탁을 할 때나 하기 힘든 말을 할 때 올바른 나 전달법으로 이야기하면 상대방이 내 말에 더 집중하게 되고 공감하게 되나, 그렇지 않고 다른 대화법을 사용하면 상대방은 자신이 공격받고 있다거나 무시당한다고 느끼게 된다. 따라서 사회복지사는 클라이언트와 의사소통을 할 때 올바른 나 전달법을 사용하여 의사소통의 효율성을 극대화해야 할 것이다.

7) 의사소통을 방해하는 요소 및 언어적 반응

의사소통은 송신자와 수신자가 쌍방의 상호작용을 하면서 공감과 신뢰를 갖고 의사소통을 해야 하나 그렇지 못하고 메시지나 환경적 요인에 의해 방해받을 수 있다. 의사소통과정에서 의사소통에 방해가 되는 요소는 다음과 같다.

① 이중적인 메시지 : 상반된 두 가지의 메시지가 동시에 전달되는 경우

② 애매모호한 메시지 : 수용자에게 의미가 없거나 임의로 추정이 가능한 여러 메시지인 경우

③ 선택적 주의와 해석 : 메시지의 왜곡과 의미의 혼란을 가져올 수 있는 경우

④ 과잉 메시지 : 수신자가 해석하고 반응할 수 있는 양을 넘어선 경우

⑤ 순서의 부조화 : 습관적 행동양식에서 벗어난 메시지를 전달하거나 순서를 왜곡하

여 동문서답하는 경우

⑥ **호환성의 부재** : 송신자가 보내는 눈 맞춤, 말씨, 듣기 등이 수신자에 전달되지 않거나 이해할 수 없어 상호 교환이 안 되는 경우

또한 의사소통을 방해하는 언어적 반응은 다음과 같다(Sheafor & Horejsi, 1997; 최경화 외, 2010; 길귀숙 외, 2011).

① **도덕적 반응** : "당신은 아기를 낳기에 너무 어리지 않습니까?"와 같은 도덕적이며 규범적인 반응은 클라이언트와 자기방어를 강화시킬 수 있다.

② **성급한 조언과 해결책 지시** : "지금 남편과 헤어지고 새로운 남자를 만나 결혼하는 것이 좋겠어요."처럼 성급한 조언과 지시는 클라이언트가 사회복지사를 권위적으로 인식할 수 있으므로 원조관계에 실패할 수도 있다.

③ **논리적 설득 · 지적 · 논쟁** : "이 문제해결에는 당신도 책임이 있다는 것을 명심하세요.", "당신의 알코올 중독에 대해 생각해 봅시다." 등과 같이 이성적으로 판단하는 대응은 클라이언트로부터 자기방어의 강화와 논쟁을 유발시킬 수 있다.

④ **비판과 비난적 반응** : "음주운전을 한 것은 잘못된 행동이지요."처럼 비판적 태도는 클라이언트의 저항과 공격을 유발시킬 수도 있다.

⑤ **극적인 해석과 라벨** : 해석은 중요하지만 클라이언트의 인식수준을 넘어서거나 타이밍이 맞지 않은 해석은 클라이언트의 저항을 유발시킬 수 있으므로 원조관계가 실패할 수도 있다. 또한 "당신은 수동적 공격성 성격장애군요."처럼 전문적인 용어를 사용한 라벨(Label)은 클라이언트를 당황시키거나 자신을 병적이라고 받아들이게 된다.

⑥ **겉치레적인 확신, 동정, 위로** : "모든 것이 잘 될 겁니다.", "정말 안됐군요."와 같은 반응을 적절하게 사용한다면 원조과정에 긍정적이지만 그렇지 못하면 오히려 클라이언트는 절망, 자포자기, 무기력하게 될 수도 있다.

⑦ **지나친 풍자와 유머** : "우리가 같은 문제로 또 만났군요."와 같이 빈정거리는 듯한 반응은 클라이언트에게 적개심을 갖게 한다. 클라이언트의 긴장을 풀기 위해 약간의 유머는 필요하나 지나치면 부정적인 관계가 형성될 수도 있다.

⑧ **위협, 경고, 역공격적 반응** : "그렇게 하는 것이 좋을 겁니다. 그렇지 않으면 평생 후회할 겁니다."와 같은 반응은 클라이언트에게 저항, 공격, 적개심 등을 유발시킬 수 있다.

⑨ **부적절한 질문유형** : '예'나 '아니요'로 답하는 폐쇄형 질문을 자주하거나 여러 가지 질문을 한꺼번에 많이 하는 중첩형 질문, 일정한 답을 유도하는 유도질문 등은 의사소통에 부정적인 요인이 될 수 있으므로 피하는 것이 좋다.

⑩ **시기적으로 부적절하거나 과도한 끼어들기** : 메시지의 내용을 명확히 하기 위해 적절하게 개입하는 것은 필요하나 적절하지 못한 시점에 끼어들거나 과도하게 끼어들면 클라이언트가 자신의 문제를 표출하는 데 방해가 될 수도 있다.

⑪ **사교적 대화** : 날씨, 뉴스, 취미 등 주제내용이 가볍고 분산된 사교적 대화는 목적이 뚜렷한 전문적 원조관계를 형성하는 의사소통에는 유해하기 때문에 삼가는 것이 좋다. 그러나 면접의 초기단계에서 클라이언트의 긴장을 완화하거나 개방을 유도할 때에는 때에 따라 사용하기도 한다.

⑫ **사회복지사의 지배적인 명령적 태도** : 사회복지사의 지배적이고 명령적인 언어적 반응은 클라이언트와의 대화와 관계형성에 부정적이고 문제에 대한 도출에 부작용이 있을 수 있다.

⑬ **사회복지사의 소극적 반응** : 사회복지사는 제한된 시간을 최대한 활용한 적극적 반영을 통해 문제해결의 목적을 달성해야 하는데, 소극적 반응 및 태도는 클라이언트의 신뢰감을 떨어트릴 수도 있다.

⑭ **사회복지사의 부적절한 자기노출** : 사회복지사가 지나치게 자신에 대해서만 이야기하면 클라이언트를 위한 의사소통이 될 수 없다. 또한 클라이언트에게 신뢰감을 얻지 못하게 되어 원조관계에 실패할 수도 있다.

⑮ **반복되거나 어려운 문구의 남용** : 클라이언트로부터 "그건 내가 방금 한 말이잖아요."라는 반응이 나올 정도로 클라이언트의 말을 단순히 반복하는 것은 사회복지사에 대한 신뢰감이 추락될 수도 있다. 또한 클라이언트가 이해할 수 없는 어려운 문구나 필요하지 않은 문구는 되도록 사용하지 않도록 하고 정확하고 간결한 문장을 사용하는 것이 좋다.

⑯ **과거나 미래에 집착** : 의사소통과정에서 사회복지사는 클라이언트의 과거나 미래 상황에 집착하지 않고 현재 상황의 문제나 행동 등에 초점을 맞추어 진행하는 것이 바람직하다.

Chapter 06

사회복지실천과정의 초기단계(접수 및 자료수집)

사회복지실천과정은 도움을 필요로 하는 사람 즉, 클라이언트가 도움을 받기 위해 사회복지사를 처음 만나는 단계부터 시작해 그의 욕구 및 문제를 확인하고 진단 및 사정단계를 거쳐 구체적인 실천단계와 최종 평가 및 종결단계를 포함하는 과정이다. 이 장에서는 이러한 실천과정에 대해 학자들의 견해에 따른 실전과정, 초기단계인 접수 및 자료수집에 대해서 알아본다.

6.1 학자들 견해에 따른 사회복지실천과정

사회복지실천과정은 클라이언트와 그를 둘러싼 개인, 가족, 집단, 지역사회 등 다양한 환경 내의 체계들을 변화시키기 위해 사회복지사가 그의 전문직 가치와 지식 및 기술을 적용하여 도와주는 전문적 활동 과정이라고 할 수 있다(이영실 외, 2016). 이러한 과정은 여러 학자들마다 이론을 전개하는 입장에 따라 약간의 차이를 보이고 있다. 외국학자들의 경우, 핀커스와 미나한(Pincus & Minahan)은 문제의 사정, 자료수집, 초기접촉, 현상적 계약, 행동체계, 영향력 행사, 변화노력의 종결 등 7단계로 구분하였다(Pincus & Minahan, 1973). 콤튼과 갤러웨이(Compton & Galaway)는 자료수집과 사정, 업무동의, 개입, 평가, 종결 등 5단계로 구분하였다(Compton & Galaway, 1984). 헵워스와 라슨(Hepworth & Larsen)은 탐색과 사정 및 기획, 변화와 문제해결, 종결과 평가 등 3단계로 구분하였다(Hepworth & Larsen, 1993). 노턴(Northen)은 사정, 계획, 초기단계, 핵심단계, 문제해결단계, 종결, 평가 등 7단계로 구분하였다(Northen, 1995). 쉐퍼 등(Sheafor et.)은 접수와 관계형성, 자료수집과 사정, 계획과 계약, 개입과 모니터링, 평가와 종결 등 5단계로 구분하였다(Sheafor et., 1997). 존슨(Johnson)은 사정, 계획, 직접적 개입활동, 간접적 개입활동, 평가 및 종결 등 5단계로 구분하였다(Johnson, 1995).

또한 국내학자들의 경우, 김융일 등은 접수 및 참여유도, 자료수집과 사정 및 계획, 개입, 평가 및 종결 등 4단계로 구분하였다. 장인협은 사정, 계획, 개입, 평가, 종결 등 5단계로 구분하였다. 양옥경 등은 접수, 자료수집 및 사정, 목표설정 및 계약, 개입, 평가 및 종결 등 5단계로 구분하였다. 엄명용 등은 초기단계-접수와 관계형성, 중간단계

–개입수행, 종결단계–평가와 종결 등 3단계로 구분하였다. 국내 · 외 학자들 견해에 따른 사회복지실천과정의 단계는 〈표 6-1〉과 같다.

〈표 6-1〉 국내·외 학자들에 따른 사회복지실천과정의 단계

학자들		실천과정 단계
국외	핀커스와 미나한	① 문제의 사정, ② 자료수집, ③ 초기접촉, ④ 현상적 계약, ⑤ 행동체계, ⑥ 영향력 행사, ⑦ 변화노력의 종결
	콤튼과 갤러웨이	① 자료수집과 사정, ② 업무동의, ③ 개입, ④ 평가, ⑤ 종결
	헵워스와 라슨	① 탐색과 사정 및 기획, ② 변화와 문제해결, ③ 종결과 평가
	노턴	① 사정, ② 계획, ③ 초기단계, ④ 핵심단계, ⑤ 문제해결단계, ⑥ 종결, ⑦ 평가
	쉐이퍼 등	① 접수와 관계형성, ② 자료수집과 사정, ③ 계획과 계약, ④ 개입과 모니터링, ⑤ 평가와 종결
	존슨	① 사정, ② 계획, ③ 직접적 개입활동, ④ 간접적 개입활동, ⑤ 평가 및 종결
국내	김융일 등	① 접수 및 참여유도, ② 자료수집과 사정 및 계획, ③ 개입, ④ 평가 및 종결
	장인협	① 사정, ② 계획, ③ 개입, ④ 평가, ⑤ 종결
	양옥경 등	① 접수, ② 자료수집 및 사정, ③ 목표설정 및 계약, ④ 개입, ⑤ 평가 및 종결
	엄명용 등	① 초기단계–접수와 관계형성, ② 중간단계–개입수행, ③ 종결단계–평가와 종결

출처 : 나동석 외(2014).

〈표 6-1〉에서 알 수 있듯이 사회복지실천과정은 3단계 또는 4단계부터 7단계까지 구분되지만 전체적인 과정에 있어서 다루어야 할 내용에는 큰 차이가 없다. 일반적으로 사회복지실천과정은 접수, 자료수집 및 사정, 목표설정 및 계약, 개입, 평가 및 종결의 단계로 구성된다고 할 수 있다. 그러나 여기서는 사단법인 한국사회복지교육협의회에서 제시한 사회복지실천론 교과목 지침서에 따라 ① 초기단계–접수, 자료수집, ② 사정 및 계획단계–사정, 목표설정, 계획, ③ 실행단계, ④ 종결단계–평가 및 종결 등 4단계로 알아본다(한국사회복지교육협의회, 2018.11).

6.2 사회복지실천과정의 초기단계–접수

사회복지실천과정의 초기단계인 접수(Intake)는 사회복지사가 클라이언트의 욕구 및 문제를 해결하는 과정에서 가장 먼저 이루어지는 영역이다. 접수를 진행하기 전에 사회복지사는 클라이언트의 비언어적 의사소통, 그의 생각, 감정 등을 읽어낼 수 있도록 마음가짐을 준비하고 그의 입장에서 자신을 맞추려고 노력해야 한다. 또한 접수를 구조적으로 진행할 것인지, 비구조적으로 진행할 것인지, 욕구 및 문제해결을 위한 방법을 어떻게 할 것인지, 시간활용은 어떻게 할 것인지 등의 계획을 수립해야 한다. 트레비식(Trevithick)은 접수 전에 준비단계에서 클라이언트의 욕구와 기대를 고려하여 다음과 같은 준비가 필요하다고 하였다(최경화 외, 2010 : 엄명용 외, 2015).

① 도움을 요청하는 개인 또는 집단 클라이언트의 욕구와 기대
② 클라이언트와 관계되는 타인의 욕구와 기대
③ 실무자로서 사회복지사가 바라는 개인적인 기대와 전문적인 기대
④ 기관의 정책과 절차, 실천지침, 자원, 기관종사자의 자격요건
⑤ 개인 또는 집단 클라이언트와 관계하고 있는 타 전문가

이러한 준비단계를 거쳐 접수를 하게 되는데, 접수(Intake)는 도움을 필요로 하는 사람이 기관(또는 상담소)을 찾아왔을 때 전문직인 사회복지사가 그의 욕구 및 문제를 확인하여 그것이 기관의 정책과 서비스에 부합되는지 여부를 판단하는 과정이다. 접수과정을 통해 그 기관에서 적합한 서비스를 제공할 수 있다고 판단될 때, 사회복지사에게 도움을 청한 사람이 클라이언트가 되어 그 다음 과정인 자료수집 및 사정단계를 거쳐 적절한 서비스를 받게 된다. 접수단계에서 사회복지사는 사회복지면담의 구성요소(라포 형성, 면담장소, 면담시간, 기록)를 고려하여 클라이언트와 신뢰관계를 형성해서 주호소 욕구 및 문제를 도출해야 한다.

따라서 사회복지사는 접수단계에서 클라이언트가 가지고 있는 주호소 욕구 및 문제에 대한 정확한 진단과 기관의 서비스 적격성을 판단하기 위해 다양한 형태로 충분히 확인할 필요가 있다. 이러한 클라이언트의 주호소 욕구 및 문제나 인적사항, 가족관계,

기관에 오게 된 동기 등 기본정보에 대해서는 〈표 6-2〉의 초기접수 기록지(intake sheet)를 사용하여 기록한다. 초기접수 기록지 양식의 예는 〈표 6-2〉에 나타냈다.

〈표 6-2〉 초기접수 기록지 양식의 예

<table>
<tr><th colspan="12">초기접수 기록지</th></tr>
<tr><td colspan="2">접수번호</td><td colspan="6"></td><td colspan="2">담당자</td><td colspan="2"></td></tr>
<tr><td colspan="2">접수기준</td><td colspan="6">□ 신규 □ 기존</td><td colspan="2">접수일시</td><td colspan="2">년 월 일</td></tr>
<tr><td colspan="2">정보제공자</td><td colspan="10">□ 본인 □ 가족( ) □ 기타( )</td></tr>
<tr><td colspan="2">오게 된 동기</td><td colspan="10"></td></tr>
<tr><td colspan="2">성 명</td><td colspan="6"></td><td colspan="2">성별</td><td colspan="2">□ 남 □ 여</td></tr>
<tr><td colspan="2">생년월일</td><td colspan="6"></td><td colspan="2">전화번호</td><td colspan="2"></td></tr>
<tr><td colspan="2">주 소</td><td colspan="10"></td></tr>
<tr><td colspan="2" rowspan="5">가족사항</td><td>관계</td><td>성명</td><td>연령</td><td>결혼상태</td><td>동거여부</td><td>학력</td><td>직업</td><td>건강상태</td><td>장애명</td><td>질병명</td></tr>
<tr><td></td><td></td><td></td><td></td><td></td><td></td><td></td><td>□ 건강 □ 장애
□ 질병</td><td></td><td></td></tr>
<tr><td></td><td></td><td></td><td></td><td></td><td></td><td></td><td>□ 건강 □ 장애
□ 질병</td><td></td><td></td></tr>
<tr><td></td><td></td><td></td><td></td><td></td><td></td><td></td><td>□ 건강 □ 장애
□ 질병</td><td></td><td></td></tr>
<tr><td></td><td></td><td></td><td></td><td></td><td></td><td></td><td>□ 건강 □ 장애
□ 질병</td><td></td><td></td></tr>
<tr><td colspan="2">가구유형</td><td colspan="10">□ 양부모가구 □ 모자가구 □ 부자가구 □ 미혼모부자기구
□ 조손가구 □ 독신가구 □기타( )</td></tr>
<tr><td colspan="2">수급유형</td><td colspan="10">□ 최저생계비 160~180% □ 최저생계비 130~160% □ 최저생계비 130% 이하
□ 조건부수급가구 □ 수급가구 □ 기타( )</td></tr>
<tr><td rowspan="2">주거형태</td><td>환경</td><td colspan="10">□ 월세(보증금 /월세) □ 전세(보증금 : 1,500만원/LH주택임대)
□ 자가 □ 영구임대 □ 무상임대 □ 기타( )</td></tr>
<tr><td>난방</td><td colspan="10">□ 기름 □ 도시가스 □ LP가스 □ 전기 □ 기타( )</td></tr>
</table>

<table>
<tr><td rowspan="2">경제 상황</td><td>가계 소득</td><td colspan="2">□ 월 평균 (　　)만원</td><td>부채</td><td>□약 (　　)만원</td><td>총재산</td><td>(　　　)만원</td></tr>
<tr><td>소득원</td><td colspan="6">□ 연금　□ 공공부조　□ 저축　□ 가족지원
□ 근로수입　□ 기타(　　)</td></tr>
<tr><td rowspan="2">가구주의 근로능력 및 여건</td><td>문해능력</td><td>□ 유
□ 무</td><td>근로활동 장애요인</td><td colspan="4">□ 1. 노령(66세 이상)　□ 2. 신체/정신건강악화(특정질환)
□ 3. 대인관계의 어려움　□ 4 (창업희망 시)자금부족
□ 5. 부채/채무　□ 6. 일자리정보 부족
□ 7. 근로능력, (취업)기술부족
□ 8. 가족구성원의 보육/장애/간변 등 돌봄부담 때문
□ 9. 기타(　　　　)</td></tr>
<tr><td>직업력</td><td colspan="6">□ 근로활동경험전무　□ 무직+경력단절기간 3년 이상
□ 무직+경력단절기간 3년 이내
□ 근로활동중(사회적 일자리/자활근로/희망근로 등)
□ 근로활동중(일반업체+비정규직)
□ 근로활동중(일반업체+정규직)　□ 기타(　　　)</td></tr>
<tr><td colspan="2">주 호소문제</td><td colspan="6"></td></tr>
<tr><td colspan="2">사회복지사 소견</td><td colspan="6"></td></tr>
<tr><td colspan="2" rowspan="2">접수결과</td><td colspan="6">□ 서비스 계획
• 주 서비스 내용 :
• 담당직원 :</td></tr>
<tr><td colspan="6">□ 타 기관 의뢰
• 의뢰기관 :
• 의뢰사유 :</td></tr>
<tr><td colspan="8">• 사회복지사 :　　　　(인) /　• 슈퍼바이저 :　　　　(인)</td></tr>
</table>

만일 접수단계에서 클라이언트의 주호소 욕구 및 문제와 도움을 받고자 하는 서비스의 내용이 기관의 정책과 서비스의 범위를 벗어나거나 그의 문제해결을 보다 더 적합한 서비스 기관이 있을 경우 그에게 서비스를 연결시킬 수 있도록 타 기관에 의뢰하게 된다. 접수단계에서 필요한 사회복지사의 역할은 제3장에서 언급한 사회복지사의 역할 중 안내자, 전문가, 치료자, 중계자 등이며, 클라이언트와 신뢰관계 형성, 클라이언트의 참여유도, 클라이언트의 주호소 욕구 및 문제 확인 등이 중요한 과업이 된다. 과업의

내용은 다음과 같다.

1) 클라이언트와 신뢰관계 형성

접수단계에서 사회복지사는 클라이언트를 만나기 전에 자기 자신을 되돌아보고, 안정된 심리상태를 유지할 수 있도록 하며, 저항이나 양가감정과 같은 클라이언트의 반응에 잘 대응할 수 있도록 준비해야 한다. 일반적으로 도움을 필요로 하는 클라이언트는 우울하고 무기력하며 상처받기 쉽고 욕구나 문재해결의 의지가 없거나 포기할 수도 있다. 특히, 비자발적인 클라이언트의 경우는 접수단계에서 그가 지닌 문제를 드러내고 자연스럽게 감정을 표현하도록 돕기 위해서 사회복지사와의 관계가 안전하다는 신뢰관계 형성이 중요하다. 여기서 신뢰관계 형성은 언어적 · 비언어적으로 클라이언트에게 관심을 기울이는 사회복지사의 진실된 자세로 형성된 마음을 의미하며 접수단계부터 시작한다.

사회복지사는 클라이언트가 말하는 내용의 진정한 의미를 이해하기 위해 노력하고 고통을 함께 나눈다는 공감의 자세를 보여주어야 한다. 접수단계에서 클라이언트는 기관과 사회복지사에 대한 첫인상을 갖게 되는데, 이는 실천과정의 참여에 영향을 주기 때문에 중요하다. 따라서 사회복지사는 첫 만남이 서로에게 호의적이고 긍정적인 경험이 될 수 있도록 노력하는 라포 형성이 중요하다. 여기서 라포(Rapport)는 사회복지사와 클라이언트 간의 상호 이해와 관계를 수립하는 친근감, 신뢰감, 안정감, 조화, 공감, 화합 등의 정서적 유대를 의미한다. 이러한 라포 형성을 토대로 클라이언트가 실천과정에 보다 적극적으로 참여하도록 유도할 수 있다.

사회복지사는 처음 만나는 접수단계에서 자기 소개하기, 클라이언트에게 자신 및 동행이 있을 경우 동행인 소개 요청하기를 할 수 있다. 예를 들어, 자기 소개하기는 '저는 ○○부에서 근무하는 김○○ 사회복지사입니다. 이곳에서 ○○ 업무를 담당하고 있으며, ○○한 분야에서 도움이 필요한 분들을 지원하고 있습니다.' 또한 자기소개가 끝나면 클라이언트에게 자기소개를 부탁하고 동행이 있을 경우는 아이의 이름에 ○○ 어머님, ○○ 아버님이라 부를 수도 있고, 고령자일 때는 ○○○ 어르신이라고 부를 수도 있다. 서로에 대한 소개가 끝나면 실천의 목적, 클라이언트의 역할, 기관의 정책 및 윤리적 요건 등에 대해서도 설명을 해주는 것이 좋다.

2) 클라이언트의 참여유도

접수단계에서 사회복지사는 클라이언트와의 신뢰관계 형성을 토대로 그의 참여를 유도하여 그에 대한 주호소 욕구 및 문제를 확인해야 한다. 클라이언트의 참여는 성공적인 실천의 필수적 조건인데, 이를 위해서는 사회복지사는 클라이언트가 변화하고자 하는 동기나 의지를 갖도록 감정이입을 통하여 동기를 부여해 주어야 한다. 또한 클라이언트의 양가감정(동일한 대상이나 상황에 대한 정반대의 감정이나 태도)을 수용하고 저항감이 있는 클라이언트는 저항감을 해소시키려는 노력이 필요하다. 클라이언트의 경우는 스스로 변화하고자 하는 동기를 갖고 찾아오는 경우도 있지만 의뢰나 타인에 의해서 오는 비자발적인 경우도 있을 수 있다. 특히, 비자발적인 클라이언트의 경우는 그가 원해서 찾아온 것이 아니라는 사실을 인지하고 그를 자발적인 참여자로 변화시키려면 접수단계에서 저항감이나 두려움 등 부정적인 감정을 완화시키려는 인내와 노력이 필요하다. 일반적으로 비자발적인 클라이언트에게 나타나는 행동양식에는 부정, 투사, 적개심, 거리두기 등이 있다.

여기서 부정은 자신이 아무런 문제가 없고, 문제가 있어도 스스로 해결할 수 있다고 믿고, 스스로 해결할 수 없더라도 이 문제로 인해 무엇이 행해질 수 있는지 알고 싶지 않다고 말하는 것을 의미한다. 투사는 문제가 존재하는 것은 인정하지만 이 문제는 자신이 아닌 다른 사람이 일으킨 것이고, 다른 사람이 그만두거나 다르게 행동하면 해결될 것으로 여기는 것을 의미한다. 적개심은 공격을 최선의 방어로 여겨 도움이 필요하다고 여겨지거나 자신이 바라는 도움이 제공되지 않는 것에 화를 내거나 침묵으로 묵시하는 것을 의미한다. 그리고 거리두기는 분노가 표출되는 또 다른 방식으로 문제로부터 자신을 심리적으로 떼어 놓는 것으로 그 문제와 관련된 감정이나 책임감을 외면하는 것을 의미한다(김향선 외, 2015). 이러한 비자발적인 클라이언트는 면담방법을 활용하여 대처하는 사회복지사의 전문적 기술이 필요하다. 비자발적 클라이언트를 동기화하기 위한 사회복지사의 행동지침은 〈표 6-3〉과 같다.

〈표 6-3〉 비자발적 클라이언트를 동기화하기 위한 사회복지사의 행동지침

① 비자발적인 클라이언트는 그가 원해서 사회복지사를 찾아온 것이 아니라는 사실을 인지해야 한다. 그가 원조관계를 긍정적으로 받아들이게 만들려고 무리하게 노력하기보다는 이 사실을 인정하고 관계를 맺는다.
② 서비스에 대한 저항의 실체를 그대로 이해한다.
③ 클라이언트의 부정적인 감정을 표출하도록 유도한다. 예를 들면, "여기에서 나를 만나는 것을 무척 싫어하고 있네요. 지금 당신 기분이 어떤지 일고 싶어요."라고 말을 하면 클라이언트에게 자신의 기분을 솔직하게 표현할 좋은 기회를 주는 것이다.
④ 비자발적인 클라이언트가 원하는 것을 어느 정도 해결해 줄 수 있는지를 생각해 본다. 클라이언트에게 필요한 구체적인 서비스를 해줌으로써 관계형성이 시작될 수도 있다.
⑤ 희망을 갖게 하고, 용기를 준다. 즉, 사회복지사가 개입함으로써 긍정적인 결과가 초래될 수 있음을 알려 준다.
⑥ 비자발적인 클라이언트에게 사회복지사에 대한 신뢰감이 즉시 형성될 것이라는 기대는 무리다. 점진적인 관계형성을 통해 클라이언트의 신뢰감이 형성되기를 기다려야 한다.

출처 : 김혜영 외(2012).

3) 클라이언트의 주호소 욕구 및 문제 확인

클라이언트에게 나타날 수 있은 문제의 영역은 ① 사회 환경, ② 생활 사건과 상황, ③ 대인관계, ④ 유전·체질·건강 요인, ⑤ 성격 특성, 관계패턴, 취약성 등 5가지로 확인할 수 있다(Goldstein & Noonan, 1990; 김향선 외, 2015). 클라이언트가 가지고 있는 문제들은 5가지 영역의 범주에서 나타나게 되는데, 이러한 문제들은 두 가지 이상의 영역 또는 여러 영역이 혼합되어 나타날 수도 있다. 따라서 사회복지사는 클라이언트가 가지고 있는 문제에 대한 정확한 진단과 기관의 서비스 적격성을 판단하기 위해 다양한 형태로 나타날 수 있는 클라이언트의 문제를 의사소통방법, 관계형성방법, 면담의 방법 등을 활용하여 충분히 확인할 필요가 있다.

사회복지사는 클라이언트에게 가장 빈번하게 나타날 수 있는 문제 유형에 대해서 알고 있어야 하는데, 일반적인 9가지 문제 유형은 다음과 같다(NCS학습모듈, 2019).

① **인간관계에서의 갈등** : 비행청소년이 다른 친구와의 갈등에서 느끼는 어려움처럼 주변 다른 사람들과의 관계에서 어려움이 있는 문제

② **사회적 관계에서의 불만족** : 지나치게 소극적인 성격으로 말미암아 사람들의 관계에서 피해를 본다고 느끼는 사람이 가지는 문제처럼 명백하게 드러나지는 않지만, 흔히 사람들이 느끼는 사회적 관계에서의 불만족

③ **공식적인 조직과의 문제** : 사회복지사가 자신에게 불친절하고 수급자 신청이 탈락되었다고 불만을 가지는 문제처럼 클라이언트가 이용하는 공식적인 서비스와 관련한 불만 및 담당자와의 갈등으로 발생하는 문제

④ **역할 수행상의 문제** : 역할 과중으로 인한 취업 여성의 어려움처럼 자신의 지위에 따라 사회적 · 문화적으로 기대되는 행동 양식을 수행하는 데 어려움을 느끼는 문제

⑤ **사회적 전환에서 파생되는 문제** : 결혼, 임신, 퇴직, 이혼 등 사람의 일생에서 중요한 전환기를 갖게 되는데, 이럴 때 겪게 되는 심리 정서상의 혼란으로 인한 대처 방도를 찾지 못해서 오는 어려움

⑥ **심리 행동상의 문제** : 우울증, 거식증과 같은 심리 · 정신적 문제와 통제되지 않는 행동에 대한 어려움

⑦ **자원 부재나 결핍의 문제** : 생계비, 의료 서비스의 부재처럼 기본적으로 필요한 욕구가 해결되지 않음으로써 발생하는 어려움

⑧ **의사 결정의 어려움** : 계획되지 않은 임신일 경우에 아기를 낳을 것인지 아니면 낙태할 것인지 인생의 중대한 갈림길에서 감정적 혼란으로 인해 객관적이고 합리적인 선택을 하지 못하는 어려움

⑨ **인종 간의 다른 문화로 말미암아 파생되는 문제** : 다민족 사회에서 발생하는 문제

이러한 유형에 따른 클라이언트의 욕구 및 문제 조사의 목적은 클라이언트가 인지하고 있는 가장 중요한 욕구가 무엇인지 파악하기 위해, 클라이언트가 도움을 구하는 이유를 파악하기 위해, 클라이언트가 제시하는 욕구의 복합성과 심각성을 구분하기 위해, 클라이언트의 욕구에 따라 대상자 문제에 대한 위기 정도를 평가하기 위한 것 등이다. 이러한 목적에 따라 사회복지사는 클라이언트에게 나타날 수 있는 문제 유형을 참조하고 기능별 욕구 범주를 고려해서 주호소 문제를 설정한다. 클라이언트의 기능별 욕구 범주는 〈표 6-4〉와 같다(NCS학습모듈, 2019).

〈표 6-4〉 클라이언트의 기능별 욕구 범주

욕구 범주	클라이언트의 기능과 관련된 문제
신체 건강 유지	신체장애, 임시적 질병 및 상해, 만성·희귀·난치성 질환, 비만, 영양 결핍 등
정신 건강 유지	정신질환, 약물 오남용, 습관성 음주, 자해(자살) 행위, 불안감, 폭력적 성향, 대인 기피 등
의식주 관련 일상생활 유지	스스로 할 수 없는 식사 곤란, 용변 곤란, 의복 착용 곤란, 외출 곤란, 약 복용 불가능, 가사 활동 불가능, 긴급 상태 대처 불가능 등
여가 생활 활용	여가 활동 부족, 부적절한 여가 활동(게임, 도박) 등
국민기초 해결	결식, 주거비 부족, 의복비 부족, 난방비 부족, 공과금 체납, 통신비 부족, 의료비 과다 등
자산 관리	자산관리 능력 부재, 부채, 과태료·벌금, 과소비·낭비 등
기초지식 습득 및 향상	읽기·쓰기·말하기 문제, 수리계산 능력 부족 등
교육 개선	수업료·급식비 부족, 특수 교육 문제, 사교육 문제, 상급학교 진학의 어려움, 무단결석, 학업 부진 등
취업(창업)	실업·실직, 열악한 근로 환경, 저임금, 비정규직, 구직의 어려움, 창업의 여려움 등
주거 내부 환경 개선	화장실 열악, 주방시설 열악, 위생환경 열악, 도배·장판 열악, 냉·난방 열악, 전기시설 열악, 가스시설 열악, 상·하수도 시설 열악, 주택 내 이동공간 부족, 사생활 공간 부족 등
주거 외부 환경 개선	학습 환경 열악, 교통 접근성 열악, 주변 위험물, 상습 침수 등

출처 : 국가직무능력표준, www.ncs.go.kr

클라이언트의 정보를 효율적으로 얻기 위하여 〈표 6-4〉 기능별 욕구 범주를 고려하여 다음과 같은 사항에 초점을 두어 질문하여 정보를 얻는다. 즉, 문제는 무엇이고, 누가 관련되어 있으며, 어디에서 발생했는가? 문제가 발생한 기관과 문제의 심각성은 어느 정도인가? 문제가 클라이언트의 삶 전반에 영향을 끼치고 있는가? 클라이언트는 왜 지금 도움을 요청하는가? 무엇이 문제를 촉진시키는가? 의뢰한 경우라면 누가 어떠한 이유로 의뢰했는가? 클라이언트는 지금까지 문제를 해결하기 위해 어떠한 시도를 해 왔는가? 클라이언트는 가능한 해결책이 무엇이라고 생각하는가? 등이 있을 수 있다. 클라이언트의 문제 확인 과정의 사례는 〈표 6-5〉와 같다.

〈표 6-5〉 클라이언트의 문제 확인 과정의 사례

S : 무슨 이야기부터 하고 싶은가요?
C : 잘 모르겠어요. 지금은 아무 생각도 없고 어떻게 설명해야 할지 모르겠어요.
S : 이야기하는 것이 쉽지 않다는 거 잘 알아요. 그러나 문제의 이야기를 들어야 선생님께서 변화할 수 있어요.
C : ~~~(침묵)
S : 현재 많이 고통스러우신 것 같네요.
C : 집에서 일어나는 모든 일에 화가 나요. 제가 견디기에는 너무 힘들어요.
S : 많은 가정 문제를 어떻게 해결해야 좋을지 몰라 화가 나시는 군요.
C : 예, 아이들과 남편을 사랑해요. 그런데 모든 것이 잘못되어 가고 있어요. 남편은 실직 후 변했어요. 남편은 일도 하지 않고 도리어 제가 일하는 것에 화를 내요. 아이들을 굶게 할 수는 없잖아요. 오전에 세탁소에서 일을 하는데, 조금이나마 생활에 도움이 돼요. 남편을 어떻게 대해야 좋을지 모르겠어요. 최근에는 술만 마셔요.
S : 부인께서 자녀들과 남편을 사랑하는 것을 잘 알겠어요. 남편을 더 이상 이해할 수 없고 남편께서 부인이 노력하는 것을 이해하지 못하는 것에 많이 혼란스러운 것 같은데, 제 말이 맞나요?
C : 예, 그런데 남편은 남자라는 의식이 강해요. 일을 할 수 없다는 것이 기분 나쁜 거예요. 남편을 비난하고 싶지는 않아요.
S : 남편을 이해하려고 정말 많이 노력하는군요.
C : 예, 그런데 문제는 남편만이 아녜요. 아이들이 요즘 들어 자주 많이 아프고 학교에서는 애들이 변했다고 말해요. 요즘 애들한테 신경을 좀 더 쓰고 있어 좋아지고는 있지만 우리가 사는 곳도 점점 형편없어지고 있고 집주인은 신경도 안 써요. 깨끗이 하려고 애쓰지만 남편이 종일 집에 있다 보니 아이들과 남편이 싸우는 것에 지쳤어요.
S : 지금 부인이 겪고 있는 여러 가지 문제들을 잘 들었습니다. 남편이 직업을 찾지 못하고 있고, 부인께서는 남편의 음주가 걱정스럽고 아이들이 자주 아프고, 최근에 학교에서 어려움이 있고, 살고 계신 곳이 만족스럽지 못하고, 식구들이 화목하지 못하다고 하셨는데, 혼자서 이 모든 문제를 해결할 수 없기 때문에 압도되는 느낌인 것을 이해할 수 있습니다.
C : (머리를 흔들며 흐느끼기 시작) 어떻게 해볼 수가 없어요. 너무 힘들어서... 도움이 필요해요.
S : 부인께서 상황을 바꿀 수 없기 때문에 무력감을 느끼고 문제해결에 도움을 원한다는 것을 잘 알겠습니다. 원하는 것이 무엇이지요?
C : 상황이 달라질 수 있다면 ... 남편이 직장에 복귀했으면 좋겠어요. 남편은 하던 일을 좋아했고 우리는 화목했어요. 애들이 아프지 않고 학교생활을 잘해 나갔으면 좋겠어요. 예전처럼 되기를 원해요. 그런데 어떻게 해야 되나요? 지금은 상황이 나빠요. 해결책이 있었으면 ...
S : 부인과 함께 해결책을 찾고 싶은데요. 우리가 이 모든 문제를 당장 해결할 수는 없겠지만 무엇을 시도해 보는 것이 좋을지 하나하나 생각해 볼 수 있어요. 우선 제가 이 상황을 충분히 이해할 수 있게 좀 더 설명을 해주시면 어떨까요.

출처 : 김혜영 외(2012).

6.3 사회복지실천과정의 초기단계-자료수집

사회복지실천과정에서 자료수집은 사회복지사와 클라이언트 관계에서 의사소통을 통해 시작된다. 자료수집은 정보를 얻는 일로 클라이언트의 문제를 이해하고 해결하는 데 필요한 자료를 모으는 과정을 의미한다. 이러한 자료수집의 구체적인 목표는 사회복지사가 사정을 위해 다양한 자료를 수집하는 것으로 클라이언트의 주호소 문제, 그 문제와 관련된 원인, 그를 둘러싼 주변 환경과의 상호작용 과정에서 역기능 등 범주화할 수 있는 모든 자료를 수집하는 것이다(김향선 외, 2015). 즉, 클라이언트와 직접적인 면담내용, 클라이언트의 비언어적 행동, 클라이언트가 작성한 서류, 주변 사람들로부터 수집된 정보 및 주변 사람과의 상호작용 유형, 심리검사, 클라이언트와 상호작용하면서 느끼는 사회복지사의 감정 등 다양한 자료를 수집하게 된다. 자료수집은 사회복지실천과정의 모든 과정에서 이루어지나 특히 접수단계에서 많은 자료를 수집하게 되는데, 이러한 자료는 사회복지실천과정의 사정단계나 실천단계에서 많이 활용된다. 자료를 수집할 때 사회복지사는 클라이언트의 개인력, 가족력, 사회력, 지적 · 신체적 · 행동적 능력, 문제해결능력, 클라이언트의 강점과 약점 등으로 분류하여 클라이언트를 사정하는 데 도움이 되도록 재구성할 수 있다(김향선 외, 2015).

또한 사회복지사는 클라이언트의 개인정보 수집단계에서 기본적으로 다음과 같은 기능을 포함한다. 클라이언트의 복합적이고 잠재적인 욕구를 파악하는 것이고, 클라이언트의 개인적인 상황에 대해서 조사하는 것이고, 클라이언트의 공식적인 자원뿐만 아니라 비공식적인 자원에 대한 조사가 이루어지는 것 등의 기능을 포함한다. 최근에는 「개인정보보호법」에 따른 개인정보 수집에 대해서 엄격히 규제하고 있으므로 사회복지사는 클라이언트의 개인정보를 수집함에 있어 「개인정보보호법」에 대한 지식도 숙지해야 한다. 특히, 사회복지사는 개인정보 규정의 준수를 위해 기관(상담소)에 비치되어 있는 클라이언트의 개인정보 수집 및 이용 동의서를 작성해야 한다.

자료수집에 있어서 정보 제공의 가장 중요한 출처는 클라이언트 자신이다. 클라이언트의 정보 수집은 초기접수 기록지의 구조화된 양식을 사용하고 있으며 구체적인 정보는 의사소통과 상담을 통해 정보를 얻을 수 있다. 접수 기록지에 포함되는 기본 정보들의 내용은 다음과 같다.

① **클라이언트의 기본 정보** : 이름, 성별, 나이, 학력, 종교, 결혼관계, 주소, 연락처, 직업 등

② **가족관계** : 가족구성원의 이름, 나이, 직업, 교육 수준, 종교, 관계, 동거 유무 등

③ **주 호소 문제** : 클라이언트가 가지고 있는 문제, 언제 발생했고 어떻게 지속되었는지에 관한 내용

④ **문제해결을 위한 구체적인 내용** : 클라이언트의 문제와 그동안의 사건 경과, 견해, 생각 등의 구체적인 내용

⑤ **클라이언트의 기능 및 능력** : 클라이언트의 신체적 · 정서적 · 사회적 · 지적 기능에 대한 내용, 또한 그의 문제해결능력, 대인관계능력, 업무능력 등에 대한 내용

⑥ **클라이언트의 강점 및 한계** : 문제를 해결하는 데 있어서 그의 환경에 있는 강점 및 한계에 대한 내용

⑦ **기관에 오게 된 동기** : 스스로 왔는지, 대동한 사람이 있는지, 기관을 찾아온 동기에 대한 내용

⑧ **의뢰 이유** : 타 기관 또는 가족에 의한 의뢰일 경우

⑨ **이전의 사회복지서비스 경험** : 과거에 어떤 기관에서 어떤 서비스를 받았는지에 대한 내용

⑩ **클라이언트가 활용할 수 있는 사회적 자원** : 공식적 · 비공식적 자원에 대한 내용

위와 같은 기본적 언어 정보 외에 다음과 같은 정보를 파악하는 것도 중요하다. 클라이언트의 비언어적 행동(억양, 눈물, 손짓, 몸짓, 목소리의 떨림, 손 떨림, 꽉 다물거나 깨문 입술, 표정의 변화 등)에 대해서 직접적으로 관찰하여 우울, 분노, 두려움과 같은 정서적인 상태에 대한 정보를 수집하거나 부부관계, 가족구성원, 집단구성원 간의 상호작용에 대해 자연스러운 상황에서 실제 생활환경을 관찰하여 유용한 정보를 수집할 수 있다. 또한 관련된 친척, 친구, 의사, 교사, 고용주, 다른 전문가 등 비공식자원들로부터 클라이언트에 대한 정보가 왜 필요한지에 대한 설명을 하고, 그로부터 정보공개 동의서를 받아 어린 시절의 성폭행 경험이나 주요 정신과 증상에 대한 진단서 등의 정보를 수집할 수도 있다.

특히 학대, 폭력, 자살과 같이 다양한 형태의 억압 상황이나 언어 표현이 제한된 아동, 장애인, 외상적인 경험을 한 클라이언트의 경우에 자신의 경험과 생각을 충분히 언어로 표현하기 어려울 수 있다. 따라서 사회복지사는 클라이언트가 가진 문제의 심각성, 학력, 연령 등을 고려하여 자료 수집을 진행하도록 하고, 동시에 클라이언트의 행동, 태도를 잘 관찰하도록 한다. 예를 들어, 주목할 만한 클라이언트의 행동 특성으로는 클라이언트가 이야기를 하려면 보호자의 눈치를 먼저 보거나 보호자의 허락을 받은 후에야 이야기를 시작하는 경우, 또는 특정 주제에 대한 이야기만 나오면 화를 내거나 울음을 터트리는 경우 등이 있을 수 있다(NCS학습모듈, 2019).

이 외에 필요하면 지능검사, 심리검사, 생활기능척도, 스트레스척도, 우울 척도, 자존감 척도 등 다양한 검사·평가도구를 활용하여 정보를 얻을 수 있다. 또한 지속적인 면담과정에서 클라이언트와의 직접적 상호작용에 근거한 사회복지사의 개인적 경험에 따른 정보도 수집할 수 있는데, 이는 다른 사람이 면담한 클라이언트에 대해 어떠한 반응을 하는지를 이해하는 데 실마리를 제공해 줄 수 있다(NCS학습모듈, 2019).

자료수집 과정에서 사회복지사는 클라이언트가 겉으로 표현하지 않는 내면의 욕구 및 문제를 면밀히 알기 위하여 그의 생각과 감정을 있는 그대로 이야기할 수 있는 환경을 조성하는 것도 중요하다. 청소년, 장애인 등 클라이언트가 자신을 기관으로 데리고 온 보호자로부터 영향을 받을 수 있는 상황일 때에는 보호자와 클라이언트를 잠시 분리하여 자료를 수집하는 것도 대안이 될 수 있다. 예를 들어, 클라이언트가 어머니를 두려워하여 이야기를 잘 하지 못하는 경우, "어머님, 지금 자녀분이 낯선 곳이라서 많이 긴장한 것 같은데, 괜찮으시면 저희가 자녀분과 좀 더 친근하게 대화를 나눌 수 있도록 잠시 자리를 비켜 주실 수 있으실까요?"라고 부탁할 수도 있다(NCS학습모듈, 2019).

학대 및 폭력 상황에 있거나 또는 문제인식이 왜곡된 보호자와 동반한 클라이언트의 경우는 클라이언트가 자유로이 자신의 경험과 느낌을 표현할 수 있는 안전한 상황과 면담 분위기를 제공해야 한다. 혹시 자료 수집을 실시하기 전에 학대, 폭력, 정신 질환 등의 문제로 초기 접수가 이루어질 경우는 관련 기관(아동·노인보호전문기관, 정신건강증진센터 등)의 사회복지사가 접수 시에 동석하는 것도 좋은 방법 중의 하나이다.

Chapter 07

사회복지실천과정의 사정 및 계획단계

사회복지실천과정에서 사정(Assessment)단계는 클라이언트에 대해 수집된 자료를 기초로 그가 직면하고 있는 주호소 욕구 및 문제와 상황을 확인하고 그 문제를 해결하기 위한 방법을 도출해 내는 단계를 의미한다. 또한 계획단계는 클라이언트의 변화를 위한 구체적인 목표를 설정하고 계약을 체결하는 단계이다. 이 장에서는 사회복지실천과정의 사정 및 계획단계 등에 대해서 알아본다.

7.1 사회복지실천과정의 사정단계

사정단계는 클라이언트에 대해 수집된 자료를 기초로 그가 직면하고 있는 문제와 상황을 확인하고 그 문제를 해결하기 위한 방법을 도출해 내는 단계이다. 여기서는 사정의 개념, 특성, 내용, 방법, 도구 등에 대해서 알아본다.

1) 사정의 개념

사정(Assessment)은 클라이언트에 대해 수집된 자료를 기초로 그가 직면하고 있는 문제와 상황을 확인하고 그 문제를 해결하기 위한 방법을 도출해 내는 것을 의미한다. 즉, 문제가 무엇인지, 어떤 원인 때문인지, 그 문제를 해결하거나 감소시키기 위해 무엇이 변화되어야 하는지에 대해서 규명하는 전문적 활동이라고 할 수 있다. 사회복지실천 초기에는 사정 대신 진단(Diagnosis)이란 용어를 사용했다. 진단이란 용어는 리치몬드(Mary Richmond) 여사가 1917년 개별사회사업에서 처음 사용하였으나 의학적 용어라는 비판을 받았고 1970년 바틀렛(Bartlett)에 의해 사용되기 시작했다(NASW, 1995; 이은희 외, 2015). 진단은 의학적 용어로 질병, 역기능, 정신건강상의 문제를 의미하며 치료하는 데 주안점이 있지만, 사정은 클라이언트에 대한 정신건강상의 질병뿐 아니라 그의 자원, 동기, 장점, 능력 등을 모두 살펴 변화를 추구하려는 것이다.

다시 말해 사정은 클라이언트의 개인적 문제뿐만 아니라 그가 처해 있는 환경, 정책이나 제도 등 모든 정보를 가지고 문제를 도출하고 원인을 규명하여 계획을 세우는 포괄적인 과정이라고 할 수 있다. 이러한 점에서 사정과 진단을 비교할 때 다음과 같은 차이점이 있다(Kirst-Ashman & Hull, Jr., 1993; 이은희 외, 2015).

① 사정은 클라이언트의 문제를 이해하기 위해 심리·정신적 측면뿐만 아니라 외부의 환경적 측면도 고려해야 한다.

② 사정은 클라이언트의 문제를 자신뿐만 아니라 외부 환경에서도 찾기 때문에 그를 둘러싼 정책이나 제도까지 확대된다.

③ 진단은 의료적으로 클라이언트의 치료에 참여하여 도움을 주지만 사정은 클라이언트의 변화에 그의 참여가 중요시된다.

④ 진단은 클라이언트의 병리적인 면에 초점을 두지만 사정은 그의 병리적인 면뿐만 아니라 그의 강점에도 초점을 두어 자긍심을 고취시키고 잠재력을 발휘하게 한다.

2) 사정의 특성

사회복지실천과정에서 사정은 포괄적인 과정으로 지속적이며 과학적인 분석을 통해 이루어지는데, 다음과 같은 특성이 있다(김향선 외, 2015; 이종복 외, 2015).

① 사정은 지속적인 과정이다. 즉, 초기단계에서 핵심적이지만 단계가 진행되면서 새로운 정보를 얻게 되면 새로운 이해를 통해 실천해야 하므로 지속적인 과정이다.

② 사정은 이중적 초점을 갖는다. 즉, 수집된 정보를 바탕으로 상황 속의 클라이언트를 이해하는 것과 개입계획과 행동변화의 토대를 제공하는 이중적 측면이 있다.

③ 사정은 클라이언트와 사회복지사가 참여하는 상호 간의 과정이다. 즉, 사정은 상호 간의 신뢰관계 형성을 바탕으로 상호작용 속에서 클라이언트의 문제를 이해하게 된다.

④ 사정은 사고의 전개과정이 있다. 즉, 지속적으로 새로운 정보를 수집하고 수집된 정보를 이용하여 클라이언트의 문제를 이해하고 사고하며 해결해 간다.

⑤ 사정은 수평적·수직적 탐색이 중요하다. 즉, 초기에는 현재의 관계 및 능력 등을 넓은 범위에서 수평적으로 문제를 발견하지만 시간이 지나면서 수직적·심층적(과거력, 개인력 등)으로 심도 있게 사정한다.

⑥ 사정은 지식적 근거가 필요하다. 즉, 인간행동에 대한 이해, 인간의 다양성, 가족관계, 집단 및 지역사회, 정책, 행정 등 클라이언트의 문제를 이해하고 해결하기 위한 지식이 필요하다.

⑦ 사정은 생활 속에서 욕구를 발견하고 문제를 정의하며 그것들의 의미와 패턴을 설명한다. 즉, 생활 속에서 욕구와 문제를 발견하고 그 속에서 원인을 규명하게 된다.

⑧ 사정은 개별적이다. 즉, 인간은 개인차가 있듯이 클라이언트 개개인의 독특한 상황과 관련되므로 개별적으로 진행된다.

⑨ 사정은 판단이 중요하다. 즉, 어떤 문제로 정의할 것인지, 정의된 문제를 어떤 지식에 적용할 것인지 등을 판단해야 한다.

⑩ 사정은 한계가 있다. 즉, 클라이언트를 완전히 이해하는 데는 한계가 있으므로 이해하는 보조적 수단이나 방법으로 인식해야 한다.

3) 사정의 내용

클라이언트의 욕구 및 문제를 발굴하기 위해 개인력 및 사회·경제적 상황, 공식적·비공식적 자원, 가족관계, 가족력 관계, 생태학적 체계 관계, 세대 간 관계, 가족 내부 체계, 가족 외부 체계 및 환경, 강점 등 9가지 영역에 대한 자료를 조사 및 분석하여 사정하게 된다. 각각의 사정 내용은 다음과 같다(Hartman & Laird, 1983; 최경화 외, 2010; 서혜석 외, 2010).

(1) 개인력 및 사회·경제적 상황에 대한 사정

개인력 및 사회·경제적 상황을 조사할 때 개인적·환경적 요인이 어떻게 그의 문제와 상호작용하며 그와 가족에게 스트레스의 정도나 대처 자원이 양과 질에 영향을 주는지를 주의 깊게 고려해야 하는데, 그 내용들은 다음과 같다(NCS학습모듈, 2019).

① **발달단계 사정** : 문제의 본질이 될 수 있는 영·유아기, 아동기, 청소년기, 성인기 등 발달적 욕구와 생애 전환시기(중요한 사건이나 이슈 등에 관련된 원인)에 관한 내용을 조사

한다. 예를 들어, "혹시 청소년기, 사춘기는 어떻게 겪으면서 성장했나요?"와 같이 질문할 수 있다.

② **건강영역 사정** : 건강의 문제는 클라이언트와 그의 가족에게도 경제적 · 심리적 부담을 줄 수 있을 뿐만 아니라 건강이나 질병의 문제로 인해 장애가 발생하거나 사회생활에 문제가 발생할 경우 가족관계에 새로운 갈등을 초래할 수 있다. 따라서 클라이언트의 신체적 · 정신적 건강영역을 포함해서 조사한다. 예를 들어, 질병이나 장애는 언제 발생하게 되었는가? 진단명은 무엇인가? 질병이나 장애로 인한 구체적인 증상이나 생활상의 문제는 무엇인가? 지금까지 치료 · 재활을 위한 노력은 어떻게 수행해 왔는가? 등의 질문을 할 수 있다.

③ **생활능력 사정** : 클라이언트가 각 생애 발달 주기에 적합한 기능과 역할을 수행할 수 있는지에 대한 신체적 능력, 심리적 능력, 사회적 능력 등을 포함해서 조사한다. 예를 들어, 가족 중에서 누가 제일 싫은가요? 누구를 제일 좋아하나요? 등과 같이 질문할 수 있다.

④ **사회 · 경제적 상황에 대한 사정** : 클라이언트의 경제나 근로 능력 등 사회 · 경제적 상황에 대해 사정하기 위해 직업력과 수입 및 지출 내역 등을 조사한다. 예를 들어, 00아버님이 경험한 직업은 어떤 유형인가요? 한 직장에 머문 기간은 평균 얼마 정도 되나요? 직장을 그만두거나 옮기는 주된 이유는 무엇인가요? 직업에 대한 기대와 만족도는 어떠한가요? 업무 능력에 대하여 주변 사람들의 평가는 어떠한가요? 지출 항목과 지출액에 대하여 가족이나 주변 사람들은 충분히 동의하고 인정하나요? 자신의 경제 관리 능력에 대해서 어떻게 평가하고 있나요? 등과 같이 질문할 수 있다.

이러한 내용을 조사하기 위한 방법은 클라이언트가 작성한 기본 정보(나이, 질병, 가족구성원, 건강 상태, 경제 상황 등)의 확인, 대화를 통한 정보(클라이언트의 문제와 그동안의 사건 경과, 견해, 생각 등)를 취합, 비언어적 행동에 대한 직접적 관찰(부모님 이야기가 나올 때 울먹거리는 표정 등), 부부관계 · 가족구성원 · 집단구성원 간의 상호작용에 대한 직접적 관찰(클라이언트가 이야기할 때마다 보호자가 말을 끊고 화를 내는 위압적인 행동 등), 친구 · 친척 · 의사 · 교사 · 고용주 · 다른 전문가들로부터 정보 취합(어린 시절 성폭행 경험, 주요 정신과 증상에 대한 진단서 등), 검사 또는 평가도구 활용(심리검사, 생활기능척도, 스트레스 척도 등), 그리고 클라이언트의 직접적 상호작용에 근거한 실천가의 개인적 경험들로 조사하게 된다. 위와 같은 내용을 규명하기 위해 활용할 수 있는 질문의 예시는 〈표 7-1〉과 같다(Hepworth & Larsen, 1993; 김충식 외, 2009).

〈표 7-1〉 내용을 규명하기 위해 활용할 수 있는 질문의 예시

① 클라이언트는 자신의 문제에 대하여 어떤 관심을 가지고 있으며 어떻게 인식하고 있는가?
② 문제상황과 관련하여 현행법상 실천상의 어려움은 없는가?
③ 문제상황과 관련하여 심각한 건강문제나 절박한 안전문제가 연관되어 있지 않은가?
④ 문제상황과 관련하여 구체적으로 뚜렷이 나타난 증상은 무엇인가?
⑤ 어떤 사람들과 체계가 구성되어 있고 또한 문제상황과 관련되어 있는가?
⑥ 문제 관련된 사람들과 체계들은 어떤 상호작용을 함으로써 문제상황을 만들고 유지하는 데 관여하고 있는가?
⑦ 문제상황과 관련하여 충족되지 않은 욕구와 원하는 것들은 무엇인가?
⑧ 문제가 수반하고 있는 발달단계와 생활상의 문제는 무엇인가?
⑨ 문제의 심각성은 어느 정도이며 관련된 사람들에게 어떤 영향을 미치고 있는가?
⑩ 클라이언트는 문제에 대하여 어떤 의미를 부여하고 있는가?
⑪ 문제행동이 일어나는 시간과 장소는 어떠한가?
⑫ 문제행동이 일어나는 빈도와 지속기간은 어느 정도인가?
⑬ 문제가 일어난 결과는 무엇인가?
⑭ 알코올이나 약물, 신체적 또는 성적 학대 등 클라이언트나 다른 가족의 기능에 영향을 미치고 있는 기타의 다른 문제들은 어떤 것들이 있는가?
⑮ 클라이언트는 문제에 대하여 어떤 정서적 반응을 하는가?
⑯ 클라이언트는 문제에 대처하기 위해 어떤 대처행동을 해왔으며 문제해결을 위해 요구되는 기술은 어떤 것들이 있는가?
⑰ 클라이언트가 가지고 있는 기술과 강점은 무엇인가?
⑱ 문제상황과 관련하여 어떤 문화적 · 사회구조적 · 사회 계층적 요인들이 작용하고 있는가?
⑲ 클라이언트를 돕기 위해 어떤 지지체계가 있으며 앞으로 어떤 지지체계가 마련되어야 하는가?
⑳ 클라이언트는 어떤 외적 자원을 필요로 하는가?

(2) 공식적 · 비공식적 자원에 대한 사정

자원은 클라이언트의 다양한 욕구를 충족시켜 줄 수 있는 사회복지실천의 중요한 요소(6P : 사람, 문제, 장소, 과정, 전문가, 자원) 중 하나이다. 매슬로우(Maslow)는 인간의 욕구를 생존

→ 안전 → 사랑과 소속 → 자아존중 → 자아실현 등 5단계로 발달한다고 하였다. 이러한 욕구는 복합적으로 나타나기도 하고 매우 탄력적으로 시시각각 변화하기도 하는데, 욕구의 속성에 대응할 수 있는 자원을 조사하고 활용하는 역할이 필요하다. 욕구에 따른 서비스와 이용 가능한 자원의 예시(40세 정신장애인 남성)는 〈표 7-2〉와 같다(NCS학습모듈, 2019).

〈표 7-2〉 욕구에 따른 서비스와 이용 가능한 자원의 예시

욕구 단계	욕구 형태	욕구 충족을 위한 서비스	지역사회 자원
5단계	〈자아실현의 욕구〉 평생교육과 자기개발을 위한 기회	교육 프로그램의 수강 기회, 자원봉사의 기회,	구청, 장신장애인 이용시설, 취업장, 종합복지관, 교육센터
4단계	〈자아존중의 욕구〉 자아존중감을 확립할 기회	지지집단, 심리적 상담, 정신 건강 센터, 일자리	정신장애인 이용시설, 직업재활시설, 지원고용센터, 위업장, 친목 도모
3단계	〈사랑과 소속의 욕구〉 집단에 소속되고 사랑을 주고받고 싶은 기회	여가집단, 주간재활시설, 가정방문 자원봉사원	친목 도모, 동아리, 정신장애인 이용시설, 정신건장증진센터
2단계	〈안전의 욕구〉 위험으로부터의 보호	응급응답체계, 병 · 의원 안전 확인을 위한 전화방문	119, 병 · 의원, 건강증진센터, 신경장애인 이용시설, 신건장애인 주거제공 시설
1단계	〈생존의 욕구〉 음식, 의복, 거주, 의료적 보호	도시락 배달 서비스, 교통수단 제공, 가정 봉사원, 대인서비스	주민센터, 병 · 의원, 종합복지관, 정신장애인 이용시설, 정신장애인 주거제공 시설

출처 : 국가직무능력표준, www.ncs.go.kr

위와 같은 클라이언트의 욕구를 충족시키기 위한 자원은 공식적 자원과 비공식적 자원으로 분류할 수 있다. 공식적 자원은 제도화한 자원으로 공식적 기구를 통하여 제공된다. 즉, 행정에 의한 공식적 서비스와 인력이 대표적이다. 또한 의료 및 사회복지 법인, 비영리 기관, 기업 등 인가를 받은 민간 기관 및 단체의 서비스나 직원이 포함된다. 그리고 회원들의 이익을 조장하는 공식 협의체나 회원제 조직들도 포함된다. 이러한 공식적 자원의 특성은 클라이언트의 욕구나 수급 자격을 평가하는 명확한 기준, 절차에서의 공적인 규칙, 원조 역할 사이에서의 정확한 조정, 개별적 특성이나 상황에서 독자적인 문제에 대응할 때 일관된 기준, 무엇이 성공이고 목표를 달성하는가에 관하여 객관적으로 제시된 기준이 존재한다는 것이다.

비공식 자원은 클라이언트 본인을 포함하여 가족, 친족, 이웃, 자원봉사자, 직장이나 소속 집단의 동료, 자조집단, 상호부조 단체, 사회단체, 지역사회 조직, 종교 기관, 영리기업의 서비스나 직원 등이 포함된다. 이러한 비공식적 자원의 특성은 비조직적이고 자발적이며 상호 부조의 성격이 강하며 서비스의 지속성, 안정성, 신뢰성, 전문성 등은 공식적 서비스에 비해 부족하다는 것이다. 그러나 비공식적인 자원망은 시대와 국가를 초월하여 개인의 위기에 대한 제1차적 반응기제로서 역할을 하고 있다. 비공식적인 자원망의 역할로는 개인과 스트레스 사이에서 완충 역할, 개인에게 수단적이고 정서적인 지지를 제공하는 역할, 초보적인 상담이나 정보 안내자로의 역할 등이 있다. 공식적인 자원망의 범위와 비공식적인 자원망의 범위에 대한 예시는 각각 〈표 7-3〉과 〈표 7-4〉에 나타냈다.

〈표 7-3〉 공식적인 자원망의 범위에 대한 예시

구분	자원 예시
공공기관	저소득층을 중심으로 서비스를 제공하는 구청, 동사무소, 국·공립병원, 보건소 및 지역사회 정신보건센터, 건강가정지원센터, 자원봉사센터, 지자체가 설립한 복지재단, 학교, 적십자 등
민간기관	사회복지기관·시설, 병원, 교회, 공동모금, 기업 사회복지재단 등
사회단체	YMCA, YWCA, 여성 단체, 자원봉사 단체, 청소년 단체 등
공식협의체	사회복지협의회, 사회복지관협회, 여성단체협의회, 장애인재활협회, 사회복지사협회, 지역사회보장협의체 등
회원조직	의사회, 약사회, 변호사협회, 공제회, 노인회, 부녀회, 노동조합 등

출처 : 국가직무능력표준, www.ncs.go.kr

〈표 7-4〉 비공식적인 자원망의 범위에 대한 예시

구분	자원 예시
가족	애정이나 정서적 지지, 경제적인 도움 등
친구나 이웃	클라이언트에 대해 지속적인 관심과 정서적 지지, 격려, 필요한 정보의 제공과 충고 등
지역사회조직	종교조직, 민간 기동순찰대, 청소년 지킴이 등
자조집단	장애인 부모회, 알코올 또는 약물 남용자 가족 모임 등
자원봉사자	클라이언트를 위해 재가복지서비스, 말벗, 상담, 조언, 정서적 지지와 격려 등

출처 : 국가직무능력표준, www.ncs.go.kr

(3) 가족관계에 대한 사정

클라이언트의 가족관계를 사정하기 위해서는 가족의 특성, 구조와 체계, 기능, 문제 등에 대해서 이해하는 것이 중요하다.

① 가족의 특성

인간의 발달과정에서 가족은 근원적 집단이라 할 수 있으며 강제적 구속의 특성을 갖는다. 가족의 5가지 특성은 다음과 같다(설진화, 2010).

- **일차적 집단**(Primary group) : 구성원들이 하나의 공동체로 전체 속에 융합되어 '우리'라는 강한 일체감을 유지하는 일차적 특성을 갖는 집단이다. 따라서 가족은 구성원 간의 관계가 직접적이며 친밀하고 항구적(변하지 않고 오래가는)으로 지속된다.
- **공동된 사회집단**(Gemeinschaft) : 구성원들 간에 애정과 이해로 결합되어 외부의 장애로 인해 분열되지 않고 본질적으로 결합된 집단이다. 즉, 가족구성원들 간의 상호 신뢰를 바탕으로 정서적 · 감정적 기초로 성립되는 관계이다.
- **폐쇄집단**(Closed group) : 가족구성원이 되기 위한 자격의 획득이나 포기가 용이하지 않은 집단이다. 즉, 가족으로 태어난 것은 스스로의 의지나 선택과는 상관없이 운명적으로 결정지어진 결과라고 할 수 있다.
- **공식적 집단**(Formal group) : 객관적 조직과 특정한 관습적 절차체계를 지니며 이것에 의하여 행동이 통제되는 집단을 의미한다. 즉, 가족은 가족집단 속에서 남편 · 아버지 또는 아내 · 어머니로서의 지위가 자연히 규정되고 그 지위에 따른

역할이 기대된다.

- **이질적 구성원들로 구성된 집단**(Heterogeneous group) : 객관적으로 볼 때 가족은 남자와 여자, 성인과 아동 및 노인, 성장배경이 다른 사람(며느리, 사위) 등 이질적 구성원들로 이루어진 집단이라는 것이다. 따라서 성별이나 세대별로 가치관과 입장의 차이가 나타날 수 있다.

② 가족의 구조와 체계

가족의 구조는 가족을 형성하는 구성원들의 구성에 따라 핵가족, 확대가족, 노인가족, 한부모가족, 혼합가족, 위탁가족 등으로 분류된다. 핵가족은 한 쌍의 부부와 미혼의 자녀들로 구성된 형태를 의미한다. 확대가족은 여러 세대에 걸쳐 양 부모의 원가족을 포함해 확대된 가족형태이다. 노인가족은 산업화에 따른 사회구조와 가치관의 변화에 따라 노인만으로 구성된 가족형태를 의미한다. 한부모가족은 부모 중 한 명과 그 자녀들로 구성된 가족형태로 이혼 및 배우자의 사망으로 인해 증가하고 있다. 혼합가족은 인척 또는 인척이 아닌 사람들이 함께 동거하면서 전통적 가족역할을 수행하는 가족형태이다. 위탁가족은 일정 기간 다른 사람의 자녀를 양육하는 형태를 의미한다(이영실 외, 2010).

위와 같은 형태를 이루고 있는 가족은 주변 사회 환경과 끊임없이 상호작용을 통해 가족의 기본 욕구를 충족하기 위한 필수자원과 지지를 확보하게 된다. 즉, 가족은 가족구성원들이 서로 영향을 주고받는 개개인으로 구성된 전체이며, 지역사회를 구성하고 이에 적응하는 사회체계의 한부분이라 할 수 있다. 한 사람의 행동이 다른 가족에게 영향을 미치며 이는 반복적 상호작용 행동으로 체계화된다. 가족의 상위체계는 지역사회이고, 하위체계에는 부부 하위체계, 부모 하위체계, 부모-자녀 하위체계, 그리고 형제자매 하위체계 등이 있다(구혜영, 2010). 이와 같이 가족을 하나의 체계로 보는 관점에서는 가족구성원들 간의 상호작용뿐만 아니라 가족과 주변 사회 환경과의 상호작용까지 모두 관찰하고 개입할 수 있다.

③ 가족의 기능

가족의 기능은 가족이 수행하는 역할이나 행동으로 가족행동과 그 행동의 결과가 사회의 유지 및 존속이나 가족구성원들의 욕구충족에 미치는 영향과 관련된다. 과거의 가족은 개인의 문화적, 사회적, 경제적 욕구를 충족시키는 기능을 하는 집단의 생존을 강화하고 사회의 새로운 구성원을 생산하는 것이었다. 그러나 현대의 가족은 구성원들이 급격한 변화에 융통성 있게 적응하면서 개인의 욕구를 충족시키는 데 필요한 기능을 수행하고 있다(설진화, 2010).

이러한 기능을 수행하게 되는 가족은 기능적 가족과 역기능적 가족으로 구분할 수 있는데, 기능적 가족은 가족구성원들 간의 분명한 경계와 자율성이 있고, 서로 염려하고 깊이 신뢰하는 분위기를 형성한다. 또한 의사소통이 공감적이고 개방적이며 가족의 규칙은 가족발달에 맞고 유연성이 있다(최경화 외, 2010; 설진화, 2010). 그러나 역기능적인 가족은 폐쇄적이고 규칙에 융통성이 없고 위협적이며 서로에게 집착하는 정도가 심하거나, 지나치게 무관심하여 적절한 가족의 기능을 수행하지 못한다. 기능적 가족의 특징은 다음과 같다(최경화 외, 2010; 설진화, 2010).

- 가족구성원들 사이에 분명한 경계와 높은 자율성이 있다.
- 가족구성원들이 서로에 대해 깊은 신뢰감이 있다.
- 가족규범은 상호작용을 통해 일정하게 유지되며 가족생활주기에 맞게 변화하고 유연성이 있다.
- 부모체계는 서로 연합하여 권력을 가지지만 가족구성원들에게 위협성이 없다.
- 가족생활주기에서 요구되는 과업수행에 융통성이 있고 적응적 경계인 개방형 가족체계이다.
- 가족구성원들의 역할이 분명하고 가족생활주기에 따라 유연성이 있다.

또한 역기능적 가족의 특징은 다음과 같다.

- 외부체계와 폐쇄적이며 교류가 없다.
- 가족구성원들 간에 집착도가 심하거나 지나치게 무관심하다.
- 가족구성원들에게 정형화된 역할을 부여하고 혼란스럽고 애매모호한 의사소통

을 한다.

- 발달과업의 수행에 유연성이 없고 경직되어 있다.
- 가족구성원들 간에 의사소통의 불일치가 있다.
- 가족규범에 융통성이 없다.

④ 가족의 문제

현대사회는 산업화, 정보화로 인한 급격한 사회변화 속에서 가족구성원들 간에 다양한 형태로 충돌하면서 많은 긴장과 갈등을 겪고 있다. 또한 가족 내 구성원들은 각자의 역할을 학습하고 수행하는 역할체계가 있는데, 이 역할을 수행하는 과정에서 구성원들 간의 역기능적 가족특징이 나타나게 된다. 일반적으로 가족이 겪는 문제는 가족 한 사람의 문제가 가족구성원 모두에게 영향을 미쳐 가족 전체가 고통을 받게 된다. 예를 들어 가족의 빈곤, 가정폭력, 부부갈등, 부모-자녀 간의 갈등, 노인부양과 확대가족 내 세대갈등, 이혼 및 사망으로 인한 한부모가족, 장애인가족, 알코올중독자가족, 다문화가족의 문화적 갈등 등의 문제가 있다. 위처럼 여러 종류의 가족문제는 빈곤이나 자원의 결핍으로 인한 문제, 가족 내 인간관계의 문제, 피부양자의 보호문제, 사회경제적인 문제, 구조적인 가족문제 등으로 구분할 수 있다(전남련 외, 2007; 구혜영, 2010).

(4) 가족력 관계에 대한 사정

생태학적 체계이론 관점에 따라 가족체계의 가족력에 대한 사정은 가족을 하나의 체계로 보고 가족 내·외부 요인과 가족구성원들 간의 상호작용에 대해 수집된 자료를 분석 및 해석하고, 의미를 부여하여 욕구와 문제를 규명하고, 규명된 문제를 해결하기 위해 실천방향을 결정하는 일련의 과정을 의미한다(NCS학습모듈, 2019). 가족력에 대한 사정의 목적은 가족이 현재 겪고 있는 문제는 어떤 것이며, 그 문제를 지속시키고 있는 가족의 상호작용 양상은 무엇인가? 그리고 가족구성원들 간의 상호작용 유형 중에서 어떤 점을 변화시키기를 원하는가를 알아내는 것이라고 할 수 있다. 또한 가족력에 대한 사정의 기능은 가족체계가 어떻게 기능을 하고 있는가를 발견하고, 가족체계의 상호작용 유형에 따른 실천을 하기 위한 방법을 찾는 것이라고 할 수 있다. 따라서 사정과 실천과정은 별개로 분리된 것이 아니고 상호작용적이며 순환적이라는 것이다(이영호, 2008).

가족은 클라이언트의 욕구 및 문제를 해결하는 데 가장 중요한 자원인 동시에 그의 욕구 및 문제에 영향을 끼치는 원인적 환경이 될 수도 있다. 따라서 사회복지사는 가족사정을 할 때 클라이언트를 중심으로 각 가족구성원의 관계, 상호작용 유형, 서로에게 요구하는 역할이나 기능을 파악함으로써 가족체계 내에 어떤 상호작용이 발생하고 있으며, 그 상호작용 안에 어떤 강점과 장애 요소가 내제되어 있는지를 사정해야 한다. 가족의 문제는 그 문제의 성격을 잘 이해할 때 해결하기 위한 정확한 실천방법을 찾을 수 있다. 문제의 상황을 탐색할 때 질문 유형은 문제의 상황은 무엇인가? 문제는 얼마 동안 지속되어 왔는가? 문제로 인해 가장 큰 영향을 받고 있는 사람은 누구인가? 문제 상황에 어떤 사람들이 개입되어 있는가(사회적 지지망을 알 수도 있음)? 문제가 일어나는 상황(시간, 장소, 조건 등)이 별도로 존재하는가? 아니면 문제가 지속적으로 발생하는가? 등의 질문을 통해 탐색할 수 있다(이영호, 2008; 엄명용 외, 2015).

가족의 문제 및 증상을 파악하기 위한 질문 유형은 무슨 문제로 개입이 필요한가? 현재 왜 도움이 필요한가(만약 가족이 자발적으로 기관을 찾아왔다면 무엇 때문에 이 기관에 도움을 요청했는가)? 가족의 현재 장 · 단기적으로 어떤 문제를 경험하고 있는가? 그 문제는 얼마나 심각하고 위급한가? 사회복지사가 실천하는 것에 대해 가족의 태도나 동기는 어떠한가? 가족구성원은 사회복지사에게 무엇을 기대하는가? 가족은 다른 어떤 사회체계와 연결되어 있는가? 신체적 · 정신적으로 위험에 처한 가족구성원이 있는가? 가족구성원들은 문제를 해결하기 위해 무엇을 했는가? 등으로 사정할 수 있다. 가족에 대한 욕구 범주의 예시는 〈표 7-5〉와 같다.

〈표 7-5〉 가족에 대한 욕구 범주의 예시

욕구 범주	주요 내용
관계 형성	부부 갈등, 부(모)자 갈등, 고부 갈등, 형제(자매) 갈등, 가족의 무관심 등
가족 돌봄	장애인 돌봄 곤란, 노인 돌봄 곤란, 아동 돌봄(모육) 곤란, 만성(심각한) 질환자 돌봄 곤란 등
가족 내 안전유지	폭력(성폭력), 학대(유기, 방임), 실종 등
가족 외부로부터의 보호	폭력(성폭력), 협박 위협, 학대(물질적 착취) 등

출처 : 국가직무능력표준, www.ncs.go.kr

(5) 생태학적체계이론 관점에 대한 사정

가족을 사정할 때 생태학적체계이론 관점에서 보면 '환경 속의 인간'이라는 환경과의 상호작용을 이해하는 것이 중요하다. 노튼(Norton)은 클라이언트가 상호작용하는 사회 환경은 양육 환경(Nursing environment)과 유지 환경(Sustaining environment)으로 구분하는 이중적 관점을 언급하였다. 이러한 이중점 관점에서 그는 클라이언트 문제의 근원을 파악하고 개입의 해결방안을 찾으려고 노력하였다(Norton, 1978; 김향선 외, 2015). 여기서 양육 환경은 가족, 친구, 이웃, 학교와 직장 등 가까운 체계에서 관계된 사람들로 구성된 환경을 의미한다. 이러한 양육 환경은 클라이언트의 사회적 기능을 수행하는 데 큰 영향을 미친다. 반면 유지 환경은 클라이언트가 살고 있는 사회의 경제체계, 정치체계, 교육 및 의료체계, 언론체계, 사회복지체계 등과 같이 보다 광범위한 범위에 있는 환경을 구성하는 사람들로 구성된 환경을 의미한다. 이러한 유지 환경은 양육 환경보다 클라이언트에게 미치는 영향은 적다.

이러한 환경에서 생태학적체계이론 사정은 가족의 기본적 욕구에 대한 사정으로 질문 유형은 가족의 기본적 욕구는 충족되고 있는가? 충족된다면 충족되는 욕구는 무엇이며 충족되지 않는 욕구는 무엇인가? 욕구 발생 시 가족구성원은 누구에게 의존하는가? 양과 질적인 면에서 볼 때 가족 외부의 지지자들과 관계의 성격은 어떠한가? 가족은 외부자원과 관련해서 얼마나 독립적이고 자기충족적인가? 가족은 친구, 친척, 선생님, 동료, 종교와 관련된 사람, 의료인 등을 포함하여 중요한 사람들과 어떻게 관계하는가? 가족의 종교적 믿음이나 가치의 영향은 무엇이고 어떻게 영향을 주는가? 등으로 사정할 수 있다.

(6) 세대 간 관계에 대한 사정

세대 간 관계에 대한 사정은 가족생활 주기에 따라 나타나는 세대 간을 사정하는 것이다. 여기서 가족생활 주기는 남녀가 결혼해서 새로운 가정을 형성하고, 자녀의 출생과 성장, 자녀의 독립, 은퇴 등과 같이 시간의 흐름에 따른 가정생활의 변화과정을 의미한다. 즉, 결혼 · 임신 · 출산 · 육아 · 자녀교육 · 자녀독립 · 은퇴 후 노후생활 등을 의미하는데, 이러한 생활주기에 따라 발달과업을 수행하게 된다. 따라서 가족을 사정할 때 그

가족이 생활주기의 이전 단계부터 스트레스를 어떻게 다루었으며, 현재 단계에서 적응과업은 무엇이고, 그에 대해 가족이 가지고 있는 대처 능력과 활용 가능한 자원들을 사정한다. 이러한 세대 간 사정의 질문 유형은 계보에 따른 가족의 역사는 어떠한가? 이 가족은 가족의 생활주기 중 어디에 위치하고 있나? 가족구성원들의 발달욕구와 과업을 얼마나 잘 수행하고 있는가? 발달주기에서 위기를 해결하는 이 가족만의 독특한 방법은 무엇인가? 가족의 경제적 활동은 주로 누가 하는가? 여러 세대에서 반복되는 가족의 관계나 문제는 무엇인가? 등으로 사정할 수 있다. 가족생활주기(Family life cycle)에 따른 듀발과 밀러(Duvall & Miller)의 발달단계별 발달과업은 〈표 7-6〉과 같다(Duvall & Miller, 1985; 김현호 외, 2017).

〈표 7-6〉 듀발과 밀러의 발달단계별 발달과업

발달단계(가족생활주기)	발달과업
1단계 : 가족형성기 (신혼가족, 자녀가 없는 부부)	• 상호 만족스러운 결혼생활의 확립 • 임신과 부모역할에 대한 적응 • 친족망과 조화, 미래 부모역할 결정하기
2단계 : 출산가족 (첫 자녀의 출생부터 2.5세까지)	• 의사소통 효율화하기 • 유아의 발달에 적응 및 격려 • 부모와 유아가 만족하는 가정의 확립
3단계 : 학령 전 아동가족 (첫 자녀가 2.5세부터 6세까지)	• 취학 전 자녀의 주요 욕구와 관심을 격려하고 성장을 증진하도록 적응 • 에너지 고갈과 프라이버시 부족에 대처 • 가족구성원과 의사소통 유형에 적응하기
4단계 : 학령기 아동가족 (첫 자녀가 6세부터 13세까지)	• 학령기 가족의 지역사회와의 조화 • 자녀의 교육성취에 대한 격려 • 재정적 지급능력 유지하기
5단계 : 십대 자녀 가족(청소년가족) 첫 자녀가 13세부터 20세까지)	• 자유와 책임의 조화 • 부모역할을 마친 후의 관심과 진로 확립 • 청소년과 성인 사이의 의사소통 중재하기
6단계 : 성인자녀를 가진 가족 (첫 자녀의 독립부터 막내 자녀의 독립까지)	• 적절한 의례와 지원으로 초기 성인 자녀 독립 • 지지적 가정기반의 유지 • 자녀가 가정을 떠날 때 책임 재할당하기

7단계 : 중년기 가족 (빈둥지부터 은퇴까지)	• 텅 빈 보금자리 적응하기 • 결혼관계의 재확립 및 친족관계 유지하기 • 노인 세대와 젊은 세대와의 조화 유지
8단계 : 노년기 가족 (은퇴부터 양쪽 배우자의 사망까지)	• 사별과 혼자 사는 것에 대한 대처 • 노년 및 은퇴에 대한 적응 • 배우자의 죽음에 적응하기

(7) 가족 내부체계에 대한 사정

가족 내부체계에 대한 사정은 가족의 구조와 기능, 의사소통, 가치, 신념체계 등을 사정할 수 있다. 질문 유형은 가족 내 하위체계가 적절한 기능을 수행하고 있는가? 부부가 서로에게 도움이 되며 만족스러운 관계를 가지고 있는가? 가족구성원들 서로에게 적응하며 자율성을 가지고 있는가? 부모가 적절한 부모기술을 가지고 있는가? 부모역할을 위해 필요한 사회지식을 가지고 있는가? 자녀를 통제하고 지도하는 권위를 가지고 있는가? 부모와 자녀의 관계가 좋은가? 자녀가 한쪽 부모를 배제한 채 한쪽 부모와 지나치게 연합되어 있는가? 삼각관계를 형성하고 있는가? 형제자매 간의 관계가 갈등적, 경쟁적, 지지적 관계인가? 형제자매 간에 유대관계를 형성하고 있는가? 가족은 어떻게 의사소통하고 있는가? 의사소통은 직접적이고 개방적이며 솔직한가? 문제를 해결하기 위해 동원할 수 있는 가족 및 개인이 있는가? 가족구성원들의 강점과 자원은 무엇인가? 가족 속에서 결속되어 있는 대상과 핵심문제는 누구와 관계되어 있는가? 등으로 사정할 수 있다. 구체적인 내용에 대해서 알아본다(NCS학습모듈, 2019).

① **가족의 경계에 대한 사정** : 가족의 경계는 체계 내부와 외부, 체계와 체계 사이를 구분할 수 있는 기준을 의미한다. 가족의 경계는 구성원들 간의 경계, 가족체계 간의 경계, 가족 외부와의 경계 등으로 구분할 수 있는데, 명확하면서도 융통성 있는 적절한 경계를 가지고 있는지 사정해야 한다.

② **가족 응집력에 대한 사정** : 가족 응집력은 가족구성원들의 정서적인 유대를 의미한다. 가족 응집력이 적절한 가족은 독립성과 자율성을 유지하면서 동시에 친밀감과 상호연결 상태를 유지하지만, 응집력이 낮은 가족은 서로 분리되는 경향을 보인다. 그렇지만 응집력이 매우 높은 가족은 밀착된 관계 양상을 보이며, 가족에 대한

높은 의존과 충성을 보이지만 독립성과 자율성이 부족한데, 이러한 응집력에 대해서도 사정해야 한다.

③ **가족의 규칙과 신화에 대한 사정** : 가족 규칙은 가족구성원들의 행동이나 관계를 통제하는 규범이나 기대를 의미하고, 가족 신화는 일부 가족 또는 가족구성원 모두가 공유하고 있는 잘못된 기대와 신념을 의미한다. 가족 규칙이 역기능적이어서 가족 전체 또는 개개 구성원의 적응과 발달을 가로막는다면 역기능적인 규칙에 대해서도 사정해야 된다. 가족의 규칙과 신화의 비교는 〈표 7-7〉과 같다.

〈표 7-7〉 가족의 규칙과 신화의 비교

구분	가족의 규칙	가족의 신화
내용	어떤 가족 내에서 반복된 행동 유형과 어떤 행동을 규제하는 상호 기대로 가족의 의사소통과 행동을 규정하는 포괄적인 기준과 지침이라고 할 수 있다. 명시적 규칙과 표면화되지 않은 암묵적 규칙이 존재한다.	가족구성원이 공유하는 잘못된 기대와 신념으로 현실에 대한 왜곡이나 부정의 요소를 가진다.
예시	• 일요일 아침에는 모든 가족이 함께 식사를 해야 한다. • 용돈 이야기는 아침식사 자리에서 하면 안 된다.	• 가족끼리는 말로 하지 않아도 서로를 이해할 수 있다. • 가족과는 슬픔보다는 기쁨을 나누는 것이 좋다.

④ **가족 권력 구조에 대한 사정** : 가족 권력은 가족구성원 중 누구에게 권력이 집중되어 있는지를 의미한다. 누가 가장 영향력을 행사하는 사람인지? 가족구성원들 사이에 권력이 어떤 양상으로 분포되어 있는지를 사정해야 한다.

⑤ **의사소통 방식에 대한 사정** : 이중 구속 메시지나 위장과 같은 의사소통을 방해하는 부정적인 의사소통방식 등을 파악하여 메시지를 전달할 때 사용되는 언어적·비언어적, 상황적 요소 간의 일치성을 사정해야 한다. 여기서 이중 구속 메시지는 의사전달에 두 개 또는 그 이상의 상반된 메시지가 담겨 있어 메시지를 받는 사람은 어느 메시지에 반응해야 할 것인지를 몰라서 당황하게 되는 의사전달방식이고, 위장은 갈등이나 불화를 애매모호하게 하거나 가면을 쓰고 반응하는 현상을 의미한다.

⑥ **가족 삼각관계에 대한 사정** : 가족 삼각관계는 가족구성원들 중 두 사람의 관계에서 불안이나 긴장을 경험하는 사람이 충족되지 못한 욕구를 충족시키기 위하여 제3의 대상을 관계 안으로 들어오게 하는데, 이때 제3의 대상이 갈등을 느끼는 것을 의미한다. 가족구성원들 사이에 삼각관계가 형성되어 있는지를 사정해야 한다.

⑦ **순환적 인과관계에 대한 사정** : 순환적 인과관계는 가족체계의 구성원들이 서로 연결되어 있고, 상호 영향을 끼치게 된다는 것을 의미한다. '문제의 부모 밑에 문제의 자녀가 있다.'라는 의미로 가족관계에서 가족구성원들의 행동은 다른 가족에게 영향을 끼치는 순환적 인과관계를 가질 수 있으므로 이에 대한 사정을 해야 한다.

(8) 가족 외부체계 및 환경에 대한 사정

가족 외부체계에 대한 범주로는 사회적 환경, 물리적 환경, 문화적 환경, 사회적 관계망, 가족에 영향을 끼치는 중요한 사람 또는 체계, 공식적·비공식적 관계망 등이 있다. 이러한 외부 환경을 활용한 사회적 지지는 사랑과 관심을 기울여 줌으로써 소속감과 안정을 유지시켜 정서적 대처능력을 높여주게 된다. 또한 클라이언트가 당면한 문제를 다루는 방법에 대한 충고와 가능한 해결책을 제안해 주기도 하며, 자신의 문제를 정확하고 올바르게 평가할 수 있는 준거를 제공해 주기도 한다.

클라이언트의 외부 환경과 관련된 자원에는 학교, 직장, 고용 및 경제적 상황, 주택 및 교통, 가정의 안정성, 사회 관계망, 대인관계 등이 포함된다. 클라이언트 환경의 적절성을 평가하기 위하여 적용할 수 있는 환경적 욕구에 대한 목록은 〈표 7-8〉에 나타냈다. 이러한 사회적 환경 사정에는 문제해결에 영향을 미칠 수 있는 사회적 관계망 지도와 관계망 도표, 사회도(소시오그램) 등의 사정도구가 포함되는데, 이러한 사정도구는 가족의 사정도구를 참조하면 된다. 따라서 사회복지사는 클라이언트를 둘러싼 외부 환경의 지지체계와 사회적 관계망에는 무엇이 있으며, 클라이언트에게 사회적 관계망이 어떠한 영향을 끼치는지에 대한 사정이 필요하다. 가족 외부 사회체계에 대한 욕구 범주의 예는 〈표 7-9〉에 나타냈다.

〈표 7-8〉 환경적 욕구에 대한 목록

- 적절한 사회적 지지망 체계(공식적 · 비공식적 체계, 가족, 친척, 친구, 이웃, 조직체 등)
- 병원, 양로원 등 전문적 건강보호 서비스의 접근성
- 주간보호 서비스에 대한 접근성
- 여가활동시설에의 접근성
- 충분한 공간, 위생, 위험과 오염으로부터 안전을 보장받을 수 있는 주거 환경
- 경찰, 소방보호 등과 같은 안전보장
- 안전하고 건강한 직업조건
- 생필품 구매에 필요한 재정적 지원
- 교육과 자아실현에 필요한 기회
- 법적 자원의 접근성
- 종교 기관의 접근성
- 취업기회

출처 : 국가직무능력표준, www.ncs.go.kr

〈표 7-9〉 가족 외부 사회체계에 대한 욕구 범주의 예시

욕구 범주	주요 내용
친인척 및 이웃 관계 형성	친인척 갈등, 이웃 간 갈등, 친인척 · 이웃 간 관계 소원
소속된 집단 및 사회생활	직장생활의 어려움, 학교생활의 어려움
가족 외부로부터의 보호	폭력(성폭력), 협박 · 위협, 학대(물질적 착취)
권익 보장	차별 대우, 권리 침해

출처 : 국가직무능력표준, www.ncs.go.kr

(9) 강점 사정

강점 사정은 클라이언트와 그의 환경을 사정할 때 약점이나 역기능보다는 강점이나 순기능적인 부분을 중점적으로 사정함으로써 그에게 문제해결을 위한 힘(역량강화, 권한)을 부여하는 것을 의미한다. 모든 사람은 누구나 강점을 갖고 있으며 모든 환경은 자원을 내포하고 있다. 질병이나 문제와 같은 부정적인 개념도 사람을 황폐화시킬 수 있지만, 오히려 질병이나 문제도 도전과 기회의 원천이 될 수도 있다. 따라서 클라이언트의 강점을 파악하고, 파악한 강점을 개입 방향으로 유도하여 문제해결의 방향을 찾을 수 있다는 것이다. 살리비(Saleebey)는 사회복지사가 클라이언트를 돕기 위해 지켜야 할 강점 관점의 주요원리를 다음과 같이 제시했다(NCS학습모듈, 2019).

① 개인, 가족, 지역사회 등 모든 것들은 강점과 자원을 가지고 있다.
② 상처나 질병 등은 파괴적일 수도 있지만 성장의 기회와 자원이 될 수도 있다.
③ 성장과 변화를 위한 인간의 능력에는 한계가 없다.
④ 개인, 가족, 지역사회에 대한 비전과 꿈을 받아들인다.
⑤ 모든 환경은 자원으로 가득 차 있다.
⑥ 부정적인 대답은 고려하지 않는다.
⑦ 스티그마(낙인)를 정정하도록 돕는다.
⑧ 각 문화마다 내재된 독특한 의식, 상징, 지지체계 등의 문화적 자원을 충분히 활용한다.
⑨ 정상화 및 구체화시킨다. 여기서 정상화는 클라이언트의 문제를 원하는 것과 가능한 것으로 재명명시켜 실천하는 것을 의미한다.

이 모든 것들은 클라이언트의 문제를 그의 욕구 충족과 문제해결을 위한 노력으로 보고 그가 원하는 바를 얻을 수 있도록 지원한다. 이러한 원리에 따라 클라이언트의 구체적인 강점에 대한 사정 내용은 자신에 대한 인식 정도, 자신의 행동에 책임을 지는 정도, 타인의 조언과 지도를 수용하는 정도, 타인에 대한 원조 의지, 변화를 위해 위험을 감수하려는 의지, 취업에 대한 적극성, 직업과 고용주에 대한 책임감의 정도, 가족 · 친지 · 친구들에 대한 애정과 관계에 대한 성실함의 정도, 계획과 의사결정 능력, 대인관계에서의 신뢰성 · 공정성 · 정직성, 타인에 대한 배려, 사회나 지역 종교활동의 참여 정도, 그리고 자신의 삶에 대한 꿈 등이 있을 수 있다. 따라서 사회복지사는 클라이언트에게 적합한 환경을 제공해 주고, 능력을 발휘할 수 있는 기회를 만들어 주며, 그리고 변화를 주는 등의 지원을 해야 한다. 이러한 강점 사정의 질문 유형은 가족이나 사회관계에서 어려움이 있을 때 잘 견디고 대처할 수 있었던 것은 무엇 때문이었나요? 가족이나 사회관계에서 자신의 어려움을 이해하고 도와줄 수 있는 사람이 있나요? 지금 자신이 직면한 욕구 및 문제를 해결할 수 있다고 희망하나요? 등이다.

4) 사정의 방법

클라이언트 및 가족체계 사정의 방법에는 주로 사정도구를 사용하고 있다. 사정도구는 클라이언트가 가지고 있는 자원을 규명하고, 그와 사회복지사 간의 대화를 중계하기도 하고, 자신을 표현하는 데 어려움을 가진 클라이언트에게 매우 유용하다. 가족체계 사정을 위한 방법으로는 표준화된 척도나 체크리스트 또는 목록 등을 사용하고 이외에도 인터뷰, 가계도, 생태도, 가족 관찰법(동영상, 시연, 가족 조각 등) 등을 활용할 수 있다. 가족체계 사정방법의 예시는 〈표 7-10〉과 같다.

〈표 7-10〉 가족체계 사정방법의 예시

방법	내용
인터뷰	가족 사정을 위한 기본적인 방법으로 인터뷰를 하기 전에 가족에 관한 기관 내의 기록과 의뢰에 대한 정보 등에 대하여 살펴보아야 한다. 예 질문과 경청
그림 그리기	클라이언트와 그 가족의 상태나 문제를 그림으로 보여 주는 사정의 한 방법으로 가족 내·외의 역동을 한눈에 볼 수 있다. 예 가계도, 생태도, 사회적 관계망 지도 및 도표
관찰	가족 내에서 가족구성원들의 기능과 역할, 가족 내 하위체계의 기능, 가족구성원들의 밀착과 연합 등을 사정하는 데 유용하다. 예 동영상, 시연, 가족조각
체크리스트 또는 목록	가족 사정 전·후 과정에서 객관적·주관적 정보를 파악하는 데 클라이언트나 그 가족이 처한 상황과 문제에 따라 여러 단계에서 다양하게 선택적으로 사용 가능하다. 예 부모 역할의 효과성 측정 도구, 가족 스트레스 척도, 사회적 관계망 지도 및 도표

출처 : 국가직무능력표준, www.ncs.go.kr

5) 사정의 도구

클라이언트 및 가족의 문제를 사정하기 위해 사용되는 사정도구는 가계도, 생태도, 생활력 도표, 사회적 관계망 지도와 관계망 도표, 사회도(소시오그램) 등이 있는데, 각각에 대해서 개념 및 작성방법과 분석에 대해서 알아본다.

(1) 가계도의 개념 및 작성방법과 분석

가계도(Genograms)는 미국의 보웬(Bowen, 1978)이 다세대 가족치료모델에 기초하여 국립정신보건원(NIMH : National Institute of Mental Health)에서 만든 가족도표(Family diagram)가 근원이 되었

다. 그러다가 1985년에 골드릭(M. Goldrick)과 거슨(R. Gerson)이 출판한 「가계도 : 평가와 조정(Genograms : Assessment and Intervention)」이라는 책을 통해 널리 알려져 사용되고 있다(김충식 외, 2009; 서혜석 외, 2010).

가계도는 3세대 이상에 걸쳐 가족구성원들에 관한 정보와 그들 간의 관계를 기록하여 도표로 작성한 것이다. 즉, 가족구성원들이 한 세대에서 다음 세대까지 생물학적, 법적, 정서적으로 어떻게 관련되어 있는지를 도표로 묘사한 것이다. 이러한 가계도는 가족에 대한 정보가 도식화되어 있기 때문에 복잡한 가족유형의 형태를 한눈에 볼 수 있고, 가족들 스스로가 세대 간 반복되는 관계유형을 찾을 수 있고, 그것에 대한 통찰력을 갖도록 하는 데 유용하다. 또한 가계도를 통해 가족과 함께 탐색할 수 있는 여러 가지 정보를 얻을 수 있고, 원가족의 융합문제, 미분화 문제, 핵가족의 정서적 체계, 정서적 단절, 삼각관계 등 가족의 유형을 파악할 수 있다(이영실 외, 2010).

가계도의 작성방법은 가족구성원들과 사회복지사가 상호작용에 따른 의사소통 및 면접을 통해 질문하여 기호로 작성하게 된다. 즉, 사람을 표시하는 기호, 관계를 표현하는 선, 개인 관련 주요정보, 결혼, 이혼, 출생, 사망, 입양 등 중요한 생활사건과 성별, 연령, 직업 등 인구사회학적 정보를 기록하는데, 그 순서는 다음과 같다.

① 가족구조를 상징기호를 사용하여 도식화한다. 가족구성원들을 한 세대에서 다음 세대까지 생물학적 및 법적으로 어떻게 관련되어 있는지를 도표로 묘사한다.

② 가족구성원들 개개인에 대한 정보를 기록한다. 기록은 가족구성원들의 이력(나이, 출생, 사망 시기, 형제자매 서열, 결혼 및 이혼상태, 입양 등)을 기록하고 중요한 생활상의 사건에 대해서도 기록한다.

③ 가족관계를 기록한다. 가족이 진술한 내용과 사회복지사의 관찰에 근거하여 가족구성원의 관계를 기호로 표현한다(서혜석 외, 2010; 이영실 외, 2010).

④ 클라이언트를 표시하기 위해 이중 원(여성)이나 이중 네모(남자)로 표시한다. 가계도에 사용되는 상징기호는 [그림 7-1]과 같다.

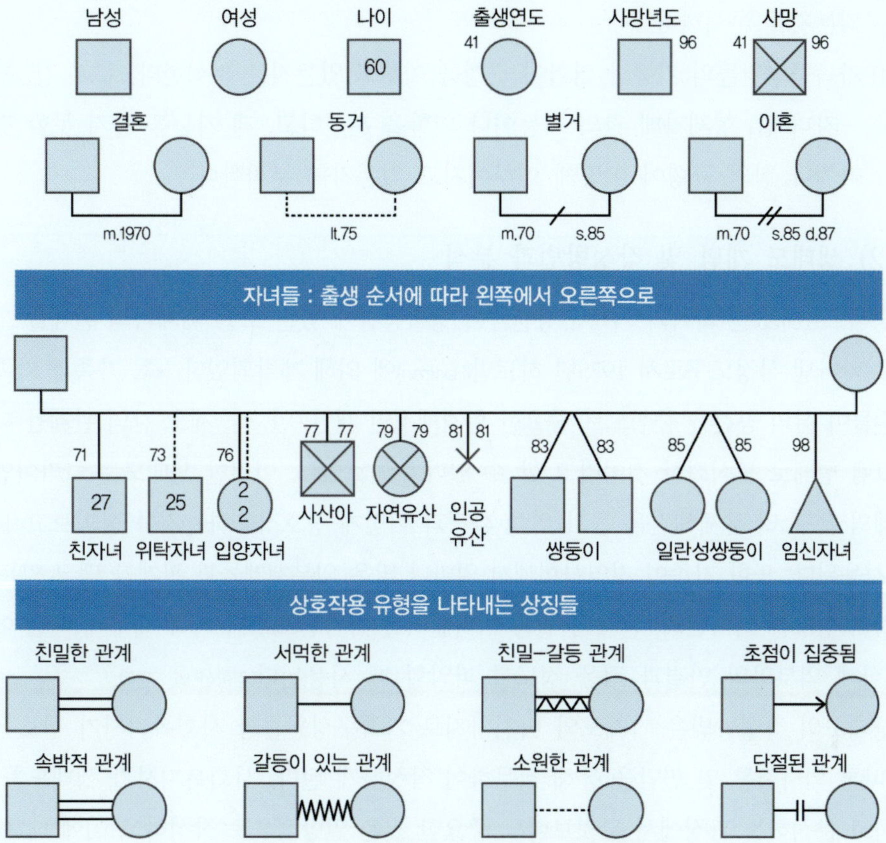

[그림 7-1] 가계도에 사용되는 상징기호

출처 : M. Goldrick, R. Gerson, & Shellenberger, 1999; 김향선 외, 2015.

가계도의 분석은 다음과 같은 차원에서 분석한다(서혜석 외, 2010; 최경화 외, 2010; 김향선 외, 2015).

① 가족의 구성과 구조를 분석한다. 이혼 및 재혼 등의 결혼상태와 형제자매 순위, 그리고 부모 및 자녀에 대한 기대와 태도 등을 분석한다.

② 가족의 생애주기를 분석한다. 가족이 생애주기에 따른 변화에 성공적으로 적응하는지, 그렇지 못하면 어떤 사정과 배경이 있는지를 분석한다.

③ 세대 간 유형의 반복이 있는지 분석한다. 세대 간에 유연하게 적응하는지와 강점이 무엇인지를 분석하고, 가정폭력 및 알코올 남용과 자살 등이 반복되는지를 분석하고, 상호작용에서 친밀감, 소원함, 단절, 갈등, 삼각관계 등이 세대 간에 반복

되는지를 분석한다.

④ 가족구성원들의 기능과 역할이 균형을 이루고 있는지를 분석한다. 부부 간, 부모-자녀 간, 형제자매 간의 기능이나 역할을 분석하고, 제 기능을 하지 못할 경우 가치나 힘의 균형이 어떻게 이루어지고 있는지를 분석한다.

(2) 생태도 개념 및 작성방법과 분석

생태도(Ecomap)는 가족과 가족구성원들이 생활공간에 있는 모든 체계와의 관계를 그림으로 나타낸 사정도구로서 1975년 하트만(Hartman)에 의해 개발되었다. 즉, 가족과 가족구성원들이 삶의 공간을 중심으로 중요한 환경체계인 개인, 일, 삶, 제도 간의 관계를 다이어그램 형태로 도식화한 것이라고 할 수 있다(서혜석 외, 2010). 이러한 생태도는 클라이언트 체계의 욕구 및 문제해결을 돕기 위해 환경과 어떻게 상호작용하는지를 살펴보고자 할 때 사용된다. 또한 가족이 지역사회에서 얼마나 많은 외부체계들과 관계를 맺고 있는지, 고립의 정도는 어떠한지, 관계의 질은 어떠한지를 파악함으로써 가족 내부에 대한 이해와 함께 외부와의 연결과 적응 정도를 파악할 때 사용된다(김향선 외, 2015).

생태도의 작성방법은 가계도와 마찬가지로 가족구성원들과 사회복지사가 상호작용에 따른 의사소통 및 면담을 통해 질문하여 작성하게 된다. 사회복지사가 생태도를 작성하고 분석하는 과정에서 무엇보다도 중요한 것은 일방적으로 작성하고 이에 대해 가족에서 설명하는 것이 아니라, 가족과 함께 생태도를 작성하고 가족이 먼저 분석하도록 격려해야 한다. 사회복지사가 분석할 때에는 가족의 피드백을 계속 구하고, 가족의 결핍 문제보다는 강점을 언급할 필요가 있다(김혜란 외, 2006; 이영실 외, 2010). 생태도를 작성하는 순서는 다음과 같다.

① 가족을 표현하는 원을 중앙에 그려 클라이언트와 그 가족을 가계도 상징기호에 따라 표시한다(클라이언트인 경우 이중 원이나 이중 네모).

② 가족구성원들이 관계되는 상호작용의 주변 환경체계(직장, 병원, 학교, 친구, 오락, 확대가족구성원, 복지관, 이웃 등)는 중심원 주변에 각각의 원을 그려 표시한다.

③ 가족구성원들이 상호작용하는 관계의 성격과 자원의 흐름을 특정 선(갈등, 밀접, 소원, 보통 등)으로 표시한다. 이때 아직 발견되지 못한 자원이나 체계는 원 안에 기록만

하고 선을 연결하지 않는다. 이렇게 그린 생태도의 예시는 [그림 7-2]와 같다.

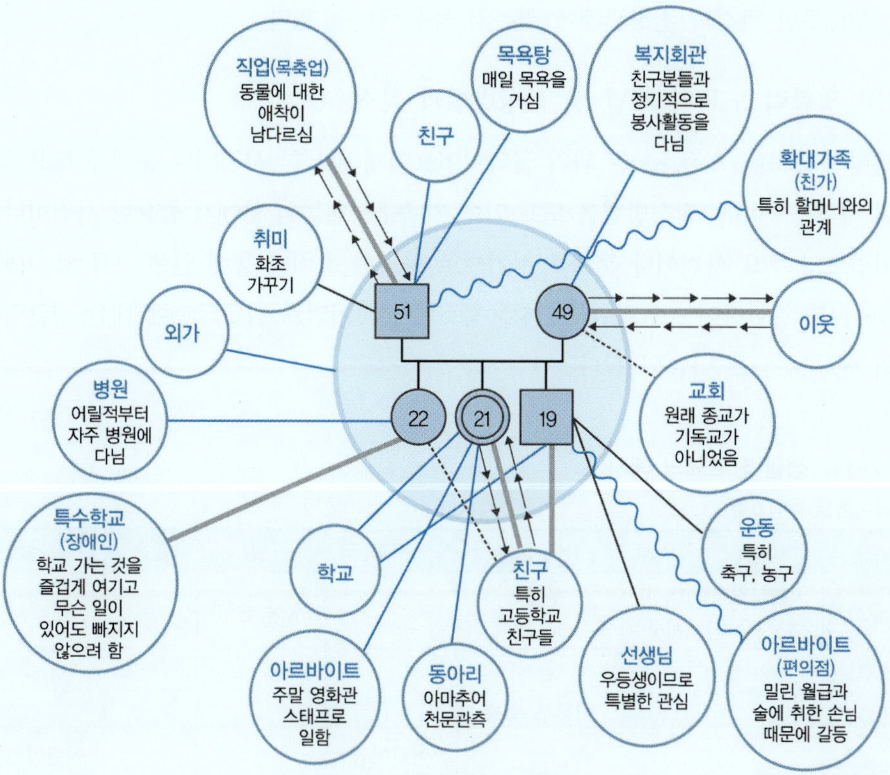

[그림 7-2] 생태도의 예시

출처 : 김향선 외, 2015.

생태도의 분석은 다음과 같은 3가지 차원에서 분석한다(서혜석 외, 2010; 최경화 외, 2010; 김향선 외, 2015).

① 생태학적 환경에서 가족을 전체적으로 이해할 수 있다. 가족이 이용할 수 있는 주요자원들은 무엇인지, 전혀 없거나 있지만 부족한 자원들이나 지지는 무엇인지, 가족과 환경 간 관계의 본질은 무엇인지 등을 알 수 있다.

② 가족과 환경과의 경계에 대해 이해할 수 있다. 에너지의 투입과 산출에 대한 흐름이 쌍방적인지, 어느 한 방향으로 일방적인지를 알 수 있다.

③ 가족 내부 상황에 대해 이해할 수 있다. 가족구성원들이 외부체계들과 어떻게 연결되어 있고 상호작용하는지, 환경으로부터 단절되어 있는지, 가족구성원들 중 누가 주변 환경과 긴장관계에 있는지 등을 알 수 있다.

(3) 생활력 도표의 개념 및 작성방법과 분석

생활력 도표(Life history grid)는 과거 클라이언트에게 발생한 사건이나 문제를 도표로 나타낸 사정도구이다. 작성방법은 도표 안에 가족구성원들의 삶에서 중요한 사건이나 클라이언트의 주요 사건이나 문제를 시기별로 다양한 출처를 통해 얻은 자료(면접, 기관기록, 병원기록 등)를 종합하여 도표화한다. 15세 청소년 클라이언트 김○○(남)에 대한 생활력 도표의 예시는 〈표 7-11〉와 같다.

〈표 7-11〉 생활력 도표의 예시

클라이언트 : 김○○

연도	나이	주거지	가족 상황	학교	건강	활동	문제점
2002	02년2월 13일생	대전 서구	부 32 모 28		정상 출생		
2003	2						
2004	3		여동생 출생				
2005	4			어린이집 입학			어린이집에 가기 싫어함
2006	5						
2007	6						
2008	7		부의 음주량 증가		교통사고 다리골절		
2009	8			초등학교 입학			
2010	9		부의 해고				
2011	10		모의 취직				모의 돈을 훔침
2012	11						

2013	12	대전 중구	부모 별거, 모의 이사				친구와 자주 싸움
2014	13			6학년 성적부진			
2015	14		부모 이혼	중하교 입학		농구	
2016	15			무단결근			
2017	16		부의 교통사고 사망	가출			흡연, 절도

출처 : 이재선 외(2016).

〈표 7-11〉의 분석 내용은 클라이언트가 부의 해고 및 부모의 별거와 이혼으로 인해 가정의 문제가 있음을 알 수 있고, 부의 교통사고로 인해 가출을 시도한 것을 알 수 있다. 이러한 도표를 통해 클라이언트의 현재 수행에 영향을 미치는 발달 단계상 특정 시기의 생활 경험을 이해하 는데 도움이 될 뿐만 아니라 문제행동의 원인에 관한 가설을 세우고 개입 지점의 초점을 잡는 데 도움이 될 수 있다. 또한 생활력 도표는 특히 아동과 청소년을 대상으로 한 활동에 유용할 수 있는데, 성인보다 성장과정에서 아동과 청소년이 사건 · 사고에 대해 사회 · 심리적으로 더 크게 영향을 받을 수 있기 때문이다(이은희 외, 2015).

(4) 사회적 관계망 지도와 사회적 관계망 도표의 개념 및 작성방법

사회적 관계망 지도(Social network map)와 사회적 관계망 도표(Social network map)는 클라이언트가 사회적으로 가까운 곳에서 지지를 받을 수 있는 관계에 있는 사람들(가족, 친구, 친척, 이웃, 직장 · 학교, 모임 등)이나 환경에 대해 지도형태와 도표로 나타낸 것으로 트레이시와 휘태커(Tracy & Whittaker)가 개발했다(Tracy & Whittaker, 1990). 이러한 사회적 관계망 지도나 도표는 클라이언트가 가지고 있는 사회적 관계의 종류를 알 수 있으며 관계의 지지 정도와 질, 지지의 방향 등을 알 수 있다. 사회적 관계망 지도를 작성하는 방법은 클라이언트와 함께 작성하게 되는데, 클라이언트에게 지난 한 달 동안 자신에게 도움을 준 사람이나 생각나는 사람들이 누구인지 생각해 보도록 한다. 즉, 자신을 기쁘게 하거나 마음에 상처를 준 사람, 자신의 생황에 직접적 · 간접적으로 영향을 주는 사람, 의사결정에 영향을 미쳤던 사람 등을 생각하도록 한다. 떠오른 사람들을 사회적 관계망 지도에 동거가족, 확대가족(친척), 친구, 이웃, 직장 · 학교, 종교 · 사회단체 · 모임, 공식적 서비스 등의 분류에 맞추어 기록한다(이은희 외, 2015). 사회적 관계망 지도는 [그림 7-3]과 같다.

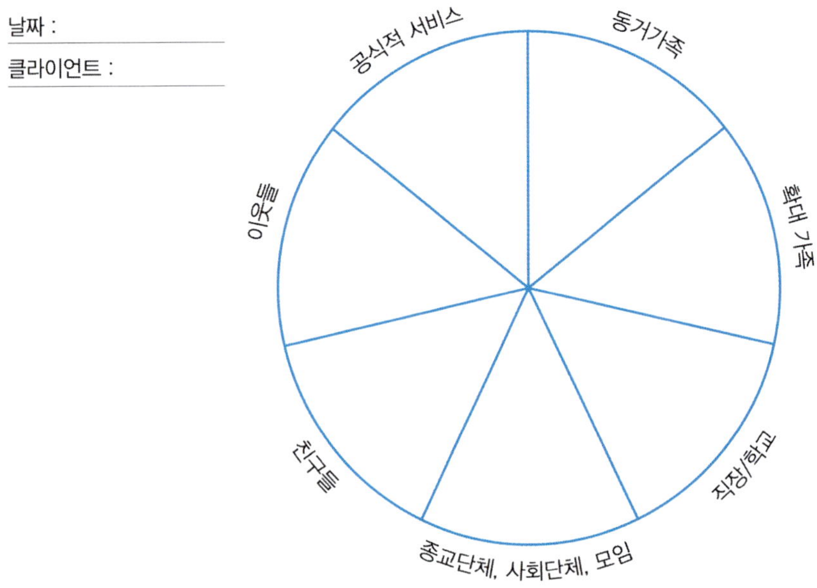

[그림 7-3] 사회적 관계망 지도

사회적 관계망 도표를 작성하는 방법은 사회적 관계망 지도를 그릴 때 떠오른 사람들을 대상으로 사회적 지지나 비판을 한 사람 15명(미만일 경우 해당자만)에 대한 이름을 첫 번째 칸에 기록한다. 두 번째 칸부터는 사회적 관계망에 관한 내용으로 생활영역, 물질적 지지, 정서적 지지, 정보/충고, 비판, 원조의 방향, 친밀성, 얼마나 자주 보는가? 얼마나 오래 보는가? 등의 영역에서 해당하는 번호를 기록을 한다. 생활영역에서는 떠오른 사람들이 가족인지, 친구인지, 전문가인지를 알아보고 비판을 했으면 비판한 사람과 친밀하지 않나 매우 친밀한지, 얼마나 자주 보는지 등으로 번호를 선택하여 도표에 기록한다. 사회적 관계망 도표는 〈표 7-12〉와 같다.

〈표 7-12〉 사회적 관계망 도표

		생활영역	물질적 지지	정서적 지지	정보/충고	비판	원조의 방향	친밀성	얼마나 자주 보는가?	얼마나 오래 보는가?
클라이언트 이름 :		1. 동거 가족 2. 확대 가족 3. 직장·학교 4. 단체·모임 5. 친구 6. 이웃 7. 전문가 8. 기타	1. 거의 없음 2. 간혹 있음 3. 거의 항상 있음	1. 거의 없음 2. 간혹 있음 3. 거의 항상 있음	1. 거의 없음 2. 간혹 있음 3. 거의 항상 있음	1. 거의 없음 2. 간혹 있음 3. 거의 항상 있음	1. 양방향 2. 당신이 그들에게 향함 3. 그들이 당신에게 향함	1. 친밀하지 않음 2. 보통임 3. 매우 친밀함	0. 보지 않음 1. 몇 회/년 2. 매달 3. 주별 4. 매일	1. 1년 미만 2. 1~5년 3. 5년 이상
번호	이름	×	×	×	×	×	×	×	×	×
1	김ㅇㅇ	1	2	1	1	1	2	2	1	1
2										
.										
14										
15										

출처 : Tracy & Whittaker, 1990.

(5) 사회도의 개념 및 작성방법과 분석

사회도(Sociogram, 소시오그램)는 집단구성원들 간의 상호작용 관계를 선으로 표현하는 것으로 집단구성원들 간의 개인적 수용과 거부 및 집단 내의 상호작용 관계를 알 수 있는 방법이다. 모레노와 제닝스(Moreno & Jennings)가 개발한 방법으로 집단과 일하는 사회복지사가 집단 내의 소외자, 하위집단, 연합 등을 파악하는 데 많이 사용된다. 또한 확장해서 클라이언트 주변에 생활하고 있는 매력(호감), 무관심, 반감 등의 호의적 관계나 적대적 관계에 결부된 사람을 찾아서 그 문제점을 알아 개선하는 데 사용할 수 있다(이재선 외, 2016). 사회도를 작성하는 순서는 다음과 같다.

① 집단구성원들을 상단, 중간, 하단으로 분류하여 상단 부분은 지위가 높은 구성원을, 하단 부분은 지위가 낮은 구성원을, 그리고 중간 지위의 구성원은 중간에 분포하도로 표시하며 서로 관계가 가까운 구성원은 가까이, 서로 관계가 소원한 구성원은 멀리 떨어지게 표시한다.

② 상호작용 관계의 흐름 특성을 특정 선(매력, 무관심, 반감 등)으로 표시한다. 이러한 사회도의 예시는 [그림 7-4]와 같다.

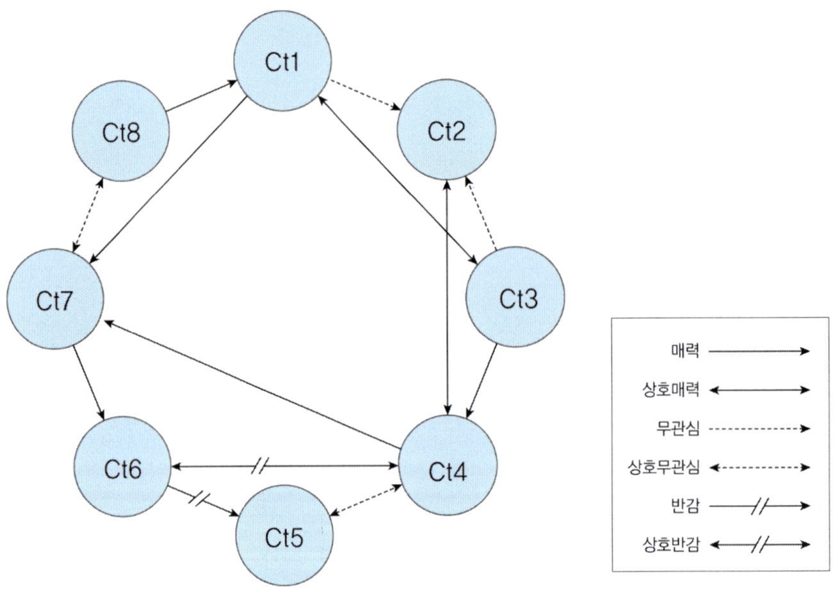

[그림 7-4] 사회도의 예시

출처 : 엄명용 외, 2015; 최경화 외, 2010.

[그림 7-4]에서 Ct1, Ct2, Ct8은 집단 내에서 지위가 높음을 알 수 있고, Ct1은 Ct2에 대해서 무관심하지만 Ct7에게는 매력(호감)을 갖는다. 또한 Ct1와 Ct3은 서로 호감을 갖는 관계이다. 그리고 Ct4, Ct5, Ct6은 집단 내에서 하위 지위에 있으면서 Ct4와 Ct5는 서로 무관심하며 Ct4와 Ct6은 서로 반감을 갖고 있다. 이렇듯이 사회도를 통해 집단 내 결속의 강도를 확인할 수 있는데, 여러 번 그려서 비교해 봄으로써 집단의 특징적 상호작용과 대인관계 유형의 변화를 파악할 수 있다(김향선 외, 2015).

6) 욕구 및 문제의 우선순위 결정

대부분의 클라이언트는 한 가지 욕구만 가지고 있는 것이 아니라 다양한 문제영역에서 여러 측면에 걸쳐 복합된 욕구와 문제를 가지고 있다. 그러나 사회복지사는 여러 문제를 동시에 다룰 수 없기 때문에 그가 개입할 문제의 우선순위를 결정해야 한다. 이러한 우선순위 결정은 사회복지사가 임의로 결정하는 것이 아니라 다음과 같은 조건을 고려하여 기준을 제시하고 있다(NCS학습모듈, 2019). 즉 클라이언트가 인정하는 문제이어야 하고, 클라이언트와 사회복지사 모두가 이해할 수 있게 분명한 용어로 정의되는 문제이어야 하며, 클라이언트와 사회복지사 모두가 현실적으로 해결 가능한 문제이어야 한다.

사회복지실천 과정에서 클라이언트의 욕구 및 문제의 우선순위를 결정하는 것은 매우 중요하다. 왜냐하면 클라이언트가 가장 도움을 필요로 하는 중요한 욕구를 기관에서 충족할 수 있는지, 또는 그에게 가장 시급한 문제를 기관이 해결할 수 있는지의 여부에 따라 그와의 계약이 성립될 수도 있고 그렇지 않을 수도 있기 때문이다. 또한 클라이언트와 욕구의 우선순위를 정하는 과정에서 사회복지사와 그는 좋은 파트너십을 형성하기도 하고, 그와 사회복지사 간의 신뢰감이 견고해질 수 있다.

따라서 욕구 및 문제의 우선순위 결정 과정에서 사회복지사는 매슬로우의 인간 욕구 5단계, 클라이언트의 자기결정, 해결해야 할 우선과제 등을 고려하여 클라이언트가 가장 중요한 욕구를 파악하고 지지할 수 있는 준비를 해야 한다. 클라이언트의 욕구 및 문제의 우선순위를 결정하기 위해 사회복지사는 다음과 같은 태도를 유지해야 한다(NCS학습모듈, 2019).

① 클라이언트가 중요하다고 인식하는 욕구에 대하여 그의 의사를 존중하도록 한다.

② 혹시라도 클라이언트가 제시한 욕구가 부적절하다 하더라도 초기면제에서는 가능한 한 논리적인 설득이나 논쟁을 삼가야 한다.

③ 클라이언트가 제시한 욕구의 우선순위를 그가 정확하게 인식하도록 하고, 우선순위를 결정할 수 있도록 사회복지사는 각각의 욕구가 가지는 위급성과 초래할 수 있는 2차적인 문제에 대해서 알려 주고, 현실적으로 해결 가능한 수준을 적절히 제시함으로써 그가 최선의 결정을 할 수 있도록 지원해야 한다.

④ 욕구의 우선순위는 사회복지사가 단독으로 결정하는 것이 아니라 클라이언트의 의견이 반영되고 그의 결정이 함께 진행되어야 한다는 것을 기억해야 한다.

욕구 및 문제의 우선순위를 결정하기 위해서는 클라이언트가 제시한 문제, 보호자가 제시한 문제를 기반으로 해결 방법의 가능성, 문제의 심각성, 효과성 등을 고려하여 문제해결과 관련된 법적 지식, 질병 지식, 외부 자원에 대한 자료를 효율적으로 활용한다. 이러한 일련의 과정은 다음과 같이 진행된다(NCS학습모듈, 2019).

① 클라이언트가 문제로 인식하고 해결하기를 바라는 모든 문제를 기록한다.
② 사회복지사, 법원이나 아동보호전문기관 등 클라이언트와 관련된 기관에서 해결되어야 할 문제로 인식된 것을 첨부하여 기록한다.
③ 상호 관련성을 고려하여 기록된 문제를 분류하여 묶어 둔다.
④ 클라이언트로 하여금 문제의 중요도를 고려하여 2~3개의 우선적인 문제를 선택하도록 한다.
⑤ 문제의 우선순위에 대해서 사회복지사의 의견을 제시한다.
⑥ 클라이언트와 사회복지사가 클라이언트의 상황(클라이언트의 생명 · 안전을 위협하는 문제, 클라이언트가 가장 중요하거나 시급하다고 인식하는 문제, 해결이나 지원이 지체되었을 경우 클라이언트에게 심각한 문제를 초래할 수 있는 문제 등)에 따른 기준을 고려하여 문제순위에 대한 합의점을 찾는다.
⑦ 위의 기준에 근거하여 실천에 가장 적합한 세 가지 문제를 선정한다. 실무 경험이 많은 사회복지사와 임상 연구자들은 세 가지 이상의 문제를 한꺼번에 다루는 것은 비생산적이라고 지적하고 있다.

7.2 사회복지실천과정의 계획단계

사회복지실천과정의 계획단계는 사정단계에서 파악된 클라이언트의 변화를 위해 우선순위로 결정된 욕구 및 문제에 대해 구체적인 목표설정 및 계약을 하며, 목표를 달성하기 위한 구체적인 계획을 수립하는 단계이다. 목표설정과 계약체결에 대해서 알아본다.

1) 목표설정

목표(Objective)는 목적(Goal)을 세분화한 것으로 단기적이며 구체적이다. 사회복지실천과정에서 목표는 클라이언트와 사회복지사가 협의한 클라이언트의 욕구 및 문제를 해결하기 위한 실천과정에서 바람직한 결과 또는 기대를 의미한다. 또한 목적은 장기적이며 궁극적으로 추구하는 것으로 세분화한 목표들을 달성하는 것이라고 할 수 있다. 예를 들어, 사회복지실천의 경우 목적이 클라이언트 삶의 질 향상이라면, 이러한 목적을 달성하기 위한 목표는 클라이언트의 당면한 우선순위의 욕구 및 문제 등을 실천하여 해결하는 것이라고 할 수 있다.

목표설정과정에서 클라이언트와 사회복지사 간에 목표에 대한 합의가 쉽게 이루어지는 경우도 있지만, 대부분은 문제를 바라보는 시각에 차이가 있기 때문에 문제의 우선순위와 실천방법에 일치된 견해를 이끌기까지는 많은 노력이 필요하다. 따라서 사회복지사는 문제의 우선순위, 목표설정 등이 정해지지 않으면 실천에 관한 계획을 세울 수 없기 때문에 클라이언트와 활발한 의사소통을 통해 양자의 동의를 이끌어 내야 한다. 목표가 분명하지 않으면 실천은 실패할 가능성이 크고, 실천결과의 사정도 불가능하므로 바람직한 목표를 세우는 것이 중요하다. 바람직한 목표는 누가, 무엇을, 어느 정도로, 어떤 조건에서, 언제 등의 내용이 드러난 것을 의미한다. 예를 들어, '부모-자녀 관계 향상'보다는 '한 달 이내로 부모-자녀의 대화 모임을 주 2회 이상 가지도록 함'이 더 구체적인 형태의 목표설정이다. 또한 목표는 긍정적인 표현양식을 갖추는 것이 바람직하다. 예를 들어, '지저분한 식습관을 고친다.' 보다는 '예의바른 식습관을 배운다.'가 클라이언트에게 거부감을 일으키지 않는 표현이다.

목표설정의 의미는 사회복지사와 클라이언트가 달성하고자 하는 목표를 서로 합의하고 확인할 수 있음을 보여주고, 실천과정의 방향성과 지속성을 유지하도록 할 수 있으며, 실천과정에서 사회복지사는 실천전략과 실천방법을 쉽게 선택할 수 있도록 할 수 있으며, 클라이언트에 대한 변화 정도를 점검할 수 있게 해주고, 실천과정에서 구체적인 실천방법과 효과성을 평가하는 기준이 될 수 있다는 것이다(Hepworth & Larsen, 1993; 김향선 외, 2015). 이렇듯 목표설정이 중요한 이유는 실천의 방향을 명확히 제시해주고, 종결 후

평가 시 목표가 기준이 되기 때문이다. 이러한 목표설정을 통해 클라이언트는 자기결정, 자기주도적 활동, 실천을 위한 적절한 방법(기술) 인지, 왜곡된 인식 등을 변화시키거나 긍정적으로 도전할 기회를 갖게 된다.

일반적으로 목표를 설정할 때 지켜야 할 지침은 클라이언트가 원하는 결과와 관련이 있어야 하고, 명확하고 측정 가능한 형태로 규정되어야 하고, 현실적으로 달성 가능한 것이어야 하고, 사회복지사의 지식과 기술에 맞는 것이어야 하고, 가능하면 성장을 강조하는 긍정적인 용어로 서술되어야 하고, 클라이언트와 사회복지사가 합의하에 설정하여야 하고, 기관의 기능과 일치해야 한다는 것 등이다(Hepworth et. al., 2006; 이은희 외, 2015). 이러한 지침에 의해 목표가 설정된다 하여도 짧은 시간이나 한 번에 너무 많은 목표를 설정하는 것은 바람직하지 못하다. 욕구 및 문제의 우선순위 결정처럼 목표설정에서도 우선순위를 결정하는 것이 바람직하다. 예를 들어, 클라이언트에게 가장 시급한 문제, 단기간에 달성할 수 있어 성취감을 느낄 수 있는 것, 클라이언트에게 다른 목표에 도전할 수 있는 동기를 부여하는 것, 사회복지사의 능력과 기관의 기능상 무리 없이 달성할 수 있는 것 등으로 목표설정의 우선순위를 정하는 것이 좋다.

2) 계약체결

목표가 설정되면 설정된 목표를 구체적으로 달성하기 위해서는 추후 진행해야 할 실천의 범위 및 방법 등을 결정해야 한다. 클라이언트의 설정된 목표와 관련된 사람, 기관 등 지지체계와 실천에 참여하여야 할 사람이나 기관의 규정 등에 따라 실천범위를 결정할 수 있는데, 사회복지사와 기관이 실질적으로 실천 가능한 현실적인 수준에서 실천범위를 결정하는 것이 클라이언트에게 도움이 된다. 또한 클라이언트의 특성에 따라 시간, 횟수, 내용, 평가방법 등의 실천방법 등을 결정하여 추후 진행해야 할 실천이 순조롭게 진행될 수 있도록 계약을 체결하게 된다.

사회복지실천과정에서 계약은 사회복지사와 클라이언트가 목표를 설정하고 목표달성을 위해 실천과정에서 각자 어떤 역할을 수행할지를 구체적으로 기술하고 이에 합의하는 것을 의미한다(김향선 외, 2015). 즉, 계약체결 과정에서 클라이언트의 참여는 필수적이며 계약내용에는 클라이언트와 사회복지사 각각의 역할과 책임을 명확히 하여 가능한 클라이언트의 참여를 높여야 한다. 또한 클라이언트에게 원조자의 역할, 제도이용의 의미 등을 확인하게 하고 동의를 얻는 것이 필요하며 이용자가 해결해야 하는 문제, 실천의 의미나 순서 등을 알 수 있도록 설명하고 합의해야 한다. 위와 같은 내용에 근거하여 계약서에 포함될 구체적인 내용은 다음과 같다(김향선 외, 2015).

① **구조적 요인** : 사례번호, 참여자, 날짜, 시간, 장소 등

② **문제** : 클라이언트가 규정한 문제, 사회복지사가 규정한 문제, 실천활동을 위해 합의된 문제의 개요

③ **최종 목표** : 명확하고 구체적인 목표달성 정도가 측정될 수 있도록 기술

④ **계획** : 접근방법, 클라이언트의 과제, 사회복지사의 과제, 회기 내의 과제, 평가계획 등

⑤ **비용** : 합의된 목표를 달성하기 위해 사용될 비용

⑥ **서명날인** : 사회복지사와 클라이언트의 서명날인

사회복지실천과정의 계획단계에서는 위와 같은 내용을 기초로 사회복지사는 클라이언트와의 상호작용을 통해 문제를 구체화하고, 목표를 설정하고, 효과적인 접근방법을 개발하여 단계적 행동방법을 구상하고, 평가계획 등을 명확히 해야 한다(최경화 외, 2010). 이렇게 사용되는 계약의 종류는 서면계약, 구두계약, 암묵적 계약 등 3가지로 나눌 수 있다. 서면계약은 계약 내용을 서면으로 기재하는 것으로, 장점은 사회복지사와 클라이언트가 합의한 바를 명확히 기록함으로써 언제든지 계약의 내용을 상기할 수 있고 오해의 소지를 최소화할 수 있다는 것이다. 반면 단점은 계약서를 작성하는 데 시간이 많이 걸릴 수 있고 서면 내용의 비용이나 목표달성 정도가 미비할 경우에 따라 법적 문제가 야기될 수도 있다는 것이다(김충식 외, 2009). 서면 계약서의 예시는 〈표 7-13〉에 나타냈다. 구두계약은 구두로 계약하는 것으로, 장점은 서면계약에 비해 신속하고 비교적 쉽게 할 수 있다는 것이고, 단점은 합의한 내용에 대한 것을 잊어버리거나 다르게 기억될 수 있다는 것이다. 암묵적 계약은 서면화하거나 언어화하지 않았어도 암묵적으로 합의한 계약을 의미한다.

〈표 7-13〉 서면 계약서의 예시

계 약 서

1. 신상 정보 : 클라이언트의 이름, 날짜, 장소, 사례번호

2. 문제 : 개입활동에서 다룰 합의된 문제

3. 최종 목표 : 명확하고 구체적으로 기술하고 목표달성 정도가 측정될 수 있도록 기술

4. 계획 : 접근방법, 참여자의 과업(클라이언트, 사회복지사, 그 외 관련체계)
시간적 조건(기간, 회기), 장소, 비용 등

5. 날짜 :

6. 서명 날인 : 클라이언트, 사회복지사, 그 외 참여자

Chapter 08

사회복지실천과정의 실천단계 I(개인체계)

사회복지실천과정에서 실천단계는 사회복지사와 클라이언트가 합의하여 결정한 욕구 및 문제를 해결하기 위한 계획단계(목표설정, 계약체결)를 실천하는 단계를 의미한다. 일반적으로 사회복지실천은 클라이언트 체계(크기)에 따라 직접적(미시적), 간접적(거시적) 활동으로 이루어진다. 직접적 활동은 개인, 가족, 집단 등을 포함하는 체계를 대상으로 사회복지사와 클라이언트가 일대일로 접촉하여 직접서비스를 실천하는 것이다. 반면 간접적 활동은 클라이언트 외의 개인, 소집단, 조직, 지역사회, 국가 등 클라이언트의 삶에 영향을 미치는 체계를 대상으로 사회복지사가 클라이언트를 직접 만나기보다는 특성 대상을 간접적으로 실천하는 것이다. 이 장에서는 개인체계에 대한 개인 내적 변화를 위한 실천, 대인 관계적 변화를 위한 실천, 개인의 환경적 변화를 위한 실천 등을 살펴보고, 가족체계 및 집단체계에 대한 실천은 다음 장에서 알아본다.

8.1 개인의 내적 변화를 위한 실천

개인체계의 사회복지실천은 클라이언트의 욕구 및 문제에 대하여 사회복지사가 일대일 관계기반으로 그의 사회 적응 능력을 향상시켜 잘 적응할 수 있도록 돕는 것과 그의 욕구에 따라 사회적 서비스를 받을 수 있도록 지원하는 것이다. 개인대상의 내적 변화는 개인의 사고, 정서, 인지, 행동 등의 변화를 의미하는 것으로, 이러한 변화는 클라이언트가 자신의 태도나 행동에 대한 의미, 경험을 통한 사고과정, 자존감 및 자긍심, 과거 외상에 대한 수용과 성공을 위한 자기 자신의 능력 개발까지 포함하게 된다. 즉, 클라이언트는 사회복지사의 도움으로 분노, 슬픔 등 다양한 감정을 이끌어낼 수 있고 혼란, 양가감정 등을 해소하게 된다. 또한 사회복지사와 클라이언트가 강한 신뢰감과 공감을 느낄 때 클라이언트의 사고와 의미를 분명히 알 수 있으며 사고, 정서, 인지, 행동 간의 상호관계를 더욱 명확히 알 수 있다(김향선 외, 2015). 여기서는 정서적 안정과 자신감 회복을 위한 실천과 인지 및 행동변화를 위한 실천에 대해서 알아본다.

1) 정서적 안정과 자신감 회복을 위한 실천

단기실천에서는 정서적인 부분을 충분히 다루기 어렵다고 생각하여 인지적, 행동적 접근에만 주의를 기울이는 경우가 많다. 그러나 단기실천인 경우에 정서는 반드시 다루어야 하는 부분으로 정서를 다룬 이후에 인지변화와 행동변화도 더 효과적으로 나타날 수 있다. 예를 들어, 실천 중에 클라이언트가 분노를 표출하거나 격한 슬픔을 표현할 때에 사회복지사는 당황하게 되고, 이를 어떻게 다뤄야 할 것인지 어려워하는 경우가 많다. 또한 반대로 사회복지사는 클라이언트의 눈물이나 격한 감정적 표현을 성공적인 실천의 징표로 오해할 수도 있다.

클라이언트의 감정 분출이나 표현은 치료적 효과가 있기는 하지만 표출을 넘어서 정서적인 패턴을 볼 수 있게 도와주고 통찰력이 생길 수 있도록 한다면 실천이 더욱 유익할 수 있다. 여기서는 사회복지실천의 기본이 되는 진실성·성실성, 무조건적인 존중, 정확한 공감적 이해를 강조하는 인간중심의 상담과 신체감각의 자각을 통해 감정을 탐색하고 표현하게 도와주는 게슈탈트 상담, 정서적 안정과 자신감 회복을 위한 의사소통 방법 등에 대해서 알아본다.

(1) 인간중심 상담

인본주의 학자 로저스(Rogers, 1902~1987)는 인간의 내적 경험과 자아실현을 강조하면서 '모든 유기체는 그 수준에 차이가 있지만 내적 가능성을 성취하기 위해 부단히 노력하는 존재이다.'라고 가정하고 자아실현을 위해 노력하는 과정에서 개인의 성장이 이루어진다고 주장하였다. 또한 자아를 행위자로서의 나, 대상물로서의 나, 나와 다른 사람, 나와 다른 세계와의 관계에 대해 일관성 있고 조직된 지각, 태도, 가치의 실체로 정의하였다. 이러한 이론적 관점에서 인간은 본래 자유로우며, 자신의 행동에 책임을 지고, 합리적인 방향으로 지속적으로 성장해 나가는 미래 지향적인 존재라고 보았다.

로저스는 인간에게 많은 욕구와 동기가 있지만 그런 욕구들은 기본 욕구의 일부분에 지나지 않는다고 하면서, 기본 욕구는 자기를 유지하고 증진하며 실현하려는 욕구라고 하였다. 이러한 기본 욕구는 하나의 용어로 규정할 수 없지만 자기유지(Self-maintenance), 자기향상(Self-enhancement), 자기실현(Self-actualization) 등이 모두 포함되는 것으로 이해해야 한다는 것이다. 로저스는 모든 인간이 자신을 유지하려는 경향과 성장잠재력을 선천적으로 가지고 태어난다고 보았으며, 성장과 자기 향상을 위하여 끊임없이 노력하며 그 노력의 와중에서 부딪히게 되는 고통이나 성장 방해요인에 직면해 극복할 수 있는 성장지향적 존재라고 하였다.

그래서 인간중심 상담은 내담자 중심의 면담, 학생 중심의 학교, 환자 중심의 병원, 직원 중심의 회사 등 도움을 요청하는 내담자의 욕구 및 문제를 있는 그대로 인정하면서 완전한 기능을 하는 사람으로 다시 태어날 수 있도록 진실성과 무조건적인 긍정적 관심을 갖고 공감하며 인간중심의 상담이 이루어져야 한다는 것이다(NCS학습모듈, 2019).

① **진실성 · 성실성, 무조건적인 긍정적 관심, 정확한 공감적 이해** : 로저스 상담은 현재의 문제보다 인간 그 자체에 초점을 두며, 클라이언트의 성장 과정을 원조함으로써 그가 현재의 문제와 미래에 발생하게 될 문제에 더 잘 대처할 수 있도록 돕는 것이다. 이러한 상담목표를 달성하기 위해 사회복지사는 클라이언트가 자신의 경험을 탐색하고 존중할 수 있도록 촉진해야 한다. 로저스는 진실성 · 성실성, 무조건적이고 긍정적인 관심, 정확한 공감적 이해 등을 치료의 변화를 일으키는 핵심요소라고 하였다. 이러한 조건이 갖추어졌을 때 클라이언트의 성장은 자연적으로 이루어지므로 사회복지사는 클라이언트의 경험과 감정에 대해 관심을 가지고 진실하며 성실하게 대하고, 정확한 공감적 이해로 존중하는 것이 그의 성장과 자아실현을 실현시킬 수 있다는 것을 인식해야 한다.

② **인간은 되어가는 존재** : 클라이언트는 내면의 자아와 현재의 자아에서 나타나는 차이로 인해 괴로워하며, 사회복지사를 찾게 된다. 클라이언트는 자기 이미지와 현실 사이의 괴리를 느끼면서 괴로워하고, 때로는 높은 불안감을 경험하기도 한다. 반면, 적응적인 사람은 현실 생활에 맞게 행동하고, 생각하고, 경험하는 방식에 대해 좀 더 정확한 지식을 가지고 있는 사람이라고 하였다. 그러나 사람들은 완성의 존재가 아니라 지속적인 자아인식, 이해, 수용 과정을 통해서 되어가는 존재라는 것이다. 지속적인 자아인식과 자아실현의 과정을 통해 좀 더 훌륭한 사람이 되어가며 자신의 잠재력을 개발해 나간다고 보았다.

③ **완전한 기능을 하는 사람** : 로저스는 상담의 지향점 및 목표를 완전한 기능을 하는

사람(Fully functioning person)이라고 여겼으며, 그렇게 살아갈 수 있도록 상담과정에서 원조해야 한다고 보았다. 이러한 사람의 특징은 경험에 대한 개방성을 가지고 있으며, 자기 자신과 타인에 대해 신뢰하고, 실존적(실제로 존재하는) 삶(Existential living)을 살아가고, 자유의식을 가지고 있으며, 창조적 삶을 살아가려 노력한다.

로저스의 인간중심 상담은 '완전한 기능을 하는 사람'을 목표로 이루어지는데, 상담과정을 성격의 변화가 일어나는 과정으로 보았다. 즉, 지금－여기(Here & now)의 성격이 고정성에서 변화성으로, 경직된 구조에서 유동적 구조로, 고정된 상태에서 변화과정(Process)으로 이루어지는 연속과정이라는 것이다. 이러한 상담은 다음 7단계로 이루어진다.

- **1단계** : 경직된 상태로 자발적으로 상담에 오기가 쉽지 않고 자신에 대한 이야기를 꺼내기 힘들다. (예 "세상이 싫다." "사람들이 싫다.")
- **2단계** : 상담자에게 수용되고 있음을 경험하면서 감정들을 표현하지만, 아직도 과거의 객관적 경험의 하나로 묘사되거나 다른 사람의 문제처럼 이야기한다. (예 "중1 때 아버지가 돌아가셨어요." "뭐 큰 변화는 없고 ... 공부는 잘 했어요.")
- **3단계** : 계속 자신이 수용되고 있다고 느끼면 보다 많은 감정과 개인적인 표현을 한다. (예 "물론 경제적으로 힘들어졌지요." "제가 할 수 있는 건 공부밖에 없더라구요.")
- **4단계** : 여전히 있는 그대로의 자신이 수용되고 있다고 느낄 때 보다 자유로운 감정의 흐름이 가능해진다. 또한 전에는 의식하기를 거부하던 감정이 그대로 표현되기도 하지만, 이런 표현에 두려움을 느끼고 있다. (예 "어머니는 직장을 갖게 되었고" "집에 오면 아무도 없어 정말 외로웠어요.")
- **5단계** : 내담자의 유기체적 유동성의 자유가 증가되고, 지금－여기에서의 느낌이 그대로 표현된다. 또한 전에는 거부 혹은 부인되었던 감정이 두렵기는 하지만 이제는 의식 속으로 흘러나오게 되어 진실된 나(Real me)가 되려고 한다. (예 "그 때 저는 울 수 없었어요." "사람들은 참 꿋꿋하다고 칭찬하지만... 저는 얼마나 겁이 났는지 몰라요." "이제 나는 어떻게 되는 건가요?" "우리는 학비가 없는데 어디 공장에 가야 하는 것은 아닌가요?" "아버지에게 화가 났어요.")

- **6단계** : 이전과는 구별되는 극적인 단계로 발전한다. 전에는 부인했던 감정들을 즉각적으로 현재의 경험으로 수용한다. (예 "그 친구에게 기대가 많았던 거 같아요." "그는 모든 것을 가진 아이니까." "자상하고 경제력 있는 아버지" "따뜻하고 위해 주는 어머니" "나에게 나눌 수 있다고, 아니 나누어야 한다고 생각했던 것 같아요.")
- **7단계** : 이제 상담자의 도움 없이도 내담자는 새로운 감정들을 즉시 그리고 충분히 경험할 수 있게 되어 완전한 기능을 하는 사람으로 재탄생하게 된다.

(2) 게슈탈트 상담

게슈탈트 상담은 독일의 정신과 의사인 프리츠 펄스(Fritz Perls)에 의해 시작된 심리상담으로 1960년대 이후 널리 알려졌다. 펄스는 골드슈타인의 유기체 이론과 생태학 이론을 토대로 유기체와 환경을 전체적인 통합체로 보았다. 여기서 게슈탈트(Gestalt)란 전체, 형태, 모습 등의 뜻을 지닌 독일어로, 유기체는 어떤 자극에 노출되면 그것을 각각의 부분으로 보지 않고 하나의 의미 있는 전체로 만들어 지각하는 경향을 의미한다. 유기체가 게슈탈트를 형성하는 이유는 사람의 욕구나 감정을 하나의 유의미한 행동으로 만들어서 실행하고 완결 짓기 위해서이다. 즉, 자신이 처한 상황과 환경을 고려하여 그 상황에서 실현 가능한 행동 동기를 지각한 것이 게슈탈트이다.

어떤 대상을 인식할 때 관심 있는 부분은 선명하게 인식되지만, 다른 부분은 배경으로 처리되어 초점이 가지 않는다는 것이다. 예를 들어, 자녀가 군대에 간 엄마는 군인복장을 한 사람이 모두 아들 같아 보이고 안쓰러움을 느끼지만, 아들이 제대를 하고 나면 그렇지 않다. 이 경우, 아들이 군대에 갔을 때에는 군인이 선명하게 인식되는 전경이지만, 제대 후에는 군인이 배경이 되어 초점이 가지 않게 되기 때문이다.

또한 유기체가 선명한 전경으로 떠올렸던 게슈탈트가 해소되면 자연스럽게 배경으로 사라진다. 그러한 해소를 방해받았을 때에는 배경으로 사라지지 못하고 전경과 배경의 중간층에 남게 된다. 이를 미해결 게슈탈트 또는 미해결 과제라고 한다. 미해결 과제는 끊임없이 전경으로 떠오르려 하기 때문에 이를 회피하지 않고 알아차리는 것이 중요하다.

게슈탈트 상담의 목표는 체험 확장과 더 나은 삶을 위해 성장을 위한 지지를 하며, 실존적(실제로 존재하는) 삶을 추구하도록 돕는 것이다(NCS학습모듈, 2019).

① **체험 확장과 더 나은 삶** : 클라이언트가 환경과 자신에 대해서 더 알게 되고 자신을 긍정하고 수용하면 관계능력이 향상되는 것이다. 클라이언트 자신의 억압된 감정과 욕구를 표현하고 충족할 수 있도록 하기 위해서 자신의 신체 감각, 감정, 환경에 대한 지각을 넓힐 수 있도록 도와주는 것이 중요하다. 또한 모든 감각에 대한 인식을 열어 놓고 행동의 결과를 수용하고 이에 대한 책임을 인정하도록 도와준다.

② **성장을 위한 지지** : 클라이언트가 환경 안에서 적응하며 성장할 수 있도록 지지해 주고 도와주는 것이다. 환경에 적응하면서 걸림돌이 되었던 장면을 소화할 수 있도록 돕고, 내면의 욕구와 직면하여 그 욕구를 충족시킬 수 있도록 내면적 지지를 통해 도와준다.

③ **실존적 삶을 추구** : 클라이언트가 스스로 자신을 되찾고 자연스러운 욕구에 따라 살아갈 수 있도록 격려하고 도와주는 것이다. 클라이언트 자신의 실존적(실제로 존재하는) 삶을 살 수 있도록 도와주는 것이 게슈탈트 상담의 최종 목표이다. 예를 들어, 성공이나 미래에 어떠한 사람이 되기 위해서 계획을 하고 방어를 구축하는 데 소모하는 것이 아니라, 현재의 욕구에 충실하면서 있는 모습 그대로 받아들일 수 있도록 도와주는 것이다.

게슈탈트 상담의 방법은 인식의 발달을 촉진하고, 언어 표현에 주목하여 자극하며, 실존적이고 진솔한 관계를 갖는 것이다(NCS학습모듈, 2019).

① **인식의 발달을 촉진** : 클라이언트 자신의 신체, 감정, 생각 등에 대한 자각을 높일 수 있게 그의 행동 및 언어에 주목하여 단서를 찾도록 노력한다. 여기서 자각은 자기결정이나 지위 · 책임 등을 스스로 깨닫는 것이다. 따라서 사회복지사는 클라이언트의 언어와 행동 간에 부화를 감지하거나, 상담 장면에서 보여주는 신체 동작, 표정, 언어와 같은 변화에 민감해야 된다. 이러한 과정에서 클라이언트가 긴장하고 있을 경우는 세 번의 심호흡(3초 동안 숨을 들이마시고 3초 동안 숨을 뱉음, 3회 반복)이나 근

육의 긴장 이완(주먹을 쥐었다 폈다 하는 동작을 반복함)을 하도록 한다. 예를 들어, "학교 이야기를 할 때 다리를 많이 떨던데, 다리를 좀 더 떨어 보아요.", "선생님의 눈은 무엇을 말하고 있나요?", "화가 난다고 말하면서 웃고 있네요." 등과 같은 표현이다.

② **언어 표현에 주목하여 자극** : 클라이언트가 사용하는 언어는 그의 생각, 태도, 감정 등이 반영되어 있다. 자주 사용하는 언어에 주목하고 지금-여기에서의 경험을 회피하고 있는 것에 대한 인식을 높여 준다. 예를 들어, "'친구를 사귀는 것이 다들 그렇다." 라고 했는데, '다들 그렇다.' 라는 말 대신 '나는 친구를 사귀는 것이 어렵다.' 라고 해보겠어요."와 같이 표현한다.

③ **실존적 진솔한 관계** : 사회복지사가 클라이언트를 만날 때 지금-여기에서 자신의 현 존재에 책임을 느끼며, 자신과 클라이언트에 대해 알아야 하고, 그에게 개방적으로 인간 대 인간의 진솔한 관계로 만나야 한다. 사회복지사는 자신이 관찰한 것과 느낌을 클라이언트에게 표현하고, 개인적 경험을 이야기하되 클라이언트를 조정해서는 안 된다. 지금-여기에서 클라이언트가 자신이 무엇을 하고 있는지를 인식할 수 있도록 정직하고 진솔하게 피드백을 제공해 주어야 한다. 주의할 것은 클라이언트의 상태나 상황을 인식하면서 존중하는 태도를 유지하는 것이 중요하다.

이러한 방법으로 진행하는 과정에서 게슈탈트 빈의자 방법을 활용할 수 있다. 빈 의자 방법은 클라이언트의 내면 안에서 일어나는 여러 가지 마음이나 생각을 다루거나 그의 주요 타자(자기 외의 다른 사람, 부모, 배우자, 형제, 친구, 동료 등)에게 갖는 감정을 이해하고 해소할 수 있게 도와주는 것이다. 이 방법을 통해 사람 간의 갈등에 있는 상반된 생각을 명확히 하고, 클라이언트가 이전과는 다른 각도에서 볼 수 있도록 한다. 또한 클라이언트가 그러한 식으로 느끼는 이유를 통찰하도록 도와주는 방식이다. 빈 의자 방법은 다음과 같이 진행한다(NCS학습모듈, 2019).

① 상담을 받으러 온 클라이언트가 앉아 있는 의자 옆에 빈 의자를 하나 가져다 놓는다.

② 사회복지사는 상담에서 다루어진 갈등 상황이나 대상을 빈 의자에 초대한다. 초대

된 갈등 상황이나 대상(인형을 사용하는 경우가 많음)은 가능한 구체적으로 그려질 수 있도록 나이, 옷이나 상태 등을 확인한다. 예를 들어, "선생님이 초등학교 3학년 때 선생님한테 함부로 굴었던 친구 영희를 이곳에 초대해도 되겠습니까?", "지금 그 친구는 어떤 옷을 입고 있습니까?", "어떤 머리 모양을 하고 있습니까?", "표정은 어떤가요?", "선생님한테 뭐라고 말하고 있나요?" 등

③ 빈 의자에 초대된 사람에게 어떤 이야기를 하고 싶은지를 말하게 한다. 말한 준비가 된 클라이언트에게 하고 싶은 말을 조곤조곤하기도 하고, 감정을 표출하면서 이야기를 하도록 한다. 하지만 준비가 아직 안 된 클라이언트에게는 이야기를 할 수 있도록 도움을 준다. 예를 들어, "지금 감정이 어떠신가요?", "초등학교 3학년인 이 아이에게 하고 싶었던 말은 무엇인가요?", "한 번 말해 보겠어요?" "말하기 어려우면 저를 따라서 해 보세요. '영희야 난 그때 너무 무서웠어. 니가 나한테 그렇게 한 것은 나를 아프게 했어!"

④ 클라이언트가 하고 싶은 이야기를 하고 나면, "그 이야기를 들은 상대방은 뭐라고 할 것 같은 가요?" 라고 상대방의 관점에서 이야기를 들어보도록 한다.

⑤ 상대방의 이야기를 마치면, 클라이언트가 또 하고 싶은 이야기가 있는지, 내면에서 느껴지는 감정은 어떤 것인지 이야기할 수 있도록 하여 빈 의자에 초대된 사람과 이야기하고, 클라이언트 내면의 감정이 느껴지면 그것을 말로 표현해 볼 수 있도록 한다.

이러한 순서로 진행되는 빈 의자 방법의 주의할 점은 때로는 성공하지 못할 경우도 있는데, 이는 클라이언트가 느끼기에 상담하는 환경이 안정적이지 않거나 사회복지사에 대한 신뢰가 부족하거나 또는 그가 현재에 집중할 수 없을 정도로 긴장을 하고 있는 경우가 있을 수 있다. 이러한 경우 사회복지사는 클라이언트를 있는 그대로 수용하고 진실성 · 성실성을 갖고 정확한 공감적 이해를 통해 면담해야 한다.

(3) 의사소통 방법

일반적으로 클라이언트 개인의 내적 변화를 위한 실천방법에는 언어적 의사소통 방법을 많이 사용한다. 클라이언트에 대한 지지적 언어반응, 클라이언트 언어의 재구성,

클라이언트의 감정에 대한 반영, 클라이언트 인식의 명료화, 클라이언트 말의 해석 및 요약, 클라이언트의 간접적 표현에 대한 직접적 언어화, 클라이언트에게 조언 및 정보제공, 클라이언트의 장점 강조 방법 등이 사용된다(각각의 방법에 대한 사항은 제5장 사회복지실천을 위한 관계 및 의사소통 제5절 참조). 위에서 언급되지 않은 방법에 대해서 알아보면 격려, 일반화, 환기법, 재보증, 초점화 등이 있을 수 있다(김현호 외, 2017).

① 격려(Encouragement) : 클라이언트의 행동, 태도, 감정 등을 칭찬하거나 인정해 주는 언어적 표현방법으로 문제해결능력과 자질을 갖고 있는 클라이언트에게 자신의 문제해결능력과 동기를 최대화시키는 방법이다. 격려는 어려운 문제에 놓여 있거나, 자존감이 낮거나, 무력감과 절망감을 경험하거나 또는 불안한 상황에 있는 클라이언트에게 유용하다. 격려를 할 때에는 격려 내용이 클라이언트의 행동이나 태도와 직접적으로 관련되어야 하며 그 의미가 구체적이고 분명하게 전달되어야 한다.

② 일반화(Generalization) : 클라이언트의 생각, 감정, 행동 등이 비슷한 상황에 놓인 다른 사람들과 유사하다고 말해줌으로써 클라이언트가 자신이 느끼고 행동하는 방식이 이상하거나 비정상적이라는 생각을 해소하는 방법이다. 즉, 클라이언트 자신만이 이런 문제로 괴로워하는 것에 대해서 일반사람들도 비슷한 경험을 할 수 있다든지, 또는 자신만이 가지고 있다고 생각하는 특별한 사고, 감정, 행동에 대해 보통사람들이 공통적으로 겪는 것임을 전달해 줌으로써 클라이언트 자신만의 특별한 문제가 아님을 알려주는 것이다(이영실 외, 2016). 예를 들어, 클라이언트가 '왜 나만 이런 고통을 당해야 하는지 모르겠어요.'라고 생각하는 경우, 사회복지사는 "나는 당신과 같은 경험을 한 많은 사람들을 알고 있어요. 그들도 당신이 표현하고 있는 똑같은 감정을 이야기했습니다."라고 일반화할 수 있다(김경남 외, 2008).

③ 환기법(Ventilation) : 클라이언트에게 문제가 되는 감정과 태도를 자유롭게 표출할 수 있도록 분위기를 제공해 주는 방법이다. 즉, 클라이언트의 억압되거나 부정적인 감정, 분노, 증오, 슬픔, 죄의식, 불안 등이 문제해결을 방해하거나 감정 자체가 문제가 되는 경우 이를 공감해 주어 자유롭게 표출할 수 있도록 돕는 것이다. 예를 들어, 아버지의 학대로 면담하는 동안 울음을 참지 못하고 터뜨린다거나 분노를

표출할 때 충분히 표출할 수 있도록 지지해 준다. 이때 사회복지사는 그만 하라고 하거나 울지 말라고 달래는 것은 옳지 않다.

④ 재보증(Reassurance) : 클라이언트가 고심하고 있는 상황에 대해서 해결책이 있다는 사실을 확신시켜 주는 방법이다. 이러한 방법은 클라이언트가 실제로 합리적이고 현실적인 것에 자신의 결정이나 행동을 망설이거나 확신이 없을 때 사용한다(김향선 외, 2015). 예를 들어, 시험을 앞두고 불안해서 공부를 포기하려고 하는 수험생에게 "넌 충분히 잘할 수 있어." "이번에는 정말 열심히 노력했으니 마음을 가다듬고 침착하게 하면 잘할 수 있어. 나는 네가 잘 하리라고 믿어"라고 능력을 인정해 주는 것처럼 재보증 방법을 사용하는 것이다.

⑤ 초점화(Focus) : 클라이언트가 자기 문제를 언어로 표현할 때 혼란스러워하거나 산만한 경우에 점검해주고 말 속에 숨겨진 선입견, 편견, 혼란 등을 표출하여 자신의 사고과정을 명확히 볼 수 있도록 해주는 방법이다. 이러한 방법은 제한된 시간 내에 최대한의 효과를 추구해야 하는 전문적 관계에서 불필요한 시간낭비를 막아 주는 효과가 있다.

2) 인지 및 행동변화를 위한 실천

사회복지실천과정에서 클라이언트의 인지변화와 행동변화는 중요하게 다루고 있다. 인지변화는 클라이언트의 왜곡이나 부정적인 인지구조를 변화시켜 자신과 상황을 좀 더 현실적으로 인식하도록 돕는 것을 의미한다. 또한 행동변화는 클라이언트의 문제행동을 수정하거나 새로운 행동학습이 목표로 설정되었을 때 행동을 변화시키려고 돕는 것을 의미한다. 인지와 행동의 변화는 서로 불가분의 상호작용 관계이므로 인지행동의 통합적 접근이 필요하다. 인지행동적 접근은 단일 이론이라기보다는 인간을 바라보는 관점이 비슷한 여러 이론들이 모여서 이루어진 이론이라고 볼 수 있다. 현재는 단기적으로 눈에 보이는 효과를 증명할 수 있으므로 인지행동적 접근이 많이 활용되고 있으며, 인간의 인지, 정서, 행동 중 인지가 가장 중요하다고 여기며 접근하고 있다. 여기서는 사람을 바라보는 인지행동적 관점, 대표적 이론인 엘리스(Elles)의 합리적 정서치료와 아론 벡(Aaron Beck)의 인지치료, 행동치료 등에 대해서 알아본다(NCS학습모듈, 2019).

(1) 사건을 바라보는 인지행동적 관점

어떤 사건이 일어났을 때 사람마다 대처하는 것이 다르다. 예를 들어, 두 가장이 경제 불황으로 실직을 하여 노숙자가 되었다고 가정하자. 한 가장은 절망에 휩싸여 일할 의욕도 갖지 못하고 술을 마시며 전전하고 있다. 직장을 구하려는 한두 번의 시도 후에는 낙담을 하고 자포자기해 버렸다. 반면 다른 한 가장은 전자와 동일하게 낙담을 하고 좌절도 하였지만, 다시 재기하기 위해서 고용노동부의 프로그램을 이용하여 상담도 받고 학원을 다니면서 그 상황을 극복하려 노력하였다. 실직이라는 동일한 상황에서 두 사람의 대처가 왜 이렇게 달랐을까? 그것은 사건을 사람들이 어떻게 생각하느냐에 따라 그에 대한 감정이나 행동도 달라진다는 것을 단적으로 보여 주는 것이다. 전자는 실직이라는 상황을 극복하기 어려운 파국적인 상황이라고 생각하였고, 후자는 힘들기는 해도 인생의 여러 사건 중의 하나로 극복 가능하다고 여겼기 때문에 다른 노력을 할 수 있었던 것이다.

이러한 인지행동적 접근에서 이론마다 강조하고 있는 점이 조금씩 다르지만, 추구하는 점은 인지적 재구성에 초점을 두고, 대처기술의 교육과 훈련을 강조하고, 문제해결 접근에 초점을 두고 있다. 여기서 인지적 재구성은 사람들이 가진 생각의 내용과 방식을 바꾸는 것을 의미한다. 사람들이 불안해하고, 우울해하는 것은 사건에 대한 해석을 부정적 또는 파국적으로 하기 때문이라는 것이다. 생각을 바꾸면 감정도 달라지고, 행동까지 변화시킬 수 있다고 보았다. 대처기술의 교육과 훈련은 상황에 적절하게 대처할 수 있도록 교육하고, 연습 및 훈련하는 것을 의미한다. 사람들이 불안해하는 것은 그 상황에 어떻게 대처해야 할 것인지 모르기 때문이라고 생각한다. 따라서 상황에 대처할 수 있도록 교육하고, 연습 및 훈련함으로써 편하게 대처할 수 있고, 불안도 관리할 수 있다고 보았다. 문제해결 접근은 인지적 재구성과 대처기술 훈련을 함께 사용하여 문제 상황에서 보다 적절하게 대처할 수 있도록 가르치고 훈련하는 것이다(NCS학습모듈, 2019).

(2) 엘리스의 합리적 정서치료

어떤 사람의 믿음, 생각, 자신에게 하는 말 등이 이성적이고 합리적인 경우에는 어떤 현상에 대해 순기능적인 감정이나 행동을 보이게 되고, 반대로 혼란스럽거나 비이성적인 경우에는 역기능적인 감정이나 행동을 표출하게 된다(Ellis, 1962; 김향선 외, 2015). 즉, 합리적 정서치료이론은 비합리적인 신념에서 비롯되며 행동이나 정서적 결과는 실제 사건이 아니라 상황을 바라보는 신념체계에 따라 영향을 받는다는 것이다. 따라서 합리적 정서치료는 잘못된 지각이나 사고의 신념체계를 변화시키거나 치료하는 것을 의미한다. 여기서 잘못된 지각은 융통성이 결여된 생각이나 현실적 불가능성을 인정하지 않는 비합리적인 신념에서 나타날 수 있다. 융통성이 결여된 생각은 모든, 항상, 당연히, 반드시, 결코, 꼭, ...해야 한다. 나 ...이어야 한다. 등과 같은 단어를 포함한 생각이나 신념이다. 예를 들어, '나는 모든 사람에게 사랑받아야 한다.', '나는 항상 완벽하게 일을 끝내야 한다.', '반드시 가족은 저녁식사를 함께 해야 한다.' 등이다. 그러나 살다보면 항상, 완벽히 잘 하기는 어려운 것이 삶이다. 이러한 신념에 걸리면 자기 자신은 물론 타인에게까지 불가능한 것을 기대하고 요구할 수 있게 된다.

또한 현실적 불가능성을 인정하지 않는다는 것은 비합리적인 신념이다. 가치 있는 사람이 되려면 늘 사람들에게 친절해야 하고, 화를 내면 안 된다는 것이 현실적으로 가능할까? 이상적으로는 가능할지 모르지만, 현실 속에서 삶은 추구의 과정이지 완벽하고 완전할 수는 없다. 그러한 믿음은 좌절감을 주고, 자기 비난, 타인 비난, 무력감 등을 가져오기도 한다. 이러한 비합리적인 신념의 예는 '나는 내 주위의 모든 사람들에게 항상 사랑과 존경을 받아야 한다.', '나는 모든 면에서 유능해야 하고 반드시 성공해야 한다.', '잘못을 한 사람은 반드시 벌을 받아야 한다.', '존경받는 사람은 당연히 모든 사람이 좋아해야 한다.', '착한 사람은 절대 화를 내면 안 된다.' 등이 있을 수 있다.

① 엘리스의 ABCDE 모델 : 선행사건으로 인해 생각을 하고 결과로 나타나는 과정 속에서 신념체계를 수정·보완하는 방법이다. 즉, A(선행사건 : Acting events or experiences)는 인간의 정서를 유발하는 어떤 사건이나 현상, 행동을 의미하고, B(생각 또는 신념체계 : Belief system or thoughts)는 A에 대해서 개인이 지니는 태도나 사고방식으로 합리적인 신념(Rational belief)과 비합리적인 신념(Irrational belief)이 있을 수 있다. C(결과 : Consequences)

는 A의 선행사건에 대하여 합리적이거나 비합리적인 신념 B를 해석해서 나타나게 되는 정서적 결과이다. D(논박 : Disputing)는 비합리적인 신념체계를 재검토하여 치료(변화)하는 것이다. 그리고 E(효과 : Effect)는 D 논박을 통하여 비합리적인 신념체계를 합리적인 신념체계로 재구조화된 이후에 갖게 되는 행동과 감정의 효과를 의미한다(김향선 외, 2015).

이러한 엘리스의 ABCDE 모델에 따른 상담은 클라이언트의 사고, 감정, 행동을 변화시키기 위하여 그의 당위적이고 요구적인 신념체계를 인식하게 하고 합리적인 사고방식을 가질 수 있도록 인식시키며, 생각의 전환을 가져올 수 있도록 논박을 하는 것이다. 여기서 주의할 점은 논박이 클라이언트의 생각이 틀렸다고 지적하거나 가르치는 것이 아니라 '다른 사람들도 그렇게 생각할까요?', '모든 사람이 그렇게 생각하는 것은 아닙니다.'라고 말을 꺼내면서 그가 가진 신념을 다시 생각해 보도록 제안하는 것이다. 자신이 가지고 있는 비합리적 신념을 알아보기 위한 것은 〈표 8-1〉에 나타냈다.

〈표 8-1〉의 내용을 읽어 보고 비합리적 신념 중에서 자신에 해당하는 부분이 있는지 예, 아니오. 난에 체크한다. 체크한 다음 자신이 표시한 항목이 어떤 항목인지, 왜 그런 생각을 하는지 발표해 본다. 자신의 생각대로 되지 않았을 때 어떤 감정을 느끼는지를 발표해 본다. 자신이 가진 신념을 '~해야 한다'가 아니라 '~했으면 좋겠다'로 바꾸어 말해 본다. 만일 자신이 잘못된 신념을 가지고 있다면 수정할 수 있는지에 대해서 알아본다. 비합리적 신념 바꾸기의 예시는 〈표 8-2〉에 나타냈다.

〈표 8-1〉 자신이 가지고 있는 비합리적 신념을 알아보기 위한 것

번호	내용	예	아니오
1	내가 아는 중요한 사람들 모두에게 사랑받고 인정받아야 한다고 생각한다.		
2	나는 모든 면에서 유능하고 적합하고 성취를 이루어야 가치 있는 존재가 된다고 생각한다.		
3	어떤 사람이 악하고 비열한 행동을 했다면 그는 비난받고 벌받는 것이 당연하다고 생각한다.		
4	원하는 일이 뜻대로 되지 않으면 끔직하고 파멸만 있을 뿐이라고 생각한다.		

5	불행은 외부사건에 의해서 생기는 것이며 사람의 힘으로는 통제할 수 없다고 생각한다.		
6	어떤 일이 위험하거나 두려우면 그것에 대해 계속 걱정하고 생각해야만 한다고 생각한다.		
7	어려움과 자기책임에 직면하는 것보다 회피하는 것이 더 쉬운 일이라고 생각한다.		
8	사람은 다른 사람에게 의존할 필요가 있으므로 자기 자신보다 더 강하고 기댈 수 있는 사람이 있어야 한다고 생각한다.		
9	인생에서 과거의 시간은 현재를 결정지으며 과거의 영향은 없어질 수 없다고 생각한다.		
10	다른 사람의 문제에 대해 많은 관심을 가져야 하며 그것을 걱정해야 한다고 생각한다.		
11	모든 문제에는 항상 정답이 있는데 그것을 찾지 못하면 결과는 비참해진다고 생각한다.		

출처 : 국가직무능력표준, www.ncs.go.kr

〈표 8-2〉 비합리적 신념 바꾸기의 예시

구분	내용
사건/상황	밥을 먹다가 실수로 물을 쏟았다.
느낀 감정	화가 난다. 자신이 바보처럼 느껴졌다.
비합리적 신념	나는 항상 실수를 한다. 나는 반드시 완벽하게 행동해야 한다. 그래야 사람들이 인정한다.
신념 바꾸기	모든 것이 완벽할 수는 없다. 그런 사람은 세상에 없다. 항상 완벽해야만 하는 것은 아니다. 때로는 실수할 수 있고, 그것이 바보라는 뜻은 아니다. 물 쏟은 것은 실수이지만 다른 잘하는 것도 많다.
바뀐 감정	바보처럼 느껴지지는 않고 마음이 편안해졌다.

출처 : 국가직무능력표준, www.ncs.go.kr

(3) 아론 벡의 인지치료

아론 벡(Aaron Beck)의 인지치료이론에 의하면, 사람이 기분을 상하게 하는 데 있어서 중심적 역할을 하는 것은 어떤 사건 자체라기보다는 사건에 대해 개인이 갖고 있는 생각이나 오해로 보았다. 아론 벡은 우울증 환자를 상담하면서 그들에게 나타나는 부정적 생각이나 왜곡된 생각, 인지적 오류에 중점을 두고 연구하였는데, 클라이언트가 가지고 있는 특정 믿음이나 신념은 그의 자신에 대한 생각뿐만 아니라 미래를 보는 관점에 더 큰 영향을 미친다는 것을 알게 되었다. 즉, 정신장애는 생활사건에 대한 왜곡된 생각 및 비현실적인 인지평가의 결과로 이해될 수 있다는 것을 알게 되었다(구혜영, 2010). 따라서 아론 벡은 자동적 사고, 역기능적 인지 도식, 인지적 오류의 개념을 가지고 인지치료를 하였다(NCS학습모듈, 2019).

① **자동적 사고** : 사람들이 일상생활을 하면서 어떤 자극이 오면 자동적으로 떠올리는 생각을 의미한다. 자동적 사고가 긍정적일 때에는 건강하게 생활할 수 있지만, 반대로 부정적일 때에는 심리적 어려움이 발생할 수 있다. 우울을 경험하는 사람들의 자동적 사고는 인지 삼제(Cognitive triad)라고 하는 다음 세 가지 내용으로 구성되어 있다. 즉 자기에 대한 비판적 생각(ex. 나는 가치가 없는 사람이다.), 앞날에 대한 염세주의(세상을 괴롭고 귀찮은 것으로 여겨 비관하는 생각)적 생각(ex. 나의 미래는 절망적이다.), 세상에 대한 부정적인 생각(ex. 세상은 살만한 곳이 아니다.) 등이다.

② **역기능적 인지 도식** : 사람들이 살아가면서 세상을 이해하는 틀을 부정적 또는 역기능적으로 인식하는 것을 의미한다. 성장하면서 어떤 경험을 하고 자랐느냐에 따라 긍정적인 생각이 많은 사람도 있지만, 반대로 부정적인 생각이 많은 사람도 있다. 이러한 경험과 생각은 도식(지식의 기본 단위로 유기체가 외부의 사물을 인지하기 위해 사용하는 이해의 틀)이 되어 어떤 상황이 발생했을 때 형성해 놓은 도식이 자동적으로 작동한다. 따라서 역기능적 인지 도식을 많이 가지고 있을 때에는 일상생활에서 스트레스가 발생했을 때 부정적 내용의 자동적 사고가 떠올라 심리적 어려움이 발생한다. 역기능적인 도식의 예는 '사람들에게 인정받으려면 항상 일을 잘해야 한다.', '나의 가치는 다른 사람들의 평가에 달려 있다.', '다른 사람의 사랑을 받아야만 행복한 사람이다.', '다른 사람을 속여서라도 성공을 하는 것이 잘하는 길이다.' 등이다.

③ **인지적 오류** : 상대방이 그렇게 생각하지 않았는데도 현실을 제대로 지각하지 못함으로써 내 마음대로 상황을 해석하고 받아들이는 것을 의미한다. 사건이나 상황의 실제적인 의미를 확인하지도 않고 성급하게 결론을 내리거나, 이미 내린 결론에

맞추어 그에 맞는 증거를 찾아 더욱 생각을 공고히 하는 경우이다. 중요한 타자(자기 외의 다름 사람)에게 거부당할 것이라는 인지 도식을 가지고 있는 경우, '그 사람은 언젠가는 나를 떠날 것이다.' 라던가, '믿을 사람은 하나도 없다.'라는 생각을 한다. 이러한 경우는 타인을 의심하기 때문에 결국은 상대방을 떠나가게 하는 결과를 가져올 수도 있는데, 흑백 논리, 과잉 일반화, 선택적 추상화, 독심술, 의미 확대 또는 축소 등이 있다. 여기서 흑백 논리는 이분법적인 사고로 성공이냐 실패냐, 사랑하느냐 미워하느냐 등 둘 중 하나로만 생각하려 한다는 것이다. 성공과 실패의 어느 중간지점은 있을 수 없는 일이다. 과잉 일반화는 한두 번 일어난 일을 언제나 그렇다고 생각하는 것이다. 한두 번의 사업 실패로 무엇을 해도 실패할 것이라고 생각하는 경우이다. 선택적 추상화는 상황이나 사건에서 전체를 파악하지 못하고 한두 명의 반응이나 특정한 정보에만 주의를 기울여 전체를 해석하는 것이다. 발표할 때 한두 명의 부정적인 반응에만 선택적으로 받아들여 수치심을 느끼는 경우이다. 또한 상대방의 한 가지 행실을 보고 그 사람 전체를 좋게 또는 나쁘게 받아들이는 경우도 해당된다. 독심술은 상대방의 마음을 충분한 근거 없이 한두 가지 단서로 단정해 버리는 것이다. 한 번 미소를 보냈을 뿐인데 나를 좋아한다고 믿어 버린다거나, 상대방의 눈빛만 보고 나를 싫어한다고 단정하는 경우이다. 의미 확대 또는 축소는 사건의 의미나 중요성의 정도를 과장하거나 축소하는 것이다. 열심히 공부해서 장학생이 되었음에도 어쩌다 운이 좋아서 그랬다고 축소하거나, 한 번 자격증 시험에 떨어졌는데 내 '인생은 실패야.'라고 확대하여 생각하는 경우이다.

이러한 아론 벡의 인지치료 상담은 사회복지사가 클라이언트의 현실과 현실에 대한 주관적 해석을 분리해서 이해시켜야 한다는 것이다. 객관적으로 충분히 검증되지 않은 주관적 해석은 해석일 뿐 사실이 아니다. 예를 들어, "그가 당신을 미워한다고 생각하시는 겁니까?" 아니면 "그가 미워한다고 말했습니까?" "자격증 시험에 떨어져서 실해한 것처럼 생각되는 건가요?" 아니면 "정말 아무것도 할 수 없게 실패자가 되어 버렸나요?" 등과 같이 분리해서 인식을 명확히 할 수 있도록 물어야 한다. 이러한 과정에서 클라이언트의 부정적인 사고를 좀 더 긍정적 또는 적응적인 사고로 바꾸어 주고, 그의 인지적 오류를 찾아서 수정해 준다. 그리고 그의 부정적인 자동적 사고의 기저(기초가 되는 바닥)를 이루는 역기능적인 인지 도식이 있는지 찾아서 그 내용을 좀 더 적응적이고 현실적으로 바꾸어 준다. 이러한 과정에서 주의할 점은 문제의 증상이 여러 가지가 함께 발생할 경우에 발생의 순서별로 정리를 하여 초기에 발생했던 증상을 먼저 다루는 것이 바람직하다. 예를 들어, 주의집중이 안 되고 공부가 안 되며 우울하고 화가 난다면, 가장 먼저 발생한 주의집중의 문제를 먼저 다루는 것이 중요하다.

사람들의 인지과정에서 어떤 사건이나 행동에 직면했을 때 떠오르는 생각과 감정은 각 개인의 고유한 경험에 의해 매우 주관적인 자기중심적 해석에 따라 나타나는 반응으로 볼 수 있는데, 일반적인 잘못된 믿음과 바람직한 믿음의 예시는 〈표 8-3〉과 같다.

〈표 8-3〉 잘못된 믿음과 바람직한 믿음의 예시

잘못된 믿음	바람직한 믿음
만약 내가 남을 불쾌하게 만든다면, 그것은 큰 잘못이므로 나는 고통스러워야 한다.	나는 항상 남들의 반응에 따를 수는 없다. 그렇지 않으면 나는 매우 상처받기 쉽다. 나를 기쁘게 하는 것이 남을 기쁘게 하는 것보다 중요하다.
세상은 인정사정없는 곳이다. 사람들은 자기 자신 외에는 누구에게도 신경 쓰지 않는다.	세상에는 다양한 종류의 사람들이 있다. 무자비한 사람도 있고, 이타적인 사람도 있다. 내가 후자와 같은 사람을 찾으려 한다면 찾을 수 있다. 만약 내가 이타적인 사람이 되기 위해 노력한다면 세상은 보다 좋은 곳이 될 것이다.
남자들의 여자에 대한 유일한 관심은 여자들을 지배해서 성적 노리개로 쓰는 것뿐이다.	여자들이 다양하듯이 남자들도 다양하다. 건강한 남성과 여성들은 섹스에 관심도 있지만, 반드시 자신만의 쾌락을 위해 남을 이용하는 것은 아니다.
훌륭해지기 위해 사람은 완벽히 유능해야 하며, 모든 노력마다 성공해야 한다.	모든 사람은 고유한 재능의 영역이 있으며 어떤 부분에서는 남들보다 잘할 수 있다. 어떤 이도 완벽하지 않으며 자주 실망하기 마련이다.
경쟁에서 지는 것은 끔찍한 충격이다.	이기면 기분이 좋기는 하지만, 승자가 있으면 패자도 있기 마련이다. 승리뿐만 아니라 아름다운 패배에도 얻는 것이 있다.
타인의 복지를 증진하기 위해 자신을 희생하고 고통스럽게 하며, 자신을 희생하는 것은 미덕이다.	남을 돕고 관심을 갖는 것이 바람직한 일이기는 하지만, 나의 개인적 만족을 추구하는 것 또한 나의 몫이다. 불필요한 고통은 미덕이 아니다.

출처 : 국가직무능력표준, www.ncs.go.kr

위와 같은 인지 및 행동변화를 위한 실천 외에 직면과 재명명의 의사소통 방법이 사용되기도 한다(이은희 외, 2015). 여기서 직면(Confrontation)은 클라이언트가 모르고 있거나 모순점이 있을 때 그의 어려움을 야기하거나 유지시키는 사고, 감정, 행동의 특정 측면을 그에게 직시하게 하여 자기인식을 증진시키고 변화를 촉진시키기 위한 것이다. 이러한 직면은 클라이언트 자신의 문제를 부정하거나 회피하고 합리화하여 변화를 거부하고 개입을 회피하려고 할 때 자아인식을 고양하고 변화를 촉진할 때 사용된다(김향선 외, 2015). 예를 들어, '한편으로 당신은 아버지를 사랑한다고 말하지만(느끼지만, 생각하지만, 또는 행동하지만) 그 반면에 또 다른 한편으로 당신은 아버지를 증오한다고 말합니다(느낍니다. 생각합니다. 또는 행동합니다).' 이와 같이 직면을 사용할 때는 클라이언트의 말, 감정, 생각, 행동에서 나타나는 모순과 불일치를 직접적으로 지적하되 비판하지 않으면서 직면해야 한다. 이러한 방법의 의도는 클라이언트를 돕기 위한 것이지 그를 비판하거나 벌주는 것이 아니기 때문에, 적용할 때 클라이언트의 기분과 이해 정도를 충분히 고려하여야 하며 화가 났거나 좌절된 상태에서는 사용하지 않는 것이 좋다(김경남 외, 2008).

재명명(Reframing)은 어떤 문제의 행동과 사건에 대해 클라이언트가 부여하는 의미를 수정해 줌으로써 그의 시각을 긍정적인 의미로 바꾸어주는 것을 의미한다(엄명용 외, 2013). 즉, 문제나 상황을 판단하는 관점의 변화로 문제나 상황을 다르게 해석하여 새로운 의미를 발견하도록 하는 방법이다. 예를 들어, 남편에게 잔소리를 하는 아내의 말과 행동을 "남편에 대한 애정과 사랑이 아직도 많은가 보아요."라고 긍정적 해석으로 설명하는 것이다. 이러한 방법은 가족구성원들이 문제라고 규정한 것을 다시 검토해 보도록 격려하며 다른 구성원들의 행동을 다른 각도에서 이해하도록 도움을 줄 수 있다. 또한 인지행동적 접근에 많이 활용되며 인지 및 사고과정과 행동의 변화에 목표를 두고 특정 사건이나 행동에 붙여졌던 낙인이나 죄책감, 수치심 등을 정상화, 일반화시킬 수 있다.

〈표 8-4〉의 아론 벡 우울 척도(BDI)를 활용하여 자신의 우울에 대한 사항을 점검해 본다. 21문항에 대해 해당하는 (　) 안의 점수에 체크하여 합산한 점수가 높을수록 우울감을 많이 경험하는 것이다. 주의할 점은 단지 점수는 주관적으로 표시하는 것이므로 개인 간 점수 비교를 통해 누가 더 우울하다고 결정하기는 어렵다. 다만, 주관적으로 힘들다고 느끼고 있으므로 이에 대해 상담을 통해 어떠한 요인이 그런 생각을 하게 만드는

지 이야기하면서 해결하는 것이 중요하다. 문항을 중심으로 이야기를 하다보면 클라이언트 안에 부정적인 생각, 자기 비판적이고 비하적인 생각이 드러난다. 이럴 때 클라이언트의 인지를 인정하고 수용하면서 다른 관점도 있다는 것을 알려주거나 부드러운 직면을 사용하여 인지 왜곡적인 생각을 수정해 준다. 인지 왜곡의 예시는 〈표 8-5〉에 나타냈다.

〈표 8-4〉 아론 벡의 우울 척도(BDI)

이 질문은 일상생활에서 경험할 수 있는 내용으로 구성되어 있습니다. 각 문항의 4가지(0~3점) 중에서 지난 일주일 동안 자신의 상태를 가장 잘 나타내는 것을 택하여 (　) 안에 체크해 점수를 합산하세요.

번호	점수	내용
1	0 (　)	나는 전혀 우울하거나 슬프지 않다.
	1 (　)	나는 가끔 우울하고 슬프다.
	2 (　)	나는 항상 우울하고 슬프다.
	3 (　)	나는 견딜 수 없을 만큼 슬프고 불행하다.
2	0 (　)	나는 미래에 대해서 특별히 낙담하지 않는다.
	1 (　)	나는 미래에 대한 희망이 별로 없다.
	2 (　)	나는 미래에 기대할 것이 아무것도 없다.
	3 (　)	나는 미래에 희망이 없으며 무언가 좋아질 가능성도 없다.
3	0 (　)	나는 좌절감을 느끼지 않는다.
	1 (　)	나는 다른 사람들보다 많은 일에서 실패만 해왔다.
	2 (　)	내 인생을 뒤돌아볼 때 나는 항상 실패만 해왔다.
	3 (　)	나는 한 인간으로서 철저한 실패자다.
4	0 (　)	나는 전과 다름없이 일상생활에서 만족을 느끼고 있다.
	1 (　)	나는 전과 같이 일상생활이 즐겁지 않다.
	2 (　)	나는 더 이상 어떤 것에서도 만족을 얻지 못한다.
	3 (　)	나는 매사가 다 불만스럽고 지겹다.
5	0 (　)	나는 특별한 죄책감을 느끼지 않는다.
	1 (　)	나는 종종 죄책감을 느낀다.
	2 (　)	나는 자주 죄책감을 느낀다.
	3 (　)	나는 항상 죄책감을 느낀다.
6	0 (　)	나는 내가 벌을 받고 있다고 느끼지 않는다.
	1 (　)	나는 내가 벌을 받을지도 모른다고 느낀다.
	2 (　)	나는 내가 앞으로 벌을 받을 거라고 생각한다.
	3 (　)	나는 지금 벌을 받고 있다고 느낀다.

7	0 ( )	나는 내 자신에 대해 실망하지 않는다.
	1 ( )	나는 내 자신에 대해 실망하고 있다.
	2 ( )	나는 내 자신이 싫다.
	3 ( )	나는 내 자신을 증오하고 있다.
8	0 ( )	나는 내가 다른 사람보다 못하다고 느끼지 않는다.
	1 ( )	나는 나의 약점이나 실수에 대하여 내 자신을 비판하는 편이다.
	2 ( )	나는 나의 잘못에 대해 항상 내 자신을 질책한다.
	3 ( )	나는 주변에서 일어나는 잘못된 모든 일에 대해서 내 자신을 질책한다.
9	0 ( )	나는 자살할 생각 같은 것은 하지 않는다.
	1 ( )	나는 자살을 행동에 옮기지는 않지만 자살할 생각을 가지고 있다.
	2 ( )	나는 자살하고 싶다.
	3 ( )	나는 기회만 있으면 자살하겠다.
10	0 ( )	나는 전보다 더 자주 울지 않는다.
	1 ( )	나는 요즘 전보다 자주 운다.
	2 ( )	나는 요즘 항상 운다.
	3 ( )	나는 너무 울어서 이제는 울고 싶어도 눈물이 안 나온다.
11	0 ( )	나는 전보다 더 자주 화를 내지는 않는다.
	1 ( )	나는 전보다 더 신경질적이고 짜증스럽다.
	2 ( )	나는 요즘 항상 짜증스럽다.
	3 ( )	전에는 짜증스럽던 일인데도 이제는 짜증조차 나지 않는다.
12	0 ( )	나는 전처럼 다른 사람에 대한 관심을 가지고 있다.
	1 ( )	나는 전보다 다른 사람에 대한 관심이 줄었다.
	2 ( )	나는 다른 사람에 대해 거의 관심이 없어졌다.
	3 ( )	나는 다른 사람에 대해 전혀 관심이 없어졌다.
13	0 ( )	나는 전처럼 어떤 일을 결정하는 데에 어려움이 없다.
	1 ( )	나는 전에 비해 결정을 잘 내리지 못하고 뒤로 미룬다.
	2 ( )	나는 전보다 어떤 일을 결정하기가 상당히 어렵다.
	3 ( )	나는 더 이상 어떤 결정을 내릴 수가 없다.
14	0 ( )	나는 전보다 내 모습(외모)이 추해졌다고 느끼지 않는다.
	1 ( )	나는 내가 나이 들고 매력 없게 보일까 봐 걱정한다.
	2 ( )	이젠 남에게 매력을 주지 못할 만큼 내 모습이 변했다.
	3 ( )	나는 내가 못생겼다고 생각한다.

15	0 (　)	나는 전과 다름없이 일을 잘할 수 있다.
	1 (　)	어떤 일을 시작하려면 전보다 더 힘이 든다.
	2 (　)	어떤 일을 하기가 무척 힘들다.
	3 (　)	나는 아무런 일도 할 수가 없다.
16	0 (　)	나는 전처럼 잘 잔다.
	1 (　)	나는 전처럼 잘 자지 못한다.
	2 (　)	나는 전보다 한두 시간 일찍 잠을 깨며 다시 잠들기가 어렵다.
	3 (　)	나는 전보다 몇 시간 일찍 깨며 다시 잠들 수가 없다.
17	0 (　)	나는 전보다 더 피곤을 느끼지는 않는다.
	1 (　)	나는 전보다 더 쉽게 피곤을 느낀다.
	2 (　)	나는 거의 모든 일을 할 때마다 피곤을 느낀다.
	3 (　)	나는 너무 피곤해서 아무 일도 할 수 없다.
18	0 (　)	내 식욕은 전보다 나빠지지 않았다.
	1 (　)	내 식욕은 전처럼 좋지 않다.
	2 (　)	내 식욕은 요즘 매우 좋지 않다.
	3 (　)	요즈음 전혀 식욕이 없다.
19	0 (　)	나는 요즘 몸무게가 줄지 않았다.
	1 (　)	나는 전보다 몸무게가 조금 줄었다.
	2 (　)	나는 전보다 몸무게가 많이 줄었다.
	3 (　)	나는 몸무게가 너무 많이 줄어 건강에 위협을 느낄 정도다.
20	0 (　)	나는 전보다 건강에 대해 더 신경 쓰지 않는다.
	1 (　)	나는 두통, 소화 불량, 변비 등으로 건강에 신경이 쓰인다.
	2 (　)	나는 건강에 신경이 많이 쓰여 다른 일을 하는 데 어려움이 있다.
	3 (　)	나는 다른 일을 할 수 없을 정도로 건강에 대해 걱정이 심하다.
21	0 (　)	나는 요즘도 성에 대한 관심에 변화가 없다고 생각한다.
	1 (　)	나는 전보다 성에 대한 관심이 적어졌다.
	2 (　)	나는 요즘 성에 대한 관심이 현저하게 줄었다.
	3 (　)	나는 성에 대한 흥미를 완전히 잃어버렸다.
합산		

출처 : 국가직무능력표준, www.ncs.go.kr

〈표 8-5〉 인지 왜곡의 예시

인지 왜곡	설명
전부가 아니면 전무	경험은 흑백 논리로 평가한다. 회색 지대나 중간 지대는 없다. 하나의 실수가 완전한 실패를 증명한다고 결론을 내린다.
결론으로 건너뛴다.	충분한 증거 없이 증명되지도 않고 비현실적인 결론을 내린다. 정보를 수집하기도 전에 어떤 것을 바람직하지 않고 실행할 수 없다고 결론을 내린다.
선별적인 관심	자신이 미리 인지하고 있는 생각을 뒷받침해 주는 사람에만 관심을 갖는다. 다른 결론을 지적해 주는 사실들을 간과하거나 기각해 버린다.
비극화	가장 최악의 결과를 예측하고 기다린다. 항상 나쁜 일이 일어날 것이라고 기대한다.
실패의 과대화	실패나 실수의 의미 또는 중요성을 과장한다. 예를 들어, 일을 하는 중에 우리는 9를 성공하고 1을 실패할 수 있지만 단지 1에 대한 실패에만 관심을 쏟는다.
성공의 과소화	긍정적인 경험이나 성공의 중요성을 소홀히 여기고 경시한다. 성공을 운이 좋은 탓으로 돌린다.
자신, 타인, 세상에 대한 부정적인 믿음	자신을 포함한 모든 사물이나 사람이 나쁘고 변화되지 않으며 희망이 없다는 지속적이고 부정적인 믿음을 고수한다.
개인화	모든 문제나 부정적인 사건들은 자신의 부족함 때문에 일어난다. 통제할 수 없는 것에 대한 책임을 진다.
외적 통제소	스스로의 삶에 대한 통제권이 없다. 즉, 다른 사람이 자신의 삶을 통제한다고 믿으며 어떤 일이 일어나는가는 운명의 문제라고 믿는다.

출처 : 국가직무능력표준, www.ncs.go.kr

(4) 행동치료

인간의 잘못된 행동이나 사고를 변화시키기 위해서 체계적이고 구조적인 다양한 방법들이 활용된다. 행동치료는 반두라(Bandura)의 인지적 사회학습이론을 기초로 1970년대 이후 인지행동치료로 발전해 왔다. 행동주의 이론에서는 자극과 반응에 따른 강화와 처벌로 학습이 일어나고 행동이 강화된다고 보았고, 인지적 사회학습 이론에서는 개인의 행동과 환경의 상호작용이 매우 중요하다고 보았다. 즉, 학습이 일어나는 것은 수동적이고 일방적인 것이 아니라 보다 자율적이고 자기주도적으로 학습이 일어난다는 것이다.

행동치료의 목표달성을 위한 방법은 클라이언트가 새로운 행동을 학습하거나 기존의 행동을 수정하도록 돕는 방법으로 과잉행동, 공격성, 비행, 부도덕적 행동, 방임 등 다양한 문제행동에 사용된다. 행동치료이론은 인간의 행동이 그 행동을 발생하게 하는 선행조건(Antecedents)과 행동(Behavior), 행동의 결과(Consequence)라는 A-B-C 관계로 분석할 수 있는데, 특정한 사건에서 행동은 그 행동의 결과에 영향을 받는다고 보기 때문에 선행조건과 결과에 조작을 가함으로써 표적행동(과잉행동, 공격성, 비행, 부도덕적 행동 등)을 변화시킬 수 있다는 가정에서 언급된다(김경남 외, 2008). 이러한 방법에는 여러 가지가 있을 수 있는데, 다음과 같다(NCS학습모듈, 2019).

① **강화, 소거, 처벌** : 강화(Reinforcement)는 표적행동에 대해 긍정적인 보상을 줌으로써 바람직하지 않은 표적행동의 빈도를 낮추려고 하는 방법이다. 이러한 강화는 표적행동을 감소시키기 위해 클라이언트가 좋아하거나 유쾌해하는 조건을 추가하거나 제공하는 것을 의미한다. 소거(Extinction)는 바람직하지 않은 표적행동을 없애기 위해 그 행동을 무시하여 자연히 그 행동이 소멸되도록 하는 것이다. 처벌(Punishment)은 표적행동을 억제하거나 감소시키는 효과를 얻기 위해 고통스럽고 불쾌한 자극을 주는 방법이다.

② **모델링**(Modeling) : 바람직한 행동을 하는 다른 사람을 모방함으로써 행동에 변화를 주기 위해 클라이언트가 모방할 수 있는 모델을 제시하는 방법이다. 특히, 사회적이고 상호작용적 행동은 다른 사람을 관찰하고 그 행동을 모방함으로써 학습되는데, 동영상 자료를 활용하기도 한다.

③ **타임아웃**(Time-out) : 문제행동이 어떤 상황으로 인하여 강화를 받게 되는 경우에 문제행동을 한 사람을 그 상황으로부터 격리시키는 방법이다. 즉, 표적행동을 하는 환경에서 클라이언트를 일시적으로 격리하여 표적행동을 감소시키거나 제거하는 방법이다.

④ **긴장이완 훈련**(Relaxation training) : 일상생활에서 일어나는 스트레스에 대처하는 좋은 방법 중의 하나로 명상, 자율 훈련, 표현 훈련 등의 방법이 있다. 근육의 수축과 이완을 되풀이하는 과정을 통해 점차 몸이 이완되고, 호흡도 편안해진다. 긴장이완 훈련을 통해 스트레스 관리, 분노조절, 불안감 감소 등에 도움이 될 수 있다.

⑤ **체계적 둔감법**(Systematic desensitization) : 불안 요소에 대해 가장 덜 위협적인 상황에서

가장 위협적인 상황까지 상황들을 순서대로 제시하면서 불안자극과 불안반응 간의 연결이 없어질 때까지 불안을 일으키는 자극을 반복적으로 제시하면서 극복하는 것이다. 클라이언트의 불안을 일으키는 구체적인 상황을 파악한 후 일주일 동안 불안을 일으켰던 상황을 관찰, 기록하는 과정을 갖는다. 불안을 일으키는 상황이 구체적으로 파악되면 상담을 진행하는데, 먼저 충분히 이완할 수 있도록 가르치고 일상에서도 연습할 수 있게 한다. 사회복지사와 클라이언트는 불안 위계표를 함께 작성하고 불안요소들을 분석해서 위계를 정한다. 위계에 따라 낮은 단계부터 불안 장면을 상상하게 하고 클라이언트의 반응을 보면서 천천히 위계를 올리며 불안을 감소시킨다.

8.2 대인 관계적 변화를 위한 실천

클라이언트는 일상생활을 하면서 다양한 문제에 직면할 수 있다. 이러한 문제를 해결하기 위해서는 결정능력, 의사소통 방법, 갈등해결, 자기관리 등의 방법이 요구된다. 특히, 대인 관계적 변화는 배우자, 가족구성원, 친구, 친척, 동료, 고용주 등과의 중요한 관계에서의 변화를 의미한다. 즉, 대인관계를 개선할 필요가 있는 개인이 의사소통하고 갈등을 해결하며 만족을 얻는 방식으로 변화시키는 것이다. 대인관계를 변화시키기 위해서는 클라이언트가 휘말려 있거나 갈등의 원인이 되는 상호작용의 패턴에 초점을 둔다. 클라이언트는 문제를 해결하기 위해 자신이 가지고 있는 지식, 기술, 대인관계 능력을 사용하면서 스스로 해결하기가 어렵다고 생각될 때에는 전문가의 도움을 요청하게 된다. 반면 의존적인 클라이언트는 사회복지사가 문제를 다 해결해 줄 것이라는 기대를 가지고 오기도 한다. 따라서 사회복지사는 클라이언트를 대할 때 관계의 원칙을 준수하면서 비심판적이고 그의 자기결정권을 존중하면서 실천하는 것이 중요하다. 여기서는 문제해결 능력 향상을 위한 실천과 자기표현(주장) 능력 향상을 위한 실천 등에 대해서 알아본다(NCS학습모듈, 2019).

1) 문제해결 능력 향상을 위한 실천

문제해결 능력을 향상시키기 위해 사용되는 방법은 어떤 이론에 국한되지 않고 다양한 이론을 적용하여 클라이언트의 문제를 해결할 수 있도록 실천하는 것이다. 클라이언트의 절망적, 부정적인 상황에 노출되어 있다가 오는 경우가 많으므로 강점 관점을 유지하면서 그의 자원을 확대하는 데에 관심을 갖는다. 문제를 안고 있는 클라이언트는 자신에게 발생하는 문제를 효과적으로 처리하지 못한다. 그러나 문제에 체계적으로 접근하는 방법을 배우면 가족, 학교, 직장에서 상호협동하고 상호 존중하는 과정을 배울 수 있게 되고 대인관계의 갈등도 줄일 수 있다. 사회복지사는 클라이언트에게 문제해결 방법을 가르치면서 주의해야 할 점은 주·종관계가 아니라 서로 상호 협조적 관계로 인식해서 상호작용해야 한다는 것이다. 이러한 과정은 다음과 같다(NCS학습모듈, 2019).

(1) 상호 협조적으로 상호작용하기

클라이언트와 사회복지사가 상호 협조적으로 상호작용하기 위해서는 클라이언트가 가지고 있는 욕구 및 문제에 대해서 문제를 건설적으로 재구성하며 상호 협조적으로 상호작용을 촉진하고, 문제는 체계 속에 있다는 것을 인식해야 한다.

① **문제의 건설적 재구성** : 사회복지사는 클라이언트가 가지고 있는 부정적이고 비판적인 진술 속에서 그의 필요 사항이나 욕구를 파악하고 긍정적으로 재정의한다. 문제 속에서 긍정적인 요소를 발견하고 이를 피드백 해주며 클라이언트가 가지고 있는 불만이나 비난의 목소리를 욕구로 재해석한다.

② **상호 협조적 상호작용 촉진하기** : 문제를 가지고 온 클라이언트가 서로 비난하지 않고 서로에게 숨겨진 좋은 의도를 발견할 수 있도록 한다. 부정적인 상호작용을 긍정적인 상호작용으로 전환할 수 있게 도와주며 더 나아가 상호 협조적인 노력을 인정할 수 있게 촉진한다.

③ **문제는 체계 속에 있다는 것을 인식** : 문제는 한 쪽이 원인이고 다른 쪽이 결과인 인과관계가 아니라 체계의 순환과정에서 발생하는 것으로 공동의 책임이 있음을 알도록 한다. 즉, 문제를 해결하기 위해서는 서로가 협조적으로 노력해야 한다.

또한 위와 같이 상호작용하면서 문제해결과정 중에 상호작용을 관리하기 위해서는 문제를 자세하게 언급하고, 과거의 어려움보다 현재 문제에 초점을 맞추고, 한 번에 한 가지 문제에만 초점을 맞추고, 다른 사람이 자신의 문제를 이야기할 때에는 경청하며, 긍정적이고 건설적인 방식으로 문제를 해결할 수 있도록 하는 것이 중요하다.

(2) 문제해결 단계

클라이언트의 욕구 및 문제를 해결하기 위해서는 먼저 클라이언트 자신에게 문제가 있다는 것을 인식시키는 것이 중요하다. 각각의 문제해결 단계에 대해서 알아본다.

① **문제인식** : 문제해결을 위한 첫 번째 단계로 문제는 자신에게 있다는 것을 인정하는 것이다.

② **문제분석 및 욕구파악** : 문제를 가진 자신의 문제에 대해서 원인을 분석하고 욕구가 무엇인지 파악하는 것이다. 문제파악 및 해결과정을 통해 자신의 욕구충족이 될 수 있도록 방향과 목적을 세울 수 있으며, 자신의 욕구를 나누면서 타인의 욕구도 수용할 수 있게 된다.

③ **가능한 해결방안을 만들기 위해 브레인스토밍** : 최대한으로 다양한 방법이 나올 수 있도록 서로 개방하고 받아들이는 분위기를 조성한다.

④ **참여자들의 욕구를 고려하면서 각 제안을 평가** : 많은 해결책 가운데 모든 참여자들의 욕구에 맞는 최선의 대안을 선택하는 것이다. 가능한 해결책을 적어 놓고 모든 참여자가 찬반을 정리하고 모두가 만족할 만한 방법의 하나를 선택하는 것이다.

⑤ **선택한 대안 실행** : 선택한 대안을 목표나 계획에 따라 직·간접적으로 실천하는 것이다.

⑥ **결과 평가** : 실행한 방법이 만족스러운지 모두의 욕구를 충족시키는지 등에 대해 모니터링을 하고 서로 피드백하는 과정이다.

2) 자기표현(주장) 능력 향상을 위한 실천

클라이언트는 대인관계에서 불안이나 스트레스를 받을 수 있다. 이러한 상황을 해결하기 위해 사회적 기술훈련이 필요하다. 사회적 기술은 자신의 감정과 욕구를 상대방에게 정확히 표현함으로써 대인관계에서 자신의 목표를 성취할 수 있게 해주는 모든 기술이 포함된다. 이러한 기술은 방임된 아동, 가정폭력 피해여성, 성폭력 피해여성, 정신과 환자 등 다양한 영역에서 그 필요성이 요구되고 있으며, 각각의 대상과 환경에 따라 프로그램을 개발·운영되고 있다. 여기서는 자기표현(주장) 훈련과 스트레스 관리훈련, 사회기술훈련 등에 대해서 알아본다(NCS학습모듈, 2019).

(1) 자기표현(주장) 훈련

자기표현(주장) 훈련은 친구관계, 이성관계, 직장에서의 대인관계, 이웃과의 대인관계 등에서 클라이언트가 자신의 생각이나 느낌을 상대방에게 표현하지 못하거나, 너무 공격적으로 표현해서 상대방에게 오해를 사는 경우에 건강하게 상호작용할 수 있도록 훈련하는 방법이다. 상대방의 권리와 감정을 존중하는 가운데 본인의 의견과 주장, 선호도 등을 구체적으로 표현하도록 하는 훈련이다. 예를 들어, 한국사회에서는 자기를 표현하거나 자신을 분명히 말하면 '잘난 척한다, 공격적이다, 자기중심적이다'라고 부정적으로 평가하는 경우가 있으며, 특히 슬프거나 화난 감정을 타인에게 보여주면 안 되는 감정으로 여기고 숨기려고 한다. 따라서 자기표현(주장) 훈련은 인간은 자신을 표현할 권리가 있다는 기본 가정을 가지고 진행한다. 자기주장과 관련된 용어는 주장적 행동(상대방의 감정을 상하게 하지 않고도 자신의 욕구와 감정, 생각 등을 표현하는 것), 수동적·소극적 행동(상대방을 너무 배려하거나 눈치를 보게 되어 자신이 원하는 바를 제대로 표현하지 못하여 자신의 권리와 욕구가 손해를 보는 것), 공격적 행동(상대방의 감정이나 욕구는 고려하지 않고 자신의 욕구와 감정, 생각 등을 표현하여 상대방의 감정을 상하게 하거나 겁을 주는 것) 등이 있다. 소극적, 주장적, 공격적 표현의 행동특징은 <표 8-6>과 같다.

〈표 8-6〉 소극적, 주장적, 공격적 표현의 행동특징

구분	소극적	주장적	공격적
행동특징	• 타인의 입장 배려 • 자신의 입장 및 욕구 무시 • 솔직하게 표현하지 못함	• 자신의 입장과 타인의 입장을 고려 • 자신의 욕구를 충족하되 타인의 권리를 침해하지 않음	• 자기 입장만 생각 • 타인의 입장 및 욕구 무시 • 폭언이나 폭력 무시
감정	• 자신에 대한 실망감 • 타인에 대한 원망감	• 자기존중감	• 자신에 대한 승리감이나 우월감 • 이후에 죄책감이 듦

결과	• 자신의 욕구충족하지 못함 • 타인을 멀리해서 대인관계가 좋지 않음	• 자신의 욕구 성취 • 상호존중	• 자신의 욕구 성취 • 상대방에게 분노감이 유발되거나 관계가 깨짐

출처 : 국가직무능력표준, www.ncs.go.kr

또한 자기표현(주장)을 잘하지 못하는 이유는 심리적 불안(ex. 자기주장을 하면 크게 피해볼 수 있다거나 내 의견을 말하는 것이 왠지 무섭고 두렵다라는 생각 등), 비합리적 신념이나 인지 왜곡(ex. 화가 나거나 짜증을 내면 품격이 낮은 사람이다. 아랫사람은 무조건 참고 윗사람의 의견을 따라야 한다. 자기주장을 하는 것은 예의바르지 못하고 상대방에게 상처를 줄 수 있다. 나의 생각과 감정은 중요하지 않다라는 생각 등), 수줍고 소극적인 성격(ex. 부끄럽다. 수줍다. 창피하다라는 생각 등), 자기표현 기술의 부족 등이 있을 수 있다.

(2) 스트레스 관리훈련

스트레스 관리훈련이란 스트레스가 많은 사건이나 상황에 과도하게 반응하지 않게 대처할 수 있도록 돕는 방법이다. 스트레스는 사람이 일상생활에서 심리적 또는 신체적으로 감당하기 어려운 상황에 처했을 때 느끼는 불안과 위협의 감정으로 정신건강뿐만 아니라 개인의 전반적인 건강과도 관련이 있다. 사람들이 스트레스를 관리할 수 있으면 스트레스에 극도로 불안해하거나 분노를 느끼지 않지만 관리를 제대로 하지 못하면 불안, 불면증, 분노, 두통, 호흡 곤란 등을 겪을 수 있다. 스트레스 관리방법으로는 긴장이완법, 호흡법, 명상법, 인지치료법, 생활관리 및 운동요법 등이 활용되고 있으며 주로 긴장이완법이 많이 사용되고 있다. 긴장이완 훈련은 근육의 수축과 이완을 되풀이하는 과정을 통해 점차 몸이 이완되고, 호흡도 편안해지도록 훈련하는 방법이다. 이러한 방법은 다양한 스트레스와 관련된 신체적 증상이 있는 클라이언트를 돕는 데 유용하다. 또한 클라이언트가 극도의 불안과 긴장으로 정신이 혼미하거나 강한 감정에 휩싸였을 때 다시 평정을 찾도록 도움을 줄 수 있는데, 위기상황으로 급성 불안을 느끼는 사람, 긴장해 있고 불안한 사람, 긴장성 두통, 편두통, 호흡곤란, 심리적으로 초조해 하는 사람, 불면증으로 잠을 못 이루는 사람, 분노 통제가 어려운 사람, 보통 정도의 우울증이 있는 사람 등에게 긴장 이완 훈련을 활용하면 도움이 될 수 있다. 긴장이완법과 호흡법은 〈표 8-7〉에 나타냈다. 또한 긴장이완 훈련과정은 다음과 같이 진행한다(NCS학습모듈, 2019).

① **훈련 과정에 대한 설명 후 동의를 얻음** : 클라이언트에게 긴장감의 원인과 역효과를 설명하고 긴장이완의 효과와 활용법 등을 설명한다. 또한 자기 것으로 활용하기 위해 지속적인 연습이 필요하다고 알려준다.

② **이완에 도움이 되는 조건을 밝힘** : 편안한 의자나 등을 기댈 수 있는 의자가 있으면 좋다. 만약 바닥에서 해야 한다면 매트나 담요를 깔고 할 수 있다.

③ **클라이언트 교육 지침** : 클라이언트에게 이완훈련을 가르치기 전에 주의사항이나 지침을 알려주고 이완훈련 중에 일어날 수 있는 일들을 알려준다.

④ **클라이언트가 과정을 적용하도록 지도** : 근육을 수축하고 이완하는 과정을 세 차례 정도 실시하고, 성과측정을 위해서 근육이완 정도를 1에서 10까지의 점수로 기록하게 한다.

⑤ **훈련 후 관리** : 과정을 가르쳐 준 후에는 집에서 매일 20~30분 정도 훈련을 할 수 있도록 알려준다. 매일 훈련한 후 근육이완 정도를 점수로 체크하여 발전 정도를 평가한다.

〈표 8-7〉 긴장이완법과 호흡법

구분	내용
긴장이완법	1) 편안한 자세로 조용히 앉는다. 2) 눈을 감는다. 3) 천천히 온몸의 근육 긴장을 풀어 준다. 발끝부터 시작해서 무릎으로, 배로, 그리고 얼굴의 근육까지 완전히 이완시킨다. 4) 자기가 아무런 걱정도 없이 조용하고 평화로운 장소에 있다고 상상한다. 5) 자신을 원래 앉아 있던 장소로 되돌려 놓는다. 이때 여전히 편안하고 긴장이 이완된 기분으로 한다. 6) 눈을 뜨고 훈련을 끝낸다.
호흡법	1) 코로 숨을 들이마신다. 2) 가슴을 움직이지 않으면서 배로 숨을 내쉰다. 3) 1, 2, 3, 4박자에 숨을 들이마시고, 1, 2, 3, 4박자에 숨을 참고, 그리고 1, 2, 3, 4박자에 숨을 내쉰다.

출처 : 엄명용 외, 2009.

(3) 사회기술 훈련

사회기술 훈련은 표적행동의 상황에 따라 역할극 연습이나 놀이 · 미술치료 등을 통해 문제해결 방법, 사회적응 훈련, 스트레스 대처 등에 사용하는 방법이다. 여기서 문제해결 방법은 일상생활의 문제에 대처하는 능력이 적절하지 못하여 어려움을 겪고 있는 클라이언트에게 좀 더 나은 수준의 기능을 하도록 체계적으로 도와주는 방법이고, 사회적응 훈련은 클라이언트 자신이 속한 환경 속에서 효과적으로 기능할 수 있도록 필요한 방법을 습득하도록 연습하고 실연해 볼 수 있는 기회를 제공하는 방법이다. 또한 스트레스 대처는 클라이언트가 긴장이나 스트레스로 인해 어려움을 격고 있을 때 효과적으로 대처하도록 도와주는 방법이다. 청소년기 학생의 경우 친구들에게 부탁하기, 친구들의 압력 견디기, 친구관계 유지하기, 임시예방 기술알기 등이 있을 수 있고, 기타 아동학대의 위험이 있는 어머니를 대상으로 다양한 양육기술, 대화 시작하기, 양방향 대화하기 등 구체적으로 세분화된 부분을 가르치는 데 사용되고 있다. 사회기술 훈련과정과 훈련방법은 다음과 같다(NCS학습모듈, 2019).

① **사회기술 훈련 과정** : 먼저 부족한 기술을 사정하고, 사회기술 요소를 식별하고, 사회기술 훈련을 시작하게 된다. 여기서 부족한 기술 사정은 클라이언트의 문제상황에서 부족한 사회기술이 무엇인지를 파악하는 것이다. 예를 들어, 학교에서 분노 폭발로 의뢰된 학생이 있다면 학교상황의 자극적인 요소에 대처하는 기술이 부족한 것이다. 또한 비난에 민감한 정신분열 환자는 비난을 대처하고 처리하는 기술이 필요하고, 자녀에게 빈번하게 분노를 폭발하고 폭력을 가하는 엄마는 양육기술이 필요하다. 사회기술요소 식별은 부족한 사회기술이 파악되었으면 그 요소를 세분화해서 인지적, 정서적 구성요소를 고려해서 분리하는 것이다.

② **사회기술 훈련방법** : 시범, 역할극, 실제 삶에서 사회기술 적용 등이 있을 수 있다. 여기서 시범은 사회복지사가 언어적 반응, 행동과 태도 등을 먼저 시범을 보여주고 클라이언트에게 학습하도록 하는 것이다. 사회복지사의 시범을 보면서 클라이언트가 느끼는 생각과 감정을 이야기하도록 한다. 이렇게 간접학습을 통해서 클라이언트는 사회기술을 습득하게 된다. 역할극은 클라이언트에게 부족한 기술 요소를 그와 사회복지사가 서로 역할을 나누어 역할 연습을 하는 것이다. 역할극을

하면서 기술 훈련을 하게 되고 피드백 과정을 통해서 한 번 더 연습의 기회를 갖게 되므로 연습 후에는 서로 피드백을 주고받는다. 특히, 클라이언트의 작은 변화에도 긍정적 피드백을 제공하도록 하여 이를 통해서 학습은 더욱 활발하게 이루어질 수 있다. 실제 삶에서 사회기술 적용은 시범이나 역할극을 통해 연습한 것을 일상생활에서 적용해 보도록 하는 것이다. 상담에서 연습한 것을 일상생활에 적용해 보도록 하고 다음 상담에 와서 어떻게 연습했는지, 어려움은 없었는지 등을 함께 이야기하도록 한다.

8.3 개인의 환경적 변화를 위한 실천

사회복지사는 직접 클라이언트를 만나서 실천하거나 서비스를 제공할 뿐만 아니라 클라이언트가 처한 환경을 변화시키거나 조정하는 간접적(거시적) 실천을 하기도 한다. 간접적 실천은 클라이언트를 둘러싸고 있는 양육환경이나 유지환경, 즉 클라이언트를 둘러싸고 있는 가족, 학교, 집단, 사회를 포함한 광범위한 체계에 문제의 근원이 있거나 이러한 체계들과 상호작용의 문제로 그의 발달과 성장을 저해하는 요소를 제거하고 변화를 유도하기 위해 환경을 변화시켜 실천하는 것을 의미한다. 예를 들어, 빈곤가정을 국민기초생활보장 수급자로 책정하여 재정적 원조를 해주거나, 의료서비스와 연결시켜 주거나, 보유서비스를 지속적으로 연결시킬 수 있도록 각 기관과 긴밀히 협조하여 원조를 제공하는 것 등이 있을 수 있다. 또한 학대받는 아동이나 배우자에게 쉼터를 통해 일시보호를 제공하거나, 중퇴한 학생의 복교를 위해 학교 당국과 학생 사이를 중재해 주거나, 직장 내 폭력 방지를 위해 상담이나 스트레스 관리 프로그램을 개발해 주거나, 아동, 노인 또는 정신지체 장애인이나 사회적 · 경제적 · 교육적 박탈로 인해 자기 권리를 주장하지 못하는 클라이언트의 권리를 대신 변호하고 주장해 주는 활동들이 포함된다고 할 수 있다. 따라서 사회복지사는 클라이언트 개인뿐만 아니라 그를 둘러싼 환경에 실천함으로써 다차원적이고 다각적인 도움을 줄 수 있다.

개인의 환경적 변화를 위한 실천은 개인의 복지와 사회적 기능에 중요한 영향을 미치는 환경 속의 상황 변화나 자원을 연계한 변화를 위한 실천을 의미한다. 사회복지사는 개인적 문제부터 전체 지역사회에 영향을 미치는 문제에 이르기까지 다루는 문제의 범위가 광범위하고 변화의 초점이 개인, 관계, 환경 등으로 다양하기 때문에 직접적 · 간접적 실천방법을 모두 활용하여 실천할 필요가 있다. 환경적 변화를 위한 자원이 취약한 클라이언트의 유형에는 발달단계에서 결핍된 경우와 발달장애로 인한 특수한 경우가 있을 수 있다. 여기서 발달단계에서 결핍된 경우는 아동학대나 부적절한 양육환경에 노출된 아동이나 청소년, 경제적으로 취약한 환경에 사는 노인이나 한부모 가정, 필수적인 지원체계가 빈약한 사람 등이 있을 수 있다. 또한 발달장애로 인한 특수한 경우는 장애를 유발하는 질병에 걸린 사람, 다양한 형태의 육체적 · 정신적 장애를 겪는 아동 및 청소년, 중증환자와 노인의 부양의무자 등이 있을 수 있다.

환경적 변화를 위한 실천을 위해서는 위험요인과 보호요인 등에 대해서 알아보는 것이 필요하다. 위험요인은 개인을 둘러싸고 있는 환경이나 개인의 특성 중에서 발달에 부정적 영향을 미치거나 현재의 문제상황을 더 안 좋게 만드는 역할을 하는 요인으로 개인, 가정, 학교(직장), 사회영역 등으로 분석할 수 있다. 또한 보호요인은 개인을 둘러싸고 있는 환경이나 개인의 특성 중에서 취약한 환경에서도 잘 적응하고 발달할 수 있게 긍정적 영향을 미치고, 더 안 좋게 되거나 위험에 빠지게 될 부정적인 영향을 감소시켜 주는 역할을 하는 요인으로 개인, 가정, 학교(직장), 사회영역 등으로 분석할 수 있다. 예를 들어, 학생 자살에 대한 개인, 가정, 학교, 사회영역 등에서 사례를 통해 알아본 위험요인과 보호요인의 예는 〈표 8-8〉과 같다.

〈표 8-8〉 학생 자살에 대한 영역별 위험요인과 보호요인의 예

영역	위험요인	보호요인
개인	• 자신에 대한 부정적 평가와 낮은 자존감 • 비현실적으로 높은 기대와 낮은 성취 • 과거 자살시도 경험 • 충동적 공격적 성향 • 술 · 담배 · 약물남용 등 • 스트레스 대처기제 부족 • 인터넷 및 컴퓨터 게임중독 • 성적 정체감 문제 • 우울한 성향 • 최근 심한 스트레스 사건	• 모든 일에 대한 긍정적인 생각 • 적극적인 문제해결력 • 감정을 통제와 적절한 표출 • 주변에서 적절한 조언 구하기 • 미래에 대한 긍정적인 기대 • 자신에 대한 가치를 높게 판단하는 자존감 • 명성과 믿음
가정	• 가족결손 또는 상실 • 가족불화 • 가족 간의 의사소통 및 지지부족 • 가정폭력 또는 학대 • 경제적 비곤 • 이전의 자살시도 가족력 • 과잉경쟁의식의 부모	• 부모들의 긍정적인 관계 • 가족 간의 의사소통 및 긍정적 지지 • 긍정적인 가족 가치관 및 결속력 • 경제적 안정 • 좋은 양육환경과 태도
학교	• 학교폭력 및 집단 따돌림과 소외 • 친구(이성, 동성)문제 • 성적부담 및 학업 관련 스트레스 • 입시위주의 경쟁적 풍토 • 교사의 부정적 언행 및 체벌과 편애 등 • 시험 중 부정행위 등과 같은 낙인과 오해요인 • 학교부적응	• 교사의 지지 • 또래집단과의 원만한 교우관계 • 만족한 학업성취도 • 적극적인 동아리 활동 • 학교 내 상담시스템 구축 • 멘토 멘티제도 • 유용한 교육자료(영상물, 도서)
사회	• 치명적 수단의 접근 용이성 • 매스컴을 통한 왜곡된 죽음의 이미지나 정보 • 개인주의적 사회분위기 • 과잉 경쟁사회 • 자살사이트 등의 유해환경 • 매스컴의 자세한 자살방법 보도 • 경찰과의 갈등과 법적 문제 • 10대의 임신 • 낮은 사회적 지지도	• 정신건강 교육과 서비스 • 지역사회 내 네트워크 지지 • 전문가 활용 용이성 • 자살예방 관련법과 제도 구비 • 위기관리 기관의 접근 용이성 • 위험물질의 철저한 관리로 접근 차단 • 건전한 놀이문화공간 확보

환경적 변화를 위한 실천방법에는 여러 가지가 있을 수 있다. 즉 가정 내 관계 증진 및 자원 보충, 지지체계 개발과 증진, 클라이언트를 다른 환경으로 이동, 해석을 통한 태도의 변화 등이 있을 수 있다(Hepworth & Larsen, 1993; 김기태 외, 2008).

① **가정 내 관계 증진 및 자원 보충** : 가정 내에서 구성원들은 양육, 지도, 보호, 영양, 건강, 애정, 교제, 성적 수행 등과 같은 중요한 인간의 욕구를 해결할 수 있다. 그렇기 때문에 가족관계에 문제가 발생하면 가족구성원들의 관계를 증진시킬 수 있도록 지원하는 것이 필요하다. 또한 가정 내에 자원의 결핍으로 인해 문제가 발생할 경우에는 자원을 보충해 줌으로써 클라이언트의 욕구가 해결될 수도 있다. 자원은 물적 자원뿐만 아니라 인적 자원을 지원할 수도 있다. 예를 들어, 가사지원서비스(가사도우미), 가사도구 지원, 탁아서비스(아이돌보미), 도시락 배달 등을 지원한다. 여기서 가사지원서비스(가사도우미)는 이혼으로 인해 부모가 없거나 맞벌이, 지병 등으로 부모역할을 하기 힘든 가정에 자원을 연결하는 것이다. 청소, 식사준비, 가계관리, 빨래 등과 같은 기술을 가르치거나 방임된 아동을 관리 · 지원할 수도 있다. 가사도구 지원은 클라이언트에게 필요한 옷이나 침구, 주방기구, 컴퓨터 등을 파악하여 그것을 제공하는 공공기관을 연결하거나 재활용품 가게에서 필요한 물품을 구입할 수 있도록 정보를 제공하는 것이다. 탁아서비스(아이돌보미)는 친척에게 돌봄을 받도록 연계해 주거나 유료로 가정에서 돌봐 주는 가정 탁아소, 공공기관에서 운영하는 아이돌보미 등을 연계하거나 지원하는 것이다. 도시락 배달은 식사를 제대로 하지 못하는 아동이나 노인에게 도시락을 배달하는 것이다.

② **지지체계 개발과 증진** : 지지체계는 사람에게 역경이 왔을 때 그에 따른 스트레스나 충격을 완충해 주는 역할을 할 수 있는데 종교기관, 자조집단, 사회 공공자원, 자원봉사자 활용 등을 통해 이루어질 수 있다. 지역사회 내에 있는 교회, 성당, 절 등의 종교기관은 어려움을 겪고 있는 클라이언트에게 좋은 지지자원이 될 수 있다. 종교기관은 개인의 준거집단이 될 수 있고, 영적인 자극을 주기도 하며 각종 모임에 따른 사회활동이나 소그룹 모임을 통한 정서지지, 가정방문을 통한 지원이 가능하다. 자조집단은 비슷한 문제상황을 경험했거나, 생각을 같이 하거나, 또는 동일한 조건을 가진 사람들로 구성된 모임이다. 이들은 공통된 문제를 공유하면서

이를 해결하기 위해 서로 의지하고 지지할 수 있게 된다.

주민센터에는 행복도우미라는 상담원이 있어서 그 지역에 거주하는 클라이언트, 특히 복지서비스를 받지 못하는 사각지대에 놓인 클라이언트를 발견하거나 다른 서비스를 연결해 줄 수 있는 사회 공공자원이 있다. 이러한 사회 공공자원을 활용하거나 여성회관, 고용인력개발센터, 청소년상담복지센터 등을 통해 상담, 진로검사, 취업설계, 청소년취약계층 특별지원 등 클라이언트에게 필요한 서비스를 제공받을 수 있다. 또한 자원봉사자는 클라이언트의 환경을 지원하는 데 중요한 자원이다. 자원봉사자는 물리적인 서비스 지원뿐만 아니라 클라이언트의 사회적 지지체계가 되어주기도 하는데, 멘토-멘티 연결은 많은 사회복지기관에서 활용하는 방법이다. 예를 들어, 아버지가 없는 아동에게 성인 남자를 연결해주는 '빅 브라더', 정서장애아동과 대학생을 연결해 형·누나-동생 맺어주기 등이 있을 수 있다.

③ **클라이언트를 다른 환경으로 이동** : 클라이언트를 다른 환경으로 이동시키는 것은 그의 일상적인 환경, 즉 익숙해 있던 환경으로부터 떠나게 하는 것이므로 상당한 주의를 기울여야 하며 다른 방법으로 문제해결이 잘 되지 않을 때 마지막 수단으로 이루어져야 한다. 클라이언트가 다른 환경으로 이동시킬 경우는 아동·청소년이 신체학대나 방임을 당할 때, 아동이 성학대를 당할 때, 가정폭력을 당할 때, 노인학대를 당할 때, 트라우마적 경험으로 특별한 보살핌이 필요할 때 등이 있을 수 있는데 쉼터나 위탁가정, 일시보호소 등으로 옮기게 된다.

④ **해석을 통한 태도의 변화** : 다른 사람에게 클라이언트 행동의 원인을 설명해 줌으로써 클라이언트에 대한 다른 사람의 이해를 돕는 방법이다. 이러한 방법은 다른 사람이 클라이언트 행동에 대한 원인을 이해함으로써 그에 대한 태도를 변화시킬 수 있다. 예를 들어, 자신의 아들이 지적장애 진단을 받았다는 것을 교사에게 설명함으로써 그 아동의 잘못된 행동을 꾸짖고 처벌을 많이 하던 교사는 태도를 바꾸어 대해줄 수 있다.

Chapter 09

사회복지실천과정의 실천단계 II(가족체계)

사회복지실천과정에서 실천단계는 사회복지사와 클라이언트가 합의하여 결정한 욕구 및 문제를 해결하기 위한 계획단계(목표설정, 계약체결)를 실천하는 단계를 의미한다. 개인체계에 대한 실천은 제8장에서 알아보았고, 이 장에서는 사회복지실천과정의 실천단계 II로 가족체계에 대한 가족 사정하기, 가족문제 변화를 위한 실천, 가족의 환경변화를 위한 실천 등에 대해서 알아본다. 집단체계에 대한 실천은 다음 장에서 알아본다.

9.1 가족체계 사정하기

인간은 출생과 동시에 가족에 속하게 되고 일상생활에서 가장 친밀하게 상호작용을 하며, 규범과 가치를 전달받고 나름의 독특한 문화를 형성해 간다. 또한 가족은 개인이 가장 처음 접할 수 있는 상호작용 체계인 동시에 가장 강력한 영향력을 끼치는 체계이다. 가족문제의 해결을 돕기 위해 사회복지사는 클라이언트 개인뿐만 아니라 그와 연관된 가족까지도 관심을 갖고 실천해야 한다. 따라서 가족체계를 사정하기 위해서는 가족에 대한 정보를 수집·분석하여 효과적인 실천계획을 세우게 된다. 가족체계 사정에 대한 사항은 제7장 사회복지실천과정의 사정 및 계획단계에서 자세히 알아보았다.

가족체계의 실천을 위해서는 가족구성원 중의 한 사람이 찾아오거나, 전화로 문의를 하거나, 주변의 사람 또는 타 전문기관에 의해 의뢰되어 접수하게 된다. 이때 사회복지사는 의뢰한 사람의 이름, 주소, 연락처, 인식하는 가족의 문제, 문제의 성격과 지속 기간, 가족의 대처 방법, 문제와 관련된 가족구성원과 주위 사람의 영향력, 가족체계 특성과 문제와의 관련성, 가족구성원의 상담 동기와 상담에 참여 가능성이 높은 사람들, 상담이나 치료 경험이 있는지의 여부와 치료경험이 있다면 어떤 문제로 참여했으며, 그 효과는 어느 정도였는지 등을 파악하는 기본정보를 수집하는 것이 중요하다. 이러한 기본정보를 수집하는 방법에는 여러 가지 방법이 있을 수 있으나 여기서는 상담, 관찰, 가계도와 생태도, 가족화, 가족 조각, 척도 활용 등에 대해서 알아본다.

① **상담** : 의사소통을 통해 가족의 여러 가지 정보를 얻는 과정을 의미한다. 성공적인 상담을 위해서는 경청과 공감 등 기본적인 상담방법이 필요하다. 가족은 자신들이

적절한 기능이나 표현을 하지 못하는 경우가 많기 때문에 사회복지사는 가족관계에 대해 이야기한 정보를 바탕으로 또다시 질문을 진행하는 순환적 질문 기법을 통해 진행하는 것이 도움이 된다.

② **관찰** : 해당 가족의 실제적인 모습을 살펴보고, 가족의 역동성을 파악해 내는 과정을 의미한다. 언어적 의미뿐만 아니라 비언어적인 상호작용에 대해서 좀 더 주의 깊은 관찰이 필요한데, 누가 처음으로 상담실에 들어오는지, 누가 아이를 달래고, 누가 아이에게 지도하는지에 대한 상호작용 유형에 관련된 것들을 초기에 아는 것이 중요하다.

③ **가계도와 생태도** : 가족체계 사정과 관련된 정보를 이해하고, 수집하고, 자료를 분석하기 위한 것으로 자료수집 방법에 많이 활용되고 있다. 가계도와 생태도의 작성방법 및 활용에 대해서는 제7장 5) 사정의 도구를 참조한다.

④ **가족화 검사** : 자신의 가족 또는 어떤 가족의 그림을 그리게 하여 개인이 가족에 대한 이미지를 표현함으로써 가족 전체의 상호작용을 추론하는 것을 의미한다. 가족화의 해석은 가족을 그리는 순서, 도화지에 그려진 크기, 위치, 가족의 구성원을 생략하거나 과장하는 등의 특징에서 가족관계를 파악한다. 또한 클라이언트의 그림만을 가지고 해석하는 것이 아니라 그림을 그리는 과정에 대한 관찰, 그린 후의 상담이라는 종합적인 상태에서 이해해야 한다. 이러한 가족화는 언어를 사용하지 않고 표현 행동을 할 수 있다는 것에 기초를 두고 있으며, 자아통제의 상황이나 상호작용을 촉진시켜 상징적 의미에 의한 무의식적 감정을 표현할 수 있으며, 언어가 충분히 발달하지 못한 아동의 경우에도 동일한 조건에서 참여할 수 있다는 장점이 있다.

⑤ **가족 조각 기법** : 가족체계를 묘사하기 위하여 공간을 상징적 · 비유적으로 활용하는 것을 의미한다. 가족 모두가 한 공간에 있다고 생각하고 각 구성원들의 동작, 가족 간의 거리 등을 바탕으로 가족의 역동성 및 상호작용, 문제점 등을 알아볼 수 있다. 가족 조각 기법을 수행하는 첫 번째 활동은 가족의 동의를 구하여 조각을 만들 사람을 선정하는 것이다. 선정된 구성원은 자신이 원하는 위치에 각자의 가족구성원들을 배치하고 특정한 자세를 취하게 한다. 가족들에 대한 배치가 끝나면

조각을 만든 사람이 자신의 위치와 모습을 정하여 자신을 조각한다. 가족 조각이 모두 완성된 다음에는 가족구성원들이 내면의 감정을 느낄 수 있도록 자세를 잠시 유지하도록 한다. 이후 사회복지사는 가족 개개인에게 조각하는 동안의 느낌에 대하여 물어보고, 구성원들의 감정에 대해 이야기를 나눌 수 있도록 도와준다.

⑥ **척도 활용** : 가족의 구성원들에 대해서 욕구 및 문제를 사정하기 위해 척도를 활용하는 것을 의미한다. 척도를 활용하는 경우에는 가족변인을 측정하기 위한 목적과 가족기능을 측정하기 위한 목적 두 가지가 있다. 가족변인은 가족관계, 가족문제, 가족기능, 건강성, 적응 등 가족과 관련된 광범위한 영역이 포함된다. 가족관계 변인은 부부 관계, 부모-자녀 관계, 형제자매 관계, 고부 관계 등 다양한 하위체계의 관계성을 포함하여 관계의 역할, 권력, 스트레스, 갈등, 의사소통 등 매우 광범위하게 포함된다. 가족을 한 단위로 보고 측정할 때에는 가족체계의 기능이나 자원, 욕구 등에 관심을 갖고 측정하기도 한다. 이러한 척도로 가족과 관련된 영역을 측정하고자 할 때는 우선 가족변인과 가족기능에 맞는 적절한 도구를 선택하는 것이 중요하고 신뢰도와 타당도가 검증된 척도를 활용해야 한다.

가족변인을 측정하기 위한 척도는 가족환경진단 척도, 가족관계 진단용 SDS, 생활경험조사 질문지, 어머니에 대한 태도 척도, 일-가정상충 척도, 부모-자녀 간 의사소통 질문지, 결혼만족도 척도, 일상적(주부)스트레스 척도, 부부관계 척도, 가족응집력 척도, 가족기능 측정 도구 등이 있을 수 있는데, 일부 가족기능 측정을 위한 도구는 〈표 9-1〉과 같다.

〈표 9-1〉 가족기능 측정을 위한 도구

구분	내용
FACES(Family Adaptability and Cohesion Evaluation Scales)	• 올슨 외 개발 • 5점 리커트 척도, 30문항으로 구성 • 신뢰도와 타당도가 높아 자주 사용 • 현재 가족과 이상적 가족에 대하여 답하도록 구성

FAST(Family System Test)	• 게링 개발 • 81개의 칸으로 그려진 보드판 위에 남녀의 인형을 배치하는 기법 • 가족구성원들 간 거리를 통해 응집력 정도를 파악하고 인물 모형의 높낮이를 통해 위계를 파악할 수 있음
FAD(Family Assessment Device)	• 엡스타인 외 개발 • 4점 리커트 척도, 53문항으로 구성 • 문제해결, 의사소통, 가족의 역할, 정서적 반응성, 정서적 관여, 행동 통제 등 6가지 가족기능 정리

출처 : 국가직무능력표준, www.ncs.go.kr

가족체계 사정단계에서 가족이 가지고 있는 강점과 각 구성원들의 강점을 파악하는 것이 중요하다. 주변에 자원이 될 만한 것에는 무엇이 있는지에 대해서도 함께 탐색할 수 있도록 한다. 클라이언트는 강점이라는 단어에 대해서 생소하게 생각할 수도 있기 때문에 사회복지사는 가족을 위한 강점에 대한 개념(예를 들어, 재능, 능력, 희망, 기술, 기회, 자원, 소망, 성공 경험 등)을 설명해 주어야 하며, 강점을 찾기 어려워하는 경우에는 〈표 9-2〉를 참조하여 가족구성원들의 강점을 찾을 수 있도록 도와줄 수도 있다. 가족의 강점 내용에 대한 체크 사항은 〈표 9-2〉와 같다.

〈표 9-2〉 가족의 강점 내용에 대한 체크 사항

가족의 강점을 알아보기 위한 내용이다. 편안한 마음으로 문항을 읽어보고 해당하는 점수란에 기록한다. 1점(거의 전혀), 2점(가끔 한 번씩), 3점(때때로), 4점(빈번하게), 5점(거의 항상)

번호	강점 내용	점수
1	우리 가족은 서로를 위해 좋은 일을 한다.	
2	우리 가족은 느끼는 대로 말할 수 있다.	
3	우리는 가족을 자랑스러워한다.	
4	문제가 있을 때 자녀의 제안도 환영받는다.	
5	우리 가족은 필요 시 도움을 요청할 수 있는 친구와 친척이 있다.	
6	우리는 서로에게 관심이 있다는 사실을 표현한다.	
7	우리는 서로의 이야기를 경청한다.	
8	우리는 가족으로서 함께 뭉친다.	
9	우리 가족은 유사한 가치와 신념을 가진다.	

10	우리 가족은 지역사회 또는 종교집단 및 활동에 참여한다.	
11	나는 우리가 가족으로서 친밀한 것에 대해 행복하다.	
12	우리는 서로에 대한 감정을 이해하는 것이 중요하다고 믿는다.	
13	우리는 가족 전통을 가지고 있으며 이를 지켜 나간다.	
14	자녀는 규칙과 훈육에 대한 의견을 말할 수 있다.	
15	문제가 있을 때 우리는 동일한 문제에 직면한 다른 가족에게 기꺼이 도움을 요청할 의사가 있다.	
16	우리는 가족 내 다른 사람들이 어떻게 느끼는지에 대해 관심을 쏟는다.	
17	우리는 논쟁하지 않으면서 문제에 대해 이야기할 수 있다.	
18	우리는 우리 가족의 역사에 대해 자랑스러워한다.	
19	집안일은 가족구성원에게 공정하게 나누어진다.	
20	우리 가족은 필요할 때 외부의 전문적 도움을 얻을 의사가 있다.	
21	우리는 서로를 존중한다.	
22	우리는 함께 이야기 나누는 것을 즐거워한다.	
23	가족구성원은 서로에게 충성심을 느낀다.	
24	주요한 가족문제를 결정할 때 각 가족구성원은 의견을 표명할 기회를 가진다.	
25	떨어져 사는 가족구성원과 접촉을 유지하고 있다.	

〈개별적 강점 점수표〉
가족 돌봄 : 1, 6, 11, 16, 21번 문항의 총점(　　　)
커뮤니케이션 : 2, 7, 12, 17, 22번 문항의 총점(　　　)
가족 자부심 : 3, 8, 13, 18, 23번 문항의 총점(　　　)
가족 결속감 : 4, 9, 14, 19, 24번 문항의 총점(　　　)
지역사회 및 가족유대 : 5, 10, 15, 20, 25번 문항의 총점(　　　)

출처 : 국가직무능력표준, www.ncs.go.kr

1) 가족체계실천의 목표수립

가족체계실천은 가족구성원이 바라는 것과 실천을 통해 얻기를 원하는 것이 무엇인지 분명히 하는 것이 중요하다. 실천의 목표를 구체화함으로써 가족체계실천에 대한 비현실적인 기대감이나 실천과정이 추구하는 바를 더욱 명확히 인식할 수 있다. 그러나 가족체계실천은 가족구성원마다 달성하고자 하는 실천목표가 다를 수 있기 때문에 그 가운데서 조정을 해야 하는 경우 사회복지사의 부담이 클 수도 있다. 따라서 각자 개인의 욕구와 목표를 다른 구성원의 욕구와 함께 균형을 맞추기 위해서는 가족구성원의 개별적인 목표를 규명하는 단계가 필요하다. 사회복지사는 각각의 가족구성원들과 사전에 논의했다 하더라도 가족구성원들과 각각의 목표를 공유하는 것이 중요하다. 각 개인들의 목표를 포함한 공통의 목표를 세우는 일은 때로는 어려운 일이기 때문에 서로 협의하여 개인의 목표나 공동의 목표를 정해야 한다.

이러한 실천의 목표는 장기 목표와 단기 목표로 나누어 수립할 수도 있는데, 다양한 가족구성원이 관련되어 있기 때문에 첫 단계에서 최종 목표를 수립하는 것은 불가능할 수도 있어 목표를 몇 단계로 나누어 단계적으로 최종 목표를 달성할 수 있도록 하는 것이 바람직하다. 한번 정해진 실천목표는 불변의 것이 아니라 추후 실천을 거듭함에 따라 수정 · 보완이 가능하다는 것을 알아야 한다.

2) 가족체계실천의 목표수립 예시

가족의 정보가 충분하지 않은 상황에서 실천목표를 수립하는 것은 쉬운 일이 아니지만, 실천목표는 실천(회기)을 진행하면서 변경이 가능하다는 것을 기억하고 〈표 9-3〉의 사례 1과 사례 2에 대한 목표를 설정해 보고, 우선순위를 정하여 발표해 본다. 사례에 대한 예시는 〈표 9-3〉에 나타냈고, 목표의 우선순위 설정에 대한 기록 사항은 〈표 9-4〉에 나타냈다.

〈표 9-3〉 사례에 대한 예시

구분	알게 된 내용
사례 1	-김훈남, 중1 남학생 • 김훈남은 초등학교 시절부터 집단 따돌림을 받아 왔으며 중학교에 배정받은 이후 지금까지 급식을 혼자서 먹고 있다. • 같은 반 학생들과 다투는 일이 자주 발생하여 김훈남에게 이유를 물으니, 아이들이 화나게 할 때가 많고, 심하게 기분이 나쁘지 않아도 착하게 굴면 만만하게 보일까 봐 독하게 굴 때가 많다고 답하였다. • 김훈남의 성적은 하위권이며 수업 시간에 교사의 지시에 따르지 않고 고집을 부려 자주 열외 당하는 경우가 발생한다. • 김훈남은 학교 자체에 부정적인 감정이 많지만 결석이나 지각 없이 학교생활을 하고 있다. • 김훈남은 초등학교 시절부터 ADHD 치료를 받았으나 현재는 어머니가 데려가지 않는다고 하였다.

사례 2	–김만수의 아버지, 회사원 • 김만수의 아버지는 다혈질적인 성격으로 양육의 책임은 어머니에게 있다고 생각하고 있다. • 김만수를 한심하다고 생각하는 측면이 있으며 김만수와의 대화 중 "그건 말이 안 돼", "그래서 너와 말이 안 통해", "나와 해 보겠다는 거야?"와 같은 말을 자주 사용한다. • 김만수는 아버지와 관련하여 가장 기억에 남는 장면으로 꼽은 것은 초등학교 4학년 시절 어머니가 늦게 귀가하였을 때 아버지가 마시고 있던 술병을 바닥에 내던지고 어머니에게 폭행을 가하여 거실 바닥에 피가 흥건했던 모습이었다.

출처 : 국가직무능력표준, www.ncs.go.kr

〈표 9-4〉 목표의 우선순위 설정에 대한 기록

구분	상담 목표	이유
사례 1	1.	
	2.	
	3.	
사례 2	1.	
	2.	
	3.	

9.2 가족문제 변화를 위한 실천

가족문제 변화를 위한 실천으로는 가족치료 기법을 많이 사용한다. 가족치료는 가족체계에 초점을 두어 가족구성원들의 욕구 및 문제를 해결하는 것이다. 즉, 가족체계의 역기능적인 상호작용 패턴과 관계구조를 변화시킴으로써 가족구성원의 욕구 및 문제를 해결하여 건강하고 기능적인 가족이 되도록 돕는 치료기법이다. 따라서 사회복지사는 가족이 가지고 있는 문제의 성격에 맞추어 면담·치료에 필요한 기법이나 전략 등을 선택하여 실천해야 한다. 이러한 과정에서 사회복지사는 변화를 촉진하는 역할을 담당하고, 가족들이 서로 비난하지 않으면서 대화를 통해 원하는 것을 자유로이 말할 수 있도록 장려하고, 가족들이 자신의 잘못이 무엇인지 인식하도록 도와주어야 한다.

가족치료모델은 서로 다른 이론적 배경을 가진 다양한 치료모델들이 있는데, 정신분석적, 구조적, 경험적, 다세대, 전략적, 해결중심, 행동주의, 심리역동, 인지행동, 이야기 등의 가족치료모델이 있을 수 있다. 여기서는 많이 사용하고 있는 구조적, 경험적, 다세대, 전략적, 해결중심 등의 가족치료모델에 대한 주요 개념, 주요 방법 등에 대해서 알아본다.

1) 구조적 가족치료모델

구조적 가족치료모델은 가족문제가 개인의 내적 원인 때문이 아니라 가족구성원들 간의 가족구조 문제나 생태학적 환경과의 관계에 의한 것이기 때문에 가족구조를 재구조화(Restructuring)하여 가족이 적절한 기능을 수행할 수 있도록 돕는 모델이다. 미누친(Minuchin)은 가족 내에서 발생하는 반복적인 상호작용 패턴을 가족의 구조라 보았으며, 역기능적인 패턴을 재조직하거나 새로운 구조와 상호작용 형태로 대체시키는 작업을 가족의 재구조화 또는 가족치료라고 하였다(Minuchin, 1974; 최경화 외, 2010).

그러므로 가정에서 표출되는 문제의 이면에 숨어 있는 가족구조의 파악이 강조된다. 여기서 표출문제는 부적절한 가족구조에서 비롯된 것으로, 하위가족 간의 경계가 너무 경직되어 있거나 불분명하고 또는 지나치게 밀착되어 있는 구조이다. 구조적 가족치료모델의 특징은 치료목적을 구조적 변화에 두는 것으로, 치료자는 가족이 재구조화해 가는 과정에서 적극적인 자세로 실천하여 가족체계, 위계질서, 규칙, 역할, 협상과 조정 등으로 명확하게 규정함으로써 가족구조의 맥락 안에서 변화를 시도하려는 모델이다(이영실 외, 2010).

(1) 주요 개념

구조적 가족치료모델의 주요 개념에는 가족구조, 가족기능, 경계선, 하위체계, 가족권력, 삼각관계, 가족신화, 희생양(속죄양) 등이 있는데, 가족구조와 가족기능에 대해서는 제7장 사회복지실천과정의 사정 및 계획단계에서 알아보았으므로 여기서는 나머지 내용에 대해서 알아본다(이영실 외, 2010).

① **경계선** : 다른 사람과 접촉하는 수준을 눈에 보이지 않게 규제하는 장벽이다. 이러한 경계선은 가족구성원 개인과 하위체계 및 외부 환경과의 안팎을 구분하는 선이

며, 가족구성원 사이에 허용되는 접촉의 양과 종류를 규정하게 된다. 만약에 경계선이 기능을 제대로 수행하지 못해 하위체계를 보호하지 못하면 그 하위체계에 속한 개인이 상호작용을 제대로 발달시키지 못하게 된다. 예를 들어, 자녀를 과잉보호하는 어머니 밑에서 성장한 자녀는 사회생활을 하면서 어려운 역경이나 대인관계에 문제가 생겼을 때 대처하는 방법이 부족하다(서혜석 외, 2010).

② **하위체계** : 가족구조에서 가족을 하나의 체계로 볼 때 상하관계를 나타내는 체계이다. 따라서 가족체계는 각각의 하위체계가 있는데, 부부 하위체계, 부모 하위체계, 부모－자녀 하위체계, 형제자매 하위체계 등이 있다. 가족구성원들은 이와 같은 체계에 소속되어 각각의 기능 및 역할을 하게 된다. 예를 들어, 한 여성은 어머니, 아내, 딸, 동생, 언니, 손녀, 조카 등의 많은 역할을 한다. 가족구성원이 어떤 체계에 속하는가에 따라 또는 어떤 역할을 수행하는가에 따라 행동도 다르다. 따라서 성숙하고 유연한 적응력이 있는 구성원은 여러 개의 하위체계 안에서 조화를 유지하며 기능적 가족을 구성하지만 그렇지 못하면 그가 속한 하위체계에서 어려움을 겪게 되고 기능적 가족을 구성하지 못하게 된다.

③ **가족권력** : 가족구성원들 개인이 가지는 개인적인 자질이나 특성이 아니라 가족구성원들 중 누가 얼마나 많은 권력을 행사하는가 하는 상호작용적 특성이다. 또한 한 구성원이 다른 구성원의 행동변화를 지시할 수 있는 힘이자 영향력을 의미한다. 따라서 가족체계 내에서 각 구성원이 서로에게 행사하는 상대적 영향력의 크기와 의사결정과정에 누가 어떤 방식으로 참여하게 되는지 알 수 있다.

④ **삼각관계** : 가족 내에서 두 사람 간의 긴장이 야기될 때 주의 또는 가족 내의 가장 취약한 제삼자를 끌어들이게 되는데, 이때 제삼자가 갈등을 느끼는 것을 의미한다. 예를 들어, 부부 사이가 좋지 않아 부모 한쪽이 자녀를 자기편으로 만들어 2대 1이 되는 경향인데, 이때 자녀는 갈등을 겪게 된다.

⑤ **가족신화** : 가족구성원들에게 받아들여지고 지지되는 가족믿음으로써 독특한 주제나 암묵의 규칙이 공유되는 현상이다(구혜영, 2010). 예를 들어, '부부는 서로 말을 하지 않아도 통한다.', '우리 가정은 남자가 더 우월하다.', '화합하는 가족은 모두 의견이 같아야 한다.' 등과 같은 믿음을 의미한다. 이렇게 잘못된 가족신화는 무비판

적으로 가족구성원들에게 받아들여져서 그 신화에 따라 서로에게 기대를 하게 된다. 가족구성원들은 이러한 신화에 짓눌려 유사한 상호작용을 하게 되어 겉으로는 서로 잘 이해하고 긍정적으로 상호작용하는 것 같지만 실제로는 상당한 거리감을 두고 있다.

⑥ **희생양**(속죄양, Scapegoat) : 타인의 불행이나 문제에 대한 책임을 부당하게 짊어지는 개인이나 집단을 의미한다. 이 용어는 인간의 원죄를 염소에게 전가하고 인간의 죄를 짊어진 염소를 황야로 내쫓아 버리는 성경 속의 유태인 관습으로부터 나왔다. 윤리적 관계 측면에서 인간은 불행과 좌절의 책임을 상대적으로 힘이 없는 유태인, 흑인 집단 등 소수집단에게 전가시키려는 의도이다. 희생양(속죄양)을 가족체계에서 적용하면 가족구성원들 중 한 명을 특이하고 이탈적이라고 믿어 가족 내 갈등이나 비판을 대치시킬 대상으로 지목되는 구성원(IP, Identified Patient)이다. 보통 가족구성원들 모두가 한 개인이 희생양(속죄양)이 되는 과정에 참여하게 되는데, 가족항상성을 유지하기 위해 가족구성원들 중 한 명이 주축이 되어 가족문제를 다른 한 명의 문제로 전가시켜 균형을 유지하려고 한다. 이러한 과정에서 희생양(속죄양)을 주도하는 한 사람도 자기 자신을 희생하여 가족의 조화를 유지하려고 한다. 예를 들어, "너만 우리 집에 없으면 우리 가족은 문제가 없어."라고 말한다면 '너만'에 해당하는 사람이 희생양(속죄양)에 해당된다(최경화 외, 2010).

(2) 주요 방법

구조적 가족치료모델의 주요 방법에는 경계 만들기, 합류하기, 실연하기, 긴장고조시키기, 과제부여하기, 균형 깨트리기 등이 있다.

① **경계 만들기** : 가족구성원 내 하위체계 간 경계선이 애매모호하거나 너무 경직된 경우 또는 너무 밀착되어 있는 경우, 가족구성원들 사이의 경계선을 명확하게 유지하여 각자가 독립된 존재로서 기능을 할 수 있도록 돕는 방법이다. 경계선이 너무 밀착된 경우는 하위체계 간 경계선을 강화시키고 각각의 독립성을 키워준다. 그리고 경계선이 애매모호하거나 경직된 경우는 가족구성원 간에 지지와 통제 기능을 강화하여 하위체계 간 교류를 촉진시키고 경직된 경계를 완화시킨다.

② **합류하기** : 사회복지사가 가족 관계형성을 위해 가족체계에 진입하여 상호작용과 의사소통에 따른 가족의 분위기를 파악하고, 그 가족에 맞는 양식과 규칙에 따라 행동유형에 적용하는 방법이다. 이 방법은 의사소통, 행동, 실천하는 과정에서 기존의 가족체계에 순응하면서 지지적 언어 및 행동반응 기법, 내용의 명료화 기법, 기존의 가족체계에 맞추는 유지기법 등이 사용된다.

가족체계는 항상성을 유지하려는 속성이 있으므로 사회복지사는 먼저 가족구성원을 이해하고 수용함으로써 합류하기를 적용하게 된다. 합류하기에 사용되는 치료기법과 내용은 〈표 9-5〉와 같다(Minuchin, 1974; 이영실 외, 2010).

〈표 9-5〉 합류하기에 사용되는 치료기법과 내용

기법	내용
유지 기법	1) 가족구조를 지각하고 분석할 때 의도적으로 지지함 어머니의 지도력이 강한 가족에 합류 → 어머니를 통해 자녀와 접촉 2) 가족구성원 개인의 특성을 있는 그대로 받아들이는 것 개인의 장점 인정, 자녀의 침묵, 가족이 사용하는 의사소통의 표현방식 3) 가족을 재구조화하는 데 사용될 수 있음 사회복지사가 형제자매의 하위체계를 지지 → 부모, 부부 하위체계 재구조화
추적 기법	1) 사회복지사가 가족의 의사소통과 행동의 내용에 따라 계속되도록 격려 2) 남편이나 부인이 사용하는 언어, 의사소통 패턴을 추적해 문제의 핵심을 파악
모방 기법	1) 사회복지사가 가족의 생활방식과 정서상태에 적응하기 위해 가족이 사용하는 언어, 몸짓, 대화방식을 따라 함 2) 추적과 모방도 가족의 재구조화를 위해 사용할 수 있음 ① 가족의 상호작용 패턴 추적 → 가족은 밀착된 관계의 모습이 드러남 ② 특정 가족구성원의 생활경험을 모방 → 사회복지사와 가족구성원 간에 연합이 이루어짐

③ **실연(공연)하기** : 가족구성원 간의 역기능적인 상호작용을 분명하게 인식할 수 있게 실제로 재연시키는 방법이다. 사회복지사는 이러한 실연하기 방법을 통하여 가족이 연기하는 동안에 역기능적 가족구조를 발견하고 문제가 있는 가족구성원을 치료하여 기능적 가족구조로 재구성하게 된다.

④ **긴장 고조시키기** : 가족 내의 긴장을 고조시킴으로써 대안적 갈등 해결 방법을 사

용하도록 돕는 방법이다. 이러한 방법은 가족이 지켜 온 평형상태에서 벗어나 가족구조를 재구조화하고 일정한 패턴으로 반복적으로 사용하게 된다. 사회복지사는 가족체계의 경계선, 제휴, 연합, 권력에 직접 개입함으로써 최악의 상황 연출을 통한 위기의식 조장으로 변화를 가져와 가족구조를 재구조화하게 된다.

⑤ **과제 부여하기** : 가족구성원들 간의 상호교류에서 자연스럽게 발전될 수 없는 행위를 지적하고 치료하기 위해 과제를 부여하는 방법이다. 예를 들어, 남편과 부인이 상호작용이 되지 않아 말도 하지 않고 거리감을 두고 있을 때 '남편께서 부인 옆에 앉아 부인이 속상해 할 때마다 손을 잡아 주세요.'라는 과제를 통해 부부 간의 경계를 더욱 밀착시킬 수 있다. 사회복지사는 가족구성원이 과제를 수행함으로써 가족의 재구조화를 도울 수 있을 뿐만 아니라 가족의 구조를 관찰할 수 있는 또 다른 기회를 가질 수 있게 된다.

⑥ **균형 깨뜨리기** : 가족 내에서 하위체계들 간의 역기능적인 균형을 깨뜨리는 방법이다. 예를 들어, 사회복지사는 지나치게 권위적이고 지배적인 남편과 온순하지만 자신의 주장을 갖기 시작한 부인 사이에서, 의도적으로 부인의 편을 들어 역기능적인 균형을 깨뜨리고 가족 구조를 재구조화하게 된다(최경화 외, 2010; 이영실 외, 2010).

2) 경험적 가족치료모델

경험적 가족치료모델은 의사소통이론모델이라고 하는데, 가족 내에서 가족구성원들이 자신의 감정과 생각을 솔직하고 자유롭게 표현할 수 없을 때 가족문제가 발생한다고 보았다. 경험적 가족치료에서는 가족 내 의사소통의 명확화를 강조하는데, 사티어(Satir)는 문제가 있는 가정의 의사소통은 애매모호하다는 것이다. 이러한 의사소통은 가족구성원의 낮은 자존감에서 기인되는데, 기능적으로 의사소통을 해야 된다는 것이다(Satir, 1972). 사티어의 의사소통 유형은 제6장 사회복지실천을 위한 관계 및 의사소통을 참조한다.

경험적 가족치료모델은 1960년대 인본주의 심리학에 영향을 많이 받았는데, 과거보다 현재(지금-여기(Here and now))의 경험에 초점을 두고 있다. 따라서 사회복지사는 현재의 경험에 초점을 두어 가족구성원들과 상호작용이나 경험의 변화를 통하여, 성장할 수 있는 경험을 갖게 하거나 충분한 감정과 생각을 표현할 수 있도록 도와주는 것이 개입 목표이다.

(1) 주요 개념

경험적 가족치료모델의 주요 개념은 의사소통, 자아존중감, 가족규칙, 가족역할 등이다. 의사소통 및 방법에 대한 전반적인 사항은 제5장 사회복지실천을 위한 관계 및 의사소통에서 알아보았으며 여기서는 언급되지 않은 이중구속 메시지와 위장 및 그 외에 대해서 알아본다(구혜영, 2010).

① **의사소통** : 메시지를 주고받는 과정으로 언어적 · 비언어적 의사소통을 모두 포함한다. 주로 비언어적 의사소통은 사람의 내적 상태인 감정을 반영한다. 사티어는 메시지의 일치성과 불일치성에 많은 관심을 두었는데, 사람들이 긴장하거나 갈등상황에서 사용하는 의사소통을 관찰한 결과 반복적으로 나타나는 의사소통의 유형이 있음을 확인하였다. 또한 이러한 의사소통 유형과 의사소통방법은 어려서부터 부모와 가족의 훈련과정을 통하여 학습된 것으로서 새로운 학습과 필요에 따라 변화할 수 있다는 것을 전제로 하고 있으며(이영실 외, 2010), 사티어에 의하면, 가족문제는 가족구성원들 간에 역기능적 의사소통에서 비롯된다고 하였다.

이중구속 메시지(Double-bind message)는 언어적 메시지와 비언어적 메시지의 의미가 일치하지 않거나 상호 모순된 두 가지 이상의 메시지를 동시에 전달하는 의사소통을 의미한다. 즉, 말과 행동이 서로 다른 상황을 의미한다. 이러한 메시지를 받은 가족은 어떤 메시지가 진실한 것인지 결정하기 어렵게 되고, 어떤 행동을 해야 할지 난감해지고 그 상황을 모면할 수 없다고 느끼게 된다. 예를 들어, 엄마가 평소에 '말'로는 아이에게 성적에 연연하지 말라고 하면서 막상 좋지 않은 성적표를 가지고 오면 한숨을 내쉬는 '행동'을 하는 것을 의미한다(구혜영, 2010).

위장(거짓 꾸밈 : Mystification)은 가족 내에서의 갈등이나 어려움을 드러내지 못하고 오히려 애매모호하게 하거나 가면을 쓰고 거짓반응을 하는 것을 의미한다. 예를 들어, 퇴근하고 돌아온 남편이 엉망인 집안을 보고 화가 나서 문을 쾅 소리가 나도록 세게 닫고 신경질적인 반응을 보이자, 부인이 "집안이 엉망이라 화가 났느냐?"고묻자 남편이 "내가 언제 화를 냈냐"고'하는 것이다.

이러한 이중구속 메시지와 위장 등은 역기능적인 의사소통으로 불신, 좌절, 거절로 인해 자아존중감이 결여되어 자기 가치에 대해 의심을 하는 경험을 반복하게 된다.

② **자아존중감** : 자기 자신의 존재에 대해서 긍정적 또는 부정적으로 나타나는 감정을 의미한다. 즉, 자신의 존재에 대해 인지적으로 형성된 것이 자아개념이고, 자기 존재에 대한 감정(느낌)이 자아존중감이다(Simmons & Blyth, 1987). 모든 사람은 자아존중감에 관한 욕구가 있으며, 이 욕구를 충족시킨 사람은 자신감이 있고 자신이 가치 있고 유용한 사람이라고 생각하지만 자아존중감 욕구를 충족시키지 못한 사람은 열등감을 갖고 자신이 보잘것없는 사람이라고 생각한다(Maslow, 1965).

③ **가족규칙** : 한 가족이 생활경험을 통해 갖게 된 가족구성원들 간에 지켜야 할 의무나 태도에 대한 지침이나 권리에 대한 제도를 의미한다(구혜영, 2010). 사티어는 누가 무엇을 근거로 가족규칙을 만들었으며, 그 규칙들이 어떠한 영향을 행사하며, 규칙을 어길 때 어떻게 반응하는가? 등을 중요시하며 진단과 치료에 활용하였다. 가족은 경제, 가사, 개인욕구와 관련된 계획, 권리침해 등과 같은 가족생활에 필요한 규칙을 가지고 있다. 이러한 가족규칙은 대부분 처음부터 명확하게 만들어진 것이 아니라 반복적으로 상호작용하는 일상생활의 경험을 통하여 만들어지기 때문에 어려움에 대처하거나 극복하는 행동유형의 일부분이 된다. 따라서 사회복지사는 가족규칙이 항상 명시적인 것이 아니므로 가족구성원들의 상호작용과 의사소통을 관찰함으로써 가족규칙을 추론해야 한다(이영실 외, 2010).

④ **가족역할** : 가정에서 가족구성원들 간에 가족규칙에 따라 허용되거나 금지되는 특정 행동을 의미한다. 가정에서 가족구성원들 간의 역할이 얼마나 명확하게 규정되어 있고 적절히 수행하고 있는지?, 역할의 만족 및 불만족에 대한 수정 의지 등을 고려해야 한다. 또한 부부의 역할규정에 있어서 외가의 의견이 얼마나 영향을 미치는지, 부부의 시간과 에너지를 집안일이나 직장 어느 한쪽에 치우쳐 사용하는지, 역할의 과부하로 인한 압력과 스트레스는 어느 정도인지 등에 대한 고려가 필요하다(구혜영, 2010).

(2) 주요 방법

경험적 가족치료모델의 주요 방법으로는 의사소통방법, 가족조각, 역할극 연습, 가족 그림 그리기와 모의가족 연습 등이 있다. 의사소통방법은 제5장 사회복지실천을 위한 관계 및 의사소통에서 알아보았으므로 여기서는 의사소통 모델링과 그 외의 방법에 대해서 알아본다.

① **의사소통 모델링** : 의사소통방식을 모델화할 수 있는 가족구성원 간의 대화방식을 비디오 영상이나 방송매체를 통해 학습하는 방법이다. 가족구성원들에게 역기능적 의사소통 유형인 회유형, 비난형, 초이성형, 산만형 중 하나를 선택하여 대화하도록 한다. 이러한 역기능적인 의사소통을 통해 서로의 의사소통 입장에 대해서 확인해보고 효과적으로 의사소통을 할 수 있는 일치형의 의사소통을 학습하게 한다.

② **가족조각** : 공간 속에서 주어진 상황에 자신들의 관계를 표현하게 함으로써 그 가족에 대한 이해를 높일 수 있는 방법이다(최경화 외, 2010). 가족조각은 일정 공간에서 가족구성원이나 물체를 배치시켜 어느 특정한 시점에서 가족구성원들 간의 정서적 관계를 신체적으로 상징화하여 구성원 각자가 가족 내에서 경험한 그 자체를 눈으로 볼 수 있도록 함축하여 표현하는 것이다.

가족조각 방법을 사용하는 목적은 가족구성원들이 각자 자신의 내면적 감정에 접함으로써 실제의 자신을 알고 미처 깨닫지 못한 부분을 이해하고 느끼며, 가족에 대해서 어떻게 인식하고 있는지 생각해 봄으로써, 새로운 대처방법을 찾기 위한 것이다. 진행과정은 가족구성원 중에 한 사람이 조각자가 되어 자신이 지각하고 있는 상황을 각 구성원들에게 표현하도록 각자의 위치와 신체적 표현을 정해주고, 나머지 구성원들은 조각자가 표현하고 싶은 것을 모두 표현할 때까지 그 자세를 유지해 준다(이영실 외, 2010). 이때 요청받은 가족구성원은 자신이 인식하는 대로 가족구성원들의 몸짓, 태도 등을 무언으로 연출한다.

③ **역할극 연습** : 가족구성원들이 자기 자신이나 다른 사람의 생활을 단막극으로 표현하는 방법이다. 즉, 클라이언트의 문제 장면을 실제상황과 가깝게 연출하여 그가 상황에서 실제로 할 수 있는 말과 행동을 표출하도록 하는 것이다. 이러한 역할극

연습은 지나간 기억을 회상하고 억압된 감정을 표출하여 정서적 경험을 강화시키고, 또한 반대로 상대방의 역할을 수행해 봄으로써 상대방의 입장을 이해하게 되는 개인치료에 유용한 방법이다(이영실 외, 2010).

이러한 역할극 연습을 통해 클라이언트는 다른 구성원의 역할연습을 통한 행동을 보면서 여러 생활 장면에서 타인들의 행동 및 감정 경향이나 신념의 차이를 이해하게 되고, 자신의 감정을 어떻게 자제해야 되는지를 배우게 되고, 새로운 행동양식을 발달시킬 수 있게 된다.

④ **가족그림 그리기와 모의가족 연습** : 가족그림 그리기는 가족구성원들에게 자신이 느끼는 대로 자유롭게 가족에 대한 그림을 그리도록 하는 방법이다. 그린 그림을 통해 구성원들은 자신이 가족에 대해서 어떻게 느끼는지 이해할 수 있을 뿐만 아니라 다른 구성원들이 서로에 대해서 어떻게 느끼는지, 가족관계에 어떤 문제가 있는지 등을 이해할 수 있다(최경화 외, 2010).

모의가족 연습은 가족구성원들 간에 역기능적인 의사소통 방법을 수정하고, 바람직한 의사소통 방법과 서로의 입장을 확인하고 잘못된 행동을 수정하기 위해 모의 형태의 가족을 구성해서 연습하는 방법이다.

3) 다세대 가족치료모델

보웬(Bowen)의 다세대 가족치료모델은 가족을 다세대적 현상에 대한 분석을 통하여 현재의 가족문제를 파악하고 해결하는 모델이다. 즉, 현재의 가족문제를 파악하고 과거와 세대를 거쳐 내려오는 가족 과정과 세대의 가족 구성, 형제순위 등 가족형태를 통해 가족의 문제 및 가족관계에 대해서 개입한 모델이다(구혜영, 2010). 보웬은 문제해결을 위해 개인이 성숙하고 건강한 성격으로 분화하기 위해서는 먼저 원가족과 맺는 관계를 통찰하여, 가족에 대해서 미해결된 정서적 애착이 긍정적으로 해결되어야 한다고 하였다. 또한 가족 내 문제의 핵심은 가족구성원 간의 불안과 정서적으로 융합하지 못한 데 있다고 보았으며, 이러한 불안해결과 정서적 융합을 통해 그들의 자아분화를 높이는 것이 치료의 목표라고 보았다(Bowen, 1978).

이러한 치료모델은 남편과 시어머니의 애착으로 인한 고부갈등, 결혼 전 부모로부터 분화되지 못해서 발생하는 부부갈등, 가족 내 한쪽 부모와의 밀착으로 인해 발생하는 부적응, 우울문제, 외도나 다른 일에 지나치게 몰두하는 것, 불안으로 인한 가족폭력, 알코올 문제, 약물의존성 등을 가진 클라이언트가 있는 가족에게 효과적이다(구혜영, 2010).

(1) 주요 개념

다세대 가족치료모델의 주요 개념은 자아분화, 삼각관계, 가족의 투사과정, 핵가족의 정서체계, 다세대 전수과정, 출생순위 등이 있는데, 각각에 대해서 알아본다.

① 자아분화

타인에 의한 사고나 감정을 적절하게 통제하고 분별하는 능력을 의미한다. 보웬은 자기분화가 잘된 사람은 사고와 감정이 균형을 이루어 정서적 충동에 저항할 수 있는 자제력과 객관성을 가지고 있다고 보았다. 그러나 자기분화가 미흡한 사람은 감정을 지배하지 못해 객관적인 사고를 하기 어렵다고 하였다. 그래서 주위 사람의 감정에 지배를 받아 추종하거나 분노를 느끼며 배척하게 된다는 것이다(Bowen, 1978; 서혜석 외, 2010).

보웬은 자기분화를 인지적 기능 대 정서적 기능, 가족의 투사과정, 자아통합, 정서적 단절, 가족퇴행 등 5가지 영역으로 구분하여 척도화하였다. 또한 0부터 100까지 자아분화 수준을 평가하여 4단계로 구분하였다. 1단계는 척도가 0~25로 자기분화가 가장 낮은 수준으로 사고의 융합이 너무 심해 삶이 감정에 의해 지배되는 단계이다. 이 단계에 해당되는 사람은 타인의 인정을 받기 위해 개별성을 희생하며 스트레스 상황에서 쉽게 역기능적이 된다. 2단계는 척도가 25~50으로 안정에 대한 기본적 욕구가 있으나 갈등을 회피하게 되고, 타인을 기쁘게 하려고 노력하며 의존적이고 자율적인 능력이 부족하다. 또한 독립적으로 결정에 이르거나 문제를 해결하는 능력이 부족하다. 3단계는 척도가 50~75로 분명한 신념을 가지고 있음에도 불구하고 타인의 선택에 대해 의식하는 경향이 있다. 또한 의사결정을 내려야 할 때 의미 있는 타인의 인정을 받을 수 있는지 의식하는 편이다. 하지만 비교적 스트레스 상황에서도 기능을 잃지 않으며 역기능적이 되어도 바로 회복된다. 4단계는 척도가 75~100으로 명확한 가치와 신념을 가지고 있어 목표 지향적이고 융통성이 있으며 안정적이다. 또한 갈등과 스트레스에 대한 인내심이 있으며 강한 자아통합감을 갖는다(Bowen, 1978 : 서혜석 외, 2010).

보웬의 자아분화 수준 척도검사는 정서인지분화 영역 7문항(1*, 2*, 3, 4*, 5*, 6*, 7*), 자아통합 영역 6문항(8, 9, 10, 11*, 12*, 13), 가족투사 영역 6문항(14*, 15*, 16*, 17*, 18*, 19*), 정서적 단절 영역 5문항(20, 21*, 22*, 23*, 24*), 가족퇴행 12문항(25*, 26, 27, 28, 29, 30, 31, 32, 33*, 34*, 35*, 36*) 등 총 36문항으로 구성되어 있다. 여기서 별표(*) 문항은 역으로 채점하는 문항이다. 이렇게 구성된 각 문항은 '전혀 그렇지 않다(1점)'에서 '아주 그렇다(4점)'의 4단계 평정법으로 측정한다. 각 하위 척도의 점수를 합산한 것이 전체 자아분화 수준을 나타내며, 부정적인 문항은 역으로 채점하였기 때문에 점수가 높을수록 자아분화가 잘 되어 있음을 뜻한다. 보웬의 자아분화 척도의 내용은 〈표 9-6〉과 같다.

〈표 9-6〉 보웬의 자아분화 척도

전혀 그렇지 않다.(1점), 그렇지 않은 편이다.(2점), 그러한 편이다.(3점), 아주 그렇다.(4점)

번호	내용	1점	2점	3점	4점
1	나는 중요한 결정을 내릴 때, 마음 내키는 대로 결정하는 일이 많다.				
2	나는 말부터 해놓고 나중에 가서 그 말을 후회하는 일이 많다.				
3	나는 비교적 내 감정을 잘 통제하는 편이다.				
4	나는 화가 나면 물불을 가리지 않고 행동하는 편이다.				
5	나는 욕을 하고 물불을 가리지 않고 행동하는 편이다.				
6	나는 욕을 하고 무엇이든 부수고 싶은 충동을 자주 느낀다.				
7	나는 대수롭지 않은 일에도 화를 잘 내는 편이다.				
8	나는 남이 지적할 때보다 내가 틀렸다고 여길 때 의견을 더 잘 바꾼다.				
9	나는 대다수 사람들의 의견보다 내 의견을 더 중시한다.				
10	논쟁이 있더라도 필요할 때는 내 주장을 굽히지 않는다.				
11	내 말이나 의견이 남의 비판을 받으면 얼른 바꾼다.				
12	내 계획이 주위 사람의 인정을 받지 못하면 잘 바꾼다.				
13	주위의 말을 참고는 하지만 어디까지나 내 소신에 따라 결정한다.				
14	자라면서 부모님이 내게 대해 근심을 하는 것을 많이 보아왔다.				
15	부모님은 내가 미덥지 못해서 지나치게 당부하는 일이 많았다.				
16	우리 부모는 형제들 중 유독 나 때문에 걱정이 많으셨다.				
17	부모님은 내게만 문제가 없다면 아무 걱정이 없겠다는 말을 많이 하셨다.				

18	내가 처한 상황은 부모님이 전부터 입버릇처럼 말해오던 그대로다.				
19	내 걱정이나 근심은 부모님이 전부터 말해오던 그대로이다.				
20	부모님과 떨어져 살면 대단히 불편하리라 생각한다.				
21	가정을 떠나는 것이 독립할 수 있는 좋은 기회이다.				
22	나는 부모님으로부터 하루 빨리 독립했으면 하는 생각이 많았다.				
23	부모님과 자주 다투기보다는 안 보는 것이 상책이라 생각했다.				
24	나는 자라면서 집을 나가고 싶은 충동을 많이 느껴왔다.				
25	나는 자라면서 부모님과 별로 대화를 나누지 않았다.				
26	내가 자랄 때 우리 가족은 자신들이 각자 해야 할 일을 스스로 하는 편이다.				
27	우리 가족은 심각한 일이 있어도 가족 간에 금은 잘 가지 않는다.				
28	가족 간에 말썽이 있어도 서로 상의해 가면서 잘 해결해 왔다.				
29	우리 가정에는 소리를 지르거나 주먹다짐을 하는 일은 드물었다.				
30	가정에 어려운 일이 있어도 부모님은 차분하게 잘 처리하셨다.				
31	우리 가정은 대체적으로 화목하고 단란했던 편이다.				
32	우리 가족은 각자 의견이 달라도 서로 존중해 주는 편이다.				
33	나는 어릴 때 다른 가정에서 태어났으면 하는 생각이 들었다.				
34	우리 가족은 사소한 문제 때문에도 잘 싸웠다.				
35	부모님은 나를 낳았을 뿐 교육에는 별로 관심이 없었다.				
36	우리 가족은 서로에게 별 관심이 없었다.				

점수 계산방법은 ① 각 문항 점수의 합을 구한다. ② 백분위 점수=원점수×100/144(예 : 원점수의 총합이 110인 경우, 100점 만점의 자아분화 점수는 110×100/144 =76.38이다.) ③ 계산된 점수를 해당하는 범주에서 찾는다.

② 삼각관계

자아분화의 수준과 불안 정도에 영향을 받아 두 사람 사이에 다른 한 사람을 자신의 정서적 문제에 끌어들이는 형태를 의미한다(구혜영, 2010). 보웬은 가족구성원들 간의 삼각관계를 가장 불안정한 관계체계로 보았다. 또한 삼각관계는 불안, 긴장, 스트레스를 일시적으로 감소시킬 수는 있으나 가족의 정서체계를 더욱 혼란스럽게 만들어 증상을 악화시키게 된다고 하였으며, 대부분의 가족문제는 삼각관계의 성격을 띠고 있다고 하였다(Bowen, 1978).

따라서 자아분화 수준이 낮을수록 삼각관계의 형태가 많이 나타날 수 있는데, 가족 내의 긴장, 불안, 갈등 등이 증가하면 자아분화 수준이 낮은 사람이 다른 가족구성원하고 연합하여 2대 1의 관계를 형성하는 삼각관계를 형성한다.

③ 가족의 투사과정

부모의 미성숙과 결핍된 자아분화로 인해 자녀를 끌어들여 밀착관계를 형성하고, 분화 수준이 낮은 부모는 삼각관계를 통해 불안을 자녀에게 투사하게 되는 것을 의미한다. 이러한 가족의 투사과정은 부부갈등, 한 배우자의 질병, 자녀의 자폐증이나 심한 장애가 있는 가정에서 주로 나타나며 주로 자녀를 양육하는 어머니에게 투사과정이 나타난다.

가족의 투사과정은 주로 어머니의 불안에서 시작되는데, 자녀는 어머니에게 불안하게 반응하고 어머니는 이것을 자녀의 문제로 투사한다. 또한 불안한 부모는 자녀에게 동정, 걱정, 과보호 등을 나타내게 되고 그 결과 자녀는 점차 더 상처받고 더 많은 것을 부모에게 요구하게 된다. 특히, 아동기에서 아동의 불안은 신체적 · 정신적 증상을 나타낼 수 있고, 청소년기에는 비정상적인 증상이 점점 증가하여 자녀가 부모로부터 독립하고자 할 때 정신병 등의 증상을 유발할 수도 있다(이영실 외, 2010).

④ 핵가족의 정서체계

단일세대 가족 내의 정서적 체계를 의미하는 것으로, 자아분화 수준이 낮은 가정에서 불안과 긴장으로 인해 정서적으로 거리를 두는 것을 의미한다. 즉, 해소되지 못한 불안이 개인에게서 가족으로 투사되는 것이다. 이러한 현상은 결혼 전에 자아분화 수준이 낮은 사람일수록 불안을 더욱 심하게 느끼는데, 불안으로 인한 불편한 관계를 줄이기 위해 다른 사람이나 사물에 몰두하거나 단절하게 되는 경우이다. 또한 부부갈등에서도 나타나는데, 서로의 잘못에만 초점을 두거나 지배하려는 의지가 강해 상대방의 주도권을 거부하는 경우, 불평불만과 고집불통, 상대방의 말에 귀를 기울이지 않는 양상을 보인다(구혜영, 2010).

⑤ 다세대 전수과정

개인이 원가족으로부터 학습된 방식이 타인과 관계를 맺고 결혼해서 자녀를 낳아도 반복되어 전수되는 것을 의미한다. 가족구성원들의 분화수준과 가족기능 중 다음 세대로 전수되는 행동들은 분화수준, 삼각관계, 배우자의 역기능, 부부갈등, 자녀의 역기능 등이 있는데, 이러한 행동들이 그 세대에서 그치는 것이 아니라 다음 세대에 이어 전수되는 것이다.

보웬은 정신분열증을 가진 자녀나 핵가족에서 적응력이 결여된 자녀는 다세대 전수 과정의 결과로 보았으며, 만일 계속적인 세대 간 전수를 통하여 가장 큰 손상을 받은 자녀를 추적한다면 분화수준이 점점 낮아지는 개인들의 계보를 볼 수 있다고 하였다. 그리고 정신분열증 증세가 있는 자녀가 나오기까지 최소한 3세대가 관련된다고 주장하였다(Bowen, 1978; 이영실 외, 2010).

⑥ 출생순위

형제자매들의 출생순위를 의미한다. 보웬은 출생순위, 형제자매의 위치, 어머니와의 상호작용이 가족의 정서체계 안에서 특별한 기능과 역할을 한다고 보았다. 또한 동일한 사건에 대해서 형제마다 경험하는 것이 다르기 때문에 가족구성원들의 특징적 성격은 출생순위에 의해 결정된다고 보았다. 예를 들어, 장남은 다른 형제보다 권력과 권위를 추구하는 성향이 강하고 차남은 좀 더 개방적인 성향을 갖게 된다는 것이다.

(2) 주요 방법

보웬의 다세대 가족치료모델의 주요 방법에는 탈삼각화 기법, 가계도 작성, 코칭, 과정질문, 치료 삼각관계, 클라이언트 자신의 이야기 들려주기 등이 있는데, 각각의 내용은 다음과 같다(구혜영, 2010; 이영실 외, 2010).

① **탈삼각화 기법** : 가족 내에 형성되어 있는 삼각관계에서 벗어나도록 하는 방법이다. 즉, 제삼자를 두 사람의 관계에서 분리시켜 삼각관계를 벗어나게 함으로써 가족구성원의 자기분화 수준을 높이도록 하는 것이다.

② **가계도 작성** : 가계도를 작성함으로써 다세대에 걸쳐 내려오는 가족체계의 문제, 가족역할, 가족유형, 가족구성원 간의 갈등, 가족구성원 간의 단절, 삼각관계 등을 알 수 있다. 이러한 가계도는 가족과 함께 탐색할 수 있는 여러 가지 정보들을 얻을 수 있는 도구로서, 3대 이상을 작성하게 되면 가족의 수와 가족구성원들 간의 관계나 가족의 생활사가 현재에 미치는 영향과 문제 등을 알게 된다.

③ **코칭** : 사회복지사(코치)가 가족 정서문제에 대해 가족구성원들이 스스로 정서과정을 이해하고 개인의 역할을 이해할 수 있도록 돕는 방법이다. 사회복지사는 중립적이고 객관적인 조언을 통해 문제에 대처하고, 문제가족들이 스스로 자율성과 독립성을 발휘할 수 있도록 코치하여 가족구성원들이 자기분화 수준을 높일 수 있도록 돕는다.

④ **과정질문** : 클라이언트의 흥분된 감정과 불안한 정서를 가라앉히고 사고를 촉진하는 질문방법이다. 이러한 질문은 클라이언트의 감정이나 정서보다 인지적인 점에 초점을 맞추고 그가 어떤 방식으로 관계유형에 관여되어 있는지 등을 질문한다.

⑤ **치료 삼각관계** : 치료의 목적으로 사회복지사가 두 사람의 갈등관계에 합류하여 삼각관계를 형성하는 방법이다. 예를 들어, 부부의 갈등관계에서 자녀 대신 사회복지사가 개입하는 방식이다. 이때 사회복지사는 삼각관계에 휘말리지 않고 중립적이고 객관적인 자세를 유지하면서 부부 상호작용의 부정적 또는 긍정적 면을 모두 볼 수 있도록 노력해야 한다.

⑥ **자신의 이야기 들려주기** : 사회복지사가 클라이언트에게 치료과정을 녹화한 것을 보여주는 방법이다. 클라이언트나 가족구성원들은 어떠한 방법으로든 자신의 이야기를 보거나 듣게 될 때 상호 간에 방어기제가 줄어들게 되고 이해의 폭이 넓어져 자아분화 수준이 높아질 수 있다.

4) 전략적 가족치료모델

전략적 가족치료모델은 헤일리(Haley)가 에릭슨(Erickson)의 심리사회적이론 관점과 실천방법을 '전략적 치료(Strategic therapy)'라고 명명한 데에서 비롯되었다(Haley, 1973; 최경화 외, 2010). 헤일리의 가족치료모델을 '전략적'이라고 표현하는 이유는 인간의 행동이 왜 일어났는지에 대해서는 관심을 두지 않고 단지 행동의 변화에만 관심을 두고 있기 때문이다. 즉, 현재의 가족문제를 제거하거나 감소시키는 도구적 전략에 관심을 갖고, 통찰이나 인지의 변화보다 증상과 증상의 해결에 초점을 둔 행동주의적 개입의 경향을 띠고 있기 때문이다. 이러한 전략적 가족치료모델은 이론보다 문제해결 치료기법에 초점을 두고 클라이언트의 특정한 행동과정을 관찰하고 변화시키려는 것이다. 따라서 이 모델의 치료목표는 현재 문제를 해결하고 치료하는 것이다(서혜석 외, 2010; 구혜영, 2010).

(1) 주요 개념

전략적 가족치료모델의 주요 개념에는 가족항상성, 가족관계의 유형, 가족관계의 통제 등이 있는데, 그 내용은 다음과 같다.

① **가족항상성** : 항성성은 생물체가 체온조절과 같이 몸을 일정한 상태로 균형을 유지하려는 작용이나 성질이다. 이와 같이 가족항상성(Family homeostasis)은 가족 내에서 주어진 내·외적 환경에 적응하면서 일관성을 유지하려는 것을 의미한다(서혜석 외, 2010). 예를 들어, 부모는 십대의 자녀들에게 '적어도 저녁 10시까지는 집에 돌아와야 된다.'는 규칙을 요구하였으나 자녀가 지키지 않으면 강압을 사용하여 원상태로 돌아오려는 항상성을 유지하려 한다.

② **가족관계의 유형** : 대칭적 관계와 보완적 관계가 있다. 대칭적(Symmetrical) 관계는 한 사람의 행동이 상대방의 행동에 영향을 주고 다시 또 그 행동에 영향을 받아 서로 계속 상승작용을 하는 것을 의미한다. 예를 들어, 한쪽이 비난하면 다른 쪽은 더 심하게 비난하고 이를 받아 다시 더 심하게 비난하여 결국 걷잡을 수 없이 관계가 악화되는 것이다. 위와 같은 현상은 세력경쟁에서 서로 우세한 입장에 서려고 하기 때문에 일어나게 된다(최경화 외, 2010).

보완적(Complementary) 관계는 대칭적 관계와 같은 극한 대립은 없지만 불평등과 차이가 극대화되어 한 사람은 매우 지배적이고 다른 한 사람은 매우 복종적인 관계를 맺는 것을 의미한다. 예를 들어, 전형적인 가부장제도에서 아버지가 절대적이고 어머니는 복종적인 가족의 관계를 의미한다.

③ **가족관계의 통제** : 공개적인 싸움, 고의적인 방해, 수동적인 저항 등으로 관계 유형에 상호 합의하지 못할 때 통제하는 것을 의미한다. 가족구성원들 중에 형제자매 간의 싸움이나 수동적인 저항 등은 가족의 역할에서 부모가 통제할 수 있으나, 대칭적 관계에 있는 부부 간의 싸움은 통제하기 어려운 경우가 많다.

(2) 주요 방법

전략적 가족치료 모델의 주요 방법에는 역설적 개입, 재명명, 의식 등의 기술이 있는데, 그 내용은 다음과 같다.

① **역설적 개입** : 사회복지사가 목표의 반대되는 것을 실행하도록 지시하여 보다 효과적인 결과를 얻으려고 시도하는 방법이다. 이러한 역설적 개입방법의 대표적인 것은 증상처방, 제지기법, 시련기법 등이다(구혜영, 2010). 증상처방은 가족이 불평하는 행동이나 문제가 되는 행동을 없애기 위해 그 행동을 반복적으로 하는 방법으로 고된 체험을 통해 이루어진다. 예를 들어 부부싸움을 하는 시간, 장소, 방법 등을 구체적으로 제시하여 심한 체험을 하도록 하는 것이다.

제지기법은 문제의 완화를 위해 변화의 속도가 지나치게 빠르다고 지적하고 가족 구성원들에게 천천히 진행하라고 경고하거나 변화속도를 늦추도록 제지하는 방법이다. 시련기법은 클라이언트가 가진 증상보다 더 힘든 일을 시키는 기법으로 더 힘든 시련을 체험하도록 과제를 부여하여 증상을 포기하게 하는 방법이다.

② **재명명** : 문제의 상황에 붙여진 부정적 의미의 이름(Label)을 긍정적 의미의 이름으로 바꾸는 것이다(엄명용 외, 2015). 즉, 문제나 상황을 판단하는 관점의 변화로 문제나 상황을 다르게 해석하여 새로운 의미를 발견하도록 하는 방법이다. 예를 들어, 남편에게 잔소리를 하는 아내의 말과 행동을 '남편에 대한 애정과 사랑이 아직도 많은가 보아요.'라고 긍정적 해석으로 설명하는 것이다.

③ **의식** : 가족에게 구체적인 행동을 지시하여 변화를 시도하는 방법이다. 예를 들어, 아이가 학교에서 남의 물건을 훔쳤을 때 부모는 남의 물건을 훔치는 것은 도덕적 · 법률적으로 잘못된 행동임을 지적하고 훔친 물건을 돌려주고 다음부터는 남의 것을 훔치지 말라는 지시를 하게 된다.

5) 해결중심 가족치료모델

해결중심 가족치료모델은 클라이언트가 자기 문제에 대한 문제해결 능력과 자원을 이미 가지고 있는 존재로 보고, 그의 장점과 자원 및 성공적 경험을 활용하여 문제해결에 초점을 두고 단기적으로 치료하는 것이다. 주요 개념은 클라이언트의 긍정적인 부분에 대한 관심을 두고, 클라이언트의 강점과 자원을 적극 활용하여, 클라이언트를 존중하고 수용하면서, 현재와 미래에 초점을 두어 단순하고 실현가능한 해결 방법을 먼저 사용한다. 또한 주요 방법은 치료자-클라이언트의 관계 유형을 파악하여 해결 지향적 질문(실천 전 변화에 관한 질문, 기적 질문, 예외 질문, 척도 질문, 대처 질문, 관계성 질문, 간접적인 칭찬 등)을 사용하게 된다.

이러한 해결중심 가족치료모델은 개인과 가족이 가지고 있는 문제보다는 현재와 문제해결에 초점을 둔다. 해결중심의 지향적 질문은 사회복지사와 클라이언트 가족 사이에서 대화를 통해 문제에 대한 지각과 해결 노력, 성공적 경험, 잠재력과 자원 등을 새롭게 인식할 수 있도록 영향을 줌으로써 해결방안을 발견하도록 도와주는 핵심 기법이라고 할 수 있다(NCS학습모듈, 2019). 해결중심 가족치료모델의 지향적 질문의 예시는 〈표 9-7〉과 같다.

〈표 9-7〉 해결중심 가족치료모델의 지향적 질문의 예시

구분	내용	예시
실천 전 변화에 관한 질문	• 계속적으로 변화가 일어난다는 것을 전제로 실시하는 질문	• 가족이 면담을 예약한 후 현재 이곳에 오기까지 달라진 점은 무엇인가요? • 오늘 여기 와서 무엇이 변화하기를 바라십니까?
기적 질문	• 문제가 해결된 상황을 보고 원하는 것을 스스로 설명하게 하여 해결책을 구체적으로 명료화시키기 위한 기법	• 오늘밤 당신이 잠자는 동안에 기적이 일어나 모든 문제가 해결되었다고 상상해 보세요. 그런데 당신은 잠자는 동안에 일어난 일이라 이런 기적을 모르겠지만, 내일 아침에 눈을 떴을 때 결과를 보면 어젯밤에 기적이 일어나 모든 문제가 해결되었다는 것을 알 수 있을까요? 처음 가족을 보면 기적이 일어났는지를 알 수 있을까요?
예외 질문	• 어떤 문제에도 예외는 있다는 것을 믿고 문제가 일어나지 않는 상황을 찾도록 유도하는 질문	• 최근에 문제가 일어나지 않은 때는 언제였습니까? • 어떻게 하면 문제가 발생하지 않나요?
척도 질문	• 구체화하여 물어볼 필요가 있는 질문을 숫자로 표현하여 평가하는 질문	• 1점에서 10점까지의 척도에서 1은 가장 문제가 심한 때이고 10은 문제가 모두 해결된 점수라면 지금 몇 점입니까?

대처 질문	• 예외적 상황을 발견하기 어렵거나 만성적인 어려움과 절망적 상황 등으로 희망이 없다고 호소하는 클라이언트 가족에게 주로 사용하는 기법	• 매우 어려운 상황인데 지금까지 어떻게 견딜 수 있었지요? • 어떻게 해서 상황이 더 나빠지지 않고 버틸 수 있었는지요?
관계성 질문	• 클라이언트 가족과 관련된 다른 중요한 사람들의 생각이나 행동에 대하여 묻는 질문	• 지금 아이의 아버지가 여기 앉아 계신다고 생각하고 제가 아이 문제가 해결되면 무엇이 달라질 것인지를 묻는다면 뭐라고 하실까요?

출처 : 국가직무능력표준, www.ncs.go.kr

9.3 가족의 환경 변화를 위한 실천

가족의 환경 변화를 위해서는 가족을 둘러싼 외부체계 및 환경을 고려해야 한다. 먼저 생태학적체계이론 관점에서 가족을 하나의 사회체계로 이해하고, 가족과 환경과의 상호교류에 초점을 두는 것은 기본적으로 가족을 이해하는 중요한 준거 틀이 된다. 생태학적체계이론 관점에서 문제는 생태체계 내 교류의 불균형에서 나타날 수 있는데, 교류의 불균형을 변화시켜 문제를 해결하는 것이 필요하다. 이러한 것은 가족이 가족체계와 환경 속에서 강점과 자원을 활용하는 데 도움이 된다. 따라서 사회복지사는 생태학적 체계이론 관점을 적용하여 가족 내의 문제뿐만 아니라 외부체계 및 외부환경을 고려하여 다양한 자원체계들과 연계하여 가족의 전반적인 문제를 해결해야 한다. 여기서는 가족 외부의 환경적 실천과 다양한 가족형태에 따른 실천에 대해서 알아본다(NCS학습모듈, 2019).

1) 가족 외부의 환경적 실천

가족문제는 가끔 가족 외부의 요인으로 발생할 수도 있다. 가족의 외부 환경에서 발생하는 경제적인 문제, 열악한 건강상태, 안전하지 못한 지역사회 등은 사회복지사에게 가족체계 내부의 실천만이 아닌 환경에 대한 실천능력을 요구하게 된다. 또한 가족구성원들도 자원에 대한 이해와 자원을 어떻게 접근하고 어떻게 사용할 것인지를 알아야 한다. 가족이 실제적으로 가지고 있는 자원은 무엇이며, 부족한 자원으로 인해 야기될 수 있는 문제, 효과적인 기능을 하기 위하여 필요한 것이 무엇인지를 탐색해야 한다. 사회적 환경에 가족의 적응 정도와 자원의 보유, 사회적 지지와 지역사회에 통합되는 정도는 충분한지에 대한 사정이 필요하다. 이러한 사항은 제7장 3) 사정의 내용 중 (8) 가족 외부 체계 및 환경에 대한 사정에서 자세히 알아보았다. 따라서 사회복지사는 환경체계에 존재하는 자원은 활성화하고, 존재하지 않는 자원은 지지 및 개발하는 중재자 역할을 해야 한다. 또한 주변 환경을 지속적으로 변화시켜 주며 서비스를 발굴하여 가족의 변화를 위한 옹호자 및 대변자 역할을 수행해야 한다.

특히, 가족은 가족 외의 다른 체계의 범위 안에 맞물려 있으며, 보다 큰 그룹이나 지지망의 하위체계이다. 가족은 그들을 둘러싼 지지망의 사회적 지지에 의해 도움을 받는다. 가족이 문제에 직면했을 때에는 어려움을 해결하기 위해 사회 지지망에 의지하게 된다. 위기 상황에서의 가족체계는 기존에 가지고 있는 지지망만을 의지하는 것이 아니라 추가적인 지지망을 찾으려 한다. 이러한 지지망은 정서지지(누군가 나를 돌보아 줄 것이라는 사실을 아는 것), 존경지지(누군가 나의 시도를 가치 있게 여기는 것을 아는 것), 정보지지(도움이 되는 아이디어를 주는 것)와 같은 것을 제공함으로써 사회복지사는 다양한 방식으로 가족을 도울 수 있다.

2) 다양한 가족형태에 따른 실천

현대사회에서는 개인의 성격 차이나 환경적 요인으로 인해 이혼율이 증가하면서 편부나 편모로 구성된 한부모가족, 미성년자가족, 조손가족 등이 증가하고 있다. 또한 부모의 재혼으로 인해 계부나 계모와 함께 가정을 구성하는 재혼가족, 경제적인 문제로 부부가 직장을 다니는 맞벌이가족, 다른 나라의 남녀가 결혼하는 다문화가족도 증가하고 있다. 따라서 사회복지사는 우리 사회의 다양한 가족형태에 따른 이해가 필수적이며, 실천하는 데 있어서 비심판적이고 사실적 질문을 사용함으로써 다양성에 유능하게 대처해야 한다. 또한 함께 실천하는 가족구성원과 가족에 대한 신념, 가치에 대한 신념, 적절한 행동에 대한 신념 등을 공유하고 있다는 것에 주의하고, 성, 민족, 종교, 나이, 능력, 계급, 문화, 민족성 등에 대해 얻은 정보에 따라 가족구성원을 변화시킬 정도의 열린 마음을 갖는 것이 중요하다고 할 수 있다.

가족은 흔히 2명의 부모와 한 명 또는 2명 이상의 자녀로 구성된다고 가정하지만 자녀가 없는 부부와 한부모가족, 재혼가족, 손자녀를 양육하는 조손가족의 수가 계속 증가하고 있다. 한부모가족이나 재혼가족을 대상으로 실천할 때는 부재한 부모의 영향을 고려하는 것이 중요하다. 부재한 부모가 죽었는지, 처음부터 결혼하지 않았는지에 따라 다른 어려움을 가질 가능성이 있기 때문이다. 한부모가족을 대상으로 실천할 때는 한부모가족의 문제를 고려하는 것이 중요하다. 특히, 죽음이나 이혼으로 인해 미해결된 감정이나 문제들이 있을 수도 있고, 가족구성원의 부적절한 기대감도 있을 수 있기 때문이다. 이러한 가족의 아동들은 어느 정도는 부재한 부모의 역할을 채울 수 있지만 부모의 부재로 인해 많은 스트레스와 책임감이 따를 수 있다.

Chapter 10

사회복지실천과정의 실천단계 III(집단체계)

사회복지실천과정에서 실천단계는 사회복지사와 클라이언트가 합의하여 결정한 욕구 및 문제를 해결하기 위한 계획단계(목표설정, 계약체결)를 실천하는 단계를 의미한다. 개인체계 및 가족체계에 대한 실천은 제8장과 제9장에서 알아보았다. 이 장에서는 사회복지실천과정의 실천단계 중에서 집단체계로 집단에 대한 이해, 집단운영 계획하기, 집단실천 진행하기 등에 대해서 알아본다.

10.1 집단에 대한 이해

인간은 태어나면서 가족이라는 집단에 속하게 되고 친구, 동료 등 다양한 유형의 집단과 상호작용을 하면서 성장(발달)하게 된다. 이러한 과정에서 인간은 집단과 밀접한 상호작용을 하기 때문에 인간의 문제는 집단 내의 관계에서 발생한다고 할 수 있다. 따라서 집단대상의 실천은 집단 내에서 집단을 도구로 또는 매개체로 활용하여 욕구를 충족시키고 사회 · 심리적 기능을 향상시키며, 집단구성원인 개인이나 집단이 당면한 문제를 해결할 수 있도록 사회자원을 동원하여 원조하는 과정을 의미한다(최경화 외, 2010). 이러한 집단체계의 실천은 주로 집단의 목적에 따라 사회복지사 1인과 다수의 클라이언트가 함께 변화를 유도하기 위한 실천이다. 여기서는 집단체계의 실천 전에 집단의 개념, 목적, 유형, 집단실천의 모델 등에 대해서 알아본다.

1) 집단의 개념

집단은 2명 이상의 사람들이 공통의 목적과 소속감을 가지고 상호작용하는 집합체를 의미한다. 즉, 집단은 공통의 관심사를 지닌 사람들이 정서적으로 결속하고 서로 의지하게 되며 공통의 목표 및 문제해결을 위해 상호작용을 하는 집합체이다. 집단은 인간집합체로 가족, 지역사회, 국가사회가 형성될 수 있는 공식적 · 비공식적 구조를 제공하는 사회의 기본적 구성단위이다. 그리고 타인과의 관계를 형성하고 유지할 수 있는 수단을 제공한다(최경화 외, 2010).

따라서 집단구성원 개개인은 가족, 또래집단, 학교, 직장 등과의 관계를 형성함으로써 바람직한 사회행동의 규범을 학습하고, 사회적 관계를 만족스럽게 유지할 수 있으며, 개개인이 성취하고자 하는 목적을 확인할 수 있을 뿐만 아니라 고통스러운 시기에 지지를 받을 수 있는 기회를 갖게 되는 등의 다양한 혜택을 얻을 수 있다. 집단의 조건은 구성원의 소속감, 공통의 목적이나 관심사, 구성원들끼리 정서적으로 결속하고 상호의존 하는 상호작용, 구성원들의 기능과 역할을 규제하는 규범(회칙) 등이다. 집단의 특성은 다른 사회체계와 마찬가지로 구조를 갖추어야 하고, 집단구성원들의 개별목표와 집단공동의 목표를 성취하기 위해 집단을 지지하고 격려해야 하며, 집단구성원들의 성장과 발달을 촉진하는 환경이 제공되어야 한다(설진화, 2010; 최경화 외, 2010).

위와 같은 집단의 조건 및 특성을 고려하여 한덕웅은 '집단은 적어도 집단의 구성원들이 서로 타인의 존재를 알고 있으면서, 직 · 간접적으로 서로 영향을 미치고 상호작용하며, 구성원들이 동일한 집단의 범주에 소속된다고 인식하는 두 사람 이상의 집합체를 의미한다.'고 정의하였다(한덕웅, 2002; 최경화 외, 2010).

2) 집단의 목적

집단의 목적은 집단을 구성하는 구성원들과 집단이 달성하고자 하는 지향점을 의미한다. 사회복지 관련 집단의 목적은 기관, 사회복지사, 집단 및 구성원들의 욕구와 기대가 상호작용하여 설정된다. 이러한 집단의 목적은 집단이나 구성원들이 추진해야 할 방향을 제시하고 집단 프로그램의 방향을 결정하는 지침이 된다. 따라서 목적이 불분명하고 구성원들의 의견이 일치하지 않는 집단은 실패하게 된다. 또한 집단의 목적은 집단경험과 활동을 통하여 집단과 집단구성원들이 발전시키고 변화시킬 수 있기 때문에 토의를 거쳐 수정될 수 있다(이영실 외, 2010). 집단의 목적을 설정하기 위한 고려사항은 집단목적에 대한 이해, 집단구성원들의 기대, 집단 내에서 성취될 수 있다는 믿음, 각 구성원들의 욕구와 기능수준에 대한 사정, 실천방법에 대한 사회복지사의 기대 등이다. 또한 집단을 이끌어 가는 기관의 방침과 실천방법 등이 일반적인 사회적 기대와 목적에 일치되어야 한다.

따라서 사회복지실천에서 집단목적의 특성은 집단이 일정한 목적을 달성하기 위해 형성된 것이고, 하나의 집단이 한 가지 이상의 목적을 동시에 세울 수 있고, 클라이언트의 욕구가 포함되면서 구체적으로 기술해야 한다. 또한 집단의 목적 수립을 위한 핵심요소는 구성원들의 선택, 집단구성, 성향 등 집단구조의 매개변수와 지속적인 성장, 빈도수, 리더십 등이 있을 수 있다(이영실 외, 2010).

3) 집단의 유형

집단의 유형은 집단의 상호작용과 정서적 결속 정도, 구성방법, 구성원의 크기, 집단의 개방성 여부, 구성원의 자율성, 목적 등에 따라 다음과 같이 구분된다(설진화, 2010; 구혜영, 2010).

(1) 상호작용과 정서적 결속 정도에 따른 구분

상호작용과 정서적 결속 정도에 따라 일차집단과 이차집단으로 구분할 수 있다. 일차집단(Primary group)은 원초집단이라고도 하는데, 친밀감을 갖고 면대면(Face-to-face)의 결합으로 구성되며 혈연 · 지연을 바탕으로 자연발생적으로 이루어지는 집단이다. 이 집단의 특징은 구성원들이 상호 인접해 있고, 집단의 규모가 비교적 작고, 구성원들의 관계가 지속적일 때 성립되며, 구성원들 간의 관계는 친밀하며 개인적이다. 예를 들어 가족, 이웃, 친지, 친구, 동료, 놀이집단 등이 있을 수 있다.

이차집단(Secondary group)은 특정 목적을 달성하기 위해 인위적 계약에 의해 형성된 집단이다. 이 집단의 특징은 구성원들 간에 공식적인 관계를 형성하고 관심의 정도가 약하다. 또한 구성원들 간에 접촉하는 경우는 드물거나 전혀 접촉하지 않는 경우도 있고, 간접적인 접촉으로 상호작용을 한다. 예들 들어 학교, 학급, 종교, 동호회 등의 모임과 노동조합, 학술집단 등이 있을 수 있다.

(2) 구성방법에 따른 구분

구성방법에 따라 자연발생적 집단과 인위적 형성집단으로 나눌 수 있다. 자연발생적 집단(Natural group)은 자발적으로 발생한 사건, 인간관계상의 매력, 구성원들의 욕구 등을 기초로 구성된 집단이다. 이 집단은 공식적 지원체계가 없는 것이 특징인데, 예를 들어 가족, 또래집단, 친구집단 등이 있을 수 있다.

인위적 형성집단(Formed group)은 외부의 영향이나 개입을 통해 의도적으로 형성된 집단이다. 이 집단의 특징은 공식화된 규칙과 일정한 과제를 갖는데, 설정한 목적을 달성하기 위해 역할에 의해 구조화되고 지위에 의해 계층화된다. 예를 들어, 치료집단과 위원회 등이 있을 수 있다.

(3) 구성원의 크기에 따른 구분

집단구성원들의 크기에 따라 대집단과 소집단으로 구분할 수 있다. 구성원들의 크기는 집단의 만족도에 영향을 주게 되는데, 대부분의 집단은 5~15명을 선호한다(구혜영, 2010). 대집단(Big group)은 구성원의 수가 5~15명보다 많은 집단을 의미하는데, 장점은 복잡한 과제수행이 가능하고, 역할모델의 학습기회가 다양하고, 집단 참여에 대한 압력이 적고, 의미 있는 상호작용을 유지할 수 있다는 것이다. 반면에 단점은 밀접하고 대면적인 상호작용의 기회가 감소하고, 역기능적 하위집단의 위험이 있을 수 있고, 구성원의 무관심과 탈퇴를 조장할 수 있고, 규칙 및 절차 등의 공식적인 구조가 필요하고, 결속력이 감소하고, 의사결정 합의 도출에 어려움이 있을 수 있다는 것이다(Reid & Epstein, 1972).

소집단(Small group)은 구성원의 수가 5~15명보다 작은 집단을 의미하는데, 서로 동료의식을 가지고 지속적인 상호작용을 통해 공통의 목표를 효율적으로 추구해 갈 수 있다. 이 집단은 사회조직과 집단 중에서 상호작용이 가장 활발한 집단이라고 할 수 있으며, 일정한 규범 속에서 개인 구성원들의 역할분담에 따라 조직적이고 지속적으로 유지할 수 있다.

(4) 집단의 개방성 여부에 따른 구분

집단의 개방성 여부에 따라 개방형 집단과 폐쇄형 집단으로 구분할 수 있다. 개방형 집단(Open group)은 경계선이 유연해서 일정한 요건만 갖추면 구성원이 될 수 있어 언제든지 새로운 구성원을 받아들일 수 있다. 따라서 새로운 구성원을 통해 새로운 자원, 아이디어, 신념, 가치관 등이 향상될 수 있지만, 반면에 새로운 구성원이 참여하게 될 때마다 집단 응집성에 변화가 발생할 수도 있다. 개방형 집단이 적합한 경우는 〈표 10-1〉과 같다(이영호, 2008; 엄명용 외, 2015).

〈표 10-1〉 개방형 집단이 적합한 경우

- **거주시설, 병원 등에서 운영되는 치료집단** : 집단구성원들이 치료를 마치고 퇴원을 하여 집단에 여석이 생길 경우 새로운 구성원이 집단에 합류함
- **자조집단** : 알코올 중독으로부터 회복 중인 클라이언트들은 지역사회 내에 있는 공개 자조집단모임에 자유롭게 참여할 수 있음
- **위기상황 집단** : 위기상황에 처해 있는 사람들은 새로운 집단이 형성될 때까지 기다릴 필요 없이 언제든지 개방형 집단에 참여할 수 있기 때문에 개방형 집단은 치료의 대안이 될 수 있음

폐쇄형 집단(Close group)은 경계선이 엄격하여 특수한 사람들에게만 가입자격이 한정되어 시작부터 끝까지 같은 구성원들로 유지될 수 있기 때문에 구성원들 간에 일정한 형태의 유대감을 경험할 수 있다. 구성원들의 집단경험이 동일하기 때문에 집단에 대한 응집력이 높고, 집단의 목표(치료, 교육 등)를 효과적으로 달성할 수 있는 가능성이 높다. 반면에 집단구성원의 선정이나 목표설정이 잘못되었을 경우 구성원의 중도탈락이나 집단역동성을 기대할 수 없어 집단 운영이 어려울 수도 있다. 폐쇄형 집단이 적합한 경우는 〈표 10-2〉와 같다(이영호, 2008; 엄명용 외, 2015).

〈표 10-2〉 폐쇄형 집단이 적합한 경우

- **교육집단** : 동일한 집단구성원들로 시작하고 종결함으로써 집단구성원들의 성과를 강화할 필요가 있는 교육집단
- **10대 미혼모 집단** : 미리 정해진 내용의 양육기술을 교육하고 훈련시키는 것을 목적으로 하는 집단
- **심리치료집단** : 구성원들의 정신역동적 분석과 이해를 통해 현재의 상황을 이해할 목적으로 구성된 집단

(5) 구성원의 자율성에 따른 구분

구성원의 자율성에 따라 자발적 집단과 비자발적 집단으로 구분할 수 있다. 자발적 집단(Voluntary group)은 개인의 자유의지에 의하여 집단에 가입하고 탈퇴하는 것이 자유로

운 집단을 의미한다. 반면 비자발적 집단(Involuntary group)은 개인의 의지나 선택에 의하지 않고 타의에 의해서 집단의 구성원이 되는 것을 의미한다.

(6) 목적에 따른 구분

토스랜드와 리바스(Toseland & Rivas)는 집단을 대상으로 한 사회복지실천에서 집단을 목적에 따라 치료집단과 과업집단으로 구분하였다. 치료집단은 다시 지지집단, 교육집단, 성장집단, 치료집단, 사회화집단 등으로 분류하였고 과업집단을 재스트로우(Zastrow)는 레크리에이션집단, 감수성훈련집단, 문제해결집단, 교육집단, 치료집단, 사회화집단 등으로 분류하였다. 그 내용은 다음과 같다(Zastrow, 1999; Toseland & Rivas, 2001; 설진화, 2010; 구혜영, 2010; 최경화 외, 2010).

① 지지집단

지지집단(Support group)은 일상생활 속에서 발생하는 문제들을 효과적으로 대처하고, 앞으로 일어날 생활사건에 대해서 좀 더 효과적으로 대처할 수 있는 능력을 향상시키기 위한 집단이다. 이 집단에서 사회복지사는 구성원들이 미래에 대한 희망을 갖고 스스로 일상생활을 할 수 있도록 대처기술을 습득할 수 있게 지지자 및 촉진자 역할을 수행한다.

이 집단의 집단구성원들은 자신들의 경험을 공유하고 때로는 지역사회의 편견과 낙인으로부터 벗어나 안정과 위로를 집단 안에서 찾으려고 하기 때문에 강한 정서적 유대를 보이게 된다. 예를 들어, 이혼한 부부의 자녀 모임, 암환자나 그 가족으로 구성되어 질병의 영향과 대처방안을 강구하는 집단, 장애아동의 어려움을 극복하기 위한 부모모임, 아동양육의 어려움을 함께 나누는 편부모 집단 등이 있을 수 있다(김충식 외, 2009).

② 교육집단

교육집단(Educational group)은 전문가의 강의와 교육을 통해 효과적으로 지식과 기술을 습득할 수 있도록 토론의 기회를 제공하는 집단이다. 이 집단의 구성원들에게 그들 자신과 사회에 대해 배울 수 있도록 직접적인 교습활동을 통해 기술을 가르쳐 주고 정보를 제공하여 지식과 경험을 습득할 수 있도록 교육한다. 이 집단에서 사회복지사는 구성원들이 교육을 받을 수 있도록 교육자 역할을 수행한다.

일반적으로 교육집단의 구성원들은 자기개방이 비교적 낮기 때문에 사회복지사는 그들의 지식, 기술, 경험 등을 고려하여 모든 구성원이 최상의 학습효과를 얻을 수 있도록 지지해야 한다. 예를 들어 성교육 집단, 예비부모 교육을 받는 미혼모 집단, 위탁가정 부모교육집단, 특정 약물이나 질환에 대한 교육집단, 자원봉사자 교육집단 등이 있을 수 있다.

③ 성장집단

성장집단(Growth group)은 심리 · 사회적 질병을 치료하는 것보다 심리 · 사회적으로 건강을 향상시키고 집단을 자신의 성장기회로 활용하기 위한 집단이다. 이 집단의 구성원들은 집단을 통해 자기개발, 잠재력개발, 인간관계 개선 등을 목적으로 하기 때문에 다른 집단에 비해 자기노출이 높은 편이다. 또한 구성원들은 집단을 통해 통찰력을 얻고자 하고, 새로운 행동을 시도해보려 하고, 타인에게 피드백을 받아 인간다운 삶을 추구하려고 한다. 이 집단에서 사회복지사는 조력자 역할을 수행한다.

예를 들어, 부부의 결혼생활 향상 집단, 청소년들을 위한 가치명료화 집단, 여성의 의식고양 집단, 출산을 위한 예비부모 모임, 퇴직준비 집단 등이 있을 수 있다. 이러한 모임들은 현재 YMCA나 YWCA에서 집단 프로그램으로 많이 운영하고 있는데, 이때 사회복지사는 집단 결속력을 강화하기 위해 촉진자 역할을 수행하게 된다(구혜영, 2010).

④ 치료집단

치료집단(Therapy group, 문제해결집단)은 행동을 변화시키거나 개인적 문제를 개선하기 위해 또는 사회적 · 의학적 충격으로 인한 치료(재활)를 목적으로 형성된 집단이다. 또한 미국 정신의학회(APA, American Psychiatric Association)가 규정한 정신장애 진단 및 통계 편람인 DSM-5(Diagnostic and Statistical Manual of Mental Disorders Fifth Edition)에 해당하는 문제를 가진 구성원을 대상으로 하기도 한다. 이 집단의 구성원들은 치료라는 공통의 문제를 겪고 있기 때문에 집단 내에서 자기표출 정도가 높으며 집단을 통해 문제를 해결하려고 한다. 또한 집단 내에서 각 구성원들이 서로 역할을 바꾸어 치료 및 문제해결을 하기 때문에 이러한 과정 속에서 행동의 변화를 가져오게 되고 서로의 문제를 이해하며 해결하도록 도와주게 된다. 이 집단에서 사회복지사는 치료자 및 변화 매개자의 역할을 수행한다.

집단치료는 개인의 치료를 목적으로 한다는 점에서 개별 치료와 유사하지만 다음과 같은 장점이 있다. 첫째, 집단의 특성상 다른 구성원을 도움으로써 자신의 변화를 가져올 수 있다는 것이다. 즉, 남에게 도움이 됨으로 인해 심리적 보상을 얻게 되고 자신의 문제에 대해 더 쉽게 통찰할 수 있다는 것이다. 둘째, 개별치료 영역보다 새로운 상호작용을 시험해 보기 쉽고 시간과 인력 차원에서 동시에 여러 사람을 같이 치료할 수 있어 효율적이라는 것이다(Zastrow, 1987; 최경화 외, 2010). 예를 들어 심리치료를 받는 환자집단, 금연집단, 알코올 및 약물중독 치료집단 등이 있을 수 있다.

⑤ 사회화 집단

사회화 집단(Socialization group)은 사회적으로 어려움을 겪고 있는 사람들을 중심으로 형성된 집단이다. 이 집단의 목적은 구성원들이 사회생활에 효과적으로 기능하기 위해 필요한 사회기술을 학습하거나 사회적으로 받아들여지는 행동양식을 배울 수 있도록 돕는 것이다. 사회화 집단은 직접 행동을 함으로써 학습하는(learning-through-doing) 접근방식을 사용하는데, 집단구성원들의 행동과 태도를 좀 더 사회적으로 용납할 수 있는 태도로 변화시키고 사회생활에 요구되는 사회적 기술을 익히거나 학습시키게 된다. 이 집단은 다시 사회적 기술훈련집단, 자치집단 또는 자조집단, 레크리에이션 집단으로 분류한다(Toseland & Rivas, 2001; 최경화 외, 2010).

여기서 사회적 기술훈련집단(Social skills group)은 사회적 관계와 사회적 기능이 사회적응에 만족스럽지 못한 경우에 역할극, 심리극, 기타 언어적 · 비언어적 활동을 통해 사회적 기술을 향상시켜 그들의 사회화를 돕는 집단이다. 자치집단(Governance group) 또는 자조집단(Self-help group)은 정신병동이나 시설 거주자들이 자신의 욕구를 해결하기 위해서 토론하고 결정하는 과정을 습득하여 스스로 자신의 역할을 할 수 있도록 도와주는 집단이다. 레크리에이션 집단(Recreation group)은 즐거움과 흥미를 유발하기 위해 여가활동을 통하여 인간관계를 맺는 방법과 잠재되어 있는 감정을 표현할 수 있도록 돕는 집단이다. 즉, 레크리에이션이란 행동을 함으로써 만족과 기쁨을 찾고 사회에 좀 더 적응할 수 있도록 도와준다. 예를 들어, 레크리에이션 지도자 자격증 취득 집단, 수영을 배우기 위한 집단,

스포츠 댄스를 배우는 집단 등이 있을 수 있는데, 구성원들의 흥미를 유발하여 즐거움을 찾고 일련의 훈련을 통하여 자격증을 취득할 수 있다.

이러한 집단에서 사회복지사는 조력자, 교육자, 시범적 역할을 수행한다. 주의력 결핍과잉행동장애(ADHD, Attention Deficit Hyperactivity Disorder) 집단, 만성정신 장애자 집단, 임신여성들의 집단, 사회복귀집단, 자치집단(단주, 금연 모임 등), 여가집단 등이 포함된다.

⑥ 과업집단

과업집단(Task group)은 과업달성과 성과물을 산출하거나 명령을 수행하기 위해 형성된 집단이다. 이 집단의 구성원들은 집단과 함께 일하고 노력할 주제에 대해 관심사가 많거나 특별한 재능이 있는 사람들이다. 이 집단의 특징은 개인적인 성장보다는 집단의 방침을 만들어 의사결정을 하고 결과물을 만들어 내는 것에 초점을 둔다.

이 집단의 역할은 사회복지 조직이나 기관의 문제에 대한 해결방안을 모색하고, 새로운 아이디어를 창출하고, 효과적인 원조전략 수립 및 결정 등의 과업을 수행한다. 예를 들어, 치료위원회, 처리위원회, 대표위원회, 자문위원회 등의 위원회와 직원발전집단, 사회행동집단, 연합체 등이 있을 수 있다.

⑦ 감수성 훈련집단

감수성 훈련집단은 대인관계에 대한 변화를 강화하기 위해 형성된 집단이다. 이 집단의 구성원들은 의사소통기술 및 대인관계기술을 습득하여 자기개방이 요구되는 집단경험을 통해 신뢰, 친밀감, 진실성 등을 토대로 자존감을 향상시킬 수 있다. 이러한 자존감 향상을 통하여 대인관계가 향상되고 자신의 태도와 행동도 변화시킬 수 있게 된다.

4) 집단실천의 모델

집단체계의 실천은 어떠한 모델에 기초하여 구성되었는지에 따라서 특성이 결정될 수 있다. 집단실천의 모델은 파펠과 로스만(Papell & Rothman)이 제안한 사회적 목표모델, 상호작용 모델, 치료모델로 구분할 수 있으며 그 내용은 다음과 같다(김충식 외, 2009; 최경화 외, 2010; 엄명용 외, 2015).

① **사회적 목표모델**(Social goals model) : 인간관계의 의식적인 훈련, 민주적 과정의 학습,

사회의식 고취 등과 같이 시민이 참여할 수 있는 집단활동을 통해 사회적 의식이나 사회적 책임성을 향상시킬 목적을 두고 있는 모델이다. 즉, 참여, 토론, 합의, 집단과제 개발 및 실행 등의 활동을 통해 개인의 성숙과 민주시민의 역량개발에 초점을 두고 있다. 예를 들어 보이스카우트와 걸스카우트, 주민회의 등이 있을 수 있다.

② **상호작용 모델**(Reciprocal model) : 사회적 목표모델과 치료모델을 혼합한 모델로, 집단구성원이나 집단의 문제를 해결하기 위해 집단구성원들 간의 상호작용을 통해서 목표를 설정하는 모델이다. 즉, 집단의 구성원들 간에 상호작용을 통해서 개인의 기능과 사회적 기능을 향상시키고자 하는 것이다. 예를 들어 가정폭력 피해자집단, 에이즈환자 집단 등이 있을 수 있다.

③ **치료모델**(Remedial model) : 사회적 기능 수행에 문제가 있거나 문제발생의 위험성이 높은 개인의 문제해결이나 문제발생의 빈도를 완화시키기 위한 모델이다. 이 모델은 개인의 치료를 위해 집단을 도구로 활용하며 집단과정을 통한 개인의 변화와 치료 및 재활을 목적으로 한다. 예를 들어 우울증 치료를 위한 집단, 성폭력 피해자를 위한 집단, 신체적 · 정신적 장애를 가진 집단, 알코올중독자의 회복집단, 정신치료 집단 등이 있을 수 있다.

위와 같은 집단실천의 모델에 따른 장기적 목적, 주과제, 구체적인 목표, 목표설정의 주체, 실천기관, 초점, 대상, 사회복지사의 역할, 집단활동, 집단 크기, 회원가입, 회합기간, 대표학자 등의 특징 비교는 〈표 10-3〉과 같다(구혜영, 2010; 최경화 외 2010).

〈표 10-3〉 집단실천의 모델에 따른 특징 비교

특징	사회적 목표모델	치료모델	상호작용 모델
장기적 목적	보다 나은 민주사회 건설	개개인의 사회적응 향상	개인과 사회의 조화
주과제	필요한 자원 제공과 사회적 붕괴의 예방	사회적 사고 및 위험으로부터 회복과 재활	두 모델의 조합(문제해결을 위한 상호원조체계 개발)
구체적 목표	소속감의 증대, 민주적 참여에 대한 훈련	집단 상호작용을 활용하여 역기능적 구성원의 치료와 재활	적정 수준의 적응과 사회화를 위해 구성원 간의 상호원조체계 형성과 대인관계 향상
목표설정의 주체	처음에는 사회복지사에 의해 결정되나 추후 집단에 이양	세부적인 집단목표를 사회복지사가 사전에 결정	사회복지사와 구성원이 합의하여 집단목표를 결정함
개입기관	인근지역, 인보관, 지역사회복지관	임상기관, 사회복지기관 및 시설	임상기관, 지역사회복지관
초점	개인의 성숙과 민주시민의 역량 개발	개인적인 역기능 변화	구성원 간의 자조, 상호 원조체계 개발
대상	시민, 이웃, 지역주민	역기능이나 문제해결을 위해 도움이 필요한 자	공동관심사의 성취를 위해 협력하는 구성원
사회복지사의 역할	모델역할, 조력자, 교사	변화 매개인의 역할, 전문가, 중개자, 조력자	중개자, 조력자
집단활동	토론, 참여, 합의, 집단과제의 개발 및 실행, 지역사회 조직화, 구성원의 사회행동 기술 습득	구성원의 행동 유형을 변화시키기 위한 구조화된 개입, 직·간접적인 영향력 발휘	구성원들의 관심사를 토론, 상호 원조체계 형성
집단 크기	3~30명 정도	7~10명 정도	상황에 따라 구성(15명을 넘지 않음)
회원가입	개방적	사회복지사의 통제	사회복지사와 구성원의 합의
회합기간	지도력 유형에 따라 유동적	정기적으로 회합(사전에 계획함)	유동적, 사회복지사와 구성원의 합의
대표학자	리랜드(Ryland), 윌슨(Wilson), 코일(Coyle), 클라인(Klein)	빈터(Binter), 새리(Sarri), 글래서(Glasser), 레들(Redl)	슈바츠(Schwartz), 비옹(Bion), 레윈(Lewin), 트로프(Tropp)

출처 : 구혜영, 2010, 사회복지실천기술론. 신정.

10.2 집단운영 계획하기

사회복지실천에서 집단체계의 실천은 개인체계의 실천과 함께 사회복지실천 방법 중 하나로 목표지향적인 활동이고, 개별성원, 전체집단, 집단이 속한 환경이라는 세 가지 초점 영역을 갖고 있으며, 주로 소집단을 활용하며, 고통받는 개인뿐만 아니라 건강한 개인들로 구성된 집단을 대상으로 하며, 치료집단과 과업집단의 실무를 포함하여 전문가의 지도와 원조 하에 이루어지는 것이라고 할 수 있다(김종옥 외, 1993; 최경화 외, 2010). 또한 이러한 집단체계의 실천은 집단을 매개수단으로 활용하여 목표지향적인 활동을 통해 개인의 욕구 및 문제를 해결하거나, 개인의 강점을 더욱 강화시키고 집단이나 지역사회가 당면한 문제에 효과적으로 대처해 나가도록 돕는 과정이라고 할 수 있다(이영실 외, 2010). 즉, 특정한 욕구 및 문제가 있는 사람이나 건강한 개인들로 구성된 집단을 대상으로, 상호작용을 지도하는 전문가인 사회복지사가 개인, 집단, 환경 수준의 프로그램 활동 경험 및 기술을 통하여 개인과 집단의 사회적 성장과 발전을 도모하기 위해 실천하는 것을 의미한다(구혜영, 2010). 여기서는 집단실천의 사전 준비하기, 집단구성원의 선정과 욕구 및 문제파악, 집단실천의 목표수립 및 운영계획서 작성에 대해서 알아본다(NCS학습모듈, 2019).

1) 집단실천의 사전 준비하기

사회복지사(집단사회복지사, 집단지도자)는 집단을 효과적으로 운영하기 위해서 집단의 형성과 관련해서 충분한 시간을 갖고 계획해야 한다. 예를 들어, 누구를 위한 집단인지를 결정해야 하고, 집단의 목적이 무엇인지를 결정해야 한다. 또한 집단의 크기는 어느 정도로 할 것인지, 집단구성원을 누구로 할 것인지, 모임의 빈도와 기간은 어느 정도로 할 것인지, 모임 장소는 어디로 할 것인지, 평가방법은 어떻게 진행할 것인지 등을 집단실천 전에 계획해야 한다. 따라서 사회복지사는 위와 같은 준비사항의 중요성을 인식하고 준비를 철저히 하면 집단을 효과적으로 운영할 수 있을 것이다(엄명용 외, 2015). 집단실천의 사전 준비하기에서는 집단구성의 계획(안)을 작성하고, 집단구성원의 모집과 선별 및 구성, 집단의 목적과 목표, 집단의 크기, 집단모임의 빈도와 시간 및 기간, 집단모임의 장소 등을 결정해야 한다.

(1) 집단구성의 계획(안)

집단구성의 계획(안)을 작성하는 데 있어서 사회복지사는 집단의 목표를 달성하기 위한 집단구성원들의 행동변화를 유도하는 것이 중요하다. 집단구성의 계획(안)에는 집단구성원의 모집방법, 구성원의 수, 집단의 목표 설정, 후원조직, 사회복지사의 활동, 물리적 환경 등을 고려하여 세부적으로 작성해야 한다. 일반적으로 사회복지사가 작성하는 집단구성의 계획(안)에는 다음과 같은 내용이 포함되고 설명되어야 한다(이영호, 2008).

① 집단의 초점은 무엇인가? 교육, 성장, 상호공유인가 또는 행동변화인가?
② 집단의 목적은 무엇인가? 사회복지사가 달성하고자 하는 목표는 무엇인가?
③ 집단은 어떤 사람들을 대상으로 하는가? 그 대상의 욕구는 무엇인가?
④ 집단의 목적을 달성하기 위해서 집단구성원의 수는 어느 정도가 가장 적절한가?
⑤ 집단구성원들의 준비사항은 무엇이며, 어디에서 집단모임을 가질 것인가?
⑥ 집단을 효율적으로 운영하기 위한 사회복지사의 역할은 무엇인가?

(2) 집단구성원의 모집과 선별 및 구성

사회복지사는 잠재적 구성원에 대한 정보를 확인하고, 모집절차를 통하여 적절한 수의 잠재 구성원을 모집한다. 구성원의 모집은 기관 내부(동료직원의 사례, 기관기록 등), 기관 외부(타 기관에 의뢰 요청), 지역사회(인구조사자료 검토, 교사나 경찰을 통해 얻은 정보 등)에서 확보할 수 있다. 구성원 모집방법에는 잠재 구성원과의 직접적인 접촉, 안내문 게시, 인쇄물 배포, 온라인 매체, 지방자치단체가 운영하는 홈페이지 등을 활용할 수 있다. 집단구성원의 모집(안)에 대한 예시는 〈표 10-4〉와 같다.

〈표 10-4〉 집단구성원의 모집(안) 예시

새내기 부모를 위한 지지집단 모집(안)
생후 3개월부터 2세 자녀를 둔 부모를 위한 지지집단에 여러분을 초대합니다. 본 지지집단은 영유아 양육, 가사분담, 자녀훈육 등 자녀양육과 관련된 내용을 기초로 부모님의 관심사에 대해서 교육 및 토론을 하는 것을 목적으로 합니다.
1. 후원기관 : ○○정신보건센터
2. 사회복지사 : ○○○정신보건센터 팀장
3. 참가 자격 : 생후 3개월부터 2세 자녀를 둔 모든 부모
4. 기간 : 2018년 1월~2018년 6월(6개월 간 매주 1회)
5. 시간 : 매주 화요일 저녁 6시 30분부터 8시 30분까지
6. 장소 : ○○○정신보건센터 소회의실
7. 기타 : 본 집단에 참여하실 부모님들을 위해 탁아서비스를 제공하고 있으니 자녀를 저희 센터에 데리고 와도 좋습니다.

출처 : 엄명용 외, 2015. 사회복지실천기술의 이해. 학지사.

집단의 잠재 구성원이 모집되면 집단을 실제로 운영하기 전에 집단의 잠재 구성원을 선별하는 것이 바람직하다. 집단의 잠재 구성원을 선별하는 것은 집단의 목표와 집단구성원들의 욕구 및 개별목표를 최대한 일치시킬 수 있으며, 집단구성원들이 집단에 적극적으로 참여하게 되어 집단을 효과적으로 운영할 수 있다. 따라서 사회복지사는 어떤 구성원이 집단을 통하여 도움을 받을 수 있는지를 확인해야 한다. 즉, 잠재 구성원과의 면접이나 관찰, 잠재 구성원의 가족이나 아는 사람과의 면접 등을 통하여 그들의 관심사나 욕구 등에 대한 구체적인 정보를 수집하고 이를 집단의 목표와 연결시켜야 한다(이영호, 2008).

집단을 구성하는 데 있어서 모든 잠재구성원들이 적합한 것은 아니다. 잠재구성원들의 욕구가 어떤 집단 또는 어떤 활동방법에 의하여 가장 잘 충족될 수 있는지를 미리 결정하는 것이 중요하다. 집단에 참가하려는 목적이나 개인적 특성이 동질성이 있으면 구성원들 간의 관계를 증진시키며 집단의 결속력을 높여 준다. 그러나 너무 동질적인 집단은 구성원들이 서로를 잘 이해하고 있다고 생각하므로 서로를 자극하거나 서로에 대해 반론을 제기하지 않기 때문에 침체될 수도 있다. 예를 들어, 아동학대 가해부모를 대상으로 한 집단 프로그램의 구성원들이 모두 아동학대 가해자일 경우, 이들은 처벌에 대한 정당성을 주장할 가능성이 높으며 이는 가해자들의 잘못된 인식을 강화시켜 주게 될 것이다.

또한 너무 이질적인 집단의 경우 구성원들은 서로 관련시킬 수 없는 현실로 인하여 그들의 문제를 표출하고 유대를 형성하는 데 시간이 오래 걸릴 수 있고, 초기에 많은 방어와 저항이 있을 수 있다. 예를 들어, 구성원들이 모두 남성인데 유일하게 여성이 1명 있는 집단이라든지, 정신분열증을 앓고 있는 환자들을 주요 대상으로 한 집단 프로그램에 우울증을 가진 환자나 섭식장애를 가진 환자가 포함되어 있다면 집단운영의 초점과 목적이 흐려질 수도 있다(이영호, 2008 : 엄명용 외, 2015). 집단을 구성할 때 사회복지사는 구성원들의 다양성과 공통성 사이에서 균형을 이루기 위해 〈표 10-5〉와 같은 원칙을 참고하면 효과적일 것이다(최경화 외, 2010).

〈표 10-5〉 집단 구성의 참고사항

- **가시고슴도치의 원칙**(Porcupine principle) : 몸통에 가시가 많은 가시고슴도치는 눈보라 치는 숲 속에서 체온을 유지할 만큼 서로 밀착해야 하지만 서로 찔려 죽지 않을 정도로 밀착해야 한다는 점에서 나온 것으로, 집단구성원들은 유사성을 지니고 있어야 하지만 너무 많은 유사성이 있게 되면 그 집단은 유지될 수 없다는 것이다. 그러므로 극단을 피하는 최선은 오직 한 종류의 구성원만을 갖지 않는 것이다.
- **노아방주의 원칙**(Noah's ark principle) : 노아가 방주에 태울 동물을 선택할 때 모든 종류의 동물을 최소한 두 마리씩 선택했다는 것에서 나온 것으로, 사회복지사가 집단을 구성할 때 특정 인종, 성, 생활패턴 등에서 한 사람만을 선택하지 않도록 유의해야 한다는 것을 의미한다. 타 구성원들과 구별되는 특성을 가진 한 사람은 집단의 희생양이 될 가능성이 높다.

출처 : 최경화 외, 2010. 사회복지실천기술론. 신정.

(3) 집단의 목적과 목표

집단의 목적은 잠재구성원들이 집단참여를 결정할 수 있도록 집단모임의 이유, 집단활동의 내용, 참여자들에게 요구되는 기대 등을 포함하여 설정하는 것이 중요하다. 이러한 목적은 기관이나 시설의 업무범위 안에서 설정하게 되는데, 구성원들의 욕구를 고려하여 사회복지사나 집단구성원들의 토론을 통해 타협하여 수정·변경될 수 있다.

목적의 하위단위인 목표는 기관이나 시설의 목표, 사회복지사의 목표, 집단구성원들의 목표로 구분할 수 있는데, 이러한 목표들의 일치도가 크면 클수록 집단에 대한 매력은 증대되고 목표를 성취하기 위해 그들이 가지고 있는 자원이나 에너지를 더욱 제공하게 된다.

(4) 집단의 크기

집단의 크기는 구성원들의 만족도, 상호작용, 집단의 목적달성에 영향을 미친다. 집단구성원들이 많을수록 개별적인 관심은 더 적게 받고, 구성원 간의 상호작용은 적어지고, 스트레스와 의사소통의 장애를 경험할 확률은 많아지게 되지만 문제해결기술과 자원은 더 풍부해질 수 있다. 하지만 집단구성원들이 작으면 작을수록 구성원들의 참여 및 친밀성은 더 많아지고 사회복지사도 구성원들에게 쉽게 다가갈 수 있다는 장점이 있다. 라이드(Reid)는 친밀한 관계형성을 위한 적정 인원을 5~12명이라고 하였으며, 구성원들이 결석을 하기도 하고 집단 진행과정에 일부가 낙오될 수도 있다는 점을 고려하여 최소한 8명으로 구성할 것을 제안하였다(Reid, 1997; 최경화 외, 2010).

집단의 크기는 집단구성원의 연령, 집단의 유형, 집단의 목적 등을 고려하여 결정하는 것이 좋다. 아동과 청소년의 경우, 성인보다 관심을 많이 기울여야 하기 때문에 성인집단보다 그 크기가 작은 것이 좋다. 일반적으로 성인집단의 경우 8명 정도를 구성하는 것이 좋으며 아동 및 청소년의 경우 이보다 적은 수로 구성하는 것이 좋다.

(5) 집단모임의 빈도와 시간 및 기간

집단모임의 빈도와 시간을 결정할 때 집단구성원의 연령을 고려하는 것이 중요하다. 아동이나 청소년의 경우 성인에 비해서 참을성이 적고 산만하기 때문에 가능하면 모임의 시간을 짧게 하면서 모임을 자주 갖는 것이 좋다. 일반적으로 집단의 모임은 성인의 경우 일주일에 1회씩 1~2시간가량 진행한다. 1시간보다 짧으면 토론시간이 충분하지 못하고 2시간 이상이 되면 지루하여 집중을 하지 못한다. 따라서 시간 및 횟수는 집단구성원들의 일상생활에 지장을 주지 않도록 배려하고 집단의 상황과 진행과정에 따라 융통성 있게 적용하는 것이 바람직하다.

집단의 기간은 집단실천을 시작할 때 집단구성원들에게 미리 알려주는 것이 좋은데, 라이드(Reid)는 신뢰감과 집단결속력 구축을 위해서 필요한 시간을 고려하여 20회기 정도의 모임을 권장하고 있다(Reid, 1997; 최경화 외, 2010).

(6) 집단모임의 장소

집단의 모임을 위한 장소는 기관이나 시설의 물리적 환경에 따라 결정되나, 구성원들에게 비밀성, 친밀감, 편안함, 집중도의 측면을 고려해서 정하는 것이 좋다. 만약 집단 내에서 구성원들 간의 대화가 외부에 들리게 된다면 구성원들은 불안해하거나 집단참여가 떨어져 보다 진솔한 대화를 기대하기 어렵다. 또한 좌석배열은 누가 누구에게 말을 하고 듣는지를 알 수 있게 원형으로 배치하는 것이 좋다. 이러한 원형 배열은 각 구성원들이 동등한 위치에 있다는 느낌을 줄 수 있어 집단의 개방감과 응집력을 증진시키며 토론하는 데 좋다. 그리고 사회복지사는 개개의 구성원들과 눈맞춤을 할 수 있고 그들의 비언어적 행동을 관찰할 수 있을 뿐만 아니라 구성원들 간에도 집중할 수 있는 효과가 있다.

또한 장소에 배치해야 할 집기는 보통 책상, 의자, 간식, 티슈, 꽃, 필기도구 등이 있다. 이외에 청결을 유지하면서 구성원들의 연령이나 특성에 맞는 놀잇감이나 서적 등을 준비하는 것도 유용하다. 특히, 집기는 상담을 시작하기 전과 운영과정 중에 수시로 체크리스트를 확인하여 구성원들이 불편하지 않게 해야 한다(NCS학습모듈, 2019). 물리적 환경의 체크리스트는 〈표 10-6〉과 같다.

〈표 10-6〉 물리적 환경의 체크리스트

내용		설명	확인(○, ×)
규모		집단구성원들이 상담실 내에서 편안하게 이동할 수 있는가?	
		집단구성원들이 다른 구성원의 동작에 방해받지 않을 정도로 공간에 여유가 있는가?	
집기	책상과 의자	인원수에 맞게 책상과 의자의 개수가 준비되었는가?	
		상담 시작 전에 책상과 의자는 제자리에 있는가?	
		책상과 의자는 청결한가?	
		(바닥에 앉을 경우) 바닥은 청결한가?	
		(바닥에 앉을 경우) 적절한 온도가 유지되었는가?	
	주변 환경	실내는 청결하게 유지되어 있는가?	
		조명은 적절한 밝기를 유지하는가?	
		실내 온도는 적절하며 온도 조절이 가능한가?	
		기타 부자재(티슈, 화분, 벽면 장식)는 준비되어 있는가?	
위치		상담실 내부의 소리가 외부로 나가지 않는가?	
		상담실 외부의 소리가 내부로 들어오지 않는가?	
		상담실 외부에서 내부를 볼 수 있는가?	
		상담실 위치 안내는 누구라도 이해하기 쉽게 되어 있는가?	
		상담실까지 이동은 편리한가?	
활용		상담실 사용 예약은 되었는가?	
		상담실 이용 시간은 확인했는가?	

출처 : 국가직무능력표준, www.ncs.go.kr

2) 집단구성원의 선정과 욕구 및 문제파악

집단체계의 실천을 진행하기 위하여 사회복지사는 집단구성원을 선정하는 것에서 시작하여 구성원 간의 관심과 참여로 적절히 균형을 맞추고, 구성원들 모두의 목표가 달성될 수 있도록 하는 등 개인체계의 실천에서는 다루어지지 않는 다양한 점을 이해하고 대처해야 한다. 이러한 과정에서 우선 집단실천을 시작하기 전에 집단의 특성을 파악하고, 그에 맞는 구성원을 선정하며, 집단실천에 참여하기로 한 구성원들의 욕구와 문제를 면밀히 파악하는 것은 집단실천이 효과를 발휘하는 데 핵심적인 내용이다. 여기서는 집단구성원의 선정, 집단구성원의 욕구 및 문제파악 등에 대해서 알아본다.

(1) 집단구성원의 선정

집단구성원을 선장하는 것은 집단실천 운영을 계획하는 과정에서 중요한 내용이다. 집단실천에 참여하고자 하는 욕구와 문제를 가지고 있다 하더라도 적합한 집단에 참여하지 못할 때에는 자신은 물론 함께 참여한 다른 구성원에게도 부정적인 영향을 끼칠 수 있다. 따라서 집단의 특성에 맞는 구성원을 선정하기 위해서는 집단유형과 문제의 일치도 파악, 동일한 문제유형으로 집단구성원 선정, 집단실천에 대한 동기 파악, 집단구성원의 인구사회학적 특성 파악, 집단실천에 적합한 인지능력 파악, 개방형 집단과 폐쇄형 집단의 특성에 맞는 구성원 파악 등을 고려하여 선정할 수 있다. 이러한 사항을 고려하여 잠재적 구성원이 집단실천에 참여하는 것이 적합한지를 판단하기 위한 방법에는 잠재적 구성원과 직접 면접하는 것, 잠재적 구성원에 대한 관찰, 잠재적 구성원의 가족이나 지인과의 면접 등 있다. 이러한 방법을 통해서 잠재적 구성원의 관심사, 욕구 및 문제 등에 대한 구체적인 정보를 수집하고, 이것이 집단의 목표와 연결되는지를 확인해야 한다. 집단의 구성원 선정을 위해 확인할 사항은 〈표 10-7〉과 같다.

〈표 10-7〉 집단의 구성원 선정을 위해 확인할 사항

내용	설명
집단유형과 문제의 일치도 파악	• 구성하고자 하는 집단을 치료집단, 참만남 및 감수성집단, 자조집단, 지지집단으로 분류 • 구성원이 해결하고자 하는 문제와 집단실천 유형과의 일치도를 파악하여 구성원을 적합한 집단에 배치
동일한 문제유형으로 집단구성원 선정	• 집단유형을 문제유형별로 세분화함 • 예를 들어, 집단실천을 하더라도 학교폭력의 피해로 인한 문제의 집단과 과잉행동 또는 공격성으로 인한 문제의 집단으로 각각 구성하여 구성원을 배치
집단실천에 대한 동기 파악	• 집단실천에 참여하는 동기 수준에 따라 집단구성원을 배치 • 예를 들어, 자발적인 참여자와 수강명령으로 인한 참여자를 같은 집단에 배치할 경우 집단실천 진행이 원활하지 않을 수 있음
집단구성원의 인구사회학적 특성 파악	• 유사한 인구사회학적 특성에 따라 집단실천의 구성원을 배치 • 연령대나 교육 수준 등과 같은 인구사회학적 특성을 유사하게 배치하면 집단실천이 더욱 효과적으로 운영될 수 있음

집단실천에 적합한 인지능력 파악	• 집단실천에 참여하기 위해서는 적절한 인지상태와 의사소통 능력 등을 갖추어야 됨 • 예를 들어, 치매나 정신분열 등을 가지고 있는 구성원은 개별실천이나 동질적 특성의 집단실천에 참여하도록 함
개방형 집단과 폐쇄형 집단의 특성에 맞는 구성원 파악	• 개방형 집단은 집단실천이 진행되는 동안 새로운 구성원이 참여할 수 있으나, 폐쇄형 집단은 새로운 구성원이 집단실천 중간에 새롭게 참여할 수 없음 • 지지집단이나 자조집단은 일반적으로 개방형 집단실천 형태로 운영할 수 있으나 치료집단, 참만남 및 감수성 집단은 구성원들의 정신역동 분석과 문제해결 수준 등에 대한 고려가 필요하므로 폐쇄형 집단실천의 형태가 적절할 수 있음

출처 : 국가직무능력표준, www.ncs.go.kr

위와 같은 내용으로 집단구성원들이 결정되었으면 집단실천을 시작하기 전에 구성원들에게 일어날 수 있는 심리적 특성과 이득 및 위험, 사회복지사 및 구성원의 역할, 진행과정 및 관련된 사항 등을 알려주어야 한다. 특히, 시간에 대한 준수사항을 알려주며, 만약 불가피하게 지각이나 결석을 할 때 에는 사회복지사에게 사전에 사유를 직접 알려야 된다는 것을 인지시켜야 한다. 사회복지사에게 알리지 못할 경우에는 다른 구성원에게 대신 전하도록 한다. 구성원들에게 일어날 수 있는 사항에 대한 영역별 내용들은 〈표 10-8〉과 같다.

〈표 10-8〉 구성원들에게 일어날 수 있는 사항에 대한 영역별 내용

영역	내용
집단실천 소개	• 환영과 격려의 인사 • 집단실천에 대한 개략적 소개(프로그램 이름, 목적 등)
실천에 대한 기대와 불란	• 집단실천에 대한 불안, 의심 이해 • 집단실천의 성과에 대한 기대 수준
실천의 이득과 위험	• 집단실천을 통한 문제해결 • 자신의 이해와 수용력 확대 • 집단실천 과정에서의 갈등 도출 가능성 • 심리적 위험발생 가능성 • 사생활 침해, 희생양되기, 집단의 압력과 강요, 과도한 직면 등
사회복지사의 역할	• 실천에 임하는 사회복지사의 자세 • 특별한 집단기법 및 과정 안내(신체 접촉, 정서 경험 등) • 사회복지사의 전문성(경력, 자격 등)

집단구성원의 역할		• 집단구성원의 자세(적극적이고 진실한 태도, 자신에 대한 공개, 자기결정, 상호작용 등) 안내
실천 과정	실천절차	• 실천진행 절차 • 실천시간, 빈도, 기간
	비밀보장	• 실천 내용에 대한 비밀보장 및 예외 사항 알림
	집단규칙	• 매회 참석, 비밀유지 • 적극적 참여(자신의 문제, 관심사 정하기) • 치료적 관계 만들기(이성관계 등 비윤리적 관계 피하기) • 행동이 아닌 언어로 감정 표현하기 • 불참 시 사전 연락하기
자문 및 의뢰		• 슈퍼비전(자문)에 대한 동의
집단의 권리		• 집단을 떠날 수 있는 권리 • 강요나 부당한 압력으로부터 자유로울 권리 • 동등한 대우를 받을 권리 • 사회복지사 및 구성원의 요구에 대해 거절할 권리
상담 비용		• 상담 비용 및 지불 방식
기록관리		• 실천기록 방식(녹음, 녹화)에 대한 동의 • 실천 기록물의 관리, 폐기처분 안내
연락방식 및 불평사항		• 비상(위기) 상황 시 연락 방식 • 실천불참에 대한 연락 • 사회복지사에 대한 불평사항 호소 안내 • 기타 문의사항 처리
동의 확인 및 서명		• 동의서 내용에 대한 이해 여부 확인 • 집단구성원 서명, 사회복지사 서명

출처 : 국가직무능력표준, www.ncs.go.kr

(2) 집단구성원의 욕구 및 문제 파악

집단체계의 실천에 참여하는 구성원들이 해결하고자 하는 문제는 무엇이며, 성취하고자 하는 욕구는 무엇인지를 파악하는 것은 집단실천의 운영 방향성과 내용을 결정하는 중요한 요소이다. 여기서 욕구 및 문제는 통상적으로 동일선상에서 언급되는데, 문제는 구성원이 인식하는 심리 · 정서적 또는 사회적으로 바람직하지 못한 상황이나 열악한 환경으로서 개인의 존재나 생활에 바람직하지 못한 것들이다. 예를 들어 학대, 학교폭력, 우울, 정신질환 등과 같은 것들은 문제가 될 수 있다. 그러나 구성원이 문제로 인식하고 있다 하더라도 모든 문제가 반드시 욕구로 발전되지 않을 수도 있다. 욕구란 구성원들이 구체적인 서비스에 대해서 가지고 있는 필요성이라고 이해할 수 있다. 예를 들어, 아버지에게 학대를 받은 아동이 어려움이나 문제를 호소하지만, 정작 서비스에 대해서 거부한다면 문제는 있지만 아직까지 욕구로 이어진 것은 아니라고 볼 수 있다. 그러므로 집단실천에 참여하는 구성원들이 가지고 있는 문제는 면담을 신청하거나 의뢰한 경로를 통해서 사회복지사가 비교적 쉽게 판별하고 구분할 수 있지만, 욕구는 반드시 구성원들과 심도 있는 상담을 통해서만 파악할 수 있다.

욕구를 파악하기 위해서는 매슬로우(Maslow)의 인간욕구 5단계(생존 → 안전 → 사랑과 소속 → 자아존중 → 자아실현의 욕구)를 근거로 파악한다. 집단구성원들의 욕구가 어떤 하나의 단계에 국한되어 나타날 수도 있지만 동시에 여러 가지 단계에 걸쳐서 다양한 수준으로 중복되어 나타날 수 있다는 것에 유의해야 한다. 예를 들어, 부모에게 학대를 받은 아동의 경우에 나타난 문제는 학대이며, 욕구는 학대에서 벗어나 신체적으로 안정하고 싶은 안전의 욕구와 친밀한 가족관계를 구성하고 싶은 사랑과 소속의 욕구가 동시에 나타날 수 있다는 것이다(NCS학습모듈, 2019).

3) 집단실천의 목표수립 및 운영계획서 작성방법

목표는 집단구성원의 구체적인 변화 또는 문제해결을 의미한다. 집단실천은 단순히 친목 증진을 위한 만남이 아니라 어떠한 형태나 종류의 집단이라도 반드시 실천과정을 통해서 이루고자 하는 목표를 수립해야 한다. 또한 달성하고자 하는 목표에 기반을 두어 집단실천이 이루어지고 최종적으로는 목표달성 정도를 파악해야 한다. 여기서는 집단실천의 목표수립 방법과 운영계획서 작성방법에 대해서 알아본다.

(1) 목표수립 방법

집단실천에 참여하는 구성원들은 어떤 특정한 욕구와 문제가 해결되기를 바라고 현재의 어려운 상황이 긍정적으로 변하기를 바라고 있다. 집단의 목표는 집단구성원 개인이 가지고 있는 욕구 및 문제를 구성원들의 합의에 기초하여 통일된 하나 또는 두 가지 정도의 내용으로 설정한다. 여기서 욕구는 무엇이 어떻게 되기를 바라는 것이라면, 목표는 무언가가 어떻게 되고 또한 그렇게 되기 위해 취해야 할 인식이나 행동을 기술하는 것이다. 예를 들어, 집단구성원의 욕구가 '학교에서 더 많은 친구를 사귀고 싶다.'라면 집단실천의 목표는 '구성원들이 집단실천에 참여하여 긍정적인 자기표현 능력을 습득한다.'가 될 수 있다. 그러나 집단실천에서 구성원 개개인이 가지고 있는 서로 다른 욕구를 집단 하나의 목표로 설정하는 것은 쉬운 일이 아니다. 왜냐하면 구성원들이 동일한 욕구를 표현한다 하더라도 그것을 바라는 수준이 다를 수 있기 때문이다. 그러므로 구성원 개인의 욕구를 우선순위로 서열화하면 집단의 목표를 설정하는 데 쉬워질 수 있다. 그리고 집단 목표의 범주 안에서 구성원들은 자신의 욕구나 능력 등에 따라 달성 가능한 목표를 수립해야 한다. 목표수립의 요소, 목표수립의 원칙, 목표수립의 문서화 등의 내용은 다음과 같다(NCS학습모듈, 2019).

① **목표수립의 요소** : '누가, 무엇을, 어떻게, 한다.'의 내용을 하나의 문장으로 구성해서 기술한다. 일반적인 어문의 순서대로 주어인 '누가'를 먼저 기술하고, '한다.'를 마지막에 기술한다. '무엇을'과 '어떻게'는 목표의 특성이나 선호에 따라 순서를 바꿀 수도 있다. 집단실천에 대한 목표수립의 요소는 〈표 10-9〉와 같다.

〈표 10-9〉 집단실천에 대한 목표수립의 요소

요소	내용
누가 (Who)	• 목표를 달성하고자 하는 주체를 의미한다. • 집단의 목표를 기술할 때는 집단의 특성을 명확히 기술한다. 예 단주 모임에 참여한 40~50대 여성, 학교폭력의 피해를 입은 고학년 초등학생, 이혼 3년 이내의 한부모가정 어머니 등
무엇을 (What)	• 심리, 정서, 행동, 환경 등에 해당하는 내용으로서 변화되기를 바라는 문제나 양상을 의미한다. • 집단실천 종결 시 목표달성을 측정하는 기준이 되므로 애매모호한 용어보다는 객관적으로 측정 가능한 용어를 선택한다. 예 자살충동, 무단결석, 흡연, 우울증 등
어떻게 (How)	• 목표 달성을 위한 활동이나 계획을 의미한다. • 집단실천의 전체적인 내용을 표현하는 특성을 기술한다. 예 자조집단 모임에 참여하여, 자아존중감 향상 집단실천에 참여하여 등
한다. (Do)	• 심리, 정서, 행동, 환경 등에 해당하는 내용의 변화를 의미한다. • 긍정적인 용어를 사용하여 구성원들의 역량이 발휘될 수 있도록 한다. 예 향상된다. 증가한다. 개선된다. 등

출처 : 국가직무능력표준, www.ncs.go.kr

② **목표수립의 원칙** : 집단실천이나 프로그램에서 목표를 기술할 때 일반적으로 SMART 원칙에 따라 기술한다. 사회복지사는 SMART 원칙에 따라 목표를 기술하여 구성원들이 실천하는 동안 진행되는 방향성을 알 수 있도록 한다. 이렇게 SMART 원칙에 따라 명확히 기술한 목표는 종결 시에 집단실천이 얼마나 효과적이었는지를 평가할 수 있는 기준이 된다. 집단실천에 대한 목표수립의 원칙은 〈표 10-10〉과 같다.

〈표 10-10〉 집단실천에 대한 목표수립의 원칙

요소	내용
Specific (구체적)	• 모든 구성원들이 같은 의미로 이해할 수 있는 분명한 용어로 기술한다. • 추상적이거나 이념적인 용어를 사용하지 않는다. 예 좋은 친구관계를 형성한다. → 대인관계 능력이 향상된다. 예 행복한 결혼생활을 유지한다. → 부부 간 대화시간이 증가한다.
Measurable (측정 가능)	• 산술적으로 기술하여 변화 정도를 측정할 수 있도록 한다. • 객관적인 조사 도구나 척도를 활용하여 기술할 수 있다. 예 즐거운 학교생활을 한다. → 학교 출석률이 향상된다. 예 외국 문화에 대한 이해를 한다. → 다문화 수용성이 증가한다.
Attainable (성취 가능)	• 현실에서 이룰 수 있는 변화를 기술한다. • 거시적이고 장황한 것보다는 단기적이고 작은 내용을 기술하고 이것을 성취하면 새로운 내용으로 변화할 수 있다. 예 원하는 직장을 가진다. → 취업을 위한 직업기술을 습득한다. 예 음주를 중단한다. → 음주가 미치는 부정적인 영향력을 인식한다.
Result-oriented (결과 중심)	• 집단실천을 통해서 최종적으로 변하고자 하는 인식이나 행동을 기술한다. • 희망하는 결과를 수치로 제시하지 않는다. 예 단주모임의 집단실천에 참여한다. → 단주모임의 집단실천에 참여하여 알코올의 부작용을 인식한다. 예 집단실천에 참여하여 60%가 긍정적인 대인관계를 형성한다. → 집단실천에 참여하여 긍정적인 대인관계를 형성한다.
Time-bounded (시간제한)	• 집단실천의 운영기간을 고려하여 목표달성을 기술한다. 예 학교폭력 피해 학생 대상 집단실천에 참여하여 → 2018년 1월~4월까지 학교폭력 피해 학생 대상 집단실천에 참여하여

출처 : 국가직무능력표준, www.ncs.go.kr

③ **목표수립의 문서화** : 수립된 목표를 문서화해서 모든 구성원들이 서명하고, 이를 개인 보관하거나 모든 구성원들이 볼 수 있도록 게시한다. 이때 개인정보나 사생활이 노출될 수 있으므로 비밀을 유지할 수 있도록 주의해야 된다.

(2) 운영계획서 작성방법

집단실천 운영계획서의 내용에는 구성원의 특성, 목표 및 평가계획, 회기별 계획, 예산 등이 포함되는데, 집단실천 운영계획서 양식의 예시는 〈표 10-11〉과 같다.

① **구성원의 특성** : 구성원들이 학생일 경우에는 학년을 적는 것이 특성 파악에 도움이 된다. 참여 경로는 의뢰, 자발, 의무 등에서 선택하여 기록하고 의뢰자를 기록한다. 또한 의무는 사회봉사 차원에서 참여하거나 보호관찰 차원에서 참여하는 경우 등이다. 주호소 문제는 구성원이 해결하기를 원하는 주된 문제를 기록해야 하며 이와 연관되어 목표가 설정될 수도 있다.

② **목표 및 평가계획** : 목표는 집단의 목표를 기술해야 하며 핵심을 요약하여 기록할 수 있다. 또한 평가계획에 따라 평가를 진행하는 평가도구는 목표의 달성 여부를 평가할 척도나 조사도구를 의미한다. 예를 들어, 목표가 자아존중감 향상이었다면 평가도구는 자아존중감 척도를 사용하게 된다. 평가방법은 평가도구를 어떻게 사용할 것인지에 대한 계획으로 실천 전·후의 설문조사라고 할 수 있다.

③ **회기별 계획** : 각 회기의 목표를 달성하기 위한 계획을 기술한 것이다. 즉, 회기 목표는 한 회기에서 수행해야 하는 과업을 의미하며, 이를 어떻게 수행할 것인지에 해당하는 수행방법과 이에 필요한 준비를 기록한다. 예를 들어, 1회기 목표가 구성원들의 친밀감 형성이라면 수행방법은 첫 만남에서 긴장감 해소를 위해 자기소개를 위한 게임이나 놀이 등을 기록할 수 있다.

④ **예산** : 목표와 진행 내용을 토대로 필요한 물품을 조달할 수 있도록 세목을 자세하게 수립해야 한다. 산출 기초는 어느 정도의 금액이 필요할 것인지를 나타내는 근거가 되므로 인원수나 횟수 등을 고려하여 작성한다.

〈표 10-11〉 집단실천 운영계획서 양식의 예시

집단실천 운영계획서

프로그램명 :
일　　시 :　　년　월　일 ~　　년　월　일(　시　분 ~　시　분)
장　　소 :
대　　상 :
내　　용 :
진행자 명 :

1. 구성원 특성

No	이름	연령	성별	참여경로	주 호소 문제	개별욕구	개별목표
1							
2							
3							
4							

2. 집단상담 목표 및 평가 계획

목표	평가도구	평가방법

3. 회기별 계획

일시(회기)	회기 목표	수행방법	준비물

4. 예산

목	세목	산출 기초	금액(단위 : 원)
계			

출처 : 국가직무능력표준, www.ncs.go.kr

10.3 집단실천 진행하기

집단실천 진행하기는 사전 준비하기 과정을 거쳐 집단의 역동성을 통해 집단이 변화하면서 집단구성원들에게 영향을 주어 변화와 욕구 및 문제를 해결하는 것이다. 또한 집단의 발달은 2명 이상의 구성원들이 공통의 목적과 소속감을 가지고 상호작용하면서 집단의 역동성을 강화하고 구성원들의 변화하여 욕구와 문제를 해결하는 과정이다. 따라서 사회복지사는 집단에 영향을 주는 집단의 역동성을 이해하고 발달단계에 따라 구성원들의 욕구와 문제를 해결해야 한다. 여기서는 집단의 역동성 분석과 활용, 집단의 발달단계에 따른 과정에 대해서 알아본다.

1) 집단의 역동성 분석과 활용

집단의 역동성은 집단이 가진 특성을 통해 집단구성원들 간의 지속적인 상호작용에 의한 효과와 힘을 의미한다. 이러한 역동적인 힘은 구성원들의 개별목표와 집단의 공통목표를 달성하기 위해서 구성원들 개개인에게 영향을 주어 변화를 유도하거나 문제해결을 제공하게 된다. 그러나 집단의 역동성이 결여되면 집단이나 집단구성원들에게 역기능적인 영향을 미칠 수도 있다. 따라서 사회복지사는 집단에 영향을 주는 집단의 역동성을 잘 이해하고, 구성원들의 목적을 잘 파악하여 개개인의 특정 목적 안에서 공통의 목적과 참여 동기를 찾을 수 있도록 해야 한다. 집단발달에 중요하게 작용하는 집단의 역동성은 집단 내 의사소통과 상호작용, 집단의 매력 및 응집력, 집단의 사회적 통제, 집단의 문화, 하위집단 등과 같은 구성요소에 영향을 받는다. 이러한 각각의 구성요소에 대해서 알아본다(김현호 외, 2017).

① **집단 내 의사소통과 상호작용** : 집단 내에서 구성원들이 언어적 · 비언어적 의사소통을 통해 상호작용을 하는 것을 의미한다. 집단구성원들은 의사소통을 통해 상호작용을 하게 되는데, 의사소통이 개방된 집단은 집단구성원들이 자신의 문제와 집단의 문제를 직면하고 해결하려는 기회를 제공한다. 따라서 집단구성원들은 개방된 의사소통으로 리더 중심의 상호작용을 억제하고 집단 중심의 상호작용을 촉진

시켜야 한다.

여기서 리더 중심의 상호작용은 리더를 통해서 구성원들이 서로 의사소통을 하거나 리더가 이야기하는 것을 구성원들이 지켜보는 것을 의미한다. 이러한 상호작용은 구성원들 간의 의사소통의 기회가 제한되는 경우가 많다. 반면 집단 중심의 상호작용은 집단구성원들이 자유롭게 각자의 생각을 이야기하면서 편안한 마음으로 공감하면서 상호작용하는 것을 의미한다. 따라서 사회복지사는 집단구성원들 간의 상호작용을 증가시켜 집단의 매력 및 응집력을 향상시켜 구성원들의 목표성취를 위한 노력이 증대될 수 있도록 해야 한다.

② **집단의 매력 및 응집력**(결속력) : 집단의 매력은 집단이나 구성원들 간에 상호작용을 통해 서로에게 끌리는 정도를 의미한다. 이러한 매력은 집단구성원들이 집단에서 잃는 것보다 얻는 것이 많을 때 발생하게 되는데, 집단구성원들은 집단 활동에 참여함으로써 불안이 해소될 수도 있고 심리적 안정감을 얻을 수도 있다.

집단의 응집력(Group cohesion) 또는 결속력은 집단의 구성원들이 소속감이나 연대감을 갖고 응집하거나 결속하는 힘이다. 이러한 응집력은 집단의 매력에서 나오는데, 집단구성원들의 응집력이 강하면 집단에 대한 소속감과 연대감이 더 생기는 상관관계를 갖고 있다. 또한 응집력이 강하면 구성원들 개개인이 자신에 대해서 더 잘 표현할 수 있고, 타인과의 관계를 활발하게 할 수 있어 구성원들이 서로에게 미치는 영향력도 커지게 되고, 집단을 통한 효과가 더욱 커진다.

③ **집단의 사회적 통제** : 집단의 질서를 유지하기 위해서 구성원들로 하여금 일정한 방식(규범)에 따르도록 하는 통제력을 의미한다. 집단을 통제하기 위해서는 규범, 지위, 역할이 있을 수 있다. 규범(Norm)은 집단 내에서 적절한 행동에 대한 구성원들 간의 합의로 제정되는데, 구체적인 행위뿐만 아니라 집단 내에서 허용 가능한 전반적인 행동의 표준을 규정한 것이다. 이러한 규범은 집단 내에서 구성원들에게 적절한 행동을 하도록 통제하고 안정시키는 기능을 하게 된다.

지위(Status)는 집단 내의 위계체계 안에서 다른 구성원들과 관련하여 한 개인이 차지하고 있는 위치를 의미한다. 또한 역할(Role)은 집단 내에서 특정한 위치를 차지하고 있는 개인에게 기대되는 활동 및 행동의 양식을 의미한다. 이러한 지위와 역할은 집단 내에서 지위에 따라 수행해야 할 구체적인 과제나 기능과 관련된 행동 등을 규범으로 규정하게 된다. 따라서 한 집단에서 구성원들이 각자의 지위와 역할에서 충실할 때 그 집단은 결속력이 강화되고 역동성이 향상된다. 그러므로 사회복지사는 집단 역동성을 발휘하기 위하여 구성원에게 맞는 지위와 역할을 배분해야 하며, 이러한 지위와 역할이 집단 내에서 개인의 존엄성이나 권위를 결정짓지 않도록 유의해야 한다.

④ **집단의 문화** : 집단구성원들이 공통적으로 가지는 가치, 신념, 관습, 전통, 규범, 활동 등을 의미하는 문화는 집단구성원들의 규범에 일치하는 행동으로부터 형성된다. 즉 서로가 의사소통을 통해 이해하고 공통된 가치나 신념 등을 찾아내는 과정 속에서 형성되는데, 동질적일수록 빠르게 형성되고 이질적일수록 늦게 형성되는 특징이 있다. 또한 집단의 문화는 집단에 대한 매력, 집단 내의 상호 지지적 분위기, 집단의 목적달성에 많은 영향을 미치게 된다.

⑤ **하위집단** : 시간이 흐르고 구성원들이 서로 간에 공통점이나 관심을 가지면서 나타나는 집단의 하위그룹이다. 적게는 2명부터 많게는 다수의 구성원들이 하위집단을 형성함으로써 서로 간에 협력과 경쟁을 한다. 인원이 많거나 영향력이 있는 구성원을 포함한 하위집단은 집단 전체에 대한 통제력을 행사하려 시도하기 때문에 다른 하위집단과 갈등을 겪을 수 있다. 따라서 사회복지사는 집단실천의 목표를 명확히 하고 집단의 역동성이 잘 발휘될 수 있도록 하위집단을 파악하여 기능적으로 역할을 할 수 있도록 조치해야 한다. 하위집단을 파악하는 방법은 제7장의 사정의 도구에서 언급한 사회도(Sociogram, 소시오그램)를 활용하면 된다.

2) 집단의 발달단계에 따른 과정

준비단계(사전 준비하기)를 통해 집단의 발달단계는 초기단계, 중간단계, 종결단계 등으로 구분할 수 있다(NCS학습모듈, 2019; 김현호 외, 2017).

(1) 초기단계

초기단계에는 선정된 구성원들이 최초로 모임에 출석하여 구성원들 간의 대면이 이루어지면서 집단이 시작됨과 동시에 집단에 대한 사회복지사의 직접적 실천이 시작된다. 초기단계의 첫 모임에서 사회복지사는 오리엔테이션을 통하여 집단구성원들을 소개하고 집단의 목적을 알리며 구성원들의 역할 및 집단의 규칙에 대해서 알려줌으로써 집단에 대한 신뢰감을 조성하여 구성원들에게 동기를 부여하고, 계약과 집단 사정 등을 하게 된다. 각각의 내용은 다음과 같다.

① 초기단계의 특징

초기단계에서 집단구성원들은 낯선 사람과 새로운 환경으로 인해 집단에 대한 불안과 불신감, 두려움과 저항감을 갖게 되거나 새로운 집단에 대한 희망이나 기대를 갖게 되는 회피와 접근의 양가감정이 공존하게 된다. 또한 개개의 행동양식을 집단에 가지고 오게 되며, 자신들이 집단에서 무엇을 할 것인지, 다른 구성원들과 사회복지사는 어떤 사람인지, 집단이 자신들에게 기대하는 바는 무엇인지 등의 많은 의문을 제기하게 된다. 그러므로 구성원들은 새로운 사람들과 접촉하기보다는 안면이 있는 사회복지사와 대화를 시도하려고 하여 사회복지사에게 주로 많은 질문을 한다(엄명용 외, 2015; 설진화, 2010). 초기단계에서 집단 및 구성원들의 특성과 사회복지사의 역할은 〈표 10-12〉와 같다.

〈표 10-12〉 초기단계에서 집단 및 구성원들의 특성과 사회복지사의 역할

집단의 특성	집단구성원들의 특성	사회복지사의 역할
• 집단, 사회복지사, 집단구성원에 대한 오리엔테이션 • 집단의 규범, 가치, 대화 양식 등을 설정 • 집단의 목적을 공유 • 집단구성원 간 공통점 모색	• 낯선 사람에 대한 불안, 불신 • 사회복지사와 대화 시도 • 탐색 및 거리감 유지, 또한 친해지려고 노력을 하게 됨 • 성공할 수 있을 것인가에 대한 불안감 • 집단에서 도움을 받아 성공할 수 있을지에 대한 두려움	• 비밀보장에 대한 설명 • 집단구성원이 사회복지사에게 의존하므로 사회복지사의 적극적인 개입이 요구됨 • 집단구성원들의 불안감을 감소시킴 • 집단의 목적을 구성원들에게 공유하도록 함 • 집단구성원들 간의 공통점을 찾아 연결시켜줌 • 집단의 규범이 설정되도록 도와줌

출처 : 엄명용 외, 2015; 이영호, 2008.

② 집단구성원들의 소개

집단의 첫 모임에서 사회복지사는 오리엔테이션을 통하여 자신과 구성원들을 소개하게 되는데, 이는 구성원들 간의 상호 관심사와 흥미를 공유하게 하고 상호신뢰를 발전시키는 계기가 된다. 사회복지사는 소개과정을 통하여 집단구성원들이 그들의 생활경험, 어려움, 관심사, 감정 등에서 유사성이 있다는 점을 인식시킬 필요성이 있다. 또한 집단구성원들 각자가 집단에 참여한 이유나 집단에 대한 기대 등을 표현할 수 있도록 하는 것도 좋다. 집단구성원들의 소개방법의 예는 〈표 10-13〉과 같다.

〈표 10-13〉 집단구성원들의 소개방법의 예

- **구성원들 간의 상호작용을 촉진시키기 위해 계획적인 짝짓기로 소개하는 방법** : 집단구성원을 2명씩 짝을 지어서 5~10분 정도 상대방을 면접하도록 한다. 이때 사회복지사가 서로에게 질문할 내용을 미리 알려주면 면접을 더욱 신속하게 진행할 수 있다. 면접이 끝난 후 자신의 파트너를 집단에 소개시키도록 한다. 이러한 소개방식은 자기 스스로를 집단에 소개하는 방식보다 효과적인데, 집단구성원들이 집단 전체를 상대하는 경우보다 일대일 관계 속에서 자신을 소개하고 노출하는 것이 더 용이하기 때문이다.
- **성장 집단에서 사용할 수 있는 소개방법** : 사회복지사는 비밀쪽지를 사용하여 구성원들의 비밀을 수집하고, 수집된 비밀을 하나하나 구성원들에게 읽어 준다. 이때 구성원들은 누구의 비밀인지 알아맞히고 어떤 근거에서 그렇게 생각하는지 설명하게 한다. 이러한 방식은 서로 개인적인 비밀을 알기 때문에 구성원들 간에 신뢰와 결속력을 증가시킨다.

출처 : 이영호, 2008. 사회복지실천기술론. 공동체.

③ 집단목적의 소개

집단구성원들의 소개가 끝나면 사전에 알고 있다 할지라도 사회복지사는 다시 한번 집단의 목적에 대해서 명확하고 간결하게 설명하는 것이 좋다. 집단의 목적에 대해서 설명할 때 부정적인 면보다 긍정적인 면을 강조하는 것이 좋으며, 후원하는 기관의 기능에 대해서도 언급하여 구성원들이 기대할 수 있는 서비스의 한계를 명확히 하는 것이 좋다.

일반적으로 이러한 집단의 목적에 따른 목표를 결정하는 데 있어서 적용할 수 있는 예는 자아존중감 향상, 자기 주장성 향상, 문제해결능력 향상, 자신과 타인을 신뢰하는 것, 독립적이면서 동시에 상호의존적으로 되는 것, 가치관 명확히 하기, 타인에게 유용한 피드백 제공하기 등이 있을 수 있다. 또한 노인집단의 경우 '인생 경험에 대한 회고 및 상실감 다루기', 장애인 집단의 경우 '장애에 대한 감정 표현 및 지지체계 설정', 그리고 약물남용 집단의 경우 '효과적인 대처기술에 대한 학습' 등이 있을 수 있다(이영호, 2008).

④ 구성원들의 역할 및 집단규칙의 소개

집단구성원들이 각자 집단에 참여하게 된 동기를 알고 있을지라도 자신들의 문제를 해결하기 위해 집단 내에서 무엇을 해야 하는지 모르는 경우가 많다. 따라서 집단구성원들이 자신의 목표를 달성하기 위해서 어떤 역할을 해야 할지 명확히 해주는 것이 좋다. 역할이 불분명하면 집단으로부터 탈락할 가능성이 크다. 구성원들의 역할은 집단의 규칙을 지키는 것에서부터 시작되는데, 성공적으로 집단을 운영하기 위한 규칙으로는 다른 구성원이 이야기하는 동안 방해하지 않고 경청하기, 집단토의를 독점하지 않기, 다른 구성원들의 생각과 감정을 존중하기, 다른 구성원들에 대한 나의 생각과 감정을 진실하고 솔직하게 이야기하기, 구성원들 간 서로 신뢰하고 협력하기, 집단 내에서 논의된 내용을 누설하지 않기 등을 들 수 있다(이영호, 2008).

⑤ 신뢰감 조성 및 동기부여

초기단계에서 집단의 신뢰감 조성은 매우 중요하다. 구성원들은 초기단계에서 집단이라는 환경에 익숙하지 않으므로 사회복지사의 태도와 행동을 모방하게 된다. 사회복지사가 집단구성원들이 하는 말을 비심판적으로 경청하고 그들의 개인적 경험을 존중하는 태도를 보인다면 그들은 적극적 경청의 가치를 인정하게 된다. 또한 사회복지사가 집단구성원들의 문제나 배경에 관계없이 그들을 있는 그대로 수용하고 편견을 두지 않고 대한다면, 그들 또한 구성원들과의 관계에서 상호작용이 두터워질 것이다. 따라서 사회복지사는 집단의 신뢰감 조성을 위해 적극적으로 경청하고 배려하는 마음으로 라포형성을 해야 한다. 이때 구성원들의 이름을 가능한 빨리 기억하는 것도 라포형성에 도움이 된다.

동기부여는 어떤 생활체를 활동하도록 자극하여 목표에 도달하게 하는 것으로 집단활동에 구성원들의 동기부여는 중요한 역할을 한다. 이를 위해 사회복지사는 집단구성원들이 어떤 기대를 가지고 있는지 직접적으로 면담하여 탐색하고 집단활동에 적극적으로 반영해야 한다.

⑥ 계약

집단체계의 실천에서 계약은 개인체계의 계약과 유사하지만 개인보다 상위 개념인

집단을 기준으로 해서 이루어져야 한다. 따라서 계약은 집단의 목적과 구성원들의 목표 달성을 위해 필요한 사항인 모임의 빈도와 기간, 참여 규정, 비밀보장, 장소, 서비스의 내용, 의무와 책임 등을 포함해서 이루어져야 한다. 이러한 계약을 통해서 상호 간의 기대, 의무, 책임 등을 명확히 할 수 있다.

⑦ 집단사정

집단의 유형이나 실천전략에 따라 달라질 수 있으나 집단이 구성되면서 지속적으로 이루어져야 한다. 집단체계의 사정은 집단구성원들에 대한 사정과 집단 전체에 대한 사정으로 구분할 수 있다(Hepworth, Rooney, & Larsen, 1997; 최경화 외, 2010). 집단구성원들은 준비단계의 구성원 모집과정에서 일차적으로 사정하여 선별했기 때문에 집단이 형성된 후의 구성원들에 대한 사정은 구성원들의 행동패턴을 인식하고 행동을 변화시키도록 도와주기 위한 것이다. 행동패턴은 집단구성원들과 상호작용하는 방식을 관찰하거나 집단에서의 역할을 확인함으로써 알 수 있다. 집단에서의 역할은 다른 사회적 상황에서의 역할을 그대로 반영하는 것이므로 집단 내 역할에 대한 사정은 중요하다. 집단구성원들의 행동패턴에 따른 기능적 행동과 역기능적 행동의 예는 〈표 10-14〉와 같다.

〈표 10-14〉 집단구성원들의 기능적 행동과 역기능적 행동의 예

기능적 행동	역기능적 행동
• 집단구성원들이나 중요한 타인에 대하여 관심을 표명함 • 지도력을 보여줌 • 자신을 분명하게 표현함 • 타인을 지지하고 타인과 협동함 • 초점을 유지하고 집단의 목적을 달성하는 데 원조함 • 감정을 솔직히 표현함 • 타인의 말을 정확히 인식하고 이해한 바를 전달함 • 건설적인 피드백에 대해 솔직하고 긍정적으로 반응함 • 집단에서 정해진 지침 내에서 활동함 • 행동에 대한 책임을 짐	• 타인의 말을 중단시키거나 타인의 생각을 무시함 • 회유하기 및 생색내기를 시도함 • 경시, 비판, 빈정대기 등의 행동을 함 • 논쟁, 공격, 비난 등의 행동을 함 • 섣부른 조언을 함 • 언어적 · 비언어적으로 반감을 표현함 • 말을 너무 많이 크게 하거나 속삭임 • 무관심하거나 움츠러들고 관람객의 역할을 함 • 주제에 관계없거나 옆길로 새는 이야기를 함 • 타인을 놀리거나 흉내 내기를 함

출처 : 김혜란 외, 2006.; 최경화 외, 2010.

따라서 사회복지사는 각 집단실천에서 나타난 구성원들의 행동과 인식상의 특성을 기록하는 개인별 프로파일을 만들어 관리하는 것이 필요하다. 이는 데이터를 통해 개인별 장점과 단점을 한눈에 알아보고, 얼마나 긍정적으로 변화하고 성장하고 있는지 확인하는 것이다. 이러한 프로파일을 기초로 행동변화 및 기능수행에 대한 체계적인 사정이 필요한데, 중기단계에서는 초기단계의 사정내용에 대한 타당성을 검토하여 그 성공 여부에 따라 실천계획을 수정 · 변경할 수도 있다.

집단 전체에 대한 사정은 집단의 행동양식, 집단 내 하위집단, 집단의 규범 및 가치 등을 고려해서 사정한다. 집단의 행동양식은 집단구성원들이 역기능적인 행동을 하는 것이 아니라 기능적인 행동을 하는 것이다. 즉, 구성원들이 자신의 문제를 드러내는 데 긍정적으로 반응하고 다른 구성원들의 욕구와 감정에 민감하게 반응하여 지지적인 상호작용을 하는 것이다.

집단 내 하위집단의 형성을 알아보기 위해서 사회측정학이나 사회도를 활용할 수 있다. 사회측정학(Sociometry, 소시오메트리)은 집단구성원들 간의 선호도를 측정하는 것이다. 측정방법은 집단구성원 1명에게 다른 구성원들에 대한 선호도를 최저 1점(가장 선호하지 않는다.)에서 최고 5점(가장 선호한다.) 사이의 점수로 기록하게 하는 것이다. 예를 들어, 집단구성원들이 8명이라면 Ct1이 Ct2 : 4점, Ct3 : 1점, Ct4 : 5점, Ct6 : 4점, Ct7 : 2점, Ct8 : 5점 등으로 각각의 구성원이 다른 구성원의 점수를 기록하여 제출하게 한다. 이렇게 측정한 결과는 집단 결속력이나 매력이 높은 집단일수록 낮은 집단보다 높은 점수를 얻게 된다. 또한 사회도(Sociogram, 소시오그램)는 집단구성원들 간의 관계를 선으로 표현하는 것으로 제7장의 사정의 도구에서 언급한 내용을 참조하면 된다.

(2) 중간단계

중간단계는 집단의 목적달성을 위한 구성원들의 변화가 시작되어 그들 간에 친밀감과 상호관계가 향상되고 집단 응집력이 증대되는 단계이다. 이 단계에서 사회복지사는 집단과 구성원들이 목표를 달성할 수 있도록 격려 및 지지하고, 목표달성에 필요한 집단의 문화와 규범을 발전 및 유지시키고, 목표달성에 방해가 되는 장애를 극복할 수 있도록 실천해야 한다. 이러한 중간단계의 특징, 집단의 응집력 향상, 집단과정 촉진, 집단의 변화 유발 등은 다음과 같다.

① 중간단계의 특징

초기단계에서 나타난 구성원들의 낮은 신뢰감과 소속감, 불안 및 저항 등이 성공적으로 발달되었다면 보다 생산적이고 응집력이 강화된다. 이 단계에서 집단의 생산성은 높아지고, 구성원들은 자신들이 계획한 목표를 달성하기 위해 이전보다 더 많은 활동을 하게 된다. 따라서 구성원들은 서로를 수용하게 되어 개별적인 문제를 집단에서 말하게 되고 다른 구성원들에 대해서도 알고 싶어 하게 된다. 이러한 과정을 통해 구성원들의 대인관계기술도 향상된다. 즉, 서로를 경청할 수 있는 능력이 향상되고, 의사소통도 보다 공개적이며 집단 내에서 경험한 바를 보다 정확하게 표현하게 되고, 구성원들 간의 상호작용이 보다 자유로워지고, 개인적 관심사를 집단에게 털어놓게 되고, 구성원들 간의 갈등이 발생했을 때 이를 효과적으로 대응할 수 있는 능력이 생기게 된다(이영호, 2008). 중간단계에서 사회복지사는 여러 가지 역할을 하게 되는데, 중간단계에서 집단 및 구성원들의 특성과 사회복지사의 역할은 〈표 10-15〉와 같다.

〈표 10-15〉 중간단계에서 집단 및 구성원들의 특성과 사회복지사의 역할

집단의 특성	집단구성원들의 특성	사회복지사의 역할
• 집단의 문화, 행동, 규범, 갈등이 발생하고 이를 해결함 • 집단구성원들의 지위, 위계질서, 역할, 리더가 형성됨 • 집단구성원 및 리더를 실험하고 신뢰할 수 있게 됨 • 집단구성원들 간의 공통점, 차이점을 인정하고 존중함 • 집단의 결속력이 발달함	• 집단에 대한 탐색이 점차 감소함 • 집단구성원들 간에 짝을 이루고 하위집단이 발생함 • 하위집단 간 알력이 발생함 • 자신의 지위 및 역할을 모색하게 됨 • 집단구성원들의 독특성을 인정함 • 집단에 대한 공헌을 모색함 • 집단의 중요성을 내면화함 • 사회복지사에게 덜 의존하게 되고 자신에 대한 의사표현을 함	• 집단의 현 위치를 파악(진행상황, 갈등, 협조체계 등) • 구성원들에 대한 평가(태도, 관계, 행동, 동기, 목표 등) • 집단의 목적, 목표를 재확인하고 구성원들 모두의 참여를 유도함 • 집단구성원들 간의 공통점 및 차이점을 파악함 • 집단 리더에 대한 실험을 인정해줌 • 집단구성원들이 다양한 경험을 할 수 있도록 도와줌 • 집단구성원들의 갈등을 해소함

출처 : 엄명용 외, 2015. : 이영호, 2008.

② 집단의 응집력 향상

집단의 구성원들이 소속감이나 연대감을 갖고 응집하는 힘이 증가되거나 향상되는 것을 의미하는데, 이러한 힘은 집단의 매력에서 나온다. 집단의 응집력이 강하면 구성원들은 자신에 대해서 더 잘 표현할 수 있고, 타인과의 관계를 활발하게 할 수 있어 구성원들이 서로에게 미치는 영향력과 효과도 더욱 커지게 된다. 이러한 집단의 응집력을 결정하는 요인은 다음과 같다(이영호, 2008; 엄명용 외, 2015).

첫째, 집단구성원들이 집단에 참여하는 것을 소중하게 느끼고 그들이 사랑받는다고 느낄 될 때 그들은 집단에 대한 매력을 갖는다. 둘째, 집단응집력은 집단에 참여함으로써 제공되는 자극제(인센티브)와 관련이 있다. 새로운 사람들과의 만남, 수준 높은 구성원들과의 교류, 집단의 참여를 통해서 얻게 되는 자원과 이득 등이 있을 수 있다. 셋째로 집단구성원들이 집단에 대해서 높은 기대를 갖게 될 때 집단의 응집력은 증가한다. 넷째로 이전에 참여했던 집단과 비교했을 때 현재 참여하고 있는 집단에 더 만족할 경우 집단구성원들은 집단에 더 매력을 갖는다.

③ 집단과정 촉진

중간단계에서 집단이 건설적이고 생산적인 변화를 추구하고, 집단 및 구성원들의 목적을 달성하기 위하여 집단과정을 촉진하는 것이 필요한데, 코리(Corey)는 이를 위해 사회복지사가 자기개방, 직면, 적절한 피드백 등을 활용할 것을 권하고 있다(Corey, 1995; 이영호, 2008). 여기서 자기개방(Self-Disclosure)은 사회복지사가 언어적 · 비언어적 표현이나 행동을 통해서 자신에 대한 정보를 의도적으로 개방하는 것을 의미한다. 이러한 사회복지사의 적절한 자기개방은 진실된 분위기를 조성하면서 집단과정을 원활하게 이끌 수 있다. 사회복지사가 자기개방을 할 경우는 집단의 목적과 관련이 있고 구성원들에게 도움이 되어야 한다.

직면(Confrontation)은 사회복지사가 구성원들의 상황에 대한 이야기를 적극적으로 경청한 결과에 대해서 어떤 모순점이나 다른 점이 발견되면 이를 구성원에게 표현해 주는 것이다(Carkhuff, 1971; 최경화 외, 2010). 사회복지사는 구성원들의 현재 상황을 그대로 전달해 주고, 그들 자신이 묘사한 상황이 실제 상황과 다를 경우 이를 정확히 인식하여 대응하도록 도와주어야 한다. 이러한 직면은 집단구성원들의 말과 행동이 불일치하거나 전달하는 메시지의 내용들 사이에 불일치를 보이는 경우에 사용하게 된다.

피드백(Feedback)은 집단구성원들에게 그들의 역할수행에 대해, 그리고 서로를 어떻게 생각하는지에 대해서 명확한 정보를 제공하는 것이다(Ivey, 1994; 이영호, 2008). 피드백은 집단구성원들 간에 자발적으로 주고받는 것이 좋고, 사회복지사와 구성원들 사이에서도 의사소통이 긍정적으로 이루어져야 한다. 또한 상대방이 느낄 수 있도록 솔직하게 피드백을 제공한다면 구성원들은 자신들의 행동이 다른 구성원들에게 끼칠 영향을 이해할 수 있게 되고 더 나아가 긍정적으로 변화할 수 있는 계기가 될 것이다. 피드백으로는 "지금까지 우리가 이야기한 것에 대해 어떻게 생각하십니까?", "질문이나 추가로 언급할 내용은 없습니까?", "우리가 행동원칙에 대해 이야기했는데 어떤 생각이 듭니까?" 등이 있을 수 있다(이영호, 2008).

④ 집단의 변화 유발

목표달성을 위해 변화를 유도하는 것으로 구성원들의 내적 변화에 초점을 두거나, 대인관계 변화에 초점을 두거나, 환경변화에 초점을 두어 실천할 수 있다(이영호, 2008; 엄명용 외, 2015). 여기서 구성원들의 내적 변화에 초점을 둔 변화는 인지적 측면에 초점을 두어 변화를 추구하려는 것이다. 일반적으로 사람들의 사회적 · 행동적 역기능은 자신, 타인, 삶의 상황에 관해 잘못된 신념(사고, 해석 등)으로 인해 초래된 결과라는 것이다. 즉, 특정 상황을 부정적으로 해석하면 부정적인 감정을 경험하게 되고, 부정적인 감정을 처리하기 위해 음주나 폭력 같은 부정적인 행동을 할 가능성이 높아지게 되는 것이다. 그러나 긍정적으로 해석 및 평가하면 그 개인은 긍정적인 감정을 느낄 가능성이 높아질 수 있다(엄명용 외, 2015).

따라서 사회복지사는 역기능적인 구성원들의 내적 변화를 위해 인지 재구성(Cognitive restructuring)을 변화시켜야 한다. 인지 재구성은 집단구성원들의 사고유형에서 잘못된 논리를 밝혀내고 그들의 비합리적인 사고과정을 논리적이고 합리적인 사고유형으로 대처할 수 있도록 원조하기 위해 사용된다. 이러한 인지 재구성 변화는 낮은 자아존중감, 비합리적인 공포와 불안, 자기주장력이 부족한 구성원들의 문제를 해결하는 데 유효하다. 인지 재구성을 위한 단계는 〈표 10-16〉과 같다.

〈표 10-16〉 인지 재구성을 위한 단계

단계	내용
1단계	선행사건에 대한 신념이나 사고, 해석이 그 사건에 대한 정서적 반응을 결정한다는 것을 집단구성원들이 수용하도록 원조한다.
2단계	집단구성원들이 문제의 원인이 되는 역기능적 신념이나 사고유형을 밝히도록 원조한다.
3단계	집단구성원들이 역기능적 인지를 야기하는 상황을 밝히도록 원조한다.
4단계	집단구성원들이 역기능적 인지를 기능적 인지로 대처할 수 있도록 원조한다.
5단계	집단구성원들이 성공적인 대처 노력을 한 자신들에게 보상을 하도록 원조한다.

출처 : 엄명용 외, 2015. : 이영호, 2008.

구성원들의 대인관계 변화에 초점을 둔 변화는 직접적으로 구성원들의 행동을 관찰해서 역기능적인 행동에 따른 역할연습이나 사회기술훈련 등을 통해 특정행동을 터득할 수 있는 기회를 제공한다. 또한 구성원들 간에 도움이 필요하면 도움을 주고받을 수 있는데, 구성원들이나 주변 사람들과 원만한 관계를 유지하기 위해 대인관계가 필요하다. 이러한 대인관계가 부족한 구성원은 우울이나 갈등 등 정신건강상의 문제를 가질 수 있으므로 대인관계 향상 등에 초점을 두고 프로그램을 선택해야 한다. 따라서 사회복지사는 사회기술훈련(Social skills training) 등을 통해서 자기 주장하기, 말하기와 경청하기 등과 같은 의사소통방법, 친구 만들기 등의 프로그램을 활용하게 된다. 일반적으로 집단을 대상으로 한 사회기술훈련 프로그램을 실시할 경우 〈표 10-17〉과 같은 단계로 진행된다.

〈표 10-17〉 사회기술훈련 프로그램 실시 단계

단계	내용
1단계	〈사회기술훈련의 필요성과 표적이 되는 사회기술에 관해 설명〉 집단구성원들이 사회기술을 학습하는 데 흥미를 갖고 훈련과정에 적극적으로 참여하도록 하는 것이 중요함. 이를 위해 적절한 사례를 사용하면서 훈련의 목적과 표적사회기술학습의 중요성을 설명함. 예를 들어, 사회기술의 부족으로 인해 원치 않는 결과를 초래했던 집단구성원들의 경험들을 공유하도록 하여 새로운 기술을 학습함으로써 동일한 상황에 직면했을 때 얻게 되는 혜택 등에 대해 논의함.

2단계	〈표적사회기술의 구성요소들을 밝힘〉 사회기술은 많은 요소로 구성된다는 것을 설명함. 구성요소들을 칠판에 적고 특정기술을 성공적으로 수행하기 위해 각 요소가 갖는 중요성을 설명함.
3단계	〈사회기술을 시연함〉 사회복지사가 사회기술을 시범적으로 보여주거나 집단구성원들 중 사회기술을 시범적으로 보여줄 지원자가 있는지를 집단에 질의함. 시연을 관찰한 후 토론시간을 가짐.
4단계	〈역할극을 통해 표적사회기술의 각 요소를 연습함〉 사회기술을 배우는 가장 효과적인 방법은 그 기술을 사용하는 것이 편안해질 때까지 연습하는 것임을 설명해 줌. 집단구성원들은 돌아가면서 각 요소들을 연습하고 서로 피드백을 주고받으면서 표적기술을 더욱 발전시키도록 함.
5단계	〈평가를 실시함〉 각 집단구성원들의 역할극에 대한 평가를 실시함.
6단계	역할극에 기술요소를 결합함 모든 집단구성원들이 다양한 구성요소들에 대해서 역할극을 통해 연습하고 각 구성요소에 대해 어느 정도 숙달된 후 표적사회기술을 교대로 연습하도록 함. 집단구성원들 서로 간에 피드백을 주고받도록 하며 숙달될 때까지 연습함.
7단계	표적사회기술을 실제상황에 적용함 사회기술훈련의 마지막 단계는 표적기술을 실제 사회상황에 적용해 보는 것임. 가까운 미래에 일어날 가능성이 높은 상황을 끌어내고 그 상황에 그동안 연습한 사회기술을 적용하도록 집단구성원들을 준비시킴. 표적사회기술의 구성요소를 다시 한번 검토하고 표적사회기술을 연습하는 것은 집단구성원들을 더욱 철저히 준비시키는 것임. 발생할지도 모르는 어려움을 예상하고 이를 극복할 수 있는 방법을 연습함으로써 기술에 대한 자기효능감을 극대화시킬 수 있음. 사회기술을 적용한 결과와 경험에 관해 토론할 수 있는 후속 모임을 갖도록 함.

출처 : 엄명용 외, 2015.

구성원들의 환경변화에 초점을 둔 변화는 구성원들 개인의 변화뿐만 아니라 환경의 변화도 유도하여 변화의 효과가 극대화되도록 하는 것이다. 환경변화에 초점을 두어 실천할 수 있는 경우로는 구성원들이 필요로 하는 특별한 자원을 연결시킬 수도 있고, 구성원들의 이웃 및 친지 등과 같은 사회적 관계망을 확대시킬 수도 있고, 효과를 지속적으로 유지시킬 수도 있고, 물리적 환경을 변화시킬 수도 있고, 집단을 후원하는 기관의 지원을 확대할 수도 있고, 기관 간의 연계망을 확대할 수도 있고, 지역사회에서 사회문제와 집단서비스에 대한 인식을 증대시키는 방법 등이 있을 수 있다(이영실 외, 2010).

(3) 종결단계

집단발달의 마지막 단계는 종결 또는 분리단계이다. 종결단계는 집단 및 구성원들이 목적을 달성하여 끝을 맺음과 동시에 새로운 사회환경에 적응해야 하는 단계이다. 따라서 사회복지사와 구성원들 모두에게 정서적으로 중요한 단계이며, 집단을 끝내는 것에 대해 긍정적인 감정과 부정적인 감정을 동시에 느끼는 양가감정을 경험하게 된다. 이때 사회복지사는 구성원들이 종결에 따른 감정을 잘 극복할 수 있도록 원조해야 한다. 자세한 사항은 제11장 사회복지실천과정의 종결단계에서 알아본다.

Chapter 11

사회복지실천과정의 종결단계(평가 및 종결)

사회복지실천과정에서 실천과정을 마무리하는 것은 실천결과를 평가하고 종결하는 것이다. 사회복지실천과정의 평가는 사회복지사와 기관의 책무성과 효과성을 입증하는 방법이고, 클라이언트의 욕구 및 문제가 충족되었는지에 대한 실천효과를 검증하고 좀 더 효과적인 실천방법을 모색하는 것이다. 또한 종결은 클라이언트의 욕구 및 문제해결에 대한 목표가 달성되어 그가 떠나는 것이다. 바람직한 종결은 클라이언트에게 실천과정에서 이루어진 변화를 검토할 기회를 주고, 클라이언트가 그 변화를 통합하여 자신이 변화의 주체임을 깨닫고, 종결 이후의 생활에 대한 자신감을 갖게 하며 실천관계를 종료하도록 돕는 것이다(김향선 외, 2015). 이 장에서는 사회복지실천과정의 종결단계에 해당하는 평가 및 종결단계에 대해서 알아본다.

11.1 사회복지실천과정의 평가단계

사회복지실천과정에서 평가(Evaluation)는 사회복지 분야의 프로그램 또는 기관의 계획에 따른 실천활동 등을 포괄적이며 체계적으로 판단하는 것을 의미한다. 따라서 클라이언트 개인, 가족, 집단을 대상으로 사회복지사가 서비스를 실천하는 활동에 초점을 두고 목표를 달성했는지에 대한 실천 결과를 평가하는 것이라고 할 수 있다(Zastrow, 1999; 서혜석 외, 2010). 평가에 대한 개념은 문헌마다 조금씩 다르나, 양적 및 질적 특성을 파악한 후 가치판단을 통하여 미래 방향을 설정해 주는 의사결정의 특징이 있다. 여기서 양적인 평가는 정량적(定量的) 기준에 의해 제시되는 양적인 평가방법이고, 질적인 평가는 정성적(定性的) 기준으로 제시되는 주관적 관점에 의한 평가방법이다. 따라서 사회복지사는 실천과정에 따른 클라이언트의 주관적 만족도 및 변화 정도를 평가하기 위해 초기 접수에서부터 클라이언트와 목표설정 단계에서 합의할 수 있는 의사소통능력, 목표설정에 따른 관련 평가도구(심리검사지 등) 계획 및 활용방법, 척도 구성, 양적 자료 수집방법과 통계분석방법, 질적 자료 수집방법과 분석방법 등에 관련된 지식이 필요하다. 여기서는 평가의 필요성과 제도, 목적, 유형, 내용, 측정방법, 분석도구 등에 대해서 알아본다.

1) 평가의 필요성과 제도

사회복지실천 영역에서 평가는 매우 중요시되고 있는데, 이것은 시간과 환경의 흐름에 따라 진화하는 영역이고 또한 학습하는 영역이라고 할 수 있다(목진휴 외, 2004; 안대영, 2005). 평가는 그 자체로서 평가의 대상과 함께 상호 교류하고 영향을 주고받으며 변화해 가는 것이다. 즉, 평가를 필요로 하는 것은 평가가 필요한 대상(사회복지 기관, 프로그램, 클라이언트 등)이다. 대상들에게 나타나는 문제들, 예를 들어 사회복지 기관들이 사회복지 기관의 목적에 맞는 업무를 효과적으로 수행하며, 책임성을 성취하고 있는지에 대한 의문이나 검증의 필요성에서 평가가 요구된다. 평가의 수행을 위한 지표개발에서도 역시 평가대상이 되는 기관의 개념, 목적, 사업, 운영지침 등에서부터 출발하여 만들어진다. 이렇게 만들어지진 평가지표는 평가의 절차를 통해 평가업무를 수행하게 되면 다시 평가대상 기관에 영향을 미치고 그 영향은 다시 평가지표로 돌아온다.

또한 평가는 그 결과를 통해 평가대상인 사회복지 기관을 학습하게 한다. 평가의 결과를 통해 평가대상 기관이 본연의 개념과 목적에 맞는 사업을 적절히 수행하고 있는지, 프로그램의 수행과 예산의 사용이 타당한지를 확인하게 되고, 그 결과 미흡한 점이나 부족한 점에 대해서 평가대상 기관이 다시 한 번 사회복지 기관의 개념, 목적, 사업, 운영지침 등에 맞도록 학습하고 수정하게 되는 것이다. 따라서 평가는 학습의 영역에 속한다고 할 수 있다.

과거에는 정부가 사회복지시설에 대한 운영과 건립에 있어 국고보조사업지침(1988)에 의해 단지 재정만 지원하는 경우가 많았다. 그러나 1997년 IMF 외환위기를 겪고 난 뒤부터 모든 분야에서 자원의 효율적 배분 및 활용에 대한 문제가 제기되었다. 이러한 맥락 속에서 사회복지 분야도 사회복지시설의 운영 개선을 통한 합리화와 투명화, 사회복지서비스 질의 향상, 사회복지 재원 사용의 효율성에 대한 당위성이 제기되었다. 이와 더불어 공급자 중심의 복지에서 수요자 중심의 복지로 전환되는 계기가 되었다. 또한 인권을 중시하는 사회복지 패러다임의 변화가 나타나기 시작하면서 1997년 사회복지사업법이 개정되어 1999년부터 시행하기에 이르렀다. 이러한 관점에서 사회복지서비스와 실천 영역에서 평가는 다음과 같은 이유로 그 필요성이 제기된다.

① 사회복지서비스의 양적 팽창에 따른 것이다. 예를 들어, 지역사회복지관이 1976년 22개소에 불과했던 것이 2019년에는 466개소로 증가하게 되었다(한국사회복지관협회, 2019). 이러한 양적 팽창은 사회복지사업에 할당된 자원이 효과적으로 사용되고 있는지에 대한 신뢰성 검증이 요구되기 때문이다.

② 평가를 위한 법적 근거가 마련되었다. 1997년에 개정된 「사회복지사업법」에는 3년마다 1회 이상 사회복지시설 종사자의 전문성, 시설환경, 서비스의 만족도 등에 대해 평가하도록 규정하고 있다.

③ 사회복지 내부에서 성숙되어 온 평가의 필요성과 이해의 증대를 들 수 있다. 전문직인 사회복지사들은 사회복지실천의 전문성을 객관적으로 인정받을 수 있는 방법은 평가를 통하여 그 효과성과 효율성을 인정받는 것이라는 필요성을 느끼고 있다(최경화 외, 2010).

사회복지실천의 평가제도는 사회복지사업에 사용되는 자원을 효과적이고 효율적으로 사용하고 있는지 신뢰성을 검증하기 위하여 1997년에 개정된 「사회복지사업법」의 평가 규정이 추가되면서 정착되었다. 「사회복지사업법」에는 「사회복지사업법」 시행령(대통령령)과 「사회복지사업법」 시행규칙(보건복지부령)으로 구성되는데 법적인 근거는 〈표 11-1〉과 같다(국회법률정보시스템, 2018).

〈표 11-1〉 법적인 근거

사회복지사업법

제43조의2(시설의 평가) ① 보건복지부장관 및 시·도지사는 보건복지부령이 정하는 바에 따라 시설을 정기적으로 평가하고, 그 결과를 공표하거나 시설의 감독·지원 등에 반영할 수 있으며 시설 거주자를 다른 시설로 보내는 등의 조치를 할 수 있다.

② 보건복지부장관이나 시·도지사는 제1항의 평가 결과에 따라 시설거주자를 다른 시설로 보내는 경우에는 제38조제3항의 조치를 하여야 한다.

사회복지사업법 시행규칙

제27조의2(시설의 평가) ① 보건복지부장관 및 시·도지사는 법 제43조의2에 따라 3년마다 시설에 대한 평가를 실시하여야 한다.

② 제1항의 규정에 의한 시설의 평가기준은 법 제43조 제1항에 따른 서비스 최저기준을 고려하여 보건복지부장관이 정한다.

③ 보건복지부장관 및 시·도지사는 제1항에 따른 평가의 결과를 해당 기관의 홈페이지 등에 게시하여야 한다.
④ 제1항의 규정에 의한 평가의 방법 기타 평가에 관하여 필요한 사항은 보건복지부장관이 정한다.

2) 평가의 목적

사회복지실천에서 평가는 클라이언트 개인, 가족, 집단에 대한 사회복지사의 실천 활동과 실천목표에 따른 변화 정도를 알아보는 것으로, 실천의 효과를 검증하고 판단하는 과정이다. 이러한 평가의 목적은 다음과 같다(김현중, 2008; 구혜영, 2010).

① 평가는 사회복지실천의 효과성을 측정하는 것으로 목표달성의 정도를 측정하는 것이다.
② 평가는 동일한 비용으로 높은 효과를 창출하기 위한 사회복지실천의 효율성을 측정하는 것이다.
③ 평가는 효과와 비용이 집단 및 지역 간에 공평하게 분배되었는지를 측정하여 공평성을 확보하는 것이다.
④ 평가는 자원의 출처 및 사용에 대한 책임성을 입증하기 위한 것으로 재정적인 지원이나 지역사회의 승인이 필요할 때 이에 대한 근거를 제시하는 계획안이 된다.
⑤ 평가는 클라이언트에 대한 책임성 이행을 위한 것으로 실천 정도에 대해 사회복지사 자신뿐만 아니라 지역사회와 클라이언트에게 알려줄 책임을 이행할 수 있다.
⑥ 평가는 실천과정에 대한 모니터를 위한 것으로 클라이언트는 어떻게 반응하고 있는지, 계획했던 변화가 일어나고 있는지 등 변화과정에 대한 피드백을 줄 수 있다.
⑦ 평가는 사회복지사의 능력 제고를 위해 필요한 것으로 실천내용에 대해 점검하고 평가함으로써 반성할 기회를 갖고 새로운 활동에 반영할 수 있기 때문이다.

따라서 평가는 평가의 목적에 따라 선별(screening)을 목적으로 하는 평가, 분류 및 배치 결정을 목적으로 하는 평가, 클라이언트의 진보(발달의 정도)를 결정하기 위한 평가, 프로그램 구성이나 의사결정을 위한 평가, 프로그램의 효과를 알기 위한 평가, 기타 평가 등으로 분류할 수 있다. 이러한 세부적인 목적에 따라 사회복지평가의 목적은 크게 환류적

과정평가, 책임성 이행평가, 학술적 평가연구 등으로 구분할 수 있다. 환류적 과정평가는 프로그램 계획이나 운영과정에 필요한 정보를 확보하여 보다 바람직한 프로그램 운영이 되도록 노력하는 것으로서 프로그램 과정상의 환류기능에 초점을 둔다고 볼 수 있다. 책임성 이행평가는 프로그램 운영에 대한 사회적 책임을 강조하고 책임성을 이행하는 차원에서 평가를 수행하는 경우로 볼 수 있다. 학술적 평가연구는 사회조사의 한 분야로서 평가연구의 학술성을 강조하는데, 이는 평가연구에서 보조적인 목적으로 나타날 수도 있으며 프로그램 속에 내재된 변수 간의 인과관계를 검증하여 이론형성에 기여하는 기능이 있을 수 있다(안대영, 2005).

3) 평가의 유형

평가는 사회복지실천 현장에서 개인, 가족, 집단 등에 대해 사회복지사가 실천하는 실천활동이나 프로그램에 초점이 맞추어져 있다. 즉, 실천과정에서 종결을 앞두고 계약했던 목표가 이루어졌는지를 결정하고, 목표달성을 가능하게 한 것은 무엇이었으며, 무엇이 유용했고, 무엇이 다르게 행해졌는지 등의 토론을 포함하는 것을 비롯하여 좀 더 복잡하고 통계적인 자료나 다른 조사방법을 포함하기도 한다. 이러한 평가는 평가자료의 속성, 평가 시점, 개입 대상, 평가 주체 등에 따라 다음과 같이 분류한다(최경화 외, 2010; 서혜석 외, 2010).

(1) 평가자료의 속성에 따른 분류

평가자료의 속성에 따라 양적 평가와 질적 평가로 구분할 수 있다. 양적 평가(Quantitative evaluation)는 획득되는 자료의 속성이 준거 틀에 대한 계량화가 가능한 측정을 의미한다. 양적 조사는 사실 발견에 대한 반복성 및 일반사항뿐만 아니라 측정의 신뢰성, 객관성, 정확성, 표준화를 강조한다. 예를 들어, 1년 동안 클라이언트와 상담을 몇 번 했습니까?로 측정한다면 8번 이상 5점, 6~7번 4점, 4~5번 3점, 2~3번 2점, 0~1번 1점 등으로 측정하는 것이다. 반면 질적 평가(Qualitative evaluation)는 획득된 자료의 속성이 계량화가 어려운 경우로 나타나는 형상의 정도와 수준을 정성적(定性的) 기준으로 제시하여 주관적 관점에서 측정하는 것을 의미한다. 예를 들어 '기관의 환경 및 시설이 생활하기에 어떠한가?'

로 측정한다면 매우 우수 5점, 우수 4점, 보통 3점, 미흡 2점, 매우 미흡 1점 등으로 측정하는 것이다.

(2) 평가 시점에 따른 분류

평가 시점에 따라 형성평가와 총괄평가로 구분할 수 있다. 형성평가(Formative evaluation)는 사회복지실천과정에 프로그램이나 실천과정에 초점을 두고 주기적으로 진전 상황을 평가하는 것이다. 즉, 평가를 수행하면서 정책, 프로그램, 실천과정 등에 대한 문제점을 찾아내어 수정, 개선, 보완하기 위한 평가이다. 총괄평가(Summative evaluation)는 형성평가의 반대 개념으로 프로그램이나 실천과정을 평가하는 것이 아니라 사회복지실천과정에서 대상에 대한 프로그램이나 실천이 종결되었을 때 평가하는 것이다. 즉, 실천의 목표를 얼마나 성취했는지를 평가하는 것으로 실천방법의 성과, 효과성, 효율성 등을 평가한다.

또한 총괄평가는 방법에 따라 결과평가와 평가연구로 구분된다. 결과평가(Outcome evaluation)는 의도된 결과의 성취 정도를 밝히는 것으로 대상에 대한 실천결과를 평가하는 것이다. 이러한 평가는 비교적 평가를 수행하기 쉬워 사회복지실천에서 많이 사용하고 있지만 사회복지사의 실천이 결과에 영향을 주었는지를 판별할 수 있는 인과적 관계를 파악하기 어렵다는 단점이 있다. 평가연구(Evaluative evaluation)는 '사회복지사의 실천으로 목표 및 결과가 되었는가'와 같이 실천과 결과의 인과적 관계를 파악하는 평가이다.

(3) 개입 대상에 따른 분류

개입 대상에 따라 실천평가와 프로그램 평가로 구분할 수 있다. 실천평가(Practice evaluation)는 개인, 가족, 집단을 대상으로 사회복지사의 실천노력을 평가하는 것이다. 이러한 평가는 실천과정 동안 사회복지사의 서비스 실천에 어떠한 영향을 주었는지 알아보기 위해 클라이언트로부터 피드백을 받는 것이다. 긍정적인 피드백은 사회복지사로 하여금 자신의 강점을 더 잘 알게 함으로써 많이 활용하게 될 것이다. 반면 부정적인 피드백은 사회복지사로 하여금 자신을 반성할 수 있는 기회를 갖도록 하는 데 도움을 줄 수 있다(구혜영, 2010). 또한 실천평가는 효과성 면에 있어서 서로 다른 문제나 특성, 환경 등을 가진 클라이언트들에게 상대적으로 효과적인 실천방법을 선정하기 위해 필요한 경우도 있다.

프로그램 평가(Program evaluation)는 지역사회 단위로 실천하는 프로그램의 효과성(목표의 달성 정도)과 효율성(투여된 자원의 효율)을 평가하는 것이다. 즉, 사회복지서비스가 필요한지, 서비스가 계획대로 수행되는지, 서비스가 목적한 대로 클라이언트들의 욕구 및 문제에 효과가 있는지 등을 평가한다. 이러한 평가결과는 의사결정권자로 하여금 합리적인 의사결정을 하는 데 도움이 된다.

(4) 평가 주체에 따른 분류

평가 주체에 따라 내부평가와 외부평가로 구분할 수 있다. 내부평가(Inner evaluation)는 서비스 실천을 주관한 대상자나 조직체 내 다른 구성원이 평가하는 것이다. 반면 외부평가(Outer evaluation)는 서비스 실천에 관여하지 않은 외부 전문가나 연구기관 등에서 평가하는 것이다.

4) 평가의 내용

평가할 내용은 초기 접수단계부터 목표설정, 실천의 전 과정을 포함해 목표달성에 이르기까지 지속적으로 이루어진다. 평가의 내용을 살펴보면 다음과 같다(NCS학습모듈, 2019).

① 초기 접수단계에 수집한 자료를 토대로 사회복지사와 클라이언트가 의사소통 과정을 통해 합의하여 목표를 설정한다. 사회복지사는 클라이언트와 함께 효과적인 실천을 위하여 실천 초기에 충분하고 객관적인 증거에 기초한 자료조사와 사정단계를 거치면서 제기해야 할 문제나 관심사, 개입의 목적과 목표, 클라이언트가 취해야 할 행동, 사회복지사가 수행해야 할 과제 등을 토대로 실천목표를 설정하였는데, 이러한 것이 평가의 내용이다.

② 목표달성을 위해 실천과정에 초점을 두고 주기적으로 상황을 평가하는 형성평가를 통해 변화되는 내용을 평가한다. 이는 실천기간 동안 지속적으로 이루어지는 것으로 처음 계획한 대로 실천이 이루어지고 있는지에 대한 평가를 한다. 이러한 평가를 통해 실천 종결 시 어떠한 접근방법이나 기법이 목표달성에 효과적이었는

지를 파악할 수 있다.

③ 실천과정에서 클라이언트의 변화와 주관적인 만족도를 점검하는 내용이다. 이는 실천이 진행되는 동안 사회복지사의 직접적인 관찰과 클라이언트에게 유의미한 다른 사람들과의 접촉을 통해 클라이언트가 얼마나 변화했는지를 점검해 볼 수 있다. 클라이언트의 주관적인 만족도는 실천 시 서비스에 대한 만족도 조사 또는 인터뷰를 통해 평가할 수 있다.

5) 평가의 측정방법

평가를 위한 측정방법은 다양하나 평가목적에 부합되는 평가방법과 도구를 선택하는 것이 중요하다. 즉, 측정하려는 것은 무엇인가, 서비스 결과가 클라이언트의 문제를 해결할 수 있는가, 평가방법은 신뢰도와 타당성이 높은가, 측정은 장애 특성을 진단하기 위한 것인가, 교육적 결정을 위한 것인가, 연구 목적을 위한 것인가, 측정도구는 개인용인가, 집단용인가, 무작위 집단을 대상으로 할 것인가, 아니면 유사집단을 대상으로 할 것인가 등의 구체적인 목적을 갖고 평가를 해야 한다. 일반적으로 평가를 위한 측정방법은 직접관찰법, 자기보고식 평정척도, 표준화된 측정도구(설문지, 평정척도, 체크리스트, 기타 측정도구 등), 기타 방법 등이 많이 사용되는데, 각각의 내용은 다음과 같다(최경화 외, 2010; 구혜영, 2010).

(1) 직접관찰법

직접관찰법은 클라이언트의 행동변화를 직접 관찰하는 것으로 클라이언트의 문제나 목표달성 정도가 변화하고 있는지를 판단하는 것이다. 예를 들어, 놀이관찰이나 친사회적 행동관찰의 사례에서 행동의 빈도를 기록할 수 있다. 즉, 아동이 하루 동안 화를 내거나 공격적인 행동을 보이거나 우는 행동 등의 횟수를 기록하는 것이다. 또한 산수시간에 문제를 정확하게 푸는 개수를 기록하는 것이다. 반면 시간표집법은 제한된 시간 내에 발생하는 행동의 횟수를 기록하는 것이다. 예를 들어, 유아들의 놀이를 5분 동안 30초 간격으로 나누어 놀이행동에서 반사회적 행동이 몇 번 나타나는지를 기록한다.

(2) 자기보고식 평정척도

자기보고식 평정척도는 클라이언트의 결과를 측정하기 위해 내적 상태(생각, 사고, 신념, 감정 등)를 측정하는 방식이다. 예를 들어 분노나 우울한 감정 같은 클라이언트의 주관적 사고, 감정의 강도, 인식의 정도, 문제 발생 정도에 대한 인식 등을 평가할 때, 1점 : 기분이 아주 나쁘다, 2점 : 나쁘다, 3점 : 보통이다, 4점 : 좋다, 5점 : 기분이 아주 좋다 등으로 평가하는 것이다.

(3) 표준화된 측정도구

표준화된 측정도구로는 구조화된 문서로 작성된 평가지로 검사지, 설문지, 평정척도, 체크리스트, 측정도구 등이 많이 활용된다. 예를 들어, 우울증의 변화를 평가하려면 표준화된 우울증 척도를 사용하고, 알코올 중독을 평가하기 위해서는 알코올 중독 자가진단검사 등을 활용한다. 이러한 측정도구를 활용할 때는 누구나 같은 방법으로 일정한 점수와 기입 절차에 따르고, 방법론적인 적합성(신뢰성, 타당성 등)을 충족시키고, 검사 점수를 해석하는 데 활용되는 측정규칙을 따라야 한다.

(4) 기타 방법

기타 방법으로 면접, 자기보고, 시뮬레이션, 시각자료 등의 방식을 활용할 수 있다. 면접은 관찰된 변화, 감정, 지각 등을 확인하기 위해 클라이언트, 가족, 친구, 유의미한 다른 사람 등을 개인적인 상담을 수행해서 평가하는 것이고, 자기보고는 매일 기록과 행동점검표, 질문지 등을 통해 변화를 측정하거나 생리측정 도구를 이용하여 자가 점검으로 평가하는 것이다. 또한 시뮬레이션은 클라이언트에게 가상의 상황을 제시하고 그 상황에 반응하도록 하여 평가하는 것이고, 시각자료는 사람이나 상황에 대해 가지는 감정에 관한 정보를 얻기 위하여 모형이나 그림 등을 사용해 평가하는 것이다(NCS학습모듈, 2019).

6) 평가의 분석도구

평가를 분석할 수 있는 도구로는 개별화한 척도, 표준화한 척도, 과제달성 척도, 목표달성 척도, 클라이언트 만족도 조사, 단일사례 설계 등이 있는데, 그 내용은 다음과 같다 (NCS학습모듈, 2019).

(1) 개별화한 척도

개별화한 척도는 개인 클라이언트나 가족, 집단 등의 독특한 행동, 사건, 행위, 정서, 태도의 빈도, 기간, 강도 등을 측정할 수 있는 척도로 클라이언트의 독특한 상황에 맞추어 개발되고 적용될 수 있다. 이러한 척도는 실천의 결과를 분석할 때 적용할 수 있으며 다음과 같은 단계에 따라 구성된다.

① 클라이언트가 자신의 조건과 상황을 측정할 수 있도록 자신의 행동, 태도, 감정을 측정하는 가치를 인식하도록 한다.

② 실천 시 제기된 문제나 관심사가 무엇인지 주의 깊게 확인하고 측정한다. 즉, 측정할 것이 무엇인지를 확인하는 것은 제기된 문제에 대하여 타당하고 논리적인 지표를 제공하기 때문이다.

③ 클라이언트의 위치를 부정적인 기능 수행부터 긍정적인 기능 수행까지 연속선상에 표시할 수 있는 척도로 구성한다. 즉, 가장 잘하고 좋은 것에서부터 가장 어렵고 나쁜 것까지를 몇 개의 점수로 척도를 정하고, 이를 클라이언트 자신이나 사회복지사가 평가하여 적용한다. 예를 들어 하루에 화가 나는 횟수, 외로움을 느끼는 정도 등을 낮은 점수부터 높은 점수까지 측정함으로써 개입이 진행되는 동안 그 변화의 수치를 분석함으로써 개입의 효과를 평가해 보는 것이다.

(2) 표준화한 척도

표준화한 척도는 실천 시 미리 개발된 척도를 사용하여 클라이언트에 대한 다양한 차원의 기능 수행을 측정하는 것이다. 표준화된 척도는 보통 15~30문항으로 0~4점 또는 3~7점 단위로 응답하게 되어 있다. 이는 실천 초기단계에서 사전설문을 하고 실천 종결단계에서 사후설문을 통해 실천의 효과성을 평가한다. 표준화한 척도는 다양한 용도에 맞게 도구의 신뢰성을 확인하고 타당도를 점검한 것이므로 실천의 효과성을 검증하는 과학적 도구라 할 수 있다.

(3) 과제성취 척도

과제성취 척도(Task Achievement Scaling, TAS)는 부여된 과제의 성취된 정도를 측정하여 실천의 효과성을 평가하는 것이다. 이러한 척도는 사회복지사와 클라이언트의 동의하에 과제를 선정하고, 클라이언트 자신의 목표달성을 위하여 정해진 기간 내에 수행해야 할 구체적인 과제를 부여받고 완수한 정도를 평가하게 된다. 〈표 11-2〉의 검증 예시는 십대 아들의 가출과 관련된 부모님과의 면담 결과로 다음과 같은 과제를 어머님에게 부여하였으며, 상담이 진행되는 동안 이를 분석하여 실천의 효과성을 검증한 것이다.

〈표 11-2〉 검증 예시

과제	성취 정도	평가
1. 잔소리 줄이기	늦게 들어왔지만 늦은 이유를 묻지 않고 밥을 먹었느냐고 물어봤다.	4
2. 경청하기	학교에서 친구들과 싸웠는데 화를 내지 않고 싸운 이유를 물어보았다.	3
3. 상담받기	문화센터에서 '효과적인 자녀와의 대화법' 교육을 받았다.	3
척도 : 진전이 없음 0점, 최소한 달성 1점, 부분적 달성 2점, 상당히 달성 3점, 완전 성취 4점		

출처 : 국가직무능력표준, www.ncs.go.kr

(4) 목표달성 척도

목표달성 척도(Goal Attainment Scaling, GAS)는 실천해서 목표달성 정도를 측정하기 위해 활용되는 분석도구로 사회복지사와 클라이언트가 함께 설정하였던 '개별화한 목표'의 달성 정도를 측정하여 평가하는 것이다. 이러한 척도의 장점은 클라이언트의 개인 목표에 따라 자유롭게 정할 수 있고, 클라이언트와 사회복지사의 목표가 의미하는 것에 대하여 명확히 이해할 수 있도록 실천하며 목표달성 정도를 계량화할 수 있다는 장점이 있다(엄명용 외, 2015). 예를 들어, 부모와 갈등관계가 있는 청소년에게 개입할 경우 목표달성 척도의 평가사례를 정리하면 다음과 같다(길귀숙 외, 2011). 먼저 클라이언트의 욕구 및 문제를 확인하고 실천할 문제의 목표(분노폭발 중단하기, 심부름 잘하기, 가족과 함께 모임에 참석하기)를 협의하여 선정한다. 이어서 목표달성 정도의 점수를 척도화한다. 척도화하는 과정에서 가중치는 목표의 중요도를 의미하는데, 값이 클수록 보다 심각한 문제나 중요한 목표를 의미한다. 그리고 개입하기 전에 표적행동의 척도를 확인(∨)하고 개입 후의 척도를 확인(∀)한 다음 목표달성 비율을 계산하는 순서로 이루어진다. 이와 같이 작성된 목표달성 척도의 예시는 〈표 11-3〉과 같다. 이러한 평가는 상대적 가중치를 정확하게 파악하기 어렵고 목표가 쉽게 척도화할 수 없는 경우가 있을 수 있다는 단점이 있다.

〈표 11-3〉 목표달성 척도의 예시

달성 정도	분노폭발 중단하기 (목표 1)	체크	심부름 잘하기 (목표 2)	체크	가족과 함께 하는 모임에 참석하기 (목표 3)	체크
최악의 수준(0점)	분노폭발을 매우 자주 함(하루에 2회 이상)	∨	심부름을 전혀 하지 않음	∨	가족모임에 전혀 참석하지 않음	∨
기대 이하의 수준(1점)	분노폭발을 덜 자주 함(하루에 1회)		계속적으로 요청할 때만 심부름을 함		가족모임에 어쩌다 가끔 참석함	
기대했던 수준(2점)	분노폭발을 적게 함(일주일에 1회)		한 번 더 요청하면 심부름을 함		적어도 일주일에 한 번은 가족모임에 참석함	∀
기대 이상의 수준(3점)	분노폭발을 거의 하지 않음(한 달에 1회)	∀	요청을 하지 않아도 심부름을 함	∀	가족모임에 참석해 달라고 요청할 때만 참석함	
최고의 수준(4점)	분노폭발을 더 이상 하지 않음		다른 심부름할 것이 있는지를 물어봄		요청하지 않아도 가족모임에 참석함	
가중치	10		8		7	
변화점수	3		3		2	
가중치가 반영된 점수	30		24		14	
최고 변화점수	40		32		28	
목표달성 비율(%)	75		75		50	

(5) 클라이언트 만족도 조사

클라이언트 만족도 조사는 상품에 대한 만족도를 조사하는 것처럼 사회복지기관이 제공하는 서비스나 프로그램에 대해 클라이언트의 만족도 설문을 통하여 의견을 조사하는 것이다. 이러한 방식은 개인뿐만 아니라 집단 또는 기관에서 서비스를 제공받고 있는 모든 클라이언트에게 적용될 수 있지만, 서비스나 개입의 결과로 일어난 것에 대한 클라이언트의 인식만을 파악하게 된다는 한계도 있다.

(6) 단일사례설계

단일사례설계(Single case design)는 단일(동일) 대상자를 중심으로 욕구 및 문제를 해결하기 위해 표적행동에 대한 개입의 효과를 입증하는 설계방법이다. 즉, 통제된 환경하에서 연구대상을 개입하기 전에, 개입 동안에, 개입 후의 변화를 반복적으로 관찰함으로써 그 변화를 측정하는 방법이다(최경화 외, 2010). 이렇게 반복적으로 변화를 관찰함으로써 독립변수(개입 방안)와 종속변수(개입 결과) 사이의 인과관계를 설정할 수 있다. 이러한 평가방법은 개인을 대상으로 하기 때문에 개입이 계획되고 실천되는 과정 속에서 개입의 효과에 대한 지속적 피드백을 제공할 수 있다는 장점이 있다. 또한 단일사례설계의 표본크기(사례의 수)는 1(N=1)을 원칙으로 하며 경우에 따라 한 명 이상의 가족이나 소집단(소집단의 평균이나 전체 빈도 등으로 요약)을 하나의 사례로 평가한다(엄명용 외, 2009). 단일사례설계의 평가과정은 다음과 같다(Zastrow, 1999; 김충식 외, 2009; 길귀숙 외, 2011).

① **목표의 구체화** : 목표는 실천의 결과로 무엇이 변화되었는가를 구체적인 용어로 기술해야 한다. 목표는 사정에서 얻어진 정보를 기초로 해서 정하며, 종결에서 무엇이 변화되었는지를 알 수 있도록 측정 가능한 용어로 기술한다. 예를 들어, '사회적 기술향상'이라는 목적이 있다면 '친구와 사이좋게 지내기', '혼자서 대중교통 이용하기' 등과 같이 구체적으로 명시한다.

② **적합한 측정방법의 선택** : 평가는 신뢰할 수 있도록 계량화할 수 있어야 한다. 이러한 측정방법에는 직접관찰법, 자기보고식 평정척도, 표준화된 측정도구(검사지, 설문지, 평정척도, 체크리스트, 측정도구 등) 등을 활용한다.

③ **기초선 자료의 측정** : 적합한 측정방법을 선택한 다음 개입 이전의 기초선 자료를 측정하여 기록한다. 기초선은 단일설계에서 변화의 정도를 측정하기 위해 개입시점에서 설정하는 기준선, 즉 AB설계 유형에서 A를 의미한다. 이러한 기초선은 개입 이전의 행동을 측정한 후 개입으로 인한 변화를 알 수 있도록 측정하여 설정하는 것이다. 기준선 측정은 며칠 또는 몇 주간에 일정한 시간대로 표적행동에 대한 빈도, 강도, 지속시간을 관찰함으로써 설정되는데 자료의 신뢰성을 확보하기 위해 적어도 3회 이상 측정하여 평균값을 기록한다.

④ **개입행동과 지속적인 점검** : 기초선 자료의 측정이 완료되면 직접 개입에 따른 행동을 실천하게 된다. 개입에 따른 평가를 할 때는 개입의 구성 요인이 무엇인지를 명확하게 기술하고 측정을 할 때는 기초선을 측정할 때와 같은 조건에서 측정하여 신뢰성을 확보해야 한다.

⑤ **변화의 사정과 인과관계의 추론** : 이 단계는 개입행동으로 인해 얼마만큼 변화되었는지를 사정하고 인과관계를 추정하는 것이다. 즉, 클라이언트의 변화된 결과가 사회복지사의 개입으로 효과적이었는지를 논리적으로 증명하는 것이다.

단일사례설계의 유형은 6가지(AB설계, ABA설계, ABAB설계, BAB설계, ABCD설계, 복식기초선 설계)로 설명할 수 있으나 여기서는 단순하면서도 가장 많이 사용하는 AB설계에 대해서만 알아본다(김충식 외, 2009; 최경화 외, 2010; 구혜영, 2010).

① **AB설계** : 단일사례설계의 유형 중 가장 기본적인 설계방식으로 A단계(기초선 단계)와 B단계(개입 단계)를 단순 비교하는 것이다. B단계에서는 개입을 시작하면서 A단계인 기초선 측정방식과 유사한 조건으로 측정을 기록한다. 이렇게 평가된 결과를 가지고 개입 효과를 추측하고 개입을 지속할 것인지 등의 결정을 할 수 있다. 그러나 AB설계는 A와 B를 단순 비교하는 효과성은 있으나 표적행동과 관련된 다양한 변수의 영향이 예상되거나 동시에 일어날 수 있는 행동 등에는 적절하지 못하다. [그림 11-1]은 장애를 가진 아동의 반사회적행동의 빈도를 10주(1~10회)간 개입하지 않은 상태에서 기초선 측정을 하고 다음에 10주(11~20회)간 기초선 측정과 같은 조건으로 개입(프로그램 적용)하면서 측정한 빈도를 그래프로 표시한 것이다. 내용을 보면

10회 동안은 개입을 하지 않고 반사회적행동을 평가하여 기록한 것이고 11회부터는 개입하면서 평가하여 기록한 데이터를 나타낸다. 여기서 18회부터 20회까지는 반사회적 행동이 나타나지 않는다고 할 수 있다.

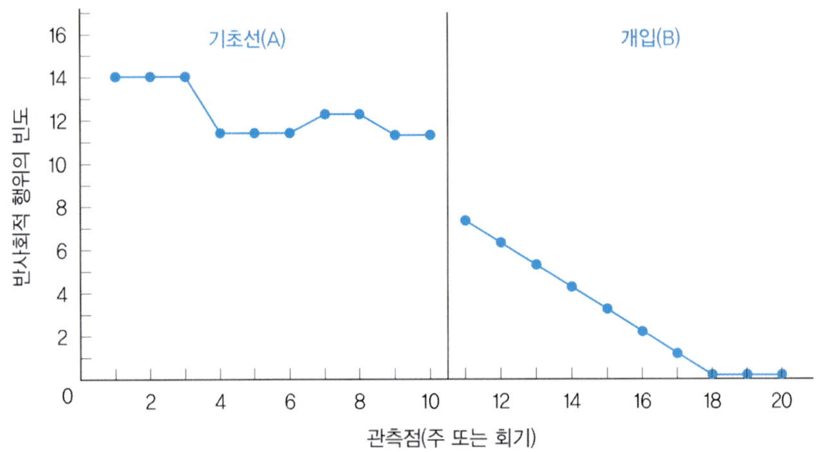

[그림 11-1] AB설계의 예

11.2 사회복지실천과정의 종결단계

사회복지실천과정의 종결단계는 최종단계로 문제해결에 대한 목표가 달성되어 클라이언트가 떠나는 단계이다. 바람직한 종결은 클라이언트에게 실천과정에서 이루어진 변화를 검토할 기회를 주고 미흡한 목표를 파악하여 보완해 주며, 클라이언트가 그 변화를 통합하여 자신이 변화의 주체임을 깨달아 대처능력을 강화하고 종결 이후의 생활에 대한 자신감을 갖게 하며 원조관계를 종료하도록 돕는 것이다(김향선 외, 2015). 이러한 종결단계에서 목표달성에 따른 성공적인 종결이 될 수 있도록 사회복지사는 종결 시기에 임박해서 종결에 따르는 클라이언트의 정서적 감정을 다루거나 유대할 수 있도록 지원하는 것이 필요하다. 또한 종결된 후 종결 기록을 남기는 기록관리와 함께 사후관리계획도 필요하다. 여기서는 종결의 유형, 종결단계의 특징, 종결에 대한 감정처리, 문제상황 시 대처능력 활용 및 실천 재요청, 사례 의뢰, 사후관리 등에 대해서 알아본다(NCS학습모듈, 2019).

1) 종결의 유형

종결의 유형은 목표달성에 따른 성공적인 종결, 구성원들의 중도탈락에 의한 종결, 다른 기관이나 다른 사회복지사로 의뢰 등이 있을 수 있다.

① **목표달성에 따른 성공적인 종결** : 집단과 구성원들이 목표를 성취하는 동시에 성취감에 만족을 느끼며 자존감이 향상된 종결이다. 이러한 경우 목표달성에 대한 만족감도 있지만 이별에 대한 상실감도 느낄 수 있으므로 정서적인 감정도 다루어야 한다. 또한 종결 후의 문제에 대해서도 계획을 세워 원조하는 것이 바람직하다.

② **구성원들의 중도탈락에 의한 종결** : 집단발달의 과정이 계속되고 있는데 일부 구성원들이 더 이상 집단활동을 하지 않는 경우이다. 구성원들의 중도탈락 요인으로는 집단이 설정한 목표를 수행하지 못할 것이라고 생각하는 경우, 집단구성원 본인이 집단활동을 잘 받아들이지 못하는 경우, 다른 구성원들에 대한 불신감이나 불일치 등 여러 가지가 있을 수 있다(구혜영, 2010). 이러한 경우 사회복지사는 중도 탈락하는 구성원들에 대한 정보를 수집하여 원인을 파악하고 대처하여 계속 집단 활동을 할 수 있도록 원조해야 한다.

③ **다른 기관이나 다른 사회복지사로 의뢰** : 집단구성원들이 공감할 수 없다고 느끼는 경우, 집단구성원들이 문제를 건설적으로 해결하는 것을 막는 집단 내 파괴적인 힘을 가진 구성원이 있는 경우, 사회복지사의 성격적인 문제로 치료적 도움을 제공할 수 없다고 느끼거나 개인적인 사정(이직, 부서이동)이 있는 경우, 사회복지사와 집단구성원들 간에 긍정적 관계형성이 어려운 경우 등이 있을 수 있다. 이러한 경우 사회복지사는 집단체계의 실천을 유사한 다른 기관에 의뢰하거나 같은 기관 내의 다른 사회복지사로 변경할 수 있다. 특히, 사회복지사와 관련된 경우 사회복지사는 집단구성원들에게 이직이나 부서이동에 대한 설명을 함으로써 이해를 구

하고, 만남과 헤어짐에 대한 긍정적 표현으로 그들이 정서적 안정을 갖도록 원조해야 한다.

2) 종결단계의 특징

목표달성 정도에 따라 그 성과는 다르지만 클라이언트에 대한 문제해결 능력을 배우고, 자신감을 얻고, 시야를 넓히는 등의 목표를 달성하게 된다. 목표가 달성될수록 사회복지사와 클라이언트는 헤어짐에 대한 강한 아쉬움을 갖게 된다. 이러한 상황에서 클라이언트는 첫째로 부정적 감정을 나타낼 수도 있다. 종결이 가까워지면서 클라이언트는 경험을 부정하며 자신에게 아무런 도움이 되지 않았으며 시간만 소비했을 뿐이라고 생각할 수도 있다. 둘째로 직·간접적 분노를 표출할 수도 있다. 과거 고통스러운 이별경험이 많은 클라이언트는 종결을 거부하면서 분노를 표출할 수도 있다. 셋째로 클라이언트에게 상실감이 나타날 수도 있다. 자신의 어려웠던 문제나 감정을 사회복지사와 서로 주고받으며 형성된 유대관계가 강하게 남아 있는 상태에서 헤어진다는 것 자체가 슬픔이나 상실감을 느끼게 할 수도 있다.

3) 종결에 대한 감정처리

종결시점이 되면 사회복지사와 클라이언트 모두 긍정적인 감정과 부정적인 감정을 동시에 느끼는 양가감정이 나타나게 된다. 긍정적인 감정은 목표를 성취했다는 뿌듯함과 만족감, 자부심 등이고 부정적인 감정은 내 주위에 아무도 없다는 불안감, 자신이 혼자라는 느낌, 상실에 따른 슬픔 등이다. 일반적으로 클라이언트는 종결되면 앞으로 어떻게 할 것인가라는 의문을 갖게 된다. 이러한 경우 사회복지사는 종결에 따른 자신의 감정을 다른 체계(가족, 친구 등)와 공유하여, 마음속에 있는 양가감정을 토론할 수 있도록 격려해야 한다(최경화 외, 2010). 또한 종결 이후의 기관과 사회복지사가 제공할 수 있는 역할에 대해서 알려주면 좀 더 효과적인 종결이 될 수 있을 것이다.

특히, 집단체계의 경우 구성원들이 집단을 떠날 때 집단활동을 하면서 무엇을 배웠는가? 앞으로 어떻게 할 것인가? 등의 의문이 있을 수 있다. 이러한 경우 사회복지사는 집단실천의 종결에 따른 자신의 감정을 구성원들과 공유하며, 서로 마음속에 있는 양가 감정을 토론하도록 하여 격려해야 한다. 집단실천의 긍정적인 종결을 위한 활동의 예시는 〈표 11-4〉와 같다.

〈표 11-4〉 집단실천의 긍정적인 종결을 위한 활동의 예시

활동명 : 자기 자신에 대한 솔직한 표현 목적 : 긍정적으로 집단을 종결하기 준비물 : 종이와 필기도구 방법 : 1) 집단을 종결하고자 하는 마지막 회기에 집단구성원들의 인원수에 해당하는 종이와 필기도구를 나누어 준다. 2) 구성원들에게 실천경험을 하고 난 후 나 외의 다른 구성원들이 성취할 수 있어 보이는 긍정적인 행동에 대해서 최대한 솔직하게 표현하도록 한다. 예를 들어, "Ct1은 다른 사람을 웃기는 재주가 있어.", "Ct3은 미루는 버릇을 먼저 없애야 할 것 같아.", 등으로 구성원들 각각에 대해서 표현하도록 한다. 3) 모든 구성원들이 다 표현한 다음 걷어서 해당 내용을 구성원들에게 들려준다. 4) 내용을 읽어보고 느낀 점과 생각한 바를 함께 이야기하고, 이에 대한 피드백을 제공한다. 이와 같이 진행한 사항에 대해서 긍정적으로 확신을 주는 말과 피드백을 받음으로써 종결한다는 것은 더 나은 삶을 살아가는 데 매우 긍정적인 효과를 가져올 수 있다고 자긍심을 심어준다.

출처 : 이영호, 2008.

4) 문제상황 시 대처능력 활용 및 실천 재요청

사회복지실천과정의 종결단계에서 사회복지사는 종결 후에 같은 문제상황이나 유사한 다른 문제상황이 발생하였을 때 변화한 클라이언트의 대처능력을 어떻게 활용할 수 있는가를 확인해야 한다. 이는 실천과정에서 획득한 클라이언트의 독립적 문제해결력을 강화하려는 노력을 통해 이루어질 수 있으며, 클라이언트의 대처능력에 대한 지속적 점검과정을 통해 가능할 것이다. 즉, 사회복지사는 클라이언트의 능동적인 문제해결력에 대한 믿음을 전제로 실천과정에서 효과적이었던 클라이언트의 대처능력이 무엇이었는지에 대해 지속적인 모니터링을 통해 문제상황 발생 시 변화한 대처능력을 바탕으로 어떻게 대처할 것인지에 대한 대처능력 활용계획을 세울 수 있는지를 살펴보아야 한다.

또한 집단체계 실천의 경우 사회복지사는 집단구성원들이 집단활동을 하면서 배운 것을 활용하고 유지할 수 있도록 다양한 환경과 상황을 통해 일반화할 수 있도록 원조해야 한다. 집단구성원들에게 추후모임을 할 수 있는 기회를 제공하거나 다른 집단에 새로 참가하여 배운 것을 활용할 수 있도록 유도하거나 자신감을 주어 스스로 자신들의 문제를 해결하기 위해 자조집단 등을 만들 수 있도록 원조해야 한다.

일반적으로 사회복지사가 클라이언트에 대해서 변화한 대처능력을 활용하고 일반화할 수 있도록 돕는 방법은 다음과 같다(NCS학습모듈, 2019).

① 클라이언트가 변화를 시도할 수 있는 적절한 상황을 선택할 수 있도록 도와준다.
② 클라이언트가 습득한 대처능력에 대하여 지지하고 확신할 수 있도록 도와준다.
③ 새로운 행동을 습득하도록 도울 때 다양한 상황과 환경을 활용할 수 있도록 돕고, 이를 종결 후에도 자신 있게 활용할 수 있도록 도와준다.
④ 인위적으로 습득하도록 하기보다는 자연적 상황에서 습득하도록 도와준다.
⑤ 사후지도를 통해 클라이언트의 대처능력을 자신의 성장으로 인식시키고 이를 유지하려는 노력을 강화시킬 수 있도록 도와준다.
⑥ 문제해결과정을 가르침으로써 새로운 문제 발생 시 실제로 문제해결기술을 향상시킬 수 있도록 도와준다.
⑦ 실제 일어날 수 있는 문제상황을 제시하고 변화한 대처능력을 활용할 수 있도록 계획해 본다.

또한 대처능력 활용계획 및 점검사항에 대한 예시는 〈표 11-5〉와 같다.

〈표 11-5〉 대처능력 활용계획 및 점검사항에 대한 예시

예시 : 학교폭력으로 보호관찰 대상 중인 클라이언트에 대한 개입이 2개월 동안 이루어졌다. 종결을 앞두고 그동안 개입하였던 의사소통기술 증진, 분노조절, 약물 사용 감소 등의 목표달성이 성공적이었다. 함께 수행하였던 목표를 점검하면서 문제상황 재발 시 효과적이었던 클라이언트의 대처능력을 어떻게 활용할 것인지에 대하여 다음과 같이 점검하였다.

<table>
<tr><th colspan="2">달성할 대처능력</th><th rowspan="2">활용계획 및 연습해 보기</th></tr>
<tr><th>목표</th><th>하위 목표</th></tr>
<tr><td rowspan="4">1.
의사소통
기술 증진</td><td>1-1. I-message 사용</td><td>화가 나는 상황을 설정하고 '나'를 주제로 대화해 보기</td></tr>
<tr><td>1-2. 경청</td><td>상대의 이야기를 끝까지 듣고 요약하여 상대의 입장이 되어 상대의 마음을 직접 반영해 보기</td></tr>
<tr><td>1-3. 낙인과 비난하지 않기</td><td>상대가 어떤 행동이나 말을 할 때 비난하게 되는지 그 상황을 예시로 들고 비난하지 않는 대화 해보기</td></tr>
<tr><td>1-4. 문제해결을 위한 가족회의</td><td>가족들에게 자신의 문제를 이야기하고 함께 해결방법을 의논해 보기</td></tr>
<tr><td rowspan="3">2.
분노조절</td><td>2-1. 소리 지르지 않기</td><td>분노가 일어나는 상황에서 호흡을 하면서 10까지 세기</td></tr>
<tr><td>2-2. 그 자리 피하기</td><td>주먹을 휘두르고 싶은 상황에서 참고 다른 곳으로 자리를 옮기는 것을 연습해 보기</td></tr>
<tr><td>2-3. 갈등영역 해결하기</td><td>상대와 의견이 충돌되거나 해결되지 않는 갈등을 의논할 클라이언트를 찾아보기</td></tr>
<tr><td rowspan="2">3.
약물 사용
줄이기</td><td>3-1. 음주횟수 줄이기</td><td>친구들과 늦은 밤에 만나지 않기</td></tr>
<tr><td>3-2. 담배 줄이기</td><td>담배를 피우고 싶을 때 사탕이나 초콜릿 먹기</td></tr>
</table>

출처 : 국가직무능력표준, www.ncs.go.kr

사회복지사는 클라이언트가 종결 후에도 변화한 대처능력을 잘 유지하고 문제행동의 재발을 방지하는 계획과 함께 문제상황 재발 시 활용할 수 있도록 도와주어야 한다. 즉, 주변 사회체계와의 관계기술 및 지역사회에서 서비스를 제공하는 자원에 대한 목록과 자원 관련 기관을 활용할 수 있도록 연계해 주고, 예상되는 방해 요인을 파악하여 적절하게 대처하는 연습을 시켜야 한다. 그리고 무엇보다도 문제행동 또는 문제상황이 재발할 때 기관에 찾아와서 실천을 재요청할 수 있다는 사실에 대해서 고지해 주어야 한다. 실천의 결과가 긍정적이어서 클라이언트의 문제가 해결 또는 감소되었다 하더라도 문제가 재발할 때 다시 전문적 도움을 요청할 수 있음을 알려줌으로써 종결에 따른 상실감이나 두려움을 감소시켜 줄 수 있고, 지지적인 효과를 제공해 줄 수 있으며 사후 관리 측면에서도 필요하다.

실천 재요청에 대한 고지는 클라이언트가 종결 시 가질 수 있는 불안감을 감소시켜 주며 종결에서 획득한 성과를 지속적으로 변화시키고 유지시키는 데 도움이 된다. 특히, 자살위험, 알코올 중독이나 인터넷 중독 등 각종 중독의 문제, 가정폭력이나 성폭력 및 성적학대 등 클라이언트의 안전과 건강, 생명위협 등과 같은 문제를 가진 클라이언트에게는 더욱 효과적이다. 그러나 혼자의 힘으로 해결할 수 있는 사소한 도움까지 재요청할 경우 사회복지사에 대한 클라이언트의 의존력을 강화시키게 되고, 사회복지사는 업무폭주로 시달릴 수도 있다. 따라서 사회복지사는 클라이언트의 문제에 따라 전문적 도움에 대한 재요청 범위가 어디까지인지를 구분하여 클라이언트에게 구체적으로 알려 주어야 한다. 일반적으로 종결 시 전문적 도움 재요청에 대한 고지가 필요한 클라이언트는 단기간의 시간 제한적 실천을 통해 종결을 앞둔 클라이언트, 장기간의 실천이 필요하지만 단기간의 실천을 할 수밖에 없는 클라이언트, 생명이나 신체 안전과 관련된 문제로 실천한 클라이언트 등이 있을 수 있다(NCS학습모듈, 2019). 전문적 도움을 의뢰하는 실천 재요청 사항에 대한 예시는 〈표 11-6〉과 같다.

〈표 11-6〉 전문적 도움을 의뢰하는 실천 재요청 사항에 대한 예시

예시 : 클라이언트는 결혼이주 여성으로 한국에 온 지 5년째임
필리핀에서 간호조무사로 일하였으며 어머니와 오빠, 남동생 2명, 여동생이 필리핀에 거주하고 있음. 아버지는 작년 여름에 돌아가셨으며 자녀들이 어려 시댁의 반대로 장례식에 참여하지 못해 속상해 함. 클라이언트의 시댁은 시어머니와 시누이 3명, 시아주버니가 있으며 남편을 제외하고 경제적으로 윤택한 편임. 인근에 거주하고 있는 시어머니가 얼마 전 다리 수술을 하여 거동이 불편해 시어머니의 식사 수발과 살림을 도맡아 하고 있음. 시어머니는 손자·손녀들에게 애정이 많아 다른 자녀들에게 받은 용돈으로 클라이언트의 자녀들 간식과 식료품을 구입해서 주는 등 경제적 도움을 주고 있음. 클라이언트의 남편은 일용직으로 일을 하는 날보다 쉬는 날이 더 많으며 알코올 중독으로 1주에 5회 이상 술을 마시고 있음. 남편이 술을 마시는 날은 클라이언트에게 폭언이나 폭행을 행사하여 이로 인한 정서적 상태가 매우 불안하며, 최근에는 우울증으로 자살기도를 두 차례 정도 했음. 클라이언트는 한국말이 원활하지 않아 남편과의 의사소통과 자녀 양육에도 어려움이 있음. 다문화가족지원센터에서 한글교실을 다니고 있지만 지속적으로 수업에 참여하지 않으며 외부활동도 거의 하지 않고 집에만 있기 때문에 한국말이 서툴러 상담에 어려움이 있음. 클라이언트는 경제적 어려움으로 직업훈련 및 취업알선에 대한 욕구가 있으며 자녀 양육지원으로 보육 및 학습지도 서비스, 가족면담을 받고 싶어 함.

이러한 문제로 현재 클라이언트와 클라이언트의 남편에 대해 5개월 정도 개입을 하였고, 클라이언트의 욕구에 부합되는 서비스를 제공하였으며, 클라이언트의 남편은 음주 횟수가 1주 1회로 감소하였음.

실천에 따른 평가 및 종결	종결 후 실천 재요청 사항
클라이언트의 구직 상담을 통한 취업 성공	직장생활 부적응
클라이언트 자녀의 학습능력 향상으로 학교생활의 자신감 형성	집단따돌림으로 학교생활적응 문제 발생
다문화가정 클라이언트의 한국생활 적응 프로그램 운영으로 한국생활 자신감 향상	남편의 알코올 중독 문제 재발생
우울증 약을 먹지 않고 운동으로 우울증 극복	잘 견디었는데 최근 아버지의 사망으로 다시 우울증 약을 먹어야만 견딜 수 있음
아이돌봄서비스 이용으로 양육문제가 해결되었음	이사를 하게 되었는데 이사한 곳에서는 아이돌봄서비스를 받을 수 없게 되었음

출처 : 국가직무능력표준, www.ncs.go.kr

5) 사례 의뢰

사례를 의뢰할 경우 사회복지사는 클라이언트의 문제에 대한 정의, 새로운 연계기관 및 전문가에 대한 정보수집, 의뢰를 결정해야 하는 의사결정 과정, 의뢰에 따른 클라이언트의 부정적 감정을 다루는 방법 등에 대해서 알고 있어야 한다. 여기서 의뢰는 클라이언트의 욕구충족과 문제해결을 위한 자원이나 서비스가 현재 기관에서 불충분할 경우 적절한 다른 기관이나 전문가, 외부 자원들로부터 다른 서비스를 이용할 수 있도록 연결시켜주는 과정을 의미한다. 또한 의뢰는 실천과정 중 기관에서 제공되는 서비스로는 문제해결에 어려움이 있을 경우, 종결에 따른 평가에서 해결되지 못하였거나 추가적인 서비스가 필요한 경우 등에 적절한 기관이나 전문가를 선택하여 클라이언트에게 제안하는 것이다.

사회복지사가 의뢰를 제안할 때 클라이언트는 양가감정을 느낄 수 있다. 즉, 자신의 문제에 더 많은 관심을 가지고 적절한 서비스를 연계해 준다는 것에 대한 긍정적인 생각과 함께 자신이 다른 곳으로 버려진다는 부정적인 느낌을 가질 수 있다. 그러므로 사회복지사는 의뢰를 제안할 때 클라이언트에게 의뢰에 대한 충분한 설명과 필요성을 잘 설득하고, 의뢰 기관의 이점 및 한계점을 설명해 주어야 하며 의뢰 수락의 결정권은 클라이언트 자신에게 있음을 알려주어야 한다. 비록 클라이언트가 다른 의뢰 기관 또는 전문가가 제공하는 서비스의 이용이 타당하다고 여기고 승낙을 했다 하더라도 새로운 기관에 대한 두려움이나 거부감, 불안감, 실패감 등을 가질 수 있으므로 클라이언트가 느끼는 감정을 충분히 표현할 수 있도록 하여 부정적인 감정을 갖지 않도록 주의한다. 일반적으로 의뢰를 결정하고 제안할 때 주의해야 할 점은 다음과 같다(NCS학습모듈, 2019).

① 클라이언트의 문제를 명확히 확인하고 탐색하여야 한다.

② 클라이언트와 함께 최선의 서비스가 무엇인지를 결정해야 한다.

③ 의뢰는 새로운 실천의 시작이며 새로운 원조과정의 첫 번째 단계로 간주한다.

④ 타 기관 및 전문가에게 의뢰를 결정하기 전에 기관 내에서 활동할 수 있는 모든 원조에 대하여 고려했는지를 확인한다.

⑤ 필요하다면 클라이언트에게 유의미한 사람, 즉 가족이나 중요한 사람들에게 의뢰와 관련된 의사결정에 참여시킨다.

⑥ 의뢰하고자 하는 기관이 이미 클라이언트와 관련을 맺고 있는지를 확인한다.

⑦ 의뢰에 따른 의뢰 기관 서비스의 이점과 한계를 모두 설명함으로써 헛된 약속이나 비현실적 기대를 하지 않도록 한다.

⑧ 효과적인 의뢰를 위해 현존 지역사회 자원을 정확히 이해해야 하며 실제적인 도움을 받을 수 있도록 적극적인 연계 노력을 기울여야 한다.

⑨ 의뢰한 전문기관과 사례를 소통함으로써 클라이언트가 성공적으로 연결되었는가를 확인한다.

⑩ 의뢰 시 가장 도움이 될 만한 대안을 제시해야 하지만 클라이언트가 스스로 결정할 수 있도록 자기결정권을 존중해야 한다.

⑪ 의뢰 시 의뢰 기관이나 타 전문가에게 제공될 수 있는 클라이언트의 개인정보 및 활용에 대한 동의서를 받아야 한다.

이러한 의뢰 제안에 대한 예시는 〈표 11-7〉에 나타냈고, 타 기관 서비스 의뢰서 양식은 〈표 11-8〉에 나타냈다. 〈표 11-7〉 예시 1, 2의 내용을 기준으로 〈표 11-8〉 양식에 기록하여 발표해 본다. 또한 〈표 11-9〉의 의뢰에 대한 감정 다루기 예시는 빈칸을 기록하여 발표해 본다.

〈표 11-7〉 의뢰 제안에 대한 예시

예시 1 : ㅇㅇ종합사회복지관에서 ㅇㅇㅇ 어르신을 1년 동안 사례관리를 하였다. 그런데 최근 치매 증상이 심해져서 복지관 이용 후 집을 찾아가지 못하는 일이 발생하였다. 사례관리가 필요함을 ㅇㅇㅇ 어르신 및 그 자녀들에게 관련 승낙을 얻고자 한다. 예시 2 : ㅇㅇ중학교의 학교사회복지사 ㅇㅇㅇ는 학교폭력 피해자인 홍길동을 담임교사로부터 의뢰받아 1개월 여 개입하고 있다. 그런데 홍길동과 상담을 하던 중 병환 중인 할머니와 함께 생활하고 있으며, 현재 방임 상태임을 알게 되었다. 이에 학교 내 사례관리만으로는 문제를 해결할 수가 없어 무한돌봄센터에 홍길동을 의뢰하기로 하였다. 홍길동과 할머니 및 담임교사에게 무한돌봄센터에서 서비스 제공이 필요함을 제안하였다.

출처 : 국가직무능력표준, www.ncs.go.kr

〈표 11-8〉 타 기관 서비스 의뢰서 양식

서비스 의뢰서

ㅇ 접수번호 :

의뢰 일시	2018년 월 일(요일)				
의뢰 기관/ 부서 및 연락처	**종합사회복지관/가족복지팀 Tel) ****-0000 / Fax) ****-0000			담당자	(인)
클라이언트 일반적 사항					
클라이언트		성별		연령	만 세
학 력			직업		
주 소					
연 락 처	집) /휴대폰) /기타 연락처)				
보호 구분	□ 일반 □ 저소득 □ 수급자 □ 한부모가정 □ 기타				
주 클라이언트	□ 자녀( ) □ 성인( ) □ 어르신( ) □ 가족( )				
의뢰서비스 구분	□ 사례관리 □ 지역조직화 □ 서비스 제공 □ 타 기관 의뢰 □ 기타				
기관 이용일	2018년 월 일 ~ 2018년 월 일				
지원 사항					
의뢰 사항 (사유)					
주 의뢰 문제					

출처 : 국가직무능력표준, www.ncs.go.kr

〈표 11-9〉 의뢰에 대한 감정 다루기 예시

예시 : 시각장애와 깐깐한 성격으로 자원봉사자가 집에 오는 것을 거부하는 홍말순 어르신을 6개월 동안 개입하였다. 개입 결과 사람에 대한 거부반응이 감소하였으며, 자원봉사자가 집에 오는 것에 대하여 호의적으로 반응하였고 감사하게 생각하고 있다. 그런데 최근 큰 아들이 사는 곳 근처로 이사를 가게 되어 부득이 종결을 하고 이사하는 지역의 복지관에 의뢰를 제안하였다. 이에 홍말순 어르신은 심한 거부 반응을 보이면서 그 기관을 이용하지 않을 것이며, 지금 집을 방문하는 자원봉사자가 계속 와 주기를 바라고 있다.
○ 본 사례에서 의뢰에 대한 부정적인 감정을 어떻게 다루어야 할 것인지 기록하여 토론해 본다.

출처 : 국가직무능력표준, www.ncs.go.kr

사회복지사는 의뢰를 제안할 경우 클라이언트에게 의뢰 기관에 대한 상세한 정보를 제공하고, 클라이언트에게 직접 연계해 줄 수 있어야 한다. 이러한 경우 사회복지사는 지역사회 자원들을 정확히 이해해야 하며, 타 기관 서비스 이용 조건과 절차 및 의뢰해야 할 기관의 위치, 연락처, 서비스 내용, 목록, 절차 등에 대한 정보를 가지고 있어야 한다. 일반적으로 사회복지사는 의뢰 기관에 대한 정보제공 외에 의뢰 기관에 직접 연계해 주어야 하는데, 수행해야 할 역할은 다음과 같다(NCS학습모듈, 2019).

① 의뢰 기관의 주소 및 담당자 이름, 연락처를 클라이언트에게 알려주어야 한다.
② 가능한 의뢰 기관에 첫 방문 시 동행해 주는 것이 좋고 클라이언트가 있는 자리에서 전화를 걸어 방문일시를 직접 연결해 주거나 찾아 가는 방법에 대하여 상세히 알려주어야 한다.
③ 서비스 의뢰서를 의뢰 기관에 공문으로 전달해야 한다.
④ 서비스 의뢰서뿐만 아니라 클라이언트와 함께 그의 관심사와 요구 등을 간략히 기술하는 서신을 작성하여 의뢰 기관에 전달하도록 해야 한다.
⑤ 의뢰한 기관에 클라이언트가 성공적으로 연결되었는가를 확인해야 한다.
⑥ 의뢰활동을 평가해야 한다.

6) 사후관리

사후관리는 클라이언트에 대한 실천과정이 종결된 후 그의 변화한 상황을 점검하기 위한 목적으로 실시한다. 즉, 클라이언트와의 공식적인 관계가 종료되었지만 그가 실천과정에서 획득한 변화를 잘 유지하고 있는지 확인하고, 만약 다시 어려움을 겪고 있다면 필요한 도움을 제공하기 위해서 실시한다. 이러한 사후관리는 실천의 효과를 지속시키기 위한 실천과정으로 클라이언트의 향상된 문제해결 능력과 변화가 실천과정이 종결된 이후에도 지속적으로 유지될 수 있도록 원조하는 것이다. 따라서 사회복지사는 종료시점에 클라이언트와의 합의를 통한 사후관리를 계획해야 한다. 이는 클라이언트가 실천과정을 통해 달성한 목표를 잘 유지하고 있는지를 확인하는 과정으로 그에게 유의미한 사람인 가족, 친지, 친구 및 주변 사회체계를 활용하여 그의 변화유지를 모니터링함으로써 실천효과의 지속적 유지에 도움이 될 수 있도록 해야 한다.

또한 종결 시 같은 문제로 어려움을 겪고 있는 동료들과 자조모임 결성을 원하는 클라이언트의 경우는 기관에서 줄 수 있는 도움과 도움을 줄 수 없는 한계에 관한 정보를 제공하며, 적합한 자조모임 결성을 지원할 수도 있고, 유사한 자조모임에 관련된 정보도 제공할 수 있다. 여기서 자조모임은 클라이언트와 유사한 관심과 문제를 가진 사람들과의 집단경험과 토론을 통해서 변화한 대처능력을 잘 유지하고 사회적 기능을 향상시키기 위한 모임으로, 모임 구성원들 스스로 해결된 자신의 문제를 유지 및 강화하기 위해 결성된 모임이다.

사후관리에 대한 계획은 클라이언트에 대해서 종결 시까지의 과정을 살펴보고 그동안의 변화되었던 것들을 정리해 보면서 그와 합의를 통해 종결 후 구체적인 일정과 내용을 함께 계획한다. 사후관리 시 다룰 수 있는 내용은 개입을 통해서 배운 것을 클라이언트 자신의 생활 속에서 적용한 경험, 클라이언트가 직면한 문제와 긍정적 경험, 개입당시에 대한 기억, 개입효과의 지속성에 대한 평가 등이 있을 수 있다(NCS학습모듈, 2019). 종결 후 사후관리 계획의 예시인 〈표 11-10〉에서 빈칸의 사후관리 계획과 사후관리 수행표를 작성하여 발표해 본다.

〈표 11-10〉 종결 후 사후관리 계획의 예시

<table>
<tr><td>성명</td><td></td><td>주민등록번호</td><td></td><td>관리번호</td><td></td></tr>
<tr><td>주소</td><td colspan="3"></td><td>전화번호</td><td></td></tr>
<tr><td>사례관리기간</td><td colspan="5">2018. . ~ 2018. .</td></tr>
<tr><td>주요 제공 서비스</td><td colspan="5">1) 밑반찬 제공 서비스 2) 정서지원 서비스 3) 물품 나누기</td></tr>
<tr><td>종결유형</td><td colspan="5">■ 목표달성(클라이언트와 사례관리자 합의) □ 목표달성 중
□ 다른 지역 이주 □ 서비스 거절이나 포기
□ 클라이언트 사망 □ 연락두절
□ 불성실한 참여 □ 제공자 사업종료
□ 서비스 자격 변동(타 기관 의뢰 : /의뢰일 :)
□ 기타( )</td></tr>
<tr><td rowspan="2">1. 종결평가</td><td colspan="3">클라이언트 및 가족의 변화</td><td colspan="2">사례관리자의 종합의견</td></tr>
<tr><td colspan="3">2. 건강회복으로 인한 거동 능력 향상
3. 식사량의 증가로 인한 적절한 체중 증가
4. 생필품 지원으로 경제적 부담감 경감
5. 사회복지 지원에 대한 긍정적 신뢰가 형성되었고, 전반적 삶의 질 향상</td><td colspan="2">6. 가족과의 단절과 갑작스러운 건강 악화로 신체적으로 약해지고 심리적으로 많이 위축된 모습을 보였으나, 경제적 · 정서적 서비스를 함께 제공함으로써 신체적 · 정신적으로 안정됨을 볼 수 있었음.
7. 정기적인 쌀 지원과 생필품 지원으로 생계비에 대한 소비가 줄어 경제적 부담감이 경감되었음. 신규 거주지에서도 동일한 서비스를 제공받을 수 있도록 의뢰가 필요함</td></tr>
<tr><td>사후관리 계획</td><td colspan="5"></td></tr>
<tr><td>사후관리 수행표 (일정 및 기간, 관리방법 기재)</td><td colspan="5"></td></tr>
</table>

출처 : 국가직무능력표준, www.ncs.go.kr

사회복지사는 사후관리 계획에 따라 사후관리를 수행함에 있어 클라이언트와 정기적인 연락을 통해 변화한 대처능력과 환경 상태가 잘 유지되고 있는지 확인함으로써 실천효과의 지속성을 유지시킬 수 있다. 이러한 사후관리 수행과정을 통해 사회복지사는 클라이언트에게 그의 변화노력에 지속적인 관심이 있음을 확인해 주고, 클라이언트 자신의 변화 노력을 유지하는 데 자신감을 심어주고, 지지적인 효과를 줄 수 있다. 그러나 때로는 종결 후 사후관리 과정에서 변화되었던 대처능력들이 악화되고 있거나 문제 상황이 재발되는 경우도 있다. 이러한 경우 사회복지사는 객관적인 판단을 할 수 있는 태도를 가져야 하며 클라이언트와 함께 해결책을 마련해야 한다. 또한 전문적 재개입이 필요하다고 판단될 경우 이러한 상황에 대해서 클라이언트에게 설명하고 재개입을 위한 의뢰 기관이나 전문가 섭외 및 사회복지사의 재개입이 이루어지도록 해야 한다.

Chapter 12

사회복지실천과정에 대한 기록

사회복지실천과정에서 기록은 클라이언트와의 의사소통 과정과 결과, 환류(Feedback)를 제공하는 실무도구로서 사회복지사가 윤리적 기준을 가지고 문서화하는 것을 의미한다. 기록에 포함하는 내용은 클라이언트의 초기단계를 진행하고 등록 접수한 것부터 욕구 및 문제를 확인하여 사정하고, 이를 토대로 수립한 목표와 목표에 따라 진행한 실천내용, 실천에 따른 평가와 피드백, 종결 내용 등 사회복지실천의 전 과정이 포함된다. 이러한 기록을 통하여 사회복지사와 클라이언트는 이전 활동에 대한 내용을 기억할 수 있고, 서비스와 서비스 목표가 점검될 수 있으며, 슈퍼바이저와 사회복지사 간에 슈퍼비전을 주고받을 수 있게 된다. 또한 기록은 사회복지사의 실천을 평가하는 데 필요한 자료, 클라이언트에게 서비스가 제공되었다는 것을 증명하는 자료, 사회복지사의 책무성을 위한 자료 등을 제공하게 된다. 그러므로 기록의 목적에 따라 사실에 근거하여 정확하고 명료하게 기록해야 한다. 이 장에서는 사회복지실천과정에 대한 기록의 필요성과 중요성 및 목적, 실제 및 용도, 내용과 기술 및 고려사항, 유형 및 기록물 관리 등에 대해서 알아본다.

12.1 실천과정에 대한 기록의 필요성과 중요성 및 목적

1) 실천과정에 대한 기록의 필요성과 중요성

사회복지실천과정에서 기록은 전문성과 서비스의 질을 향상시키기 위해 중요한 요소이다. 왜냐하면 기록은 클라이언트의 상황을 확인하기 위해 초기 면접지 작성단계부터 수집한 정보를 기록하고, 사정과 계약을 위한 기록을 작성하고, 개입단계에 나타나는 목표달성과 클라이언트의 변화에 대한 정보를 기록하고, 평가 및 종결단계에 대한 정보를 기록하는 등 각 단계마다 시간이 경과됨에 따라 지속적으로 문서화되기 때문이다(최경화 외, 2010). 일반적으로 사회복지실천과정에서 기록을 할 경우 기록의 내용은 사실적이면서 사회복지사의 관찰을 기초로 하여 작성하고, 애매모호한 단어나 문구의 사용을 피하고, 가능한 짧으면서도 중요한 정보를 빼놓지 않도록 작성해야 한다(서혜석 외, 2010).

따라서 이렇게 기록된 문서는 사회복지사와 클라이언트는 이전 활동에 대한 내용을 기억할 수 있고, 개입과 개입목표가 점검될 수 있으며, 슈퍼바이저와 사회복지사 간에 슈퍼비전을 주고받을 수 있게 된다. 또한 이러한 기록은 사회복지사의 실천을 평가하는 데 필요한 자료, 클라이언트에게 서비스가 제공되었다는 것을 증명하는 자료, 사회복지사의 책무성을 위한 자료 등으로 활용되기 때문에 필요하며 중요하다(엄명용 외, 2015).

현장에서 일하는 사회복지 실천가들은 기록의 필요성과 중요성에 대해서 어느 정도 동의하지만, 클라이언트와 직접 대면하는 업무를 더 중요시하거나 업무시간상의 제약 등을 이유로 기록을 간과하거나 등한시하는 경우가 발생하기도 한다. 그러나 현대사회에서 사회복지실천과정에 대한 책무성이 강조되고 사회복지 관련 업무점검, 평가, 인증 시스템이 강화되면서 그 어느 때보다 기록이 중요해지고 있다. 특히, 클라이언트나 전문가의 인권, 사회복지사의 법적 책임에 대한 논의가 이루어지기 시작하면서 기록의 중요성이 강조되고 있다(NCS학습모듈, 2019).

2) 실천과정에 대한 기록의 목적

사회복지실천과정에서 기록의 중요한 목적은 사회복지실천의 책무성, 효율성, 지속성, 만족도 등의 질적 향상을 통한 실천을 증진하는 것이라고 할 수 있다. 이러한 목적은 학자들의 견해에 따라 다를 수 있으나 일반적으로 다음 8가지로 구분할 수 있다(권구영 외, 2009; 구혜영, 2010; 설진화, 2010; 이영실 외, 2010; 최경화 외, 2010).

(1) 사회복지실천활동의 문서화

사회복지사는 클라이언트의 욕구 및 문제를 파악하고, 사정하고, 실천하고, 평가 및 종결 과정에 관한 모든 사항을 문서화하게 된다. 이렇게 기록된 문서는 사회복지실천활동을 정당화하거나 책임성을 강화하는 데 활용될 수 있다. 즉, 사회복지기관이 약속한 프로그램 및 정책적 지침을 실제로 행하고 있다는 것을 보여줄 뿐만 아니라 프로그램에 대한 재정지원을 정당화할 수 있다. 또한 사회복지사의 전문적 활동을 입증할 수 있는 자료가 될 수 있으며, 사회복지사와 클라이언트 간에 불미스러운 일로 인한 문제가 발생했을 때 참고자료로 활용될 수 있다.

(2) 효과적인 서비스를 위한 모니터

사회복지사는 클라이언트의 사실에 대한 정보와 변화에 따른 과정을 체계적으로 기록하게 된다. 이렇게 기록한 내용을 토대로 클라이언트에게 제공되는 서비스 목표에 부합되는지, 계획대로 잘 진행되고 있는지 등을 모니터링한다. 모니터링을 통하여 서비스 활동을 검토 및 평가하고, 서비스 전달방법에 있어서 수정할 사항이 발견되면 수정하고, 서비스의 효과성과 효율성을 평가하는 자료가 될 수 있다.

(3) 서비스의 연속성 및 지속성 유지

사회복지사가 클라이언트에 대한 원조 서비스를 실시할 때 연속적이고 지속적으로 서비스를 유지하는 것이 필요하다. 즉, 기관 내의 부서이동이나 휴가 및 사직 등의 이유로 다른 사회복지사가 일시적 또는 영구적으로 클라이언트를 맡게 되었을 경우나, 클라이언트가 다른 기관으로 의뢰되었을 경우에 기록은 현재까지 진행과정을 파악할 수 있기 때문에 서비스의 공백 없이 지속적인 서비스를 제공할 수 있게 해준다.

(4) 전문가 간의 공조체계 및 의사소통 활성화

다양한 욕구 및 문제를 가진 클라이언트를 원조하기 위해 다수의 전문가(의사, 간호사, 임상전문가, 물리치료사, 심리치료사 등) 들이 함께 서비스를 제공하는 것이 필요한 경우가 있다. 이러한 경우 사회복지사의 관점으로 얻은 정보와 실천활동에 대한 기록은 팀으로 활동할 때 전문가 간에 공조체계 및 의사소통을 활성화할 수 있다.

(5) 슈퍼비전 및 자문 등의 활성화

기록은 슈퍼바이저에게 지도감독을 받고, 전문가들에게 자문을 받고, 동료들과 클라이언트의 상황과 개입과정에 대해서 공유할 수 있는 자료로 활용하면서 활성화될 수 있다. 또한 사회복지면담 실천과정을 배우는 실습생이나 학생들의 교육자료로 활용할 수 있을 뿐만 아니라 기록한 내용을 토대로 슈퍼바이저에게 피드백을 받을 수 있다.

(6) 행정적 자료로 활용

클라이언트에 대한 정보, 사회복지실천 서비스에 관한 정보 등은 그들의 욕구 및 문제, 서비스 유형, 직무관리, 직무수행, 자원분배 등에 관한 행정적 의사결정을 내리기 위한 자료로 활용된다.

(7) 조사연구를 위한 자료로 활용

문서화된 기록은 조사연구를 위한 자료나 서비스 비용을 청구하고 프로그램 실시를 위한 재원을 확보하는 데 자료로 활용된다. 클라이언트의 유형이나 사회복지활동, 정서적 문제 등의 자료를 수집하고 연구하고자 하는 전문연구자들에게 많은 정보를 제공하게 된다. 기록을 활용한 조사연구를 할 때 클라이언트에 대한 신상정보가 노출되지 않도록 비밀보장에 주의를 기울여야 한다.

(8) 클라이언트와의 정보 공유 및 제공

기록을 통해 클라이언트와 정보를 공유할 수 있고 이로써 원활한 의사소통을 할 수 있다. 기록할 때 클라이언트의 변화 정도를 자신이 스스로 기록하게 할 수도 있고, 사회복지사가 개입의 내용 및 과정을 기록할 수도 있는데, 이러한 기록을 통하여 서로 공감하며 긍정적인 의사소통을 할 수 있다. 또한 기록은 클라이언트와 그 가족, 대리인 등에게 정보를 제공하게 된다. 클라이언트의 알권리를 존중해 정보를 개방하고 공유하여 치료에 반응할 수 있도록 돕기 위한 치료적 수단이 되기도 한다.

12.2 실천과정에 대한 기록의 실제 및 용도

1) 실천과정에 대한 기록의 실제

대부분의 실천가들은 기록의 필요성과 중요성을 인식하지만 시간이 없다는 이유 등으로 기록 및 관리를 소홀히 하는 경우가 많다. 이러한 경우 실제 상황에 맞춰 기록하면 도움이 될 수 있다. 여기서는 기록할 시간과 자료 확보, 각종 양식과 도구 활용, 클라이언트와 함께 기록하는 방법, 객관성 유지 등을 알아본다(NCS학습모듈, 2019).

(1) 기록할 시간 및 자료 확보

기록은 실천과정 중에 할 수 있다면 해두는 것이 좋다. 왜냐하면 내용을 잊지 않을 수 있으며 기록을 위한 별도의 시간을 할애할 필요가 없기 때문이다. 그러나 대부분의 경우에는 면담실천 중에 기록을 하기 어렵고 모든 내용을 기록할 수 없기 때문에 실천과정 중에는 간단한 정도로 메모만 남겨 둔 후 이후에 별도의 시간을 확보하여 기록하게 된다. 기록을 잘 하기 위해서는 기록하기 위한 시간을 정해 두고 기록의 상황이 발생할 때마다 기록하여 밀리지 않도록 해야 한다. 그러나 현실에서는 급박한 일들이 발생하거나 클라이언트가 많아 직접서비스를 해야 하거나 그 밖에 행정적인 다른 업무로 인하여 기록할 시간을 확보하기 어려운 경우가 많다. 이러한 때에는 기록해야 할 내용을 간략히 요약하고, 중요한 것, 특히 날짜와 시간, 나이, 급여액 등과 같은 숫자는 별도로 메모를 해둠으로써 이후에 기록할 때 참고자료로 확보하는 것이 바람직하다. 사람의 기억에는 한계가 있으므로 시간이 지난 후에 기록하게 되면 오류의 가능성이 높아지고 생략되는 내용도 많아질 수 있다.

(2) 각종 양식과 도구 활용

기록을 위해서는 다양한 각종 양식(초기면접 기록지, 과정 기록지, 서비스 계획이나 평가표, 종결 보고서, 사후관리 계획서, 의뢰서 등)과 도구(가계도, 생태도, 생활력 도표, 사회적 관계망 지도, 사회적 관계망 도표, 사회도 등)를 활용하게 된다. 최근에는 컴퓨터나 녹음 및 녹화도구(캠코더, 보이스리코더 등)를 포함한 다양한 전산기기를 활용하고 있다. 종이에 기록을 했다 하더라도 전산화를 위해 다시 기록을 컴퓨터에 옮겨 입력하기도 한다. 어떤 종류의 물리적 도구를 활용하여 기록하더라도 클라이언트와의 실천과정을 방해하는 요인이 되지 않도록 해야 한다. 기록을 전산화하는 경우에는 전산 프로그램의 사용 방법에 익숙해져야 하며, 입력해야 할 내용도 숙지하고 있어야 한다. 또한 기록에는 물리적 도구뿐만 아니라 기록 양식과 척도를 활용하여 기록하기도 한다. 거의 모든 사회복지 기관에서 기관의 서비스를 이용하는 대상자나 제공하는 서비스의 특성에 맞는 다양한 양식을 활용하고 있다. 실천과정에서 클라이언트가 질문이나 양식의 순서에 따라 답을 하지 않을 수도 있지만, 기록할 때에는 클라이언트가 답한 내용을 양식의 내용과 순서에 맞추어 정리하여 기록한다.

(3) 클라이언트와 함께 기록

사회복지실천과정 중에 클라이언트에 따라서는 사회복지사가 기록하는 것을 불편해할 수도 있다. 이는 개인의 비밀스럽고 부끄럽게 느껴지는 내면의 이야기가 기록되는 것에 대한 부담 때문이다. 또한 사회복지사가 기록에 집중하면 클라이언트가 말하고 있는 대화 내용의 흐름이 방해받을 수도 있다. 따라서 사회복지사는 실천과정 전에 클라이언트에게 기록의 이유와 비밀보장에 대한 설명을 하고 기록에 동의를 구한 후에 중요한 내용만 요약하여 기록하거나 실천내용을 녹음하여 현장에서의 기록을 최소화할 필요가 있다. 때로는 기록의 정확성을 확보하고 참여 동기를 강화하기 위하여 클라이언트와 함께 기록하고, 그 내용에 대해 상호 확인하여 함께 서명하기도 한다. 이는 클라이언트의 자기결정권을 강조하고, 클라이언트와 파트너십을 가지고 함께 참여하도록 독려하기 위함이다.

(4) 객관성 유지

클라이언트의 관찰 내용, 정보 인용처, 목표의 수립, 평가의 내용 등에 관한 기록은 객관성을 유지해야 한다. 이는 기록물이 예산을 제공하거나 평가하는 기초 자료로 중요하게 활용되기도 하며, 만약의 경우 발생할 수 있는 법적 문제에서 증거자료로 활용되거나 교육 및 연구자료로도 활용될 수 있기 때문이다.

2) 실천과정에 대한 기록의 용도

사회복지실천과정에서 기록의 용도는 다양하지만 일반적으로 다음과 같은 용도를 갖고 있다(이영호, 2008; 서혜석 외, 2010).

① 클라이언트의 욕구 및 문제를 파악하고 개입하기 위한 기초자료로 활용된다.

② 해당 기관에서 서비스 대상 자격을 입증할 자료로 활용된다.

③ 클라이언트와 서비스에 관한 정보가 필요할 때 활용될 수 있다.

④ 서비스를 전달하는 전문가들 간에 공조체계를 원활히 하기 위해 활용된다.

⑤ 전문가가 교체될 경우 기록을 통해 현재까지의 진행사항을 확인할 수 있어 서비스의 지속성을 유지할 수 있다.

⑥ 사회복지사와 클라이언트 간의 정보공유를 통하여 긍정적인 의사소통 및 관계형성을 촉진하기 위해 활용된다.

⑦ 타 전문가의 자문, 슈퍼비전, 동료들의 피드백 등을 받기 위한 자료로 활용될 수 있다.

⑧ 교육훈련 및 연구조사 자료로 활용될 수 있다.

⑨ 서비스의 효과성, 효율성, 그리고 질을 평가하는 데 활용된다.

⑩ 실무와 행정상의 규정이나 기준을 준수하고 있는지 확인할 때 활용된다.

⑪ 실무와 행정상의 의사결정을 하기 위한 자료로 활용된다.

⑫ 서비스에 대한 비용청구와 프로그램 실시를 위한 재원확보에 활용될 수 있다.

12.3 실천과정에 대한 기록의 내용과 기술 및 주의사항

1) 실천과정에 대한 기록의 내용

기록의 주된 기능은 사회복지사가 클라이언트에게 서비스를 제공하는 과정에서 취해진 전문적 의사결정 및 내용과 근거를 기록하는 데 있다. 그러므로 기록은 대상자의 상황을 확인하고 평가하면서 서비스 제공 목적과 활동, 서비스 전달과정, 대상자에 대한 서비스 효과 여부를 평가하는 과정 단계마다 이루어져야 하는 중요한 부분이므로 시간의 경과에 따라 지속적으로 문서화되어야 한다.

이와 관련하여 카이글(Kagle)은 사회복지실천과정에서 기록에 포함되어야 할 기본 내용으로 클라이언트의 인구학적 특성, 서비스 제공 사유, 사회복지사의 사정 내용과 견해, 서비스 목적과 계획, 클라이언트 및 서비스의 특성, 사회복지실천 활동의 결과, 서비스 종결방법과 사유, 사후관리 등을 제시했다(Kagle, 1991; 구혜영, 2010).

또한 클라이언트의 욕구 및 문제를 지나온 과거에 대해 역사적 관점과 생태학적 맥락에서 이해하기 위해 현재와 과거의 정보를 기록하는 사회력에 대한 기록도 요구된다. 각 단계별 기록 내용은 다음과 같다.

(1) 접수단계의 기록내용

접수단계에서는 사회복지사와 클라이언트가 처음으로 만나게 된다. 사회복지사는 클라이언트에 대한 많은 정보를 수집하려고 노력하게 되는데, 다음과 같은 요소를 중심으로 이루어진다.

① 면접날짜 또는 기록일(년, 월, 일)

② 클라이언트의 인구사회학적 특성(이름, 주소, 생년월일, 성, 교육수준, 가족구성, 직업, 수입, 종교, 결혼상태, 경제수준, 그리고 초기 상호작용과 정서적 상태 등)을 기록하고, 비상연락을 취할 수 있는 가족의 연락처도 기록하는 것이 좋다.

③ 서비스를 요청하게 된 동기 및 개시하는 이유에 대해서 기록한다. 클라이언트가 직접 서비스를 요청하는 경우와 기관에서 의뢰된 경우가 있을 수 있는데 이러한 내용을 기록한다. 또한 의뢰한 기관의 연락처 및 서비스 참여 동기 등도 기록한다.

④ 클라이언트의 욕구 및 문제해결을 위해 가능한 자원(공식적 · 비공식적 자원)과 제약사항에 대해서 기록한다.

⑤ 클라이언트의 과거와 현재 상황에 대해서 기록한다. 클라이언트의 개인력, 가족력, 사회력 등을 기준으로 과거의 발달상황과 현재의 상황에 대해서 역사적 · 생태학적 맥락에서 기록한다.

여기서 사회력은 클라이언트의 욕구나 문제를 역사적이며 생태학적인 맥락에서 이해하기 위해 과거와 현재의 정보를 기록한 것을 의미한다(구혜영, 2010). 이러한 사회력이 중요한 이유는 클라이언트에 대한 문제의 원인과 해결에 필요한 정보를 얻을 수 있고, 그의 강점과 대처능력을 알 수 있기 때문이다. 또한 클라이언트에게 가장 적합한 서비스나 프로그램을 결정하는 데 도움을 주고, 다른 서비스 제공자에게 사회복지실천 관점에 의한 정보를 제공하고, 사회복지실천의 결정과 행동의 근거를 문서화하는 데 도움을 주기 때문이다. 사회력에 공통적으로 포함되는 내용은 〈표 12-1〉과 같다(최경화 외, 2010).

〈표 12-1〉 사회력에 공통적으로 포함되는 내용

개인적 내용	대인관계에 관한 내용	사회적 내용	물리적 내용
• 인지 및 신체적 발달 • 건강 : 과거와 현재의 질병 • 정신건강 : 병명, 치료경력 • 중요행동 및 반응유형 • 지식, 정보, 인지유형 • 감정, 정서적 반응 • 교육 정도, 지적기능 • 직업 : 지위, 경력 • 재정 : 수입, 부채, 자산 • 법적 문제 : 사법체계와 관련된 경험	• 결혼과 가족 : 가족구성원, 역할, 부부관계, 가족력 등 • 비공식적 사회망 : 대인관계 행동 및 기술, 비공식적 동료관계, 조직 및 집단 참여 등 • 직장관계 : 직장관계 속의 중요한 사건, 상사, 동료, 부하직원과의 관계	• 문화 : 지역사회와의 언어 및 관습의 차이, 행동에 대한 가치 및 기대, 자원의 존재 및 이용 가능성 • 지역사회 : 공식적·비공식적 자원, 클라이언트와 지역사회에 대한 중요사건 • 제도와의 관계 : 종교단체, 법, 체계, 사회복지기관과의 관계	• 주거 • 이웃 • 작업환경 • 교통수단 : 안정성 및 적절성 등 파악

(2) 사정단계의 기록내용

사정단계에서 사회복지사는 접수단계에서 얻은 정보를 기초로 해서 자신의 전문지식과 클라이언트의 정보에 대해서 분석하고 종합하게 된다. 사정단계에서 기록해야 할 내용은 다음과 같다(서혜석 외, 2010; 엄명용 외, 2015).

① 클라이언트 욕구 및 문제에 영향을 주고 유지시키는 요인들

② 욕구 및 문제해결에 유용한 클라이언트의 강점, 능력, 자원 등

③ 개입을 위한 문제와 개입과정에 포함될 수 있는 인적·물적 자원과 체계

④ 변화를 위한 잠재적 대상과 대상이 변화되지 않을 경우 가능한 결과

⑤ 문제상황의 심각성과 개입시기, 개입방법, 전략, 과제, 평가수단, 개입기간 등

(3) 계획수립단계의 기록내용

계획수립단계에서는 목표설정과 계약체결이 이루어지는데, 계약의 내용을 문서화해서 보관해야 한다. 콤튼과 갤러웨이(Compton & Galaway)는 계약서에 필수적으로 기록해야 할 내용을 다음과 같이 제시하고 있다(Compton & Galaway, 1984; 서혜석 외, 2010; 엄명용 외, 2015).

① 사회복지사와 클라이언트가 함께 달성하고자 하는 목표를 기록해야 한다. 목표는 구체적이고 실현 가능한 것으로 설정하되 관찰 또는 측정 가능한 용어로 기술한다.
② 계약에 대한 사회복지사와 클라이언트의 책임(권리와 의무)을 구체적으로 기록한다.
③ 목표달성을 위해 사용될 기법과 방법을 기록한다.
④ 실천을 위한 시간 및 장소 등과 같은 행정적 절차를 기록한다.

(4) 실천단계의 기록내용

실천단계에서는 개입을 위한 계획이 수립되어 구체적인 서비스가 이루어진다. 이 단계에서는 실천과정에 대한 자세한 내용을 기록해야 하는데, 카글(Kagle)은 포함될 수 있는 내용을 다음과 같이 제시하고 있다(Kagle, 1991; 서혜석 외, 2010; 엄명용 외, 2015).

① 클라이언트의 활동 또는 그의 활동을 대신한 활동을 기록한다. 논의된 주제와 결정내용뿐만 아니라 날짜, 장소, 참석자 등을 기록한다. 또한 클라이언트의 가족구성원, 사회관계망 속의 구성원, 다른 서비스 제공자들과 논의된 내용도 기록한다.
② 클라이언트의 문제상황에 대한 새로운 정보를 기록한다. 접수단계에서 누락된 정보, 개입 이후 변화된 정보, 목표의 수정 및 변경에 따른 정보 등을 기록한다.
③ 중요한 사건은 바로 기록하고 동시에 슈퍼바이저나 다른 관리책임자에게 보고한다.
④ 개입과정에 대한 평가를 기록한다. 사회복지실천의 효과성을 고려하여 사회복지사는 목표달성에 대한 구체적인 지표(표준화된 척도, 행동관찰 등)를 사용하여 클라이언트 변화에 대해서 평가하고 기록한다.

위와 같은 내용을 기준으로 실천단계에서는 문제중심의 기록형식을 적용하여 중간노트(Interim notes)를 통한 기록이 이루어진다. 여기서 문제중심의 기록은 문제영역의 규정, 문제에 대한 사정, 각 문제해결을 위한 계획 등으로 이루어진다. 즉, SOAP 형식으로 기록하는데 S(Subjective Information)는 문제에 대한 클라이언트 또는 그와 관련된 다른 사람(가족, 친구, 이웃 등)의 진술과 같은 주관적 정보를 의미한다. O(Objective Information)는 사회복지사의 주관적 판단이나 견해가 아니라 관찰과 같은 사실적이고 객관적인 정보를 의미하고, A(Assessment)는 주관적 정보와 객관적 정보를 토대로 상황을 판단하는 전문적 견해를 기술하는 사정을 의미한다. P(Plan)는 사정의 내용을 근거로 클라이언트의 문제를 해결하기 위한 계획수립을 의미한다. 최근에는 여기서 좀 더 발전한 SOAIGP 형식을 사용하는데 SOAP에 IG를 추가한 것이다. I(Impressions)는 목표달성 정도에 대한 사회복지사의 평가, 인상, 가설을 요약한 느낌이나 생각을 기록하는 것이고, G(Goals)는 개입목표나 수정된 목표를 기록하는 것이다.

이러한 문제중심의 기록형식을 적용하여 중간노트는 사례에 대한 사회복지사의 지속적인 관찰과 사정에 대해 구조적 또는 비구조적인 기록을 하는데 클라이언트의 상태변화, 서비스 활동과 과정, 중요한 사건, 사정과 목표 등이 포함된다. SOAIGP 형식을 사용한 기록의 예시는 〈표 12-2〉와 같다(엄명용 외, 2015).

〈표 12-2〉 SOAIGP 형식을 사용한 기록의 예시

날짜 : 2019. 01. 13(금)
장소 : 기관 상담실
사회복지사 : ○○○

S : ○○씨는 우리가 세운 행동단계를 수행했다고 했다. 그녀는 그것이 많은 도움이 되었으며, 지난 몇 주보다 기분이 더 나아졌다고 했다. ○○씨와 만나기 전에 ○○씨의 남편이 나에게 전화해서 집안의 모든 상황들이 나아졌다고 알려 주었다. 그는 "모든 식구들이 집에서 서로 돕기 시작했고 우리 모두 행복합니다. 감사합니다."라고 말했다.

O : ○○씨는 참으로 기분이 나아 보였다. 그녀는 활동적이고 표현력 있게 말한다. 가족생활과 정원 가꾸기에 대한 말을 할 때 그녀의 얼굴엔 생기가 넘쳤다.

A : 오늘 만남 중에 ○○씨와 나는 그녀의 아동기에 대해 오랜 시간 이야기를 했다. 몇몇 사건에 대해 말할 때 ○○씨는 술 취한 어머니와의 경험을 이야기했다. 그녀의 어머니가 술에 취해 욕설을 퍼붓고 있을 때 친구가 집에 찾아왔는데 그때 느꼈던 창피함과 분노에 대해 이야기하면서 눈물을 흘렸다. ○○씨는 어머니의 음주에 대해 비난하고 싶다고 했다. 그녀는 "내가 고등학교 때 문제행동을 하지 않았다면 엄마가 그렇게까지 술을 마시지는 않았을 거라고 생각한다."라고 말했다. 앞으로 두 번의 만남이 남았다고 ○○씨에게 알려 주었다. 그녀는 내가 그리울 것이라고 하면서 많이 좋아졌다고 말했다.

I : ㅇㅇ씨의 일일 기록지는 ㅇㅇ씨가 잠을 더 편안하게 자고 남편과 아이 사이의 말다툼이 줄어들고 있음을 보여 주었다. 현재의 개입을 계속하는 것이 좋을 것 같다. 이 시점에서 개입을 변경할 필요는 없는 것 같다.

G : 이전에 세운 목표가 아직도 효과적이다.

P : 나는 ㅇㅇ씨의 과제를 추가했다. ㅇㅇ씨가 오늘부터 2주간에 걸쳐 '성인 알코올 중독자 자녀'라는 책을 읽어보라고 권했을 때 그녀는 그렇게 하겠다고 했다.

(5) 종결단계의 기록내용

종결단계에서는 서비스의 전 과정에서 실시한 모든 활동과 그 결과를 간결하게 기록한다. 종결기록은 클라이언트와 함께한 모든 과정을 정리하여 보여주기 때문에 전체과정을 평가할 수 있는 기회를 제공하고 미래의 개입을 위한 방향을 모색할 수 있는 근거자료로서 매우 유용하다. 종결단계의 기록내용은 종결 또는 의뢰의 방법과 사유, 클라이언트의 욕구 및 문제에 대한 재검토, 개입효과에 대한 평가, 향후 서비스를 위한 계획, 사후관리 등이다. 긍정적인 계약종결에 따른 기록의 예시는 〈표 12-3〉과 같다(엄명용 외, 2015).

〈표 12-3〉 긍정적인 계약종결에 따른 기록의 예시

날짜 : 2019. 02. 29
사회복지사 : ㅇ ㅇ ㅇ

1) 과정과 문제

ㅇㅇ씨와 나는 2016년 7월 5일(화)에 처음 만났다. 우리가 만남을 시작한 지 열두 번째인 2016년 9월 20일(화)에 마지막 만남을 가졌다. 2회 만남을 시작할 때 우리는 ㅇㅇ씨의 욕구 및 문제로 인해 다음과 같은 문제들을 구체적으로 언급했다. ① 아들과 남편과의 잦은 말다툼과 그들에 대한 노여움과 분노, ② 스트레스, 긴장, 불안, ③ 수면장애, ④ 직장생활의 불안정, ⑤ 지나친 책임과 통제에 대한 불안감, ⑥ 어머니, 아내, 가정주부, 직장인으로서의 역할에 대한 부담과 갈등 등으로 인한 문제에 기초하여 우리는 몇 가지 목표와 12회에 걸친 계획을 수립했다.

2) 목표

정서적 안정과 자아존중감 향상을 통한 일상생활의 안정화

3) 평가
개입과정을 재검토하고 변화를 평가하면서 ○○씨는 현재 자신이 느끼는 스트레스와 분노가 처음 만날 때보다 급격히 감소되었다고 했다. 또한 그녀는 가족들이 가사에 대한 책임을 더욱 평등하게 분담한 이후 그녀와 그녀의 남편 그리고 아들 사이의 관계가 많이 발전했다고 했다. 그녀는 보호의 의무가 완화되었고 이제는 잠도 잘 자며 두통도 거의 없다고 했다. 또한 회사생활은 만족스럽다고 했으며 계속 다닐 것이라고 했다. 특히 정원 가꾸기와 같은 즐거운 활동에 참여하고 있다고 했다.
○○씨는 우리가 함께 변화를 추구하면서 가장 도움이 된 한 가지 요소는 내가 그녀에게 '당신의 남편과 아이들을 위해 일을 해주는 것은 그들이 가진 잠재력을 묵살하는 것입니다'라고 알려준 것이라고 했다.

4) 지속적인 목표
○○씨는 아직도 자신이 과보호에 대한 문제를 다루고 있으며, 자아존중감이나 정서적 안정을 찾기 위해 관련 정보나 서적을 참조할 것이라고 한다. 그녀는 성인 알코올 중독자 자녀모임이 어떤 모임인지 알아보기 위해 그 모임에 참여할 것이라고 한다. 또한 자기주장훈련 프로그램에 참여하는 것을 고려하고 있다고 한다.

5) 현재 사정
변화된 모습에 근거하여 ○○씨, 그녀의 아들, 그리고 그녀의 남편은 보다 직접적으로 의사소통을 하고 있으며, 가사를 공유하고 있고, 가족관계에 주목할 만한 만족감을 느끼고 있다고 한다. 또한 아들은 아버지와 관계가 좋아진 것 같고, ○○씨는 오랫동안 지속되어 온 그녀의 지나친 책임과 통제 패턴을 전환하는 데 있어 진전된 변화를 보였다. ○○씨와 그녀의 가족은 미래에 그들 스스로에게 도움이 될 많은 장점을 가지고 있다. 나는 ○○씨가 더욱 폭 넓게 융통성을 발휘하여 일상생활에 안정을 찾을 수 있을 것이라고 생각한다.

6) 종결과정
○○씨와 나는 우리의 관계를 긍정적인 방식으로 마무리했다. ○○씨는 감사를 표시했으며, 나는 ○○씨가 변화된 모습에 기뻐했고 호감을 함께 나누었다. 사례는 계약한 대로 12주에 긍정적으로 종결되었다.

2) 실천과정에 대한 기록의 기술

사회복지실천영역에서 기록의 종류와 방법은 다양한데 이는 사회복지 업무의 다양성을 반영하고 있다. 따라서 기록은 각 서비스 유형별로 특성에 맞게 해야 하고 실천방법이나 조직의 특성에 따라 적합한 유형을 선택해야 한다. 또한 어느 누가 접해도 알아볼 수 있도록 현실에 근거하여 정확하고 이해할 수 있도록 기록하는 기술이 필요하다. 좋은 기록을 작성하는 기술적 지침은 다음과 같다(Kagle, 1991; 이영실 외, 2010).

① 기록의 목적(정확성, 효과성, 책임성, 비밀보장 등)을 충분히 반영해서 기록하는 기술이 필요하다.

② 욕구 및 문제 분석, 사정, 개입, 그리고 평가의 기초가 되는 클라이언트에 대한 정보를 기록한다.

③ 욕구 및 문제, 사정, 개입, 그리고 평가 등의 각 단계마다 목적, 목표, 계획, 개입과정의 서비스 전달 등에 관한 정보를 기록한다.

④ 사실과 견해를 구분하여 기록하는 기술이 필요하다. 객관적 사실과 사회복지사의 사적 견해가 구분되어 혼돈되지 않게 기록한다.

⑤ 긴 내용은 구조화해서 효과적으로 기록한다. 소제목을 달아놓으면 이후에 손쉽게 찾아내어 활용하기도 좋다.

⑥ 기록의 내용은 사실에 입각해서 기록하고 간결한 문체, 구체적 묘사 등으로 논리적인 표현을 사용해서 기록한다.

⑦ 내용과 절차 또는 과정에 있어서 사회복지사의 윤리를 준수해서 기록한다.

⑧ 어떤 서비스가 제공될 것인지에 대한 결정과 행동을 중심으로 기록한다.

⑨ 기록의 질은 기본적으로 기록자의 기술에 달려 있으므로 체계적으로 준비하고 문장기술 능력을 향상시켜 기록한다.

위와 같은 사회복지실천에 대한 기록의 기술적 지침을 적용하여 기록을 하지만 실제로 업무를 진행하면서 정확한 기록을 행하는 것은 쉽지 않다. 그 원인으로는 글을 쓰는 것 자체에 대한 부담일 수도 있고, 업무에 대한 과중한 부담이나 기록을 위한 시간을 내기 어렵기 때문일 수도 있다. 또한 기록하는 방법에 대한 기법이 부족하거나 구체적인 지침이 없기 때문일 수도 있다. 그러나 기술적 지침을 적용한 기록을 통해 클라이언트에게 더 나은 서비스가 제공될 수 있으며, 사회복지사는 기록을 통하여 자신의 성장도구가 될 수 있다. 따라서 사회복지사는 기록을 보다 잘 이해하고 기록에 대한 구체적 기법과 기술적 지침을 알고 있어야 효과적인 기록과 원활한 서비스를 진행할 수 있다(신경림 외, 2011).

3) 실천과정에 대한 기록 작성 시 주의사항

사회복지실천과정의 기록은 기술적 지침을 적용하여 하지만 일반적인 기록의 주의사항은 다음과 같다(이영실 외, 2010).

① 기록을 하기 전에 클라이언트에게 양해와 동의를 구하고 기록을 하는 목적과 클라이언트에게 어떤 도움이 되는지 간략하게 이야기한다.

② 클라이언트와 면접을 하면서 기록할 경우 메모하는 것은 최소한으로 줄이는 것이 좋다. 너무 기록에 치중할 경우 클라이언트는 자신에게 관심이 없다고 느낄 수 있어 면접에 방해가 될 수 있다. 면접을 진행하면서 간단하게 메모해 두었다가 끝난 후 기록하는 것이 바람직하다.

③ 녹음이나 녹화를 할 경우 클라이언트에게 부담을 주지 않으려고 비밀스럽게 하면 좋지 않다. 먼저 클라이언트에게 양해를 구하고 시작하는 것이 좋고, 중간에 그가 불편해 하면 중단하는 것이 좋다.

④ 기록 내용은 사실적 근거에 입각해서 정확하게 기록하며, 다른 사람에게 공개되어서는 안 된다.

⑤ 기록을 슈퍼비전이나 사례회의에 사용할 경우 클라이언트의 사적 정보가 노출되지 않도록 유의한다.

또한 사회복지실천과정에서 기록을 작성할 때는 다음과 같은 5가지 사항을 고려해야 한다(신경림 외, 2011).

① **책무성** : 기록을 통해 사회복지사의 활동과 효과를 입증할 수 있도록 서비스 중심의 기록을 해야 한다. 즉 대상자의 상태, 서비스의 과정, 그리고 진행정보 등을 포함해서 기록한다.

② **효율성** : 초점이 분명하고 간결한 기록을 통하여 효율성을 높이고 구조화, 문서화되어 쉽게 알아볼 수 있도록 작성해야 한다.

③ **클라이언트의 사생활 보호** : 기록에서 클라이언트의 비밀보장은 매우 중요하므로 기록 관리를 철저히 해야 한다. 기록 시 클라이언트의 동의를 구하고 기록을 보여달라고 요청하면 보여주어야 한다.

④ **시간성** : 서비스 중심적인 기록은 서비스 진행과정에 따라 즉시 문서화하여 이를 통해 정확도와 신뢰도를 확보할 수 있어야 한다.

⑤ **객관적 사실** : 기록은 객관적 사실을 토대로 작성해야 한다. 사회복지사의 주관적인 생각과 추리는 작성하지 않는 것이 좋으나 필요한 경우 분리해서 기록한다.

12.4 실천과정에 대한 기록의 유형 및 기록물 관리

1) 실천과정에 대한 기록의 유형

대부분의 기록은 객관적인 사실에 입각한 내용을 기술하게 되는데, 행정적인 기록물일 수도 있고, 슈퍼비전을 위한 것일 수도 있고, 책무성을 확인받기 위한 것일 수도 있고, 때로는 법적 책임을 확인하기 위한 것일 수도 있으므로 용도에 따라 다양하게 활용된다. 어떤 기록의 유형을 선택하여 사용할지는 제공되는 서비스의 유형, 활용목적, 기관의 특성 등에 따라 다를 수 있다. 여기서는 과정기록, 이야기체 기록, 문제중심 기록, 요약기록, 녹음 및 녹화기록, 컴퓨터에 의한 표준화 기록 등에 대해서 알아본다(Kagle, 1991; Johnson, 1995; Sheafor et. al., 1997; 김향선 외, 2015).

(1) 과정기록

과정기록(Process recording)은 사회복지사와 클라이언트가 사회복지실천과정에서 이야기한 내용, 대상자의 행동, 사회복지사가 관찰한 것과 판단한 것 등 서로 간의 상호작용을 그대로 기록하는 것이다. 이렇게 자세히 기록하는 것은 원조과정이나 사회복지사와 클라이언트 간의 상호작용 과정을 상세하게 연구하기 위한 것이다. 과정기록의 방법은 사회복지실천과정 중에 사회복지사와 클라이언트의 상호작용 내용을 그대로 기록할 수도 있고, 간접적으로 풀어서 기록할 수도 있다. 또한 서로 간의 상호작용 과정을 세밀하게 표현하기 위해 실천 내용, 사회복지사의 의견, 슈퍼바이저의 코멘트 등으로 구분하여 기록할 수도 있다. 이렇게 작성되는 기록의 내용은 실천에 참석한 사람, 날짜, 장소, 상담 회기, 진행 시간, 목적, 계획, 상호작용 내용, 사회복지사의 역할과 활동, 클라이언트의 관심사, 상황 또는 문제, 클라이언트의 반응, 클라이언트의 반응에 대한 사회복지사의 사정(분석), 다음 면담실천 계획 등이 있을 수 있다.

이러한 과정기록의 장점은 사회복지실천에서의 슈퍼비전용 기초자료로 활용되거나 사회복지실습의 교육용 도구로 활용될 수 있다. 또한 기록한 내용을 보면서 사례진행에 대해 점검하고 잘못된 경우가 있으면 문제를 예방할 수 있다. 따라서 정직하게 기록되어야 하며 실천 직후 가능한 빨리 기록해야 한다. 반면에 단점은 서비스 상호교류에서 실제로 일어났던 일에 대해서 직접적으로 완벽하게 기록하는 것은 불가능하기 때문에 불완전하며 왜곡된 정보를 제공할 수도 있다는 것이다. 또한 일어났던 사건 모두를 기록해야 되기 때문에 시간이 많이 소모되어 기관에서 사용하기에는 비효율적인 면이 있다. 이러한 과정기록의 예시는 〈표 12-4〉와 같다(최경화 외, 2010).

〈표 12-4〉 **과정기록의 예시**

면 담 일 지
날짜 : 2019년 1월 10일
사회복지사 : ○○○

면담 내용	W : 제가 지난번 통화했던 사회복지사 ○○○입니다. C : 네, 그러세요. 어떻게 말을 해야 할지 잘 모르겠어요. 사실은 우리 아이가 말썽을 부려서 학교에서 퇴학을 당하게 되었어요. 대화를 하려고 해도 저와는 말도 하지 않으려 하고 의논을 할 사람이 없어서 이렇게 전화했어요. W : 그러니까 아이가 비행행동을 보이나 보죠? C : 비행행동이라고 하기보다는 아이가 학교에 가려 하지 않고 잘못된 친구들과 어울려 술과 본드를 마시는 것 같아요. …
사회복지사의 느낌 및 분석	• 클라이언트가 매우 당황해 하는 것 같음. • 다음 클라이언트와의 면담약속 때문에 마음이 급했고 빨리 결론을 내려야 할 것 같음. • 클라이언트는 비행행동이라는 단어가 불쾌했던 것 같음.
슈퍼바이저 코멘트	

(2) 이야기체 기록

이야기체 기록은(Narrative recording)은 클라이언트의 상황이나 서비스에 대한 사항을 이야기하듯 서술하고 기록하는 것이다. 실천내용 또는 서비스 제공과정에서 이야기한 것을 그대로 대화 형태로 기록할 수도 있으나 기록의 양이 많을 경우 조직화하는 과정에서 요약해서 기록할 수도 있다.

이러한 이야기체 기록의 장점은 사례가 장기간 지속될 경우 유용하며 주요부분은 포괄적으로 기록할 수 있다는 융통성이 있다. 또한 클라이언트의 상황이나 서비스 교류의 특별한 특성을 개별적으로 반영할 수 있기 때문에 임상실천을 문서화하는 데 특히 적합하다. 반면에 단점은 과정기록보다 시간은 덜 들지만 기록해야 할 것과 하지 않을 것을 구분하고 조직화해서 재구성하기 때문에 시간이 많이 소요될 수 있다. 또한 면담실천이 지나치게 단순화되거나 초점이 흐려져 정보를 쉽게 찾지 못할 우려가 있고, 실제로 제공한 서비스의 질보다 사회복지사의 문장능력이나 재량이 반영되기 때문에 기록자의 관점에 따라 내용이 많이 달라질 수 있다는 단점이 있다. 하지만 이야기체 기록은 일반적으로 널리 사용되고 있기 때문에 원활한 기록을 위해 지침이나 일정한 양식을 만들어 활용하면 좋다. 이러한 이야기체 기록의 예시는 〈표 12-5〉와 같다(최경화 외, 2010).

〈표 12-5〉 이야기체 기록의 예시

날짜 : 2019년 1월 17일 사회복지사 : ○○○
미혼모 ○○○씨는 ○○대학병원 의료사회복지사인 김○○씨에 의해서 아동복지기관인 본 기관에 의뢰됐다. ○○○씨(19세)는 어제 아이를 출산하였으며 벌써 두 번째 아이를 출산했고 첫 번째 아이는 출산 직후 사망했다. ○○○씨는 아이를 부양할 능력이 없고 퇴원 후에도 갈 곳이 없어 다시 노숙할 확률이 높은 상태이다. 일단 본인의 동의를 얻어 본 시설에 모자를 함께 입소시키고 아이의 입양문제는 향후 논의하고자 한다. …

(3) 문제중심 기록

문제중심 기록(Problem-Oriented recoding)은 실행단계의 기록내용에서 언급한 것처럼 병원 또는 정신보건센터 등에서 여러 전문직이 함께 일할 때 광범위하게 사용되는 기록의 형태이다. 이러한 기록은 현재 제시되고 있는 문제를 중심으로 문제영역을 규정하고, 사정하고, 문제해결을 위해 무엇을 할 것인지에 대한 계획을 기록한다.

기록의 방법은 SOAIGP 형식(실행단계의 기록내용 참조)을 사용한다. 이러한 기록의 장점은 타 전문직과의 의사소통을 촉진하며 여러 분야 간의 공조를 원활하게 해줄 수 있기 때문에 문제해결을 위한 팀 접근의 정보교환과 종합적 사례 논의에 사용된다. 또한 문제의 초점이 강화될 수 있고 치료계획에 대해서 문서화되기 때문에 추후 점검을 할 때 책무성을 향상시킬 수 있다. 반면에 단점은 클라이언트의 강점이나 자원보다는 문제를 강조함으로써 사회복지실천의 관심 폭을 한정시킬 수 있다. 또한 개인과 환경의 상호작용보다는 클라이언트의 문제해결에만 집중하다 보면 관련 문제의 복잡성을 단순화시켜 체계적인 쟁점들을 왜곡시킬 우려가 있다. 문제중심 기록의 SOAIGP 형식을 사용한 기록의 예시는 〈표 12-2〉에 나타냈다(엄명용 외, 2015).

(4) 요약기록

요약기록(Summary recoding)은 시간의 흐름에 따라 변화된 사항, 실천활동, 필요한 정보 등 실천내용을 간단하게 요약해서 기록하는 것이다. 날짜와 클라이언트의 기본사항을 기록한 뒤 기록해야 할 중요한 내용을 선택하여 시간의 흐름별로 조직화하여 기록하게 된다. 이러한 기록은 사회복지사가 한 일보다는 클라이언트에게 일어난 변화에 초점을 두어 기록하며, 주로 초기단계나 타 기관으로 의뢰하는 경우 또는 사례를 종결하는 경우에 사용한다. 특히, 요약하여 기록하더라도 클라이언트에 대한 정보와 실천내용, 사회복지사의 사정이나 계획, 실천내용 등이 정확하게 전달되어야 한다.

이러한 요약기록의 장점은 사례가 장기간 지속될 경우 기록에 융통성이 있을 수 있고, 과정기록에 비하여 시간이 적게 들고, 전체 서비스 과정을 고려하여 쉽고 짧게 기록할 수 있다. 반면에 단점은 클라이언트의 언어적 · 비언어적 표현 등이 사실적으로 전달되지 않을 수도 있고, 클라이언트나 사회복지사의 생각이나 느낌이 잘 반영되지 않을 수도 있다. 이러한 요약기록의 예시는 〈표 12-6〉과 같다(NCS학습모듈, 2019).

〈표 12-6〉 요약기록의 예시

날짜 : 2019년 2월 20일 사회복지사 : ○○○
본 기관에서 서비스를 받고 있는 A씨가 성폭력을 당했다고 경찰에 신고를 했으며, 현재 경찰에 의해 One-stop 성폭력 피해 상담기관에 의뢰되어 보호 중이라고 본 기관으로 연락이 왔다. 담당 사회복지사는 성폭력피해 상담기관에 찾아가 A씨를 면담실천했다. 평소 피해망상이 있었던 A씨는 자신이 성폭행을 당했다는 말을 반복하며 불안, 초조해 보였으며, 성폭력피해 상담기관에 의뢰된 후 거의 24시간 넘게 잠을 자지 못하고 있었다. 그리고 성폭력피해 상담기관에서는 정신질환이 있는 A씨에게 그 기관에서 서비스를 제공하기 어렵다고 하였다. 사회복지사는 클라이언트에게 안정적인 환경과 적절한 치료가 필요하다고 판단하여, 당사자와 논의하여 정신과병원으로 의뢰하였다.

출처 : 국가직무능력표준, www.ncs.go.kr

(5) 녹음 및 녹화기록

녹음 및 녹화기록은 녹음기 및 캠코더 등을 활용하여 실천과정이나 서비스 과정을 기록하는 것이다. 녹음기 및 캠코더 등을 사용하면 직접 기록하는 것보다 시간적 효과를 얻을 수 있으며 기록 보관의 보충적 역할을 할 수 있다. 이러한 기록의 장점은 교육용으로 활용될 수 있으며 가족치료 및 실천에 대한 과정 지향적 접근법을 지도·감독할 때 유용하다. 반면에 단점은 클라이언트가 녹음이나 녹화를 지나치게 의식하여 집중력이 떨어지거나 긴장할 수도 있다. 따라서 녹음이나 녹화를 할 때는 클라이언트에게 사전에 알리고 동의를 구해야 한다.

(6) 컴퓨터에 의한 표준화 기록

현대사회는 컴퓨터에 의한 사무자동화로 업무의 효율성이 증대되고 있다. 사회복지실천 분야에서도 컴퓨터를 사용해서 표준화된 문서형식을 통하여 많은 정보들을 기록하고 있다. 최근에는 기관 및 부서의 특성에 따라 환경에 맞는 사무자동화를 추진하여 기록하고 있는 추세이다.

2) 실천과정에 대한 기록물 관리

클라이언트와 사회복지실천과정의 내용을 기록하는 것도 중요하지만 기록된 내용을 분류하고, 지침에 따라 보관하고 폐기하는 것도 중요하다. 실천내용을 기록한 기록물은 실천을 확인하는 자료이며 공적 평가의 기본 자료가 되는 공공기록물이다. 따라서 사회복지사는 공공기록물을 기관의 기록물 관리지침이나 국가의 공공기록물 보관기준에 따라 분류하고 보관하며 폐기할 수 있어야 한다. 각각의 내용은 다음과 같다.

(1) 기록물의 분류

기록물은 기록된 내용에 따라 보관의 편의성과 이후 정보를 검색할 때 기록물의 생성시기와 중요도, 사례별로 표준화하여 기관의 지침이나 법적 기준에 따라 분류한다. 또한 기록물의 중요도에 따라 보존 연한이 달라질 수도 있으며, 분류 번호는 통상적으로 기록물 생성 연도와 기록 내용물의 성격에 따라 이미 정해진 규칙대로 표준화한 연번을 부여하게 된다.

(2) 기록물의 보관

기록물은 개인의 사적이고 비밀이 보장되어야 하는 내용을 담고 있으므로 보관에 신중을 기하여 타인이 접근하여 읽거나 기록을 수정하는 일이 없도록 해야 한다. 특히, 작성을 마무리한 문서의 경우 개인의 책상이나 책꽂이에 두지 않고 잠금장치가 있는 파일박스나 캐비닛에 보관하여 다른 사람이 쉽게 접근하여 문서를 볼 수 없도록 한다. 기록물을 파일링하여 보관할 경우 파일 앞면에는 기록물의 제목과 기록된 연도, 기관명 등을 작성하여 부착하고, 세로 측면에는 관리번호, 보존기간, 분류 번호 등을 작성하여 부착한다. 또한 기록물은 「공공기록물 관리에 관한 법률」을 준용해서 보존연한을 정하되 기관 내부의 별도 지침에 따라 보관 연한을 정해서 보관한다. 기록물 보관 연한의 예시는 〈표 12-7〉과 같다.

〈표 12-7〉 기록물 보관 연한의 예시

분류	종류
영구 보존	이용자 차트 및 관련 대장
10년 보존	입소 · 이용자의 명단, 생활기록, 진료 · 투약, 생활 · 직업훈련 내용에 관한 서류
3년 보존	집단 프로그램 기록(집단 계획서 및 평가서, 집단 진행 기록 등)

출처 : 국가직무능력표준, www.ncs.go.kr

(3) 기록물의 폐기

기록물을 폐기할 경우 관련 지침이나 규정에 의거해 그 내용의 보관 연한을 확인한 후 폐기해야 된다. 폐기할 기록물은 보존 기한이 종료된 문서, 내용의 중요도나 활용도가 낮은 문서, 다른 문서와 중복되는 내용을 담고 있는 문서 등이다. 또한 기록물을 폐기할 때에는 적법한 절차를 득하여야 하며 개인의 사적 정보가 있는 문서의 경우에는 그 내용을 식별할 수 없도록 폐기해야 한다.

(4) 개인정보 보호

클라이언트의 개인정보에 대한 사항은 「개인정보보호법」에 따라 정보(주민등록번호, 주소, 연락처 등)를 수집하고 개인정보 보호에 관한 동의서를 받아 수집한다. 따라서 사회복지사는 클라이언트의 동의를 받아 '개인정보 수집 및 이용 동의서'를 읽어보고 서명하게 한다. 개인정보 수집 및 이용 동의서의 예시는 〈표 12-8〉과 같다.

〈표 12-8〉 개인정보 수집 및 이용 동의서의 예시

개인정보 수집 및 이용 동의서
본 기관은 개인정보 보호법에 명기된 관련 법률상의 개인정보 처리자가 준수하여야 할 개인정보보호 규정을 준수하며, 관련 법령에 의거하여 후원자 권익보호에 최선을 다하고 있습니다.
□ 개인정보 수입 항목 • 고유식별정보 : 주민등록번호, 외국인등록번호 • 인적사항 : 성명, 생년월일, 주소, 성별, 연락처, 전자우편 및 후원자 정보에 명기된 항목 • 후원사항 : 계좌정보, 입금 방법, 후원내역, 후원일자 및 후원금(품) 제공 관련 항목
□ 개인정보 수집 및 이용 목적 귀하의 소중한 개인정보를 아래와 같은 목적으로 수집 및 이용하고 있습니다. • 후원자 · 결연자 현황, 후원금(품) 수입 · 사용 · 지급현황 관리 • 후원자의 연말정산 소득공제 증빙을 위한 기부금 영수증 발행 • 사회복지법인 및 시설 후원내역 조회를 위한 본인 확인절차 • 후원 관련 우편물 및 휴대전화 문자메시지 발송 • CMS 신규/해지 및 출금요청을 위한 정보제공(금융결제원, 효성FMS)
□ 개인정보 보유 및 이용기간 • 상기 내용은 개인정보보호법을 근거로 작성하였습니다. • 상기 개인정보의 이용목적이 소멸된 경우에도 후원자 지원 등 이용목적이 분명할 경우는 개인정보를 보유할 수 있음을 안내하여 드립니다.

□ 개인정보 수집 및 이용에 관한 동의
「개인정보 보호법」에 명기된 관련 법률에 의거, 개인정보 수집 및 이용에 동의하십니까?
□ 동의함 □ 동의하지 않음

□ 중요한 개인정보 수집에 관한 별도 동의
• 고유식별정보 수집에 관한 동의
본 기관은 서비스 제공을 위하여 다음과 같은 목적으로 고유식별정보(주민등록번호 등)을 수집하고 있습니다.
–후원금 입급 관련 현황 출력물 생성
–후원자 중복등록 확인 및 후원내역 조회
–기부금영수증 발급 및 국세청 연말정산간소화서비스로의 정보제공

※ 고유식별정보 수집에 동의하십니까? □ 동의함 □ 동의하지 않음

• 개인정보의 목적 외 이용 또는 제3자 제공에 관한 동의
본 기관은 귀하의 편의와 사회복지사업법 및 사회복지법인 재무 · 회계 규칙에 의거하여 수집한 개인정보를 아래의 내용과 같이 제공하고 있습니다.
–사회복지법인 및 시설 후원업무의 지방자치 단체 관리 · 감독을 위한 정보 제공
–「사회복지법인 및 사회복지시설 재무 · 회계규칙」 제 20조에 의거한 후원금 수입 및 사용결과의 지자체 온라인보고
–후원자 연말정산 편의를 위한 국세청 연말정산간소화서비스로의 정보제공

※ 목적 외 이용 및 제 3자 제공에 동의하십니까? □ 동의함 □ 동의하지 않음

※ 상기 내용은 본 기관에서 후원 관련 업무와 후원자 지원을 실시하는 데 필요한 최소한의 정보에 해당하며 그 내용에 관하여 후원자는 동의하지 않을 수 있으니, 그 경우 원활한 지원이 어려울 수 있음을 알려드립니다.
※ 아울러 본 동의서는 후원 관련 업무 및 후원자 지원 목적 외에는 사용하지 않을 것을 약속드리며 철저히 비밀로 관리하여 타인에게 공개하거나 유출하지 않을 것을 알려드립니다.

20 년 월 일

동의인 : (서명) 주민등록번호 : 후원자의 관계 :

출처 : 국가직무능력표준, www.ncs.go.kr

Chapter 13

사례관리

사례관리는 복합적인 문제를 가진 클라이언트의 욕구를 충족시키고, 문제해결을 위해 다양한 서비스를 제공하는 실천적 활동과 다양한 사회자원을 통합 · 조정하고 연계 · 관리하여 연속적으로 서비스를 제공하는 실천과정으로 1980년대부터 부각되어 현재까지 사회복지실천 분야에서 널리 사용되고 있다. 이 장에서는 사례관리의 개념과 목적 및 기능, 발달과정 및 등장배경(필요성), 구성요소와 실천원칙 및 사례관리자의 역할, 실천모형 및 실천과정 등에 대해서 알아본다.

13.1 사례관리의 개념과 목적 및 기능

1) 사례관리의 개념

사례관리(Case management)는 사회가 다양화되고 그에 따라 인간의 욕구가 다양화되면서 더욱 복잡해진 개인의 문제를 해결하기 위한 접근방법이다. 문제를 안고 있는 클라이언트가 자신의 문제를 스스로 해결할 수 있는 능력이 없거나 재원이 있어도 활용할 능력이 부족한 경우, 이러한 문제점을 발굴, 사정, 실천계획 및 목표설정, 계획 및 목표 달성, 평가, 지속적인 관리를 통하여 포괄적인 도움을 제공하는 사회복지의 실천방법이다. 또한 사례관리는 사회복지실천을 기초로 서비스의 효율성을 높이기 위해 제안된 대표적인 통합적 실천모델이라고 할 수 있다. 종적으로는 시간의 경과에 따라 변화하는 개인의 욕구에 반응적인 서비스를 지속적으로 제공하고, 횡적으로는 주어진 특정 시점에서 클라이언트의 다양한 욕구를 충족시키기 위해 포괄적인 서비스를 제공한다(홍선미, 2006). 특히 사례관리에서는 클라이언트의 욕구에 적합한 서비스가 효율적으로 전달되도록 서비스의 조정 및 제공에 대한 개인이나 기관의 책임을 강조하고 있다.

사례관리에 대한 학자들의 견해는 다음과 같다. 목슬레이(Moxley)는 사례관리를 복합적인 욕구를 가진 사람들의 기능 향상과 복지를 위해 총체적이고 통합적인 서비스를 제공하는 것으로 정의하면서 공식적 · 비공식적 자원과 활동의 네트워크를 조직하고, 조정하고, 유지하는 기능을 한다고 하였다(Moxley, 1989). 또한 무어(Moore)는 사례관리를 심리치료자의 임상적 기술과 지역사회조직가의 옹호기술이 요구되는 사회복지실천의 새로운 분야로서 클라이언트의 욕구를 충족시키기 위해 가족을 포함하는 비공식적 보호체계 및 공식적 보호체계의 활동을 통합하여 클라이언트와 일차집단(가족, 친척, 친구, 이웃 등)으로 하여금 그들의 잠재력을 최대한 발휘할 수 있도록 조장하며, 더 큰 사회 환경 내에서 더욱 효과적으로 상호작용할 수 있도록 촉진하는 활동이라고 하였다(Moore, 1990). 그리고 로스만(Rothman)에 의하면, 사례관리는 정신보건, 노인, 아동, 보건 및 장애와 같은 대인서비스 분야의 중요한 실천방법으로 지역사회에 있는 클라이언트에 대해 개별적인 조언, 상담, 치료 등의 서비스를 제공해 주고, 클라이언트와 지역사회 간의 연결, 클라이언트와 비공식적 원조망을 연결하는 기능이라고 하였다(Rothman, 1991).

또한 기관들에 따른 견해를 살펴볼 수 있는데, 미국사회복지사협회(NASW)의 의하면, 사례관리는 전문적 사회복지사가 클라이언트 및 가족의 욕구를 사정하고 클라이언트의 복잡한 욕구를 충족시키고자 다양한 서비스를 확보, 조정, 평가, 옹호하여 서비스를 제공하는 방법이다. 또한 한국사회복지협의회(KCSW)에 의하면, 사례관리는 복합적인 원인으로 요보호상태에 있는 클라이언트에게 다양한 지역사회의 자원을 연결시켜 관리하는 원조대책으로서 여러 가지 욕구를 조기에 적절하게 대응하는 지역보호체계이다. 최근의 사례관리는 보다 구체적으로 사회복지사가 클라이언트의 문제를 발견하고, 클라이언트 자신의 복지적 욕구뿐만 아니라 사회복지 전문가들에 의해 발견되는 삶의 환경 개선을 위해 전달되는 포괄적 사회복지 서비스라고 할 수 있다. 즉, 생태학적체계이론 관점에서 복합적인 문제를 가진 개인 및 가족과 함께 일하면서 그들과 자원 제공자들의 기능을 향상시켜 환경 속에서 그들에게 필요한 서비스와 자원을 스스로 획득하여 사회적 기능을 원활히 수행할 수 있도록 돕는 통합적 접근방법이라고 할 수 있다(이영실 외, 2016).

이상의 내용을 종합해 보면, 사례관리는 복합적이고 다양한 욕구를 가진 클라이언트와 사례관리자 간의 연속적인 지원관계를 기초로, 클라이언트에게 필요한 서비스를 적시에 적절하게 제공받을 수 있도록 지역사회의 사회자원을 통합하고, 조정하고, 관리하여 서비스의 연계 · 조정, 연속적인 서비스를 제공하는 실천과정을 의미한다고 할 수 있다(최용민, 2004). 또한 사례관리는 복합적인 욕구를 가진 클라이언트의 문제점을 발굴, 사정, 실천계획 및 목표설정, 계획 및 목표 달성, 평가, 지속적인 관리를 통하여 포괄적인 도움을 제공하는 사회복지의 실천방법을 의미한다고도 할 수 있다. 이상과 같은 정의를 살펴볼 때 사례관리는 다음과 같은 특성이 있다.

① 지역사회 기반으로 서비스 및 지지를 제공하여 클라이언트의 생활기술 및 문제해결 능력을 향상시키는 활동이다.

② 각종 지역사회 자원의 동원과 효율적인 원조관계의 연결 및 조정으로 공식적 · 비공식적 자원의 역량을 강화하는 활동이다.

③ 사례관리자와 클라이언트 간의 긴밀한 상호관계를 기초로 클라이언트 중심의 개별화된 접근을 한다.

④ 치료(Cure)보다는 보호(Care)의 개념을 강조하고, 복합적인 욕구를 가진 클라이언트를 대상으로 하는 지속적인 지원활동이다.

⑤ 서비스의 효율성을 높이기 위한 포괄적 서비스를 제공하고 비용의 효과성을 강조하는 활동이다.

2) 사례관리의 목적

사례관리의 목적은 요보호대상자의 욕구 및 문제를 해결하여 삶의 질을 향상시키는 데 있지만, 학자에 따라 다양하게 제시되고 있다. 목슬레이(Moxley)에 의하면, 사례관리의 목적은 서비스와 자원을 이용하고 접근하는 데 있어서 가능한 클라이언트 자신의 생활기술을 증진시키는 것이고, 클라이언트의 복지와 기능을 증진하는 데 있어서 사회관계망과 관련된 대인서비스 제공자들의 능력을 발전시키는 것이며, 가능한 가장 효과적인 방법으로 전달되는 서비스 및 지원이 이루어지도록 노력하는 동시에 서비스의 효과를 증진시키는 것이다(Moxley, 1989). 또한 무어(Moore)에 의하면, 사례관리의 목적은 환경적 도전에 대처하는 데 있어 개인의 잠재력과 가족 및 일차집단의 케어능력을 극대화하는 것이고, 케어의 공식체계와 일차적 케어자원을 통합하고, 개인과 일차집단의 욕구를 충족시키기 위하여 공식적 케어체계 내의 능력을 극대화시키는 것이다(Moore, 1990).

따라서 사례관리의 궁극적 목적은 클라이언트가 직면한 욕구를 해결하기 위하여, 직접적 · 간접적 서비스를 충분히 제공하고 클라이언트를 자원과 연결시킴으로써, 클라이언트가 사례관리자의 도움 없이도 자원들과 연결을 유지할 수 있도록 하는 것이다. 또한 서비스 대상자의 복합적인 욕구를 충족하여 궁극적으로 대상자의 삶의 질을 개선하는 것이다. 이러한 사례관리의 목적을 4가지로 정리하면 다음과 같다.

① 클라이언트에 대한 보호의 연속성이다. 연속성은 횡단적 차원과 종단적 차원으로 나눌 수 있으며, 횡단적 차원의 연속성은 주어진 시점에서 이용자의 다양한 욕구를 충족시키기 위해 포괄적인 서비스를 제공하는 것이고, 종단적 차원의 연속성은 시간의 경과에 따라 변화하는 개인의 욕구에 반응적인 서비스를 지속적으로 제공해주는 것을 의미한다.

② 서비스 전달의 효율성과 효과성을 증대시켜 한정된 자원으로 가장 좋은 효과를 거둘 수 있도록 서비스를 제공하는 것이다.

③ 클라이언트의 문제해결 능력 및 사회기술을 향상시키는 것이다. 즉, 클라이언트의 잠재능력, 강점, 발전 가능성 등을 최대한 활용하고 발휘할 수 있는 환경을 제공해줘서 사회적으로 독립할 수 있도록 사회적 기능을 향상시키는 것이다.

④ 일차집단의 보호능력을 향상시키는 것이다. 즉 산업화, 도시화로 인한 가족구조의 변화는 클라이언트의 보호기능을 약화시키므로 일차집단(가족, 친척, 친구, 이웃 등)의 기능을 강화시켜야 한다.

3) 사례관리의 기능

사례관리 기능은 사례관리자가 클라이언트와 어떤 활동에 관여하는지, 서비스 전달체계는 어떻게 구성하는지, 사례관리자를 고용하는 기관의 유형은 어떠한지, 사례관리자의 역할과 지위는 어떠한지, 사례관리 프로그램은 어떠한지, 지역사회의 환경적인 제도는 어떠한지 등 전반적으로 나타날 수 있는 요인에 따라 다양하다. 일반적으로 사례관리 기능은 사례관리 과정 중에 나타날 수 있는 사례발견, 사례등록, 사정기능, 계획 및 개입기능, 평가기능 등을 모두 포함한다. 또한 사례관리 과정 중에 세부적으로 나타날 수 있는 클라이언트 발견 및 적격성 판단, 지역사회 자원 확인, 서비스 연결, 서비스 조정, 서비스 상호작용 촉진, 상담, 옹호, 문제해결, 관계유지 등도 기능에 포함된다.

사례관리의 모형에 따라서 사례관리의 기능은 달라질 수 있으나 공통적으로 지니고 있는 기능은 다음과 같다(Rothman, 1991; 김향선 외, 2015).

(1) 클라이언트와 서비스 연결 기능

클라이언트의 욕구를 충족시키기 위해서 사례관리자는 필요하고 유용한 서비스를 연결시켜 주는 기능을 해야 한다. 사례관리자는 정보전문가로서 지역사회 자원의 이용 가능성, 수혜자격 요건, 신청절차, 중앙정부나 지방정부의 공식적 지원체계, 비공식적 지원체계 등 모든 정보와 기술을 제공하여 서비스를 연결해 주어야 한다.

(2) 사례관리기관 간의 서비스 조정기능

사례기관 간의 서비스 조정기능은 서비스 제공자와 사례기관 간의 구성원들이 서로 협력하여 서비스가 잘 실행될 수 있도록 하는 기능이다. 즉 공식적인 정책이나 비공식적인 기관들 간의 협력을 통하여 기관 사이의 연계를 촉진함으로써 사례관리의 효과성을 높이는 기능이다(엄명용 외, 2013). 사례관리기관 간의 서비스 조정에서 사례관리자는 실행에 있어서 효율성이 일치하는지, 전달된 서비스가 합의된 계획에 부합되는지, 그리고 서비스 제공자들이 논의할 기회가 있는지 등을 확인하면서 서비스 제공을 조정한다.

(3) 비공식적 자원체계와 클라이언트 간의 상호작용 촉진기능

자원을 지원받지 못한다면 아무리 좋은 계획도 무용지물일 것이다. 사례관리 과정에서 비공식적 자원체계를 통하여 클라이언트는 신체적·정신적 건강, 경제적·사회적 안정, 사회생활의 향상 등에서 도움을 받고 있다. 이러한 일차집단의 비공식적 자원체계에서는 다른 자원체계보다 더 실제적인 지원이 이루어지고 있는데, 사례관리자는 자원체계를 구축하여 원만한 지원이 이루어질 수 있도록 촉진기능을 강화해야 한다.

(4) 상담기능

상담기능은 도움이 필요한 사람이 전문적인 훈련을 받은 상담자와의 관계에서 자기의 생활상의 욕구 및 문제점을 해결하고, 생각·감정·행동 측면의 인간적 성장을 위해 노력하는 학습과정을 수행하는 기능이다. 이러한 상담기능은 사회복지실천 분야에서 전반적으로 수행되고 있으며 클라이언트와의 관계에서 가장 먼저 이루어지는 기능이다. 상담기능은 사례관리 과정에서 클라이언트에게 유용한 서비스에 접근할 수 있도록 필요한 정보를 제공하고, 클라이언트 자신의 욕구 및 문제에 대한 이해를 증진시키고, 가족에게 클라이언트에 대한 이해를 촉구하고, 서비스 제공기관의 접촉을 향상시키는 기능을 수행한다. 또한 상담을 통해서 클라이언트에게 정서적 안정감을 주고 문제를 스스로 해결할 수 있도록 동기를 제공한다(엄명용 외, 2013). 따라서 사례관리자는 상담자로서의 기능을 강화해야 한다.

(5) 옹호기능

옹호기능은 클라이언트의 욕구 충족을 잘 반영하도록 영향력을 발휘하는 기능이다. 또한 자원획득이 불리한 조건에 처한 클라이언트가 서비스 또는 자원을 획득할 수 있도록 옹호하거나, 클라이언트에게 불리하게 적용하는 현재의 정책, 절차, 또는 새로운 입법, 정책을 등을 클라이언트를 위해서 옹호하는 기능이다. 따라서 사례관리자는 전문가 집단과 연계하여 클라이언트를 대신하여 정부나 서비스 제공 기관에 이들의 욕구와 권리를 주장, 교섭, 협상하여 클라이언트와 부양가족의 권리를 옹호해주는 옹호자의 기능을 수행해야 한다.

(6) 욕구 및 문제해결 기능

사례관리 과정에서 클라이언트의 욕구 및 문제점을 정확하게 인식하고 해결을 위한 동기화를 촉진해야 한다. 또한 욕구 및 문제해결에 필요한 기회와 자원에 접근할 수 있어야 하고, 문제해결능력을 강화해서 효율적인 사례관리가 이루어져야 한다. 따라서 사례관리자에게는 클라이언트의 욕구 및 문제해결을 위해서 클라이언트에게 격려, 지지, 안도감을 제공하고, 자신의 문제를 스스로 해결하려는 동기를 부여해 욕구 및 문제해결에 필요한 기회와 자원에 접근할 수 있도록 하는 욕구 및 문제해결 기능이 요구된다.

13.2 사례관리의 발달과정 및 등장배경(필요성)

1) 사례관리의 발달과정

사례관리 발달의 기원은 19세기 빈민과 도움이 필요한 사람에 대한 자선조직협의회(Charity Organization Society)의 구제활동에서부터 찾아볼 수 있다(엄명용 외, 2013). 국가별로 차이가 있을 수 있으므로 일부 국가인 미국, 영국, 한국 등의 등장배경에 대해서 알아본다.

(1) 미국

미국의 사례관리는 19세기 후반에 정신보건, 발달장애, 재활, 아동복지, 노인복지, 재가복지 등의 대인서비스 영역에서 서비스의 조정 및 책임성을 강조하기 위한 방법으로 적용되었다(김기태 외, 2008). 그러나 현대적 의미의 사례관리는 1970년대에 들어서면서 정신장애인을 지역사회와 연계하고, 조정하여, 그들에게 지속적 관리와 도움을 제공하기 위하여 사례관리에 대한 관심이 높아지면서 시작되었다. 이후 다양한 연구와 시범사업을 통해 사례관리가 대인복지 서비스를 제공할 수 있는 사회복지실천방법으로 발전하였다. 또한 1970년대에 정신보건, 장애, 노인 관련 대인복지서비스 전달체계에 관한 입법들이 연방정부와 주정부 차원에서 사례관리 조항을 규정하고 프로그램의 지원을 확대하였다.

1975년 제정된 발달장애인법(Developmental Disability Art)에는 사례관리가 발달장애 분야에서 의무적으로 시행되고 있고, 총괄예산조정법(Omnibus Budget Reconciliation)은 지역사회 중심의 장기보호 서비스를 제공하였고, 노인이나 장애인에 대한 장기적 보호가 그들의 가정에서 보호받는 기회가 되었다. 이러한 입법안이 통과됨으로 인해 가정에서 보호를 받는 보호프로그램들은 사례관리자가 진행하였다(Kane, 1990). 또한 미국사회복지사협회(1976)는 사회복지실천의 관심이 치료(Cure)에서 보호(Care)로 바뀌고 있으며, 사례관리는 클라이언트를 보호 및 옹호하기 위한 새로운 실천방법이라고 하였다. 1990년대에 발간된 사회사업백과사전(Encyclopedia of Social Work) 제18판에서 사회복지실천방법론으로 사용되던 케이스워크라는 용어 대신 사례관리 용어로 변경되었다. 따라서 사례관리는 정부 및 민간복지기관에서 폭 넓게 사용되고 그 중요성이 커지고 있음을 알 수 있다.

(2) 영국

영국의 사례관리는 1970년대 시봄보고서(Seebohm Report) 이후에 대인서비스가 강조되었고, 복지서비스와 보건 간의 연계와 조정에 관심이 증대되면서, 지역사회보호의 개념에 입각한 사회복지서비스가 체계화되었다. 인간을 위한 보호(Caring for Peple)라는 정부백서가 1989년에 발간된 후, 정부는 사례관리를 효과적인 지역사회보호를 위한 공식적인 정책으로 채택하였다. 영국에서 잘 알려진 사례관리는 컨트대학 주관으로 시행한 컨트 방식으로, 이 방식은 1987~1989까지 3년간 컨트주 전체에서 클라이언트를 대상으로 사례관리를 실시하였고, 1991년부터는 신체장애인에 대한 사례관리를 실시하였다. 컨트 방식의 기본지침은 불필요한 시설입소를 가능한 피하고 개인의 복지를 높이는 것을 목표로 하면서 그 책임을 관리자에게 집중적으로 위탁하고 있다. 이후에 대인복지서비스에 사례관리를 더욱 폭넓게 활용하기 시작하였다(김욱, 2005).

(3) 한국

우리나라에서 사례관리에 대한 논의가 시작된 시점은 1990년대에 들어서 사회복지학, 간호학 분야에서 관심을 가지면서부터이다(장인협 외, 2001). 특히, 1992년 전국에 144개소의 자원봉사센터가 개소하면서 본격화되었는데, 이 시기에는 사회복지 방향이 지역사회복지 중심으로 전환되고 재가복지 서비스가 확대되었다. 이에 따라 사례관리는 재가복지서비스를 제공하기 위한 방법으로 확대되었다. 또한 1995년에 제정된 정신보건법에서 사례관리가 필수 사업의 하나로 지정되어 정신보건 영역에서도 실천되었다. 이러한 사례관리 도입은 사회적 지원체계와 지원망을 강조함으로써 복지책임을 민간으로 전가하는 부정적인 시각도 있을 수 있으나, 클라이언트들의 욕구와 문제를 해결하는데 있어서 효과가 큰 것으로 나타났다.

현재 사회복지 분야에서는 정신보건, 아동, 노인, 장애인, 그리고 가족복지 등 다양한 분야에 적용되고 있으며, 보건과 의료분야뿐만 아니라 장기요양보험제도에서도 점차적으로 확대되어 실천될 것이다. 또한 시설보호의 문제점과 재가복지에 대한 정부의 관심이 증가하면서 장애인, 노인, 저소득 가정을 위한 지역사회의 사례관리가 증가하고 있으며, 사회복지전담 공무원이나 지역사회복지관, 정신보건센터 등에서도 사례관리 프로그램을 활발하게 도입하여 실천하고 있다(김욱, 2005). 현재 우리나라에서는 클라이언트의 문제와 욕구의 다양성으로 복합적인 욕구를 가진 인구가 증가하고, 서비스 전달의 지방분권화, 기존 서비스의 단편성, 비용억제의 필요성, 탈시설화 등의 요인으로 사례관리에 대한 연구가 지속적으로 활발히 이루어지고 있는 상태이다(김향선 외, 1015).

2) 사례관리의 등장배경(필요성)

사례관리의 등장은 1980년대 이후 클라이언트의 욕구와 문제가 다양화되면서 대인서비스의 서비스 전달 구조화 과정에 영향을 미치는 요인에 의해서 그 기원을 찾을 수 있다. 즉, 복합적인 욕구를 가진 클라이언트의 증가, 서비스 전달의 지방분권화, 기존 서비스의 단편성, 비용억제 및 서비스 효과의 극대화, 사회적 자원체계와 지원망에 대한 인식증가, 탈시설화 등 6가지 요인들로 인해 등장하였는데(Moxley, 1989; 김현호 외, 2017), 각각의 내용은 다음과 같다.

(1) 복합적인 욕구를 가진 클라이언트 증가

의학의 발달과 생활수준의 향상으로 평균수명이 연장되면서 지역사회에서 함께 살아가야 할 사람들이 점차 증가하고 있다. 수명의 연장으로 인해 지역사회에서 소득, 고용, 주택, 교통수단, 의식주 등의 복합적 욕구를 가진 인구가 증가하고 있다. 또한 지적장애, 정신질환, 신체장애 등의 문제를 가진 클라이언트뿐만 아니라 심리적 어려움, 경제적인 문제 등 많은 도움을 필요로 하는 사람들이 증가하고 있다. 따라서 이와 같이 복합적인 문제가 있는 클라이언트들을 지역사회에서 상호작용하면서 살아갈 수 있도록 사례관리자가 필요하다. 또한 사례관리자는 클라이언트가 시설에서 지역사회로 이동하는 과정에 필요한 복합기능도 수행하게 된다.

(2) 서비스 전달의 지방분권화

최근에는 국가의 복지서비스에 대한 정부의 개입역할이 점차적으로 지방자치단체와 민간기관으로 이양되는 혼합복지 경향이 나타나고 있다. 이에 민간기관들이 공공서비스를 지방정부로부터 위탁받아 실시하고 있으나, 산발적으로 이루어지는 민간기관들은 대인복지서비스에 대한 체계적 관리가 미흡하다. 민간기관들은 클라이언트와 관련된 서비스 기관 간의 조정능력이 부족하기 때문에 지역사회와 지역사회 기관과의 연계가 잘 이루어지지 못하고, 기관들의 서비스 내용도 제대로 파악하지 못하는 경향이 있다. 따라서 이러한 문제점을 해결하고 클라이언트의 복합적 욕구를 만족시키기 위해 사례관리가 필요한 것이다.

(3) 기존 서비스의 단편성

기존의 서비스 전달체계는 서비스의 공급 주체별, 서비스 대상별, 문제 영역별로 세분화되고 단편화되어 있어 현대사회의 다양한 욕구를 가진 클라이언트에게 체계적이며 포괄적인 서비스를 지속적으로 제공하는 데 한계가 있다. 프로그램 중심으로 이루어지는 민간기관의 서비스 전달방식은 기관들 간, 또는 기관 내 프로그램 간의 조정이 체계적으로 이루어지지 못하여 서비스가 중복되거나 연계성을 갖지 못할 때 서비스의 단편화가 발생한다. 클라이언트의 복합적서비스 욕구 때문에 여러 기관으로부터 서비스를 받아야 하는 서비스 이용자의 불편함이나 정보의 부재, 활용능력의 부족 등으로 서비스의 접근성이 문제가 되며, 이러한 상황에 있는 대상자들에게 능동적으로 반응하지 못하는 서비스 체계의 문제로 효율성이 떨어지게 된다. 따라서 효율적으로 관리할 수 있는 사례관리가 필요하다.

(4) 비용억제 및 서비스 효과의 극대화

재원이 한정된 상황에서 서비스의 비용을 억제하고 서비스의 효과를 극대화하려는 노력은 중요하다. 국가는 대규모 시설에서의 고비용 서비스를 줄이기 위해 불필요한 시설입소를 제한하고 비용효과가 높은 서비스를 중심으로 지역에서 재가서비스 및 그룹홈을 확대하는 방향으로 정부의 관심이 증가하고 있다. 따라서 지역사회에 잠재되어 있는 사회자원을 개발하여 활용하고 비공식적 지원체계의 클라이언트에 대한 보호기능을 강화하며, 한정된 재원에서 서비스의 효과를 최대화하고, 서비스 비용을 억제하는 노력이 나타나고 있다. 이에 따라 서비스의 비용과 중복 서비스를 줄이고 점검해야 하는 기술적 도입이 필요하기 때문에 이러한 기능을 수행할 수 있는 사례관리가 필요한 것이다.

(5) 사회적 자원체계와 지원망에 대한 인식 증가

복합적 욕구를 갖는 클라이언트에 대한 사회적 자원체계와 지원망이 점차적으로 증가하면서 가족이나 친구, 친척, 이웃 등을 포함하는 클라이언트의 주변체계는 클라이언트와의 역동적 상호관계 속에서 문제의 원인 제공자, 또는 단순한 정보제공자의 차원을 넘어 비공식적 지원망으로서 문제해결과정에 참여하게 되고 보호해주는 역할을 한다. 이러한 사회적 지원망은 항상 긍정적인 결과만을 가져오는 것은 아니다. 비공식적인 지지는 클라이언트가 지역사회에서 활동적으로 생활하는 데 중요한 역할을 하게 되는데, 반복되는 지원은 클라이언트에게 부정적이고 부담을 느끼게 할 수 있다. 따라서 공식적 대인서비스를 제공하는 전문가들의 활동과 비공식적 지지를 제공하는 개인이나 사회적 상부상조의 관계를 조정하기 위해 사례관리가 필요하다.

(6) 탈시설화

탈시설화(Deinstitutionalization)는 사례관리의 필요성이 강조되는 가장 중요한 요인이다. 여기서 탈시설화는 클라이언트가 생활상의 문제를 해결하기 위해 수용시설 및 입원시설을 이용하던 방식을 탈피하여 가정과 지역사회로 되돌아가서 해결하는 것을 의미한다. 많은 실천현장이 지역사회로 확대되고 서비스의 제공방식이 기관 및 시설의 프로그램 중심에서 클라이언트 중심으로 바뀌게 되었다. 따라서 특정분야를 중심으로 전문화된 역할뿐만 아니라 복합적인 욕구를 가진 클라이언트를 중심으로 다양한 서비스를 지속적이며 체계적으로 관리하는 사회복지사의 역할이 필요하다. 또한 시설의 입소자들은 시설 안에서 생활하기 때문에 가족 및 지역사회 간의 상호작용이 이루어지지 못하고 지역사회로의 복귀도 불가능한 문제점을 안고 있다. 기관들은 클라이언트와 가족의 욕구를 인지하고 욕구에 통합적으로 대응하는 포괄적 체계를 마련하지 못한다. 이러한 환경에서 조직의 경계를 넘어 클라이언트, 가족, 지역사회와 통합적으로 상호작용을 할 수 있는 사례관리자가 필요하다. 이러한 사례관리자는 탈시설화된 클라이언트들을 지역사회 내에서 지속적으로 보호 및 관리에 초점을 두고 통합적 관리를 하게 된다.

13.3 사례관리의 구성요소와 실천원칙 및 사례관리자의 역할

1) 사례관리의 구성요소

사례관리는 복합적이고 다양한 욕구를 지닌 클라이언트와 사례관리자 간의 연속적인 지원관계를 바탕으로 클라이언트의 욕구를 해결하고, 사회적 기능을 증진시키기 위하여 클라이언트가 필요로 하는 보호와 서비스를 적절하게 효과적으로 제공하고, 지역사회 내의 공식적·비공식적 지원체계를 통합, 조정, 관리하여 서비스를 연계 및 조정하고 연속적으로 서비스를 제공하는 종합적인 과정이다(최용민, 2004). 이러한 과정 속에서 사례관리의 구성요소는 학자에 따라 다르게 정의되는데, 미국의 핀커스와 미나한(Pincus & Minahan)은 통합적 사회사업을 변화 매개인체계, 클라이언트체계, 표적체계, 행동체계 등 4가지를 기본 구성요소로 하였다(Pincus & Minahan, 1973). 우리나라의 장인협은 사례관리 실천에 있어서 클라이언트, 사회자원, 사례관리자, 사례관리 기관 4가지를 구성요소로 하고 있다(장인협, 1995).

위에서 언급된 연구자들의 관점을 참고로 대상자(클라이언트), 사회자원, 사례관리자 및 사례관리기관, 사례관리 실천과정 등을 알아본다. 사례관리의 구성요소에 대한 모형은 [그림 13-1]에 나타냈다.

(1) 대상자(클라이언트)

사례관리의 적용대상을 나라별로 살펴보면, 미국의 경우에는 정신장애인의 자립을 목적으로 처음 시작되었고, 두 번째로 정신박약장애인, 그 다음에 노인, 아동, 비행청소년, 에이즈 환자 등에까지 확대되어 사례관리 실천을 하고 있다. 영국의 경우에는 정신장애인을 대상으로 처음 실시했으며 그 후 의료욕구가 강한 노인을 대상으로 실시되었다. 일본의 경우에는 고령장애인을 비롯한 장애인을 우선적으로 실시하였고 한국의 경우는 빈곤노인과 장애인을 우선 실시하였으며, 소년소녀가장세대가 포함되고 그 외 비행청소년, 부랑인 등도 대상으로 하고 있다(강동인, 2002).

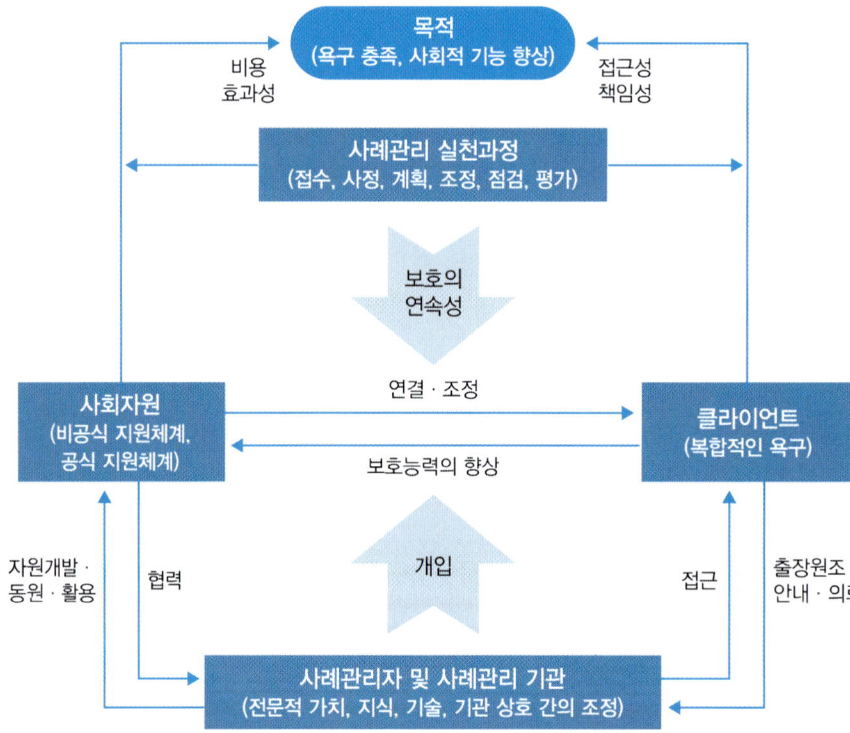

[그림 13-1] 사례관리의 구성요소에 대한 모형

출처 : 이근홍(1998). 케이스 매니지먼트. 대학출판사.

위와 같이 각국의 환경에 따라 대상자가 약간의 차이는 있을 수 있으나 공통적으로 다음과 같은 특성을 갖고 있다. 첫째, 복합적인 욕구를 충족할 수 있는 사회 자원의 존재를 알지 못하고, 사회자원과의 연결에 대한 어려움과 이용방법 등을 알지 못한다. 둘째, 질환이 있으면서 신체적 · 정신적으로 나약하다는 것이다. 셋째, 보호해 줄 가족이 없거나 가족이 있어도 적절하게 보호를 받지 못하고 있다는 것이다. 이러한 특성을 가진 클라이언트는 일반적으로 일상생활의 기능 수준이 낮은 노인, 중복 장애인, 만성 정신장애인, 발달장애 아동, 학대받는 아동 등이다(이근홍, 1998). 따라서 사례관리 실천의 지원을 필요로 하는 클라이언트는 대부분 복합적인 욕구를 가지고 있는 사람들로 복합적인 신체적 · 정신적 장애를 가지고 있는 클라이언트, 복수 서비스를 요하거나 시설입소가 필요한 사람들이 클라이언트이다.

(2) 사회자원

사회자원의 중요성은 지역사회의 서비스와 자원을 클라이언트에게 적절하게 연결시키는 데 있다. 클라이언트가 지역사회에 적응하기 위해서는 광범위한 지역사회자원과 서비스를 확인하고 효과적으로 이용하는 것이 무엇보다도 중요하다. 또한 클라이언트의 복합적 욕구를 해결하기 위한 사회자원의 공급 및 연계가 사례관리 실천의 중요한 요소이다. 지역사회 내에 있을 수 있는 사회자원의 예는 〈표 13-1〉과 같다.

〈표 13-1〉 지역사회 내에 있을 수 있는 사회자원의 예

공식적 자원				비공식적 자원					
행정	기업	의료 및 사회복지 법인	지역의 사회단체 및 협회	본인	가족	친족	친구	이웃	자원봉사자

〈표 13-1〉에서 언급된 사회자원의 공식적 · 비공식적 자원은 클라이언트의 욕구를 해결하기 위해 유용한 자원들이다. 그러나 이러한 사회자원의 사회적 지원의 크기, 내용, 강도, 빈도, 유통성 등은 차이가 있을 수 있다. 즉, 사회자원 자체는 클라이언트의 입장에 기초해서 서비스와 자원을 적절하고 유용한 수준에서 조절할 수 있는 기능을 갖고 있어야 하고, 잠재된 다양한 지역사회 자원을 적극적으로 개발하고 동원하는 것이 요구된다.

(3) 사례관리자 및 사례관리 기관

사례관리자(Case Manager)는 사례관리를 실천하는 데 있어서 핵심적인 요소이다. 사례관리자는 사례관리에 관한 전문적인 가치, 지식, 방법 등이 있어야 하고, 클라이언트의

욕구를 파악하여 사정하고, 공식적 · 비공식적 자원체계를 사정하여 욕구와 자원 간의 연계 및 조정을 하고, 클라이언트 보호의 연속성을 보장하고, 서비스 공급주체들의 능력과 협력을 발전시키는 책임감을 갖고 사명을 다해야 한다. 이러한 사례관리자는 사정자, 계획자, 중개자 및 조정자, 평가자, 상담자 및 옹호자 등의 역할을 수행한다. 사례관리자의 자격에 있어서, 미국과 캐나다는 사회복지사, 보건간호사, 물리치료사, 작업치료사 등이 사례관리자가 되고 있다. 미국노인협회의 사례관리자의 자격기준에는 간호, 사회서비스, 노인학, 보건학, 기타 관련영역에서 4년제 대학과정을 졸업하고 민간봉사분야에서 2년간 실무 경험이 있는 자, 그리고 사회사업, 간호 분야에서 대학원 과정을 이수하고 민간봉사 분야에서 1년간 실무경험이 있는 자로 규정하고 있다.

사례관리자는 클라이언트 발견 및 사정에서 평가 및 종결까지 모든 사례관리 실천과정을 수행하는 사람이고, 사례관리 기관은 체계적인 수준에서 서비스의 조정과 연계를 책임지는 주체이다. 사례관리는 지역사회 내의 사회자원을 효과적으로 연결 및 조정해야 성공할 수 있다. 따라서 서비스 제공기관, 지역의 노인복지관, 병원, 민간비영리 기관, 자원기관 등의 사례관리 기관은 사회자원들을 효과적으로 연결 및 조정하는 지역사회 내의 핵심기관으로서 기능을 수행한다.

(4) 사례관리 실천과정

사례관리 실천과정은 사례관리를 시간적 차원에서 전개해 가는 과정이다. 예를 들어, 로스만(Rothman)은 접수(초기면접, Intake), 사정, 목표설정, 개입계획, 클라이언트의 연결, 점검, 재사정, 결과평가 등 8단계의 실천과정을 제시하였다(Rothman, 1991).

2) 사례관리의 실천원칙

사례관리의 목적을 달성하기 위하여 사례관리 실천과정이나 구성요소를 기준으로 사례관리의 실천원칙을 지속성, 포괄성, 연계성, 개별성, 책임성, 효율성 등 6가지로 제사하였는데(Poindexter et al., 2003; 김통원, 1994; 김향선 외, 2015), 그 내용은 다음과 같다.

① **서비스의 지속성** : 서비스의 지속성 면에서는 초기 접촉에서부터 종결 및 평가까지 사례관리 실천과정에서 클라이언트의 다양화된 욕구 및 기간이 경과하면서 변하

는 욕구를 충족시키기 위해서는 필요한 서비스를 지속적으로 제공해야 한다. 클라이언트가 지역사회의 생활현장에서 잘 적응할 수 있도록 지속적인 서비스가 이루어져야 하는 것이다.

② **서비스의 포괄성** : 서비스의 포괄성 면에서는 클라이언트의 소득보장, 주택문제, 고용, 직업, 건강보호, 정신건강, 사회적 대인관계, 여가선용, 일상생활기술, 이동수단, 교육과 같은 다양한 영역에서 욕구를 충족시킬 수 있는 포괄적인 서비스 프로그램을 제공해야 한다.

③ **서비스의 연계성** : 서비스의 연계성 면에서는 지역사회 내의 복잡하고 분산되어 있는 공식적 · 비공식적 사회자원체계를 통합하고 연결시키는 것이 필요하다. 또한 클라이언트 자신이 필요로 하는 서비스를 이용하는 데 있어서 접근이 용이하여 불편이 없어야 한다.

④ **서비스의 개별성** : 서비스의 개별성 면에서는 클라이언트마다 독특한 신체적 · 정신적 · 사회적 상황에 따라 욕구에 맞게 클라이언트와 직접적인 접촉으로 원조관계를 유지하면 문제를 개별화해서 사례관리를 해야 한다.

⑤ **서비스의 책임성** : 서비스의 책임성 면에서는 클라이언트의 욕구충족을 위해서 서비스를 보장하고, 클라이언트 개인에 대한 존중, 상호 자기결정권을 가능한 보장하는 책임성을 가져야 한다.

⑥ **서비스의 효율성** : 서비스의 효율성 면에서는 클라이언트의 욕구만족에 실천되는 서비스의 중복을 피함으로써 서비스 비용의 낭비를 피하는 것이다. 중복되어 서비스를 받을 경우 클라이언트의 다른 욕구가 충족되지 못하는 경우가 있을 수 있다.

3) 사례관리자의 역할

사례관리자(Case Manager)는 사례관리 체계를 구성하는 핵심적인 요소이다. 사례관리자는 클라이언트의 욕구, 공식적 · 비공식적 자원체계를 사정하여 욕구와 자원 간의 연계, 조정을 할 뿐만 아니라 자신의 역량을 강화하고 서비스 공급주체들의 능력과 협력을 발전시키는 책임감을 갖고 사명을 다해야 한다. 과거에는 전통적으로 가족과 클라이언트 본인이 사례관리의 기능을 수행하였으나 가족의 사회자원이 다원화되고 있는 오늘날에는 전문가가 사례관리실천업무를 수행해야 한다. 따라서 사례관리자는 클라이언트를 위해서 다른 전문가들과 함께 일을 하며, 다른 기관의 서비스를 활용하고, 자원분배를 모니터하고, 서비스의 질을 보장하기 위해서 옹호활동을 동반한다. 즉, 사례관리자는 클라이언트의 접수에서 평가 및 종결까지 직접적 · 간접적 서비스를 제공하면서 모든 업무를 수행한다. 서비스 프로그램의 특성에 따라 다를 수 있으나 공통적인 사례관리자의 역할은 사정자, 계획자, 중개자 및 조정자, 평가자, 상담자 및 옹호자 등으로(엄명용 외, 2013; 김향선 외, 2015) 각각의 내용은 다음과 같다.

① 사정자로서의 사례관리자는 클라이언트의 단점, 강점, 질병, 능력, 자원, 잠재력 등 모든 요소에 중점을 두어 초기면접 과정을 통하여 자료를 수집하고 분석하여 종합적인 면을 사정하는 역할을 수행한다.

② 계획자로서의 사례관리자는 초기면접 과정에서 나타난 클라이언트의 이해와 파악을 토대로 사례관리 계획을 세우고, 가족 및 기관과의 협력과 서비스망을 계획하는 역할을 수행한다.

③ 중개자 및 조정자로서의 사례관리자는 자원과 클라이언트를 효과적으로 욕구에 부합되도록 중개자 역할을 수행해야 하고, 또한 클라이언트의 욕구와 자원과의 관계, 클라이언트와 원조자들 간의 관계에서 효율적인 사례관리가 되도록 조정자 역할을 수행한다.

④ 평가자로서의 사례관리자는 사례관리프로그램에서 클라이언트의 효과성, 비용 효과성, 전반적인 효율성을 검토하고 평가하는 역할을 수행한다.

⑤ 상담자 및 옹호자로서의 사례관리자는 사례관리 기능의 상담기능과 옹호기능에 언급된 내용을 수행한다.

4) NASW의 사례관리자 기준

미국 사회복지사협회(National Association of Social Workers)에서 언급하고 있는 사례관리자의 기준은 〈표 13-2〉와 같다.

〈표 13-2〉 NASW의 사례관리자 기준

번호	내용
1	사례관리자는 사회복지교육협의회의 인준을 받는 사회사업 프로그램의 학부나 대학원에서 받은 학위를 가지고 있어야 한다. 그리고 사회복지 사례관리자는 사례관리실천을 능숙하게 수행하는 데 필요한 지식, 기술, 경험을 가지고 있어야 한다.
2	사례관리자는 클라이언트의 이익에 최우선의 관심을 갖고 클라이언트에게 서비스를 제공하기 위해 자신의 기술과 숙련성을 사용해야 한다.
3	사례관리자는 클라이언트가 사례관리의 전 과정에서 가능한 한 최대로 관계하고 있음을 확신해야 한다.
4	사례관리자는 타인에게 클라이언트에 관한 정보가 제공될 때 비밀보장의 원칙을 지켜야 하며, 사생활에 대한 클라이언트의 권리를 존중해 주어야 한다.
5	사례관리자는 클라이언트 수준에서 직접적 서비스를 제공하기 위해 개입하고, 클라이언트와 그의 가족에 대한 직접적 서비스의 전달을 조정해야 한다.
6	사례관리자는 서비스 체계 수준에서 현존하는 사례관리 서비스를 지지하고, 필요한 서비스에 대한 공급 확장과 접근 개선을 위해 개입해야 한다.
7	사례관리자는 자원의 이용 가능성, 서비스 가격 그리고 예산에 관련된 parameters에 대한 지식을 가지고 있어야 하며, 모든 사례관리 기능과 실천을 수행함에 있어 재정적인 책임감을 가지고 있어야 한다.
8	사례관리자는 사례관리가 진행되고 있는 서비스 전달체계는 물론 사례관리자 자신의 사례관리 서비스에 대한 적절성과 효과성을 점검하기 위해 계획된 평가적이고 품질 보장적인 활동에 참여해야 한다. 그리고 이러한 과정에 대한 전문적 책임감을 가지고 있어야 한다.
9	사례관리자는 자신이 클라이언트나 체계 개입과 관련된 사례관리 과제를 효과적으로 계획·제공하고, 평가할 수 있을 정도의 합리적인 사례 수를 가지고 있어야 한다.
10	사례관리자는 친절과 존경을 가지고 동료를 대해야 하며, 클라이언트를 위한 전문가 간, 전문가 내적 그리고 기관 간 협력을 촉진하기 위해 노력해야 한다.

출처 : www.socialworkers.org.

13.4 사례관리의 실천모형 및 실천과정

사례관리실천은 연속적이며 순환적인 과정이라 할 수 있다. 일반적으로 사례관리 실천모형은 사례관리의 구성요소인 대상자(클라이언트), 사회자원, 사례관리자 및 사례관리 기관, 실천과정 등을 중심으로 상황에 맞게 개발되고 있다. 이러한 사례관리 실천모형은 서비스를 전달하는 방법과 다양한 클라이언트 집단에 서비스를 제공하는 기관마다 약간의 차이는 있을 수 있으며, 학자에 따라서도 차이가 있을 수 있다. 그러나 서비스 활동에 대한 전반적인 흐름은 거의 유사하다. 또한 사례관리 실천모형의 분석기준도 사례관리의 목표, 대상자(클라이언트)의 특성, 사례관리자의 역할, 서비스의 범위 및 내용, 자원 활용의 정도에 따라 달라질 수 있다(강동인, 2002). 여기서는 사례관리를 먼저 실천한 외국의 사례관리 실천모형과 한국의 실정에 맞게 개발된 사례관리 실천모형, 사례관리의 실천과정 등에 대해서 알아본다.

1) 외국의 사례관리 실천모형

프리젠과 포트너(Friesen & Poertner)는 사례관리 실천과정에 따라 사례관리 실천모형을 치료자모형, 중개자모형, 팀접근모형, 강점모형 등 4가지로 분류하였다(Friesen & Poertner, 1995; 권진숙 외, 2008). 사례관리 실천과정에 따른 사례관리 실천모형은 〈표 13-3〉과 같다.

〈표 13-3〉 사례관리 실천과정에 따른 사례관리 실천모형

기능	치료자모형	중개자모형	팀접근모형	강점모형
특징	기존의 치료에 사례관리를 첨가	서비스 체계가 잘 조정되어 있지 않으므로 클라이언트가 서비스를 잘 받도록 중개	클라이언트가 다양한 서비스 체계와 관련되어 있을 경우 타 분야의 전문가팀이 조정하는 기능	클라이언트의 개별적 강점과 그의 체계가 가지는 강점에 주목
사정	DSM-Ⅲ-R에 의거	기능적 사정에 의거하여 서비스 욕구를 결정(DSM에서 확장)하고 재정 지원을 목적으로 프로그램 자격조건을 사정	각각의 전문가에 의한 사정 후 팀이 만나 함께 종합적이고 임상적 사정을 실시	클라이언트와 가족의 능력과 자원, 강점을 사정
계획	사회복지기관의 치료계획	사례관리자가 클라이언트의 욕구에 부합하는 서비스를 찾고 이를 주선	서비스에 대한 팀 계획과 주선	클라이언트와 가족이 필요한 자원과 기술을 획득하도록(더 이상 사례관리자에 의존하지 않도록)함

옹호	클라이언트와 가족을 위해 필요할 것으로 보이는 다른 서비스를 얻을 수 있도록 초점을 두고 옹호	서비스 자격 조건의 유동성을 얻기 위해 다른 서비스 제공자에게 초점	모든 기관의 서비스 제공자가 서비스 제공에 동의하고 있으므로 옹호 노력이 필요 없음	클라이언트와 가족이 자원을 획득하는 방법을 배울 수 있도록 하고 기관의 변화를 위한 노력도 기울임
모니터링	클라이언트의 피드백을 통해 계획의 진행 정도가 모니터링됨	위기상황이 다가오면 계획은 수정됨. 주기적 점검. 타 기관 워커가 모니터링하기도 함	정기적으로 팀이 모니터링함	클라이언트와 가족의 지속적 모니터링
연계	부가적 서비스를 위해 지역사회 내의 다른 기관에 수동적으로 연계(예 : 근무 시간 내 전화 접촉)	특정한 서비스에 대한 가족의 인지부터 재정적 보증을 포함한 능동적 의뢰	한 리더 사례관리자가 연계에 대한 책임을 지기도 하고, 팀원으로 구성된 사례관리자가 각각의 기관서비스와 연계, 가족이 초기 사례관리자의 역할을 하기도 함	클라이언트와 가족이 효과적 자원의 소비자가 되도록 하며, 연계에 대한 책임은 사례관리자, 클라이언트, 가족이 지게 됨. 공식적 자원이 없을 경우에는 비공식적 자원을 창출(예 : 이웃의 도움)

출처 : Friesen, B. J. & Poertner, J. (1995).

2) 한국의 사례관리 실천모형

국내 학자들이 한국의 실정에 맞게 사례관리 실천모형을 많이 연구하였으나 여기서는 일부학자에 대한 것만 알아보기로 한다. 먼저 황성철(1995)은 사례관리의 기능 및 구조에 따른 한국적 실천모형을 단순형, 기본형, 종합형, 전문관리형 등 4가지로 제시하였으며, 모형에 따라 목적, 기능, 역할, 전문성 정도, 담당사례 수 등을 세분화하였다. 이 모형은 〈표 13-4〉에 나타냈다.

〈표 13-4〉 사례관리의 기능 및 구조에 따른 한국적 실천모형

구분	단순형	기본형	종합형	전문관리형
1. 사례관리의 근본목적	지역사회의 자원 및 서비스 연계	지역사회의 자원 및 서비스 연계와 기초상담 및 조언	지역사회 자원 및 서비스 연계와 심층상담 또는 치료	직접적·간접적 서비스 제공과 관리자로서 서비스관리
2. 사례관리의 기능	욕구인식 및 사정, 사례계획과 서비스 연계, 서비스 점검	적극적 사례발굴, 사정, 사례계획 및 개입, 서비스 연계, 상담, 서비스 점검	로스만의 15개 기능을 수행	기본적인 사례관리 기능과 자원배분, 통솔, 의사결정기능 포함
3. 사례관리자의 역할	자원 및 서비스 중재자	중재자, 상담자, 교육자, 지지자, 서비스 점검자	자원 및 서비스 중재자, 상담 또는 치료자, 교육자, 클라이언트 옹호자	연계자, 상담자, 치료자, 교육자, 관리자
4. 사례관리자의 교육 및 전문성 정도	준전문가, 비전문가(전문대졸업자 또는 훈련된 자원봉사자)	준전문가 전문가(전문대졸업자 또는 초년생 사회복지사)	전문가(경력이 풍부한 선임사회복지사)	특수분야별 전문가
5. 조직 내 사례관리자의 위치와 슈퍼비전	기존의 조직 및 업무 수행 부서에서 수행, 전문가에 의한 엄격한 슈퍼비전	기존의 조직 내에서 수행, 경험 많은 사회사업가의 슈퍼비전이 필요	독립된 사례관리부서, 최소한의 슈퍼비전	독립된 팀의 형성 슈퍼비전이 필요 없음
6. 사례관리자의 담당사례 수	비교적 많을 수 있다.	적절한 수의 사례(30 케이스 내외)	비교적 적은 사례의 수	최소한의 사례(10케이스 미만)
7. 개별/팀 접근	팀 접근이 가능 그러나 주로 개별적 접근	개별적 접근	개별적 접근	팀 형성에 의한 접근
8. 사례관리자의 업무에 관한 자율성 및 권위의 정도	자율적인 결정권이 없음. 전문가와 협의 요망	어느 정도 자율성이 보장	자율적인 의사결정이 보장	전문분야별 자율성 보장 그러나 공동결정 요망

출처 : 황성철(1995).

이근호(1996)는 사례관리 실천모형을 사례관리 제공자에 따라 가족보호모형, 지역사회 지원모형, 포괄모형으로 구분하였다. 가족보호모형은 가족이, 지역사회 지원모형은 지역사회의 비공식지원체계가, 포괄모형은 사례관리 기관이 각각 주체가 되어 실천하는 모형이다. 이 모형은 〈표 13-5〉에 나타냈다.

〈표 13-5〉 사례관리 제공자에 따른 모형

구분	가족보호모형	지역사회 지원모형	포괄모형
주체	가족(주로 성인자녀나 배우자)과 사례관리자	지역사회의 비공식 지원체계	사례관리 기관
대상	배우자나 자녀와 동거하는 노인(신체허약자 또는 만성질환자로서 일상생활 기능수준이 낮은 자, 의료욕구와 수발욕구가 절실한 자)	독거노인과 노인부부가족(생활수준이 낮고 신체 허약자이며, 일상생활 기능수준이 낮은 자, 노인부부가족은 배우자의 보호능력이 없는 자)	가족보호모형과 지역사회지원 모형을 통하여 해결하지 못하는 다양하고 복합적인 욕구와 문제를 가진 노인
기능	가족의 보호능력 극대화, 노인과 그의 가족의 사회적 기능 향상, 노인과 그의 가족과의 상호작용 촉진, 서비스의 연계, 욕구와 문제해결	가족 외의 제1차 집단의 보호능력 향상, 노인과 지역사회와의 상호작용 촉진, 비공식지원체계와 공식지원체계의 상호작용 촉진, 서비스의 연계, 욕구와 문제해결	서비스 연계, 사례관리기관 상호 간의 조정, 비공식지원체계의 기능 강화, 노인의 사회적 기능 향상, 욕구와 문제의 해결, 능력 부여, 옹호
방법	가족이 1차적으로 서비스를 제공, 가족이 제공하지 못하는 서비스는 사례관리자가 직·간접적으로 서비스를 제공	지역사회 주민을 교육훈련시켜 지지적 보호워커로 활용, 자원봉사자의 활용	동사무소나, 보건소를 종합서비스센터로 발전시켜 전문가를 통한 포괄적 서비스 제공
사례관리자의 역할	교육자, 중재자, 지지자, 서비스 점검자, 평가자	중재자, 자원개발자, 교육자, 지지자, 안내자, 정보 제공자, 서비스 점검자, 평가자	문제해결자, 중재자, 지지자, 서비스 제공자, 위기 개입자, 교육자, 안내자, 정보 제공자 등
재원	가족의 교육훈련비는 국가나 지방자치단체가 부담, 가족이 제공하지 못하는 서비스는 수익자 부담의 원칙으로 가족이 전액부담	지역사회 주민과 자원봉사자의 교육훈련비는 국가 부담, 서비스 연계비용은 무료, 이용서비스 중 일부는 유료화하되 후원결연 통해 해결	사례관리 서비스의 비용은 국가, 민간기관에서 실시할 경우 지역사회자원 동원, 서비스의 종류에 따라 수익자 부담의 원칙을 채택
실시 장소	가정	가정, 지역사회 내의 사회복지관 및 유관단체	동사무소나 보건소, 지역사회복지관

출처 : 이근호(1996).

홍선미(2006)는 사례관리실천의 주체와 목표에 따라 중개모형, 통합모형, 지지모형으로 구분하였다. 중개모형은 사회복지공무원이, 통합모형은 지역복지기관이, 그리고 지지모형은 개별기관이 주체가 되고 있다. 이 모형은 〈표 13-6〉에 나타냈다.

〈표 13-6〉 사례관리의 주체와 목표에 따른 사례관리 모형

구분	중개모형 (중재자 모델)	통합모형 (팀접근모델)	지지모형 (강점모델)
주체	사회복지사무소 (전담공무원)	통합적 기능의 지역복지기관	개별 기관
목표	지역사회 내 보호를 위한 공적 사례관리체계의 구축	지역사회 내 서비스 연계체계를 통해 통합적 사회복지 서비스 제공	사업의 활성화와 효과 증진을 위한 지지적 서비스 제공
주요 사례관리 기능	• 아웃리치 • 인테이크 및 초기사정 • 기관연계 • 지역자원 발굴	• 인테이크 • 사정 및 사례계획 • 사회적 서비스 연계 및 모니터링	• 사정 및 사례계획 • 관련 서비스 제공 • 지지상담 및 옹호
기관의 역할	지역 내 보호체계나 네트워크 내에서 공적 주체와 연계하여 관련 서비스를 제공하는 수행기관의 역할	포괄적 서비스 중심의 사례관리와 결합하여 전문 분야의 서비스를 제공하는 수행기관의 역할	사례관리의 실행주체로서 사회서비스는 부가적으로 일부 외부기관으로부터 지원
수준	• 지역사회 보호체계 수준 • 지역 내 공적 보호체계	• 조직 · 기관연계망 수준 • 지역 내 통합서비스	• 기관 내 클라이언트 수준 • 개인의 전문서비스

출처 : 홍선미(2006).

3) 사례관리의 실천과정

다양한 사회복지영역에서 실천방법으로 적용되고 있는 사례관리실천은 그 과정에 있어서 클라이언트나 사례관리자 및 기관의 업무나 성격에 따라 약간의 차이는 있을 수 있으나 궁극적으로 사례관리의 목적에 초점을 두고 있다. 이러한 실천과정은 학자들에 따라 약간의 차이가 있을 수 있는데, 외국 학자들에 따른 사례관리 실천과정은 〈표 13-7〉에 나타냈고, 국내 학자들에 따른 사례관리 실천과정은 〈표 13-8〉에 나타냈다.

〈표 13-7〉 외국의 학자들에 따른 사례관리 실천과정

학자	실천과정 단계
목슬레이(Moxley) 모델(1989)	① 사정-클라이언트의 서비스에 대한 욕구, 사회적 네트워크의 능력, 전문적 서비스 제공자의 능력, ② 케어계획-포괄적, ③ 개입-직·간접적, ④ 점검, ⑤ 평가
윌(Will) 모델(1991)	① 클라이언트 발견, ② 개별적인 사정과 진단, ③ 서비스 계획과 자원 파악, ④ 서비스 연결, ⑤ 서비스 수행과 조정, ⑥ 탐색 서비스, ⑦ 옹호, ⑧ 평가
로스만(Rothman) 모델(1991)	① 접수, ② 사정-심리적, 사회적, 의료적, ③ 목표설정(장·단기), ④ 개입계획-자원 확인, 목록작성, ⑤ 클라이언트의 연결-공식적·비공식적, ⑥ 점검, ⑦ 재사정, ⑧ 결과평가
SSI(영국) 모델(1992)	① 정보 공개-정보 제공, ② 사정수준 결정(인테이크 단계), ③ 욕구사정, ④ 케어계획, ⑤ 케어계획 실행, ⑥ 점검, ⑦ 재사정

〈표 13-8〉 국내 학자들에 따른 사례관리 실천과정

학자	실천과정 단계
장인협(1995)	① 인테이크, ② 사정, ③ 케어계획, ④ 케어 실행, ⑤ 점검 및 재평가, ⑥ 평가 및 종결
양옥경(1996)	① 신청, ② 방문, ③ 접수, ④ 사정, ⑤ 개입계획 및 개입, ⑥ 재사정, ⑦ 종결평가, ⑧ 사후관리
이근호(1996)	① 접수, ② 사정, ③ 계획, ④ 계획의 실행과 조정, ⑤ 점검, ⑥ 평가

〈표 13-7〉과 〈표 13-8〉에서 언급한 국내·외 선행연구에서 사례관리 실천과정은 사정, 개입계획, 계획실시, 점검 등은 거의 공통적으로 적용하고 있으나, 시작부분과 끝부분에서 약간의 차이점이 발견된다. 이러한 이유는 사례관리 실천의 적용분야와 사례관리 실천이 적용되는 사례관리 구성요소 등 상황에 따른 차이라고 볼 수 있다. 여기서는 로스만(Rothman)의 사례관리 실천과정을 기준으로 각각의 과정별 특성을 알아본다. 로스만의 사례관리 실천과정은 [그림 13-2]에 나타냈다(Rothman, 1991).

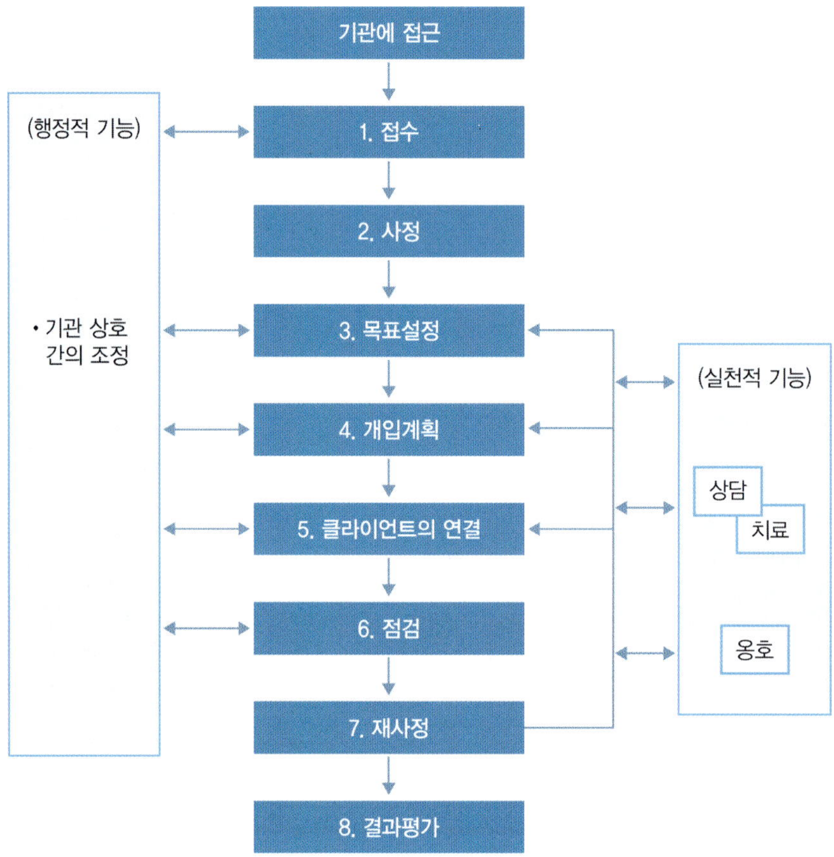

[그림 13-2] 로스만의 사례관리 실천과정

출처 : Rothman(1991).

(0) 기관에 접근

기관에 접근(Access to Agency)은 로스만의 사례관리 실천과정에는 포함되지 않았지만 모든 사회복지실천과정에서 포함하는 사례를 발견하는 과정이다. 클라이언트가 기관에 접근(Screening/Intake)하는 방법에는 자율적인 방문과 타기관이나 가족, 지역사회 조직, 경찰, 동사무소 등의 의뢰가 있다. 여기서 의뢰(Referral)는 클라이언트의 욕구와 문제를 기관에서 해결할 수 없거나, 문제해결에 더 적합한 기관이 있을 경우 그 기관으로 클라이언트를 보내는 것을 의미한다. 또한 다른 접근방법으로 아웃리치(Outreach)에 의한 방법인데,

이는 지역사회접근방식으로 사례관리자가 기관 외부로 클라이언트를 찾아나서는 접근방식이다. 이러한 아웃리치는 서비스가 가장 필요한 노숙자, 정신장애인, 노인 등의 대상자(클라이언트)가 정보와 기회가 없어 스스로 기관에 접촉하지 못하는 경우에 효과적인 방법이다.

(1) 접수(초기면접, Intake)

접수과정은 클라이언트의 욕구와 문제를 파악하여 클라이언트가 처한 상황을 파악하고, 기관의 서비스와 경제적 지원을 받을 자격이 되는지 결정하는 과정이다. 이 과정에서는 기관에서 제공되는 서비스에 대한 정보, 즉, 클라이언트와 가족에게 기관이 제공하는 서비스, 기관이 요구하는 주의사항 및 요구사항, 기관이 갖는 제한점 등에 대한 사항을 알려준다. 또한 클라이언트의 신상정보, 가족과의 상태, 소득, 건강상태, 기타 사항 등과 일반적인 사회 · 심리적 정보 등에 대해서 파악하고 기록한다. 이렇게 파악한 정보를 토대로 기관에서는 사전적격심사를 통해서 사례관리를 하는 데 적합한지를 판단하고 적합하지 않으면 다른 기관에 의뢰할 수도 있다. 여기서 사전적격심사는 클라이언트를 대상으로 서비스 제공의 적합성을 결정하는 것을 의미한다.

(2) 사정(Assessment)

사정과정은 접수과정에서 사례관리 서비스를 제공하기로 결정한 클라이언트를 대상으로 그들의 복합적인 욕구와 문제, 그들의 현재의 기능, 그들의 장점과 잠재능력, 공식적 · 비공식적 지원체계, 그리고 그들의 보호능력 등 전반적인 자료를 기초로 종합적으로 분석하는 과정이다(이주헌, 2004). 또한 사정은 클라이언트의 신체적 기능수준은 물론 심리적, 사회적, 의료적, 강점과 제한점 등 모든 사항을 파악하는 과정이다. 사정과정에서는 클라이언트의 모든 영역에 대해 사정하는 것이 바람직하고 일반적인 사정영역에 대한 예는 〈표 13-9〉와 같다(Moxley, 1989). 필요한 경우 사정내용은 다른 기관에 의뢰하거나 클라이언트가 이용하던 다른 기관의 사정자료나 의료기록을 활용할 수도 있다.

〈표 13-9〉 사정영역에 대한 예

클라이언트 욕구	자기보호 능력	전문적 보호능력	상호적 보호능력
• 소득 및 주택 • 고용 및 직업 • 신체 및 정신건강 • 사회활동과 참여 • 여가 • 일상생활 동작능력	• 신체적 기능 • 인지적 기능 • 정서적 기능 • 행동적 기능	• 자원 목록 • 서비스 유용성 • 서비스 충분성 • 서비스 적절성 • 서비스 수용성 • 서비스 접근성	• 사회적 관계망의 구조와 상호작용 • 사회적 관계망의 지지(정서적 지지, 수단적 지원, 물질적 지원 등)

출처 : Moxley, D. P. (1989).

사정의 방법은 정형화된 질문항목에 의한 경우와 면접기법에 의한 방법이 있으며, 경우에 따라 질문항목과 면접기법을 병행하기도 한다. 또한 자료수집을 효과적으로 하기 위하여 가계도, 생태도, 성격유형검사, 지능검사, 진단검사 등 각종 심리검사를 활용하기도 한다.

(3) 목표설정

목표설정 과정은 사정에 기초하여 클라이언트와 사례관리자 및 기관이 공동으로 인식한 종합적인 서비스를 설정하는 과정이다. 목표설정에 있어서 가능한 현실적 범위에서 목표를 설정하고, 사례관리 기관의 범위 내에서 설정하고, 클라이언트 스스로 선택에 의한 긍정적인 목표를 설정하는 것이 좋다. 이러한 목표설정은 클라이언트에 따라 장기적인 목표와 단기적인 목표로 설정한다. 예를 들어, 위기상황과 같은 경우에는 단기목표로 설정하여 바로 서비스를 실천할 수 있도록 하고, 직업 취득 및 주택 마련 등은 장기목표로 설정하여 실천하는 것이 바람직하다.

(4) 개입계획

개입계획 과정은 사례관리 목표설정을 달성하기 위하여 상담과 치료를 포함하는 치료계획과, 실질적인 원조를 위해 사회자원에 클라이언트를 연결시키는 계획 등을 포함하는 포괄적인 서비스 전략계획을 세우는 과정이다(김욱, 2005). 이러한 개입계획은 사정을 통해서 얻은 자료나 목표설정을 바탕으로 활용 가능한 서비스의 양과 질, 보호에 필요한 시간, 적용 프로그램, 욕구의 우선순위, 지역사회 내의 사회자원과 가족구성원이 취할 역할 등을 구체화하는 계획을 수립해야 한다. 따라서 사례관리자는 유용한 사회자원을 확인하고 자원목록을 작성하여 활용하는 것이 바람직하고, 필요한 자원은 개발하고 가능한 클라이언트 및 보호자를 개입계획에 참여시키는 것이 필요하다(Rothman, 1994).

(5) 클라이언트의 연결

클라이언트의 연결 과정은 클라이언트와 사회자원 간에 서비스를 직접적으로 연결하여 사례관리를 실천하는 과정이다. 클라이언트의 연결은 서비스 제공(실행) 과정으로 클라이언트에게 필요한 서비스 내용과 방법을 개입계획에 따라 필요한 서비스 제공하고, 공식적 · 비공식적 지역사회 내의 사회자원들을 연결 · 조정하여 계속적으로 서비스를 이용할 수 있도록 하는 것을 의미한다. 서비스 제공 과정에서는 서비스의 연속성을 보장하고, 다양한 서비스를 통합 · 조정하고, 그리고 서비스의 접근 및 활용의 효율성이 극대화 되도록 개입계획에 따라 클라이언트와 사회자원 간의 서비스 연결이 제공되어야 한다.

(6) 점검

점검과정은 계획된 서비스의 실행 정도, 목표의 달성 정도, 개별서비스의 적절성, 서비스 질에 대한 평가, 클라이언트의 만족도, 서비스 제공자에 대해서 점검하는 과정이다. 이러한 점검과정을 통해서 클라이언트의 변화와 향상 정도를 파악하게 되고 위기상황을 예측하여 클라이언트의 욕구와 서비스의 질을 높일 수 있다. 점검방법은 사례관리자 판단에 근거하여 서비스와 지원계획이 적절하게 이행되고 있는지 점검하는 방법과 구조화된 표준문서에 의한 방법이 있을 수 있다. 이러한 점검방법은 클라이언트 및 가족에게 직접 방문하거나 전화면접을 통해서 점검하게 되고, 비공식 지원체계를 통해서 점검할 수도 있다.

(7) 재사정

재사정 과정은 개입계획의 실행 중에 주기적인 사정을 통해서 클라이언트에게 제공되는 서비스가 적합한지, 개입계획의 변경이 필요한지, 개입계획은 어떠한 방식으로 변경할 필요가 있는지 등을 결정하는 과정이다. 즉, 클라이언트 보호계획의 적합성을 판단하여 서비스에 대한 변경의 필요성 여부를 결정하는 과정이다(이주헌, 2004). 클라이언트의 상황 변화로 인한 재사정 결과는 새로운 목표설정으로 피드백되어 새로운 개입계획의 수립 및 새로운 자원의 연결·조정을 위해 활용된다. 일반적으로 재사정은 3개월 또는 6개월 별로 실시되고 있으며 중간평가 양식을 기초로 사례관리회의를 통해 이루어진다(김욱, 2005).

(8) 결과평가

결과평가 과정은 클라이언트에게 제공되는 서비스, 클라이언트의 진척 상황, 목표설정의 달성, 개입계획의 달성, 서비스 활동 및 서비스 체계의 효율성, 클라이언트의 만족도 등 전반적인 결과를 평가하는 과정이다. 이러한 사례관리 평가는 구조화된 표준문서에 의한 방법으로 클라이언트 및 가족에 대한 직접적인 면접, 전화면접, 사례관리회의, 전문가의 기록에 대한 검토 등을 활용해서 평가할 수 있다. 이러한 결과평가는 클라이언트가 더 이상 서비스 없이 지역사회에서 독립적으로 살아갈 수 있다는 전문적인 판단하에 행해진다. 일반적으로 장기간 보호를 요하는 노인들의 경우는 지속적이고 전문적으로 보호를 요하므로 최종적인 결과평가는 드물다.

종결은 서비스의 중단을 의미하는데, 사례관리의 목표가 달성되었거나, 더 이상의 서비스를 필요로 하지 않을 경우 종결하게 된다. 이렇게 종결되었을 경우에도 지역사회에서 적응할 수 있도록 지속적인 사후관리가 이루어져야 한다. 또한 클라이언트가 사망하거나 사례관리 기관의 폐쇄 등의 중대한 변화로 인하여 사례관리를 지속할 수 없는 상황에는 사례관리의 과정이 종결된다.

참고문헌

강동인(2002). 재가장애인복지서비스 향상을 위한 사례관리모델의 연구. 동아대학교 정책과학대학원 석사학위 논문.

공경배(2013). 요양보호사의 노인인권침해 인지에 관한 연구. 공주대학교대학원 사회복지과 석사학위논문.

구혜영(2010). **사회복지실천기술론**. 신정.

권구영·고은숙·김용민·박봉정·진혜경·최은정(2009). **사회복지실천론**. 창지사.

권오균·김지현·김충식·나용선·남화수·박종선·신상수·양시영·이경자·조상윤·최광수·황희숙(2011). **사회복지실천론**. 공동체.

권진숙·박지영(2008). **사례관리의 이론과 실제**. 학지사.

길귀숙·강희숙·이재호·천덕희·김상곤·오영훈·현영렬·임승희(2011). **사회복지실천론**. 양서원.

김기태·김수환·김영호·박지영(2008). **사회복지실천론**. 공동체.

김만호(2010). **지역사회복지론**. 양서원.

김범수·신원우(2009). **지역사회복지론**. 공동체.

김욱(2005). 사례관리와 사회복지실천에 관한 연구: 노인을 위한 서비스를 중심으로. **사회과학총론** Vol.8 No-2005. 경기대학교 사회과학연구소.

김융일·조흥식·김연옥(1995). **사회복지실천론**. 나남출판.

김종옥·권중돈(1993). **집단사회사업방법론**. 홍익재.

김충식·나용선·서상범·신상수·최명주(2009). **사회복지실천기술론**. 공동체.

김통원(1994). 만성장애인을 위한 사례관리 서비스. 성균관대학교 사회과학연구소. **사회과학** 제33권 2호.

김향선·황희숙·김봉순·김현호·박영국·오정옥·이금순·이연복(2015). **사회복지실천론**. 창지사.

김현중(2008). **사회복지실천기술론**. 시대고시기획.

김현호·김기철·오선영·정윤희·최용득(2017). **영유아발달**. 정민사.

김현호·소재진·오미희·유주희·이영희·이용환·정명희·조영선(2018). **지역사회복지론**. 양서원.

김현호·어흥선·이용환·전대성·현영렬(2017). **사회복지실천기술론**. 정민사.

김현훈(2011). **사회복지실천론**. 공동체.

김혜란·홍선미·공계순(2006). **사회복지실천기술론**. 나남출판.

김혜영·석말숙·최정숙·김성경(2012). **사회복지실천론**. 공동체.

나동석·서혜석·채인석(2014). **사회복지실천론**. 정민사.

남연희·박영국(2012). **사회복지실천론**. 공동체.

목진휴 외(2004). 평가원칙의 이론적 논의와 적용. 한국행정학회 동계학술대회 자료집. 한국행정학회.

서혜석·이혜숙·이윤형·한경리(2010). **사회복지실천기술론**. 양서원.

설진화(2010). **사회복지실천기술론**. 양서원.

신경림·김옥수·강윤희·안옥희(2011). **요양보호사 표준교재**. 보건복지가족부.

신성자 외(2007). **사회복지실천기술론**. 양서원.

안대영(2005). 사회복지관 평가에 대한 인식과 평가결과의 활용정도. 대구대학교 대학원 석사학위 논문.
양정하·황인옥·김정희·배의식·박미정·김남숙·윤성호(2008). **지역사회복지론**. 공동체.
엄명용·김성천·오혜경·윤혜미(2013). **사회복지실천의 이해**. 학지사.
엄명용·노충래·김용석(2015). **사회복지실천기술의 이해**. 학지사.
오정수·류진석(2008). **지역사회복지론**. 학지사.
이경은·장덕희·김휘연·문도원·이마리아(2016). **지역사회복지론**. 학지사.
이근호(1996). 한국재가노인의 사례관리 실천모형에 관한 연구. 중앙대학교 박사학위 논문.
이근홍(1998). **케이스 매니지먼트**. 대학출판사.
이양훈·김준환·김혜정·김백수·오호진·이동우(2008). **지역사회복지론**. 창지사.
이영실·나임실·임원균·신준옥·조명희·홍성희(2016). **사회복지실천론**. 양서원.
이영실·윤대중·김윤경·임정문·황치정·김성철·김지철(2010). **사회복지실천기술론**. 양서원.
이영호(2008). **사회복지실천기술론**. 공동체.
이윤로(2009). **사회복지실천기술론**. 학지사.
이은희·김남숙(2015). **사회복지실천론**. 양서원.
이재선·김미림·김성철·노상은·순덕기·신철민·오은경·이병철·임원균·정용충·조순일·최상희(2016). **사회복지실천론**. 양서원.
이종복·전남련·나혜원·김경희·강장미(2015). **사회복지실천론**. 정민사.
이주헌(1004). 재가노인을 위한 사례관리 유형개발과 그 효과성 검증에 관한 연구. 성균관대학교 사회복지대학원 석사학위 논문.
이태희·전태숙(2010). **지역사회복지론**. 창지사.
임은희(2010). **사회복지실천론**. 학지사.
장인협(1995). **지방화시대의 지역복지실천방법론 – 케어/케이스관리**. 서울대학교 출판부.
전남련·신재명·이권일·김상조(2007). **사회복지실천기술론**. 학현사.
전해황·이성윤·송낙길·정주석·염일열·김정호(2018). **지역사회복지론**. 양서원.
조추용·김양이·황미경(2019). **지역사회복지론**. 양서원.
최경화·김재열·유인애·석재은·황성식·안성의·이형진(2010). **사회복지실천기술론**. 도서출판 신정.
최옥채(2017). **사회복지실천론**. 양서원.
최용민(2004). 사회복지실천과 사례관리: 재가장애노인복지 서비스를 중심으로. **진각사회복지**. Vol. 1 No.-2004. 위덕대학교 사회복지연구소.
최혜지·김경미·정순돌·박선영·장수미·박형원·배진형·박화옥·안준희(2013). **사회복지실천론**. 학지사.
한덕웅(2002). **집단행동이론**. 시그마프레스.
홍선미(2006). 자활지원 사례관리 모형과 운영방안 연구. **사회복지연구** 29.
황성철(1995). 사례관리 실천을 위한 모형개발과 한국적 적용에 관한 연구. **한국사회복지학 통권 제27호**. 학국사회복지학회.
Barker, R. L.(1987). *The Social Work Dictionary*. Silver Spring: NASW.
Bartlett, H. M.(1970). *The Common Base of Social Work Practice*. NY: National Association of Social Workers.
Bertalanffy, L.(1968). *General system theory and human relations*. NY: Braziller.

Biestek, E. P.(1957). *The Casework Relationship*. Illinois: Loyola Univ. Inc.

Bogo, M.(2006). *Social work Practice: Cases and Principles*. Belmont, CA: Brooks/Cole.

Bowen, M.(1978). *Family Therapy in Clinical Practice*. NY: Jason Aronson.

Briar, S. & Miller, H.(1971). *Problems and Issues in Social Casework*. NY: Columbia University Press.

Brill, N. I.(1997). *Working with People: The Helping Process*(6th ed.). NY: Longman.

Bronfenbrenner, V.(1979). *The ecology of human development*. Cambridge, MA: Harvard University Press.

Browne, C. V.(1995). *Empowerment in Social Work Practice with Older Women*. Social Work, Vol. 40. No. 3.

Carkhuff, R. R.(1971). *The Development of Human Resources*. NY: Holt, Rinehart & Winston, Inc.

Compton, B. R. & Galaway, B.(1984). *Social Work Processes*(3rd ed.). Homewood, IL: The Dorsey.

Corey, G.(1995). *Theory and Practice of Group Counseling*(4th ed.). Pacific Grove. CA: Brooks/Cole Publishing Company. 역(1999). 집단상담의 이론 및 실습. 시그마프레스.

CSWE(1994). *Handbook of Accreditation Standards and Procedures*. Alexandria. VA: Author.

Dunham, A.(1970). *The New Community Organization*. NY: Thomas Y. Crowell Co.

Duvall, E. & Miller, B.(1985). *Marriage and Family Development*. NY: Harper & Row.

Ellis, A.(1962). *Reason and Emotion in Psychotherapy*. New York.

Epstein, L. & Brown, L. B.(2002). *Brief treatment and a new look at the Task-centered Approach*. 4th ed., NY: Macmillan.

Friedlander, W. A. & Apte, R. Z.(1974). *Introduction to Social Welfare*(4th ed.). NJ: Prentice-Hall.

Fromm, E.(1956). *The Art of Loving*. NY: Harper & Row.

Germain, C. B. & Gitterman, A.(1980). *The Life Model of Social Work Practice*. NY: Columbia University Press.

Goldstein, E. & Noonan, M.(1990). *Short-term Treatment and Social Work Practice*. NY: Columbia University Press.

Gordon, W. E.(1969). *Basic Contracts for an Integrative and Generative Conception of Social Work*. In G. Hearn(Ed), The General Systems Approach: Contributions Toward a Holistic Conception of Social Work. New York: Council on Social Work Education.

Grosser, C. F.(1969). *Community Development Program Serving the Urban Poor*. In R. M. Kramer & H. Specht(Eds.). Readings in Community Organization Practice. Englewood Cliffs, New Jersey: Prentice-Hall.

Haley, J.(1973). *Problem Solving Therapy*. San Francisco: Jossey-Base.

Hardcastle, D. S. Wenocur, & P. Powers(1997). *Community Practice: Theories and Skills for Social Workers*. NY: Oxford University Press.

Hartman, A. & J. Laird(1983). *Family-centered Social Work Practice*. New York: Free.

Hepworth, D. H. & Larsen, J. A.(1993). *Direct Social Work Practice: Theory and Skills*(3rd ed.). Belmont: Wadworth Publishing Company.

Hepworth, D. H., Rooney, R. H, Rooney, G. D., Strom-Gorrfried, K., & Larsen, H. A.(2006). *Direct Social Work Practice: Theory and Skills*(7th ed.). Belmont, CA: Thomson Brooks/Cole.

Hepworth, D. H., Rooney, R. H., & Larsen, J. A.(1997). *Direct Social Work Practice: Theory and Skills*(5th ed.). Pacific Grove. CA: Brooks/Cole.

Hill & O'Brien, M.(2001). ***Helping Skills***. 주은선 역(2001). 상담의 기술. 학지사.

Holland, T. P.(1995). *Organization: Context for services delivery*. in Encyclopedia of Social Work. NASW Press.

Ivey, A. E.(1994). ***International Interviewing & Counseling***. CA: Brooks/Cole.

Johnson, L. C.(1995). ***Social Work Practice: A Generalist Approach***(5th ed.). Boston: Allyn and Bacon.

Kadushin, A.(1990). ***The Social Work Interview***(3rd ed.). NY: Columbia University Press.

Kagle, J. D.(1991). ***Social Work Records***. Prespect Height: Waveland Pess.

Kane, R. A.(1990). *The relevance of case management*. In B. S. Fogel, A. Furino, & Gottlieb (Eds.), Mental health policy for older Americans. Washington, DC: American Psychiatric Press.

Kirst, K. K. & Hull, Ashman(1993). ***Understanding Generalist Practice***. Chicago: Nelson-Hull Publishers.

Kirst-Ashman K. K. & Hull, G. H. Jr.(1993). ***Understanding Generalist Practice***. Chicago: Nelson-Hall Publishers.

Kirst-Ashman, K. K., & Hull, G. J. Jr.(2001). ***Generalist Practice with Organization & Communities***. Brooks/Cole.

Loewenberg, M. & Dolgoff, R.(1996). ***Ethical Decisions for Social Work Practice***(5th ed.). Itasca, IL: F. E. Peacock.

Lum, D.(2003). ***Social Work Practice and People of Color: A process-stage approach***. Elmont, CA: Brooks/Cole.

Maslow, A. H.(1965). ***A theory of human motivation***. In D. E. Hamachek

McMillen, W.(1965). ***Community Organization for Social Welfare***. Univ. of Chicago Press.

Miley, K. K., O'melia & DuBois, B. L.(1995). ***Generalist Social Work Practice: An Empowering***. Boston: Allyn and Bacon.

Minuchin, S.(1974). ***Families and Family Therapy***. Cambridge: Havard Univ. Press.

Moore, S. T.(1990). *A Social Work Practice Model of Case Management:* The Case Management Grid. Social Worker Vol. 35, No. 5. Silver Spring, MD: National Association of Social Workers.

Moxley, D. P.(1989). ***The Practice of Case Management***. CA: Sage Publications.

NASW Social Work(1979). Working Statement on the Purpose of Social Work. NASW.

NASW(1958). Commission on Social Work Practice, Working definition of social work practice. reprinted in Donald Brieland Historical Overview, Social Work.

NASW(1973). Standard for Social Service Manpower. Washington D.C: NASW press.

NASW(1982). Standards for the Classification of Social Work Practice. Washington, DC: NASW Press.

NASW(1995). Encyclopedia of Social Work. Silver Spring: NASW.

Notron, D.(1978). ***The dual perspective***. New York: Council of Social Work Education.

Perlman, H. H.(1957). ***Social Casework: A Problem-Solving Process***. Chicago: The Univ. of Chicago Press.

Pincus, A. & Minahan, A.(1973). ***Social Work Practice: Model and Method***. New York: Peacock Publishers.

Poindexter, C. C., Valentine, D., & Conway, P.(2003). ***Essential skills for human services***. Thomson.

Rapoport, L.(1970). Crisis Intervention as a Mode of Brief Treatment. in Roberts, R. W. & Nee, R. H.(eds), *Theories of Social Casework*, Chicago: University of Chicago Press.

Reid, K. E.(1997). ***Social Work Practice with Groups: A Clinical Perspective***(2nd ed.). Pacific Grove,

CA: Brooks/Cole.

Reid, W. & Epstein, L.(1972). *Task-centered Casework*. New York: Columbia Univ. Press.

Richmond, M(1917). *Social Diagnosis*. New York: Russell Sage Foundation.

Richmond, M(1922). *What is Social Casework?* New York: Russell Sage Foundation.

Ross, M. G.(1967). *Community Organization: Theory, Principles, and Practice*(2nd ed.). New York: Harper & Brothers.

Rothman, J.(1991). *A Model of Case Management*: Toward Empirically Based Practice, Social Work 36(6).

Rothman, J.(1994). *Practice with highly vulnerable Clients*: Case Management and Community-based Service. Prentice-Hall. Inc.

Rothman, J.(1995). *Approaches to Community Intervention*, In Jack Rothman, J. L. Erlick, & J. E. Tropman, Strategies of Community Intervention. Peacock.

Sanders, I. T.(1969). *Professional Roles in Planned Change*. In R. M.

Satir, V.(1972). *Conjoint Family Therapy*: A Guide to Theory and Technique. Palo Alto, California: Science and Behavior Books, Inc.

Sheafor, B. W., Horejsi, C. R., & Horejsi, G. A.(1997). *Techniques and Guidelines for Social Work Practice*. New York: Allyn & Nacon. 서울대사회복지실천연구회 역(1998). 사회복지실천기법과 지침. 나남출판.

Simmons, R. G., & Blyth, D. A.(1987). *Moving into adolescence: The impact of pubertal change and school context*. Hawthorne, New York: Aldine & de Gruyter.

SSI(1991). *Care Management and Assessment*. in SSI.

Sue, D. W.(2006). *Multicultural Social Work Practice*. John Wiley and Songs. Inc. 다문화 사회복지실천. 이은주 역(2010). 학지사.

Toseland, R. W. & Rivas, R. E.(2001). *An Introduction to Group Work Practice*(4th ed.). Needham Heights, MA: Allyn and Bacon.

Tracy, E. & Whittaker, J.(1990). *The Social Network Map: Assessing Social Support in Clinical Practice*. Families in Society.

Turner, F. J.(1996). *Social Work Treatment*: Interlocking Theoretical Approaches.

Wilensky, H. L., & Lebeaux, C. N.(1965). *Industrial society and social welfare*. New York: The Free Press.

Zastrow, C. H.(1987). *Social Work with Groups*. Chicago: Nelson-Hall.

Zastrow, C. H.(1999). *The Practice of Social Work*(6th ed.). Pacific Grove, CA: Brooks/Cole Publishing Company.

/찾/아/보/기

저 / 자 / 소 / 개

■ **김현호**
충북도립대학교 사회복지학과 교수

■ **박선희**
충북도립대학교 사회복지학과 겸임교수

■ **김영일**
강동대학교 창업경영학과 교수

■ **박길남**
서정대학교 사회복지행정과 교수

■ **이규태**
세경대학교 사회복지과 교수

■ **이영희**
대전과학기술대학교 보건복지과 교수

■ **전대성**
경북전문대학교 사회복지과 교수

■ **최병태**
수성대학교 보건복지경영과 교수

[개정판]

사회복지실천론

1판 1쇄 발행 — 2020년 1월 20일
2판 1쇄 발행 — 2023년 8월 20일
2판 2쇄 발행 — 2024년 9월 20일

저　　자 – 김현호 박선희 김영일 박길남
이규태 이영희 전대성 최병태

발 행 인 – 강철원

발 행 처 – 양성원

주　　소 – 경기도 파주시 검산로 173번길 29-12

전　　화 – 031-946-3861(代)

팩　　스 – 031-946-3864

이 메 일 – tnwpub@naver.com

홈페이지 – tnwpub.co.kr

출판등록 – 2015년 8월 31일 제2015-000211호

ISBN 979-11-6126-535-3

정가 23,000원

※ 저자와 협의하여 인지는 생략합니다.
※ 저작권법 제136조(벌칙)에 따라 위반자는 5년 이하의 징역 또는
5천만 원 이하의 벌금에 처하거나 이를 병과할 수 있습니다.

저/자/소/개

■ **박귀영**
한영신학대학교 대학원 사회복지학박사
전, 한영신학대학교 사회복지학과 교수
〈저서〉 가족복지론, 노인복지론,
사회복지실천기술론 외

■ **간호옥**
연세대학교 사회복지전문대학원 박사과정 수료
현, 연성대학교 사회복지과 교수
〈저서〉 사례관리 외

■ **김현경**
연세대학교 대학원 철학박사
현, 경민대학교 자율전공학부 사회복지전공 교수
〈저서〉 사회복지학개론, 사회복지와 인권,
사회문제론 외

■ **서민호**
대구한의대학교 대학원 사회복지학박사
현, 영남외국어대학교 사회복지과 교수
〈저서〉 지역사회복지론, 사회복지조사론,
정신건강론 외

■ **송운용**
동방문화대학원대학교 사회복지상담전공
교육학박사
현, 전북과학대학교 사회복지과 교수
〈저서〉 사회복지학개론 외

■ **오현숙**
대구대학교 대학원 사회복지학박사
현, 호산대학교 휴먼복지학부 교수
〈저서〉 정신건강론, 가족상담 및 가족치료,
가족복지론 외

■ **이장희**
청주대학교 대학원 행정학박사
현, 강동대학교 사회복지과 교수
〈저서〉 사회문제론, 사회복지와 인권 외

■ **정명희**
평택대학교 대학원 사회복지학박사
현, 중원대학교 사회복지학과 교수
〈저서〉 사회복지와 인권, 사회복지실천기술론,
가족상담 및 가족치료 외

■ **주민경**
호서대학교 벤처대학원 노인복지학박사
현, 호서대학교 평생교육원사회복지학과 전임교수
〈저서〉 지역사회복지론, 사회복지와 문화다양성,
사회문제론 외

사회복지실천론

1판 1쇄 발행 — 2024년 2월 20일
1판 2쇄 발행 — 2025년 9월 10일

저 자 – 박귀영 간호옥 김현경 서민호 송운용
오현숙 이장희 정명희 주민경
발 행 인 – 강철원
발 행 처 – 양성원
주 소 – 경기도 파주시 검산로 173번길 29-12
전 화 – 031-946-3861(代)
팩 스 – 031-946-3864
이 메 일 – tnwpub@naver.com
홈페이지 – tnwpub.co.kr
출판등록 – 2015년 8월 31일 제 2015-000211 호

ISBN 979-11-6126-567-4

정가 23,000원

※ 저자와 협의하여 인지는 생략합니다.
※ 저작권법 제136조(벌칙)에 따라 위반자는 5년 이하의 징역 또는 5천만 원 이하의 벌금에 처하거나 이를 병과할 수 있습니다.